제7판

여신실무법률

여 신 관 리

송영호 저

한국금융연수원
KOREA BANKING INSTITUTE

머리말

여신은 금융기관에서 고객에게 돈을 빌려주고 만기 때까지 이자를 받다가 만기에 전액 회수하는 금융상품으로 규정할 수 있고, 여신의 전체 과정은 크게 돈을 고객에게 빌려주기 전까지의 고객에 대한 신용을 수집 · 분석하고 인적 · 물적담보를 취득하는 「여신결정단계」와 돈을 고객에게 빌려준 후 안전하게 회수하는 「여신관리단계」로 구분할 수 있습니다. 본 교재는 이 중 「여신관리단계」 중에서 강제집행절차 등 회수부분을 제외한 영역에 적용되는 민법 · 상법 · 「채무자 회생 및 파산에 관한 법률」 등의 기본적인 내용과 이에 따른 은행실무처리방법에 대해서 초점을 맞추고 있습니다.

또한 본 교재는 필자가 금융기관에서 여신업무 및 여신관리업무를 20년 이상 담당하면서 체득한 내용과 여러 훌륭하신 선배님 · 교수님들의 유형 · 무형의 가르침을 은행 등 금융기관 여신업무담당자 및 한국금융연수원 여신법률과정 등의 연수생 등에게 전달하기 위해서 작성하게 되었습니다.

본 교재의 구성은 제1장에서 여신관리에 대한 개념정의에 대해서, 제2장에서는 채무자교체 · 개인채무자변동 · 상호변경 · 회사의 목적변경 · 회사의 대표자 변경 · 영업양도 · 회사의 합병 · 회사의 분할에 대해서, 제3장에서는 여신의 상환기일관리에 대해서, 제4장에서 대출채권의 양도 및 부실채권 매각에 대해서, 제5장에서는 도산절차인 개인회생절차 · 회생절차 · 파산절차 · 기업개선작업에 대해서, 제6장에서는 책임재산의 관리에 대한 내용인 채권자대위권 · 채권자취소권 · 소멸시효관리에 대해서 다루고 있습니다.

여신관리는 그 범위가 아주 넓고 다양한 법률영역이기 때문에 본 교재의 내용만으로는 아직도 부족한 부분이 많이 있습니다. 앞으로 더 유용한 책이 될 수 있도록 계속해서 보완해 나갈 것을 약속드리며, 본 교재가 여신관리업무에 관심을 가지신 독자 여러분에게 유익하고 소중한 지침서가 되기를 바랍니다. 아울러 본서가 출판될 수 있도록 지원을 아끼지 않으신 한국금융연수원 원장님과 편집과 교정의 노고를 아끼지 않은 한국금융연수원 도서출판부 모든 직원들에게 깊은 감사의 마음을 전합니다.

2015. 12

송 영 호

차례

Contents

차례

Contents

차례

Contents

차례

부록

제 1 장

여신관리

KOREA BANKING INSTITUTE

제1절 여신관리

제1절

여신관리

1 여신의 의의

은행이란 은행업을 규칙적 · 조직적으로 경영하는 한국은행 외의 모든 법인을 말하며,[1] 은행업이란 예금을 받거나 유가증권 또는 그 밖의 채무증서를 발행하여 불특정 다수인으로부터 채무를 부담함으로써 조성된 재원으로 대출하는 것을 말한다.

따라서 은행의 업무는 크게 예금 · 적금의 수입 또는 유가증권, 그 밖의 채무증서의 발행업무, 자금의 대출 또는 어음의 할인업무 및 내국환 · 외국환업무로 구분된다.[2]

'여신'은 은행업무 중에서 자금의 대출과 지급보증[3]을 합친 것을 말한다. 그러나 은행법에서는 기업의 은행차입에 대한 규제를 강화하기 위해 여신이란 개념보다 포괄적인 의미를 내포하고 있는 '신용공여'라는 개념을 도입했다.[4]

은행법에서 신용공여란 대출, 지급보증 및 유가증권의 매입(자금지원적 성격인 것만 해당한다), 그 밖에 금융거래상의 신용위험이 따르는 은행의 직접적 · 간접적 거래를 말한다.[5]

---

1) 은행법 2조 1항 1호, 2호

2) 은행법 27조 2항

3) 은행법 2조 1항 6호(은행이 타인의 채무를 보증하거나 인수하는 것을 말한다)

4) 은행법 <법률 5745호>, 1999. 2. 5. 일부개정은행법 35조(동일차주 등에 대한 신용공여의 한도)
은행법 <법률 5499호>, 1998. 1.13. 일부개정은행법 35조(동일한 개인, 법인 및 계열기업군에 대한 여신한도)

5) 은행법 2조 1항 7호

2 여신관리제도

1960년대 이후 성장 위주의 경제개발정책 추진과정에서 초래된 대기업의 과다한 금융자금 차입의존 경영, 대기업에 대한 여신편중, 대기업의 문어발식 계열확장 · 경제력집중에 의한 기업재무구조의 악화 등으로 금융자산의 건전성 저해 및 국민경제의 균형적 성장 저해 등의 폐해가 발생하게 되었다. 이러한 단점을 극복하기 위해, 금융기관의 여신이 특정 분야에 편중되는 것을 억제하고 여신심사 · 사후관리 및 주채권은행제도 등의 올바른 시행에 필요한 사항을 정한 것이 바로 여신관리제도이다.

3 여신관리

은행(금융기관)에서 여신(신용공여)을 할 때는 가장 기본적인 안전성의 원칙, 수익성의 원칙, 성장성의 원칙, 공공성의 원칙 등을 준수한다. 이 중에서 은행이 치열한 금융경쟁시대에서 생존과 성장을 지속하기 위해서는 여신이 상환기일에 안전하고 확실하게 회수되어야 한다는 '안전성의 원칙'이 가장 중요하다.

통상적인 은행의 여신절차는 여신취급 전에 신용조사와 여신심사절차를 통하여 채무자에 대한 재무자료 및 비재무자료 등을 분석하여 채무자의 상환능력을 확인하고 필요한 경우 채권보전을 위해 담보를 취득하고 여신을 취급한다.

은행(금융기관)의 실무에서 사용하는 '여신관리'의 의미는 은행법에서 기업의 여신차입을 규제하기 위한 '여신관리제도'와는 구별할 필요가 있다.

은행에서 실무적으로 사용하는 여신관리의 개념은 은행이 여신을 취급한 후 여신이 완전히 상환될 때까지 채무자의 재무구조 · 신용상태의 변동뿐만 아니라, 개인채무자의 사망, 법인의 합병 · 분할 등 법적 상태의 변동 등을 지속적으로 확인하여 적절한 조치를 취하는 일련의 과정으로 이해한다.[6] 여신과 신용공여의 개념을 통합적으로 이해할 경우, '여신관리'란 은행이 고객(개인, 법인)에게 제공한

---

6) 일부에서는 이와 같은 개념의 혼동을 피하기 위해서 '여신사후관리'라는 개념을 사용하고 있으나, 본 교재에서는 「여신관리」로 표현한다.

'신용공여'의 안정적인 회수를 위한 은행의 일련의 행위로 정의할 수 있다.

본 교재에서는 광범위한 여신관리 영역 중에서 채무자의 부실징후의 조기발견 등의 신용조사 · 신용감리 등의 분야를 제외한 은행여신업무에 있어서 여신을 취급한 이후의 채무자, 여신채권 및 책임재산 관리에 대한 법률규정 등을 중심으로 살펴보도록 한다.

참고 은행 부실여신 관리흐름도

단계	구분	내용
1	부실발생	– 연체발생, 부도발생, 채무자사망, 회생, 신용회복, 파산 등 기한의 이익 상실
2	재산조사	– 채무관계자 및 상속인에 대한 재산조사
3	보전처분	– 가압류(부동산, 유체동산, 채권 등) – 가처분(처분금지, 점유이전금지가처분 등)
4	집행권원취득	– 확정판결, 지급명령, 화해조서, 공정증서 등
5	강제집행	– 부동산강제경매, 유체동산강제집행, 채권압류 및 추심(전부)명령
6	담보권실행	– 예금상계, 보증채무이행청구 – 부동산임의경매신청, 양도담보물의 공매신청 등
7	채권회수	– 경매배당금수령, 보증채무대위변제금 수령 – 양도담보물 공매대금수령 등
8	대손상각	– 회수예상액을 초과하는 여신 및 채권회수 후 부실채권확정액에 대한 손실처리
9	외부매각	– 외부부실채권(NPL)시장에 공개입찰매각
10	소멸시효연장 및 포기	– 대출채권의 소멸시효 5년(상사채권)

KOREA BANKING INSTITUTE

제 2 장

채무자 관리

KOREA BANKING INSTITUTE

제1절

채무자 교체

1 채무자 교체

은행 실무적으로 채무자가 변경되는 경우는 개인기업이 법인기업으로 기업형태가 변경되는 경우(예: 개인기업주가 신설법인의 발기인이 되고 법인설립 후 개인사업을 포괄적으로 법인에게 양도·개인기업 간의 통합에 의하여 법인을 설립), 사업양도에 의한 경우(예: 영업일체를 양도·2개 이상의 사업장이 있는 기업이 사업장 단위로 분할하여 양도), 가계자금대출의 담보물건 매수자 또는 담보제공자가 피담보채무를 인수하는 경우 등이다.

은행에서 채무자를 변경하는 절차를 간략하게 살펴보면, 우선 채무관계자로부터 고객변경 신청이 있는 경우에는 신청사유의 적정여부, 채무양수인의 신용상태, 상환능력, 연대보증인 및 담보제공자와의 관계, 담보물건 상황 및 관계기관 승인여부 등을 종합적으로 검토한다.

2 면책적 채무인수

채무인수란 채무의 동일성을 유지하면서 채무를 인수인에게 이전시키는 것을 말한다. 채무인수는 주로 계약에 의하여 이루어지며 채무인수를 통하여 전 채무자는 채무를 면하는 것이 원칙이다. 이를 면책적 채무인수라 한다. 다시 말해, 면책적 채무인수란 그 동일성을 유지하면서 계약에 의해 채무를 인수인에게 이전시키는 것이다.

이때, 채무의 이행장소 · 소구가능성 여부 등에 아무 변화가 없으며 채무자가 채권자에 대하여 가졌던 모든 항변권도 인수인에게 이전된다(민법 458조). 그러나 전 채무자의 채무에 대한 보증이나 제3자가 제공한 담보는 원칙적으로 소멸한다(민법 459조). 이는 채무자의 변경에서 발생될 수 있는 불이익으로부터 보증인이나 물상보증인을 보호하기 위한 것이다.

예를 들면, 여신채무자 A에게 대출채권을 가지고 있는 은행이 인수인인 B와의 계약으로 A의 채무를 B가 인수하기로 하는 경우에는 종래의 채무자인 A는 채무를 면하게 되고, 인수인인 B가 새로운 채무자가 된다. 이와 같이 A가 채무를 면하는 면책적 채무인수와는 달리 A가 채무를 계속 부담하는 경우가 있는데 이는 중첩적 채무인수라고 하여 구별된다.

은행 실무적으로 「채무인수인」이 될 수 있는 자는 여신거래 적격자이고 사업전망과 자신의 신용상태가 양호하여 인수한 채무의 이행에 지장이 없을 것으로 판단되는 자로 제한하고 있다. 은행에서 채무인수를 인정하는 경우는 개인기업이 법인기업으로 기업형태가 변경되는 경우[7], 사업양도에 의한 경우[8], 기업구조조정 촉진법에 의한 경영정상화계획 또는 이에 준하는 계획 등에 의하여 자산을 매각하는 경우, 가계자금대출의 담보물건 매수자 또는 담보제공자가 피담보채무를 인수하는 경우, 불건전여신의 정상화를 위해서 고객변경이 필요한 경우 등이 있다.

2-1 면책적 채무인수계약의 당사자

면책적 채무인수는 당사자의 측면에서 볼 때 다음 세 가지 경우가 있다.

가. 채권자 · 채무자 · 인수인이 당사자로 되는 경우

계약자유의 원칙상 인정되는 경우이며, 은행 실무적으로는 은행 · 채무양수인 · 채무양도인에 의한 3면계약으로 하는 것을 원칙으로 하고 있다. 이때, 담보

---

7) 개인기업주가 사업용 자산 및 부채를 포괄적으로 현물출자하여 법인을 설립하는 경우, 개인기업주가 신설법인의 발기인이 되고 법인설립 후 개인사업을 포괄적으로 법인에게 양도하는 경우, 개인기업간의 통합에 의하여 법인을 설립하는 경우 등으로 구분할 수 있다.

8) 영업일체를 양도하는 경우와 2개 이상의 사업장이 있는 기업이 사업장 단위로 분할하여 양도하는 경우로 구분할 수 있다.

제공자 · 연대보증인이 있는 경우 이들을 계약에 포함시켜 채무양수에 대한 동의를 받도록 하고 있으며, 채무인수약정서는 3통을 작성하여 은행 · 채무양수인 · 채무양도인이 각각 1통씩을 보관하도록 하고 있다.

나. 채권자와 인수인이 당사자로 되는 경우

이러한 채무인수 형태의 경우도 당연히 유효하며, 채권자와 인수인만이 당사자가 되는 경우에는 채무자의 동의 또는 수익의 의사표시는 필요하지 않다. 다만, 이해관계 없는 제3자는 채무자의 의사에 반하여 채무를 인수하지 못한다.[9]

다. 채무자와 인수인이 당사자로 되는 경우

채무인수는 채무자와 인수인 사이의 계약으로도 성립한다. 그러나 이러한 채무인수의 경우는 채권자의 승낙이 있어야 효력이 발생한다.[10] 채권은 채무자의 자력 여부에 따라 큰 영향을 받기 때문에, 채무자가 채무를 갚을 자력이 충분한 경우라면 채무인수로 채무자가 변경되더라도 채권자에게 경제상의 불이익을 주지 않기 위하여 채권자의 승낙을 조건으로 한다.

채무자와 인수인은 상당한 기간을 정하여 승낙 여부의 확답을 채권자에게 최고할 수 있고, 그 기간 내에 채권자가 확답을 발송하지 않으면 승낙을 거절한 것으로 본다(민법 455조).

---

9) 민법 453조(채권자와의 계약에 의한 채무인수) ① 제3자는 채권자와의 계약으로 채무를 인수하여 채무자의 채무를 면하게 할 수 있다. 그러나 채무의 성질이 인수를 허용하지 아니하는 때에는 그러하지 아니하다. ② 이해관계 없는 제3자는 채무자의 의사에 반하여 채무를 인수하지 못한다.

10) 민법 452조(채무자와의 계약에 의한 채무인수)
① 제3자가 채무자와의 계약으로 채무를 인수한 경우에는 채권자의 승낙에 의하여 그 효력이 생긴다.
② 채권자의 승낙 또는 거절의 상대방은 채무자나 제3자이다.

판례 **대법원 1995.8.11. 선고 94다58599 판결**

부동산의 매수인이 매매목적물에 관한 채무를 인수하는 한편 그 채무액을 매매대금에서 공제하기로 약정한 경우, 그 인수는 특별한 사정이 없는 한 매도인을 면책시키는 채무인수가 아니라 이행인수[11]로 보아야 하고, 면책적 채무인수로 보기 위하여는 이에 대한 채권자의 승낙이 있어야 한다.

2-2 면책적 채무인수의 효과

가. 채무의 이전

면책적 채무인수에 의해 채무는 그 동일성을 유지하면서 전 채무자로부터 인수인에게 이전된다. 이로써 전 채무자는 채무를 면하고 인수인이 이를 부담한다. 채무인수의 시기와 관련하여 채권자가 당사자로 참여하는 채무인수계약의 경우는 계약의 성립과 동시에 채무가 인수된다. 채권자가 당사자로 참여하지 않는 채무인수계약의 경우는 별도로 채권자가 조건 없이 이를 승낙하면 채무인수의 효력은 채무인수계약을 체결한 때로 소급하여 발생하지만, 제3자의 권리를 침해하지는 못한다(민법 457조).

나. 항변권의 이전

인수인은 전 채무자가 가지고 있던 항변사유, 즉 계약의 불성립, 취소, 채무의 일부변제, 동시이행의 항변권 등 채무의 성립 · 존속 또는 이행을 저지 · 배척하는 모든 사유를 주장할 수 있다. 다만, 인수인은 전 채무자의 권리를 처분할 수는 없기 때문에 전 채무자가 채권자에 대하여 가지고 있는 반대채권을 가지고 상계하지는 못한다. 이는 타인의 채권인 전 채무자의 채권을 인수인이 처분하는 것이 되기 때문이다.

---

11) 이행인수는 인수인이 채무자에 대하여 그 채무를 이행할 것을 약정하는 채무자와 인수인 사이의 계약이다.

다. 이자채무 및 위약금채무의 이전

전 채무의 이전에 수반하여 부종된 채무 역시 이전하는 것이 원칙이다. 예를 들면 이자채무 · 위약금채무 등 인수채무에 부종된 채무는 원칙적으로 주채무의 이전에 따른다. 그러나 이미 발생하고 있는 이자는 독립성을 가지게 되므로 당연히 이전하지는 않는다.

라. 보증 기타 담보의 이전 여부

제3자가 제공한 보증 및 담보는 채무인수로 소멸된다. 다만, 보증인 또는 물상보증인인 제3자가 채무인수에 동의한 경우에는 이들을 보호할 필요가 없으므로 소멸하지 않는다(민법 459조).

채무자가 제공한 담보에 관하여는 채무인수계약이 '채권자와 인수인' 사이에 체결된 경우와 '채무자와 인수인' 사이에 체결된 경우로 구분된다. 채무인수계약이 채권자와 인수인 사이에서 체결된 경우에는 담보관계가 소멸되고, 채무인수계약이 채무자와 인수인 사이에 체결된 경우에는 채무자가 약정담보의 설정에 동의한 것이라고 보고 담보관계도 존속하는 것으로 해석한다(통설).[12]

은행실무상으로는 저당권에 의해서 담보되는 채무가 제3자에게 인수되는 경우, 은행은 「채무인수계약(채무인수약정서)」 외에 '저당권의 채무자 변경을 위한 계약(근저당권변경계약서)과 채무자 변경등기'를 이행하여 인수된 채무가 계속 담보될 수 있도록 하고 있다. 채무인수약정서에는 근저당권설정자(소유권 이전된 경우 제3취득자)와 연대보증인이 서명하는 부분이 인쇄되어 있고 1조에 "근저당권설정자 또는 담보목적물의 제3취득자 및 연대보증인은 채무의 인수에 동의하였다."는 내용을 인쇄하여 사용하고 있다.

채무자 또는 제3자가 제공한 담보를 채무인수인이 인수하는 기존 대출뿐만 아니라 채무인수인의 신규대출에서도 계속 활용하기 위해서는 근저당권변경계약서를 확정채무의 면책적 인수용이 아니라 계약인수용으로 받아야 한다. 이유는 저당권의 채무자 변경등기를 할 때 등기원인을 "채무인수"로 하는 경우에는 근저

12) 곽윤직, 채권총론(2004년) 231면, 박영사; 조승현 · 고영남, 재산법 Ⅱ(2005년) 86면, 한국방송통신대학교출판부

당권의 피담보채무가 확정되는 효과가 있어서 인수인에 대한 신규 여신은 담보하지 않기 때문이다.

판례 **대법원 1996.10.11. 선고 96다27476 판결**

면책적 채무인수라 함은 채무의 동일성을 유지하면서 이를 종래의 채무자로부터 제3자인 인수인에게 이전하는 것을 목적으로 하는 계약을 말하는바, 채무인수로 인하여 인수인은 종래의 채무자와 지위를 교체하여 새로이 당사자로서 채무관계에 들어서서 종래의 채무자와 동일한 채무를 부담하고 동시에 종래의 채무자는 채무관계에서 탈퇴하여 면책되는 것일 뿐 종래의 채무가 소멸하는 것이 아니므로, 채무인수로 종래의 채무가 소멸하였으니 저당권의 부종성으로 인하여 당연히 소멸한 채무를 담보하는 저당권도 소멸한다는 법리는 성립하지 않는다.

판례 **대법원 2002.11.26. 선고 2001다73022 판결**

물상보증인이 근저당권의 채무자의 계약상의 지위를 인수한 것이 아니라, 다만 그 채무만을 면책적으로 인수하고 이를 원인으로 하여 근저당권 변경의 부기등기가 경료된 경우, 특별한 사정이 없는 한 그 변경등기는 당초 채무자가 근저당권자에 대하여 부담하고 있던 것으로서 물상보증인이 인수한 채무만을 그 대상으로 하는 것이지, 그 후 채무를 인수한 물상보증인이 다른 원인으로 근저당권자에 대하여 부담하게 된 새로운 채무까지 담보하는 것으로 볼 수는 없다.

판례 **대법원 2000.12.26. 선고 2000다56204 판결**

채무가 인수되는 경우에 구 채무자의 채무에 관하여 제3자가 제공한 담보는 채무인수로 인하여 소멸하되 다만 그 제3자(물상보증인)가 채무인수에 동의한 경우에 한하여 소멸하지 아니하고 신 채무자를 위하여 존속하게 되는바, 이 경우 물상보증인이 채무인수에 관하여 하는 동의는 채무인수인을 위하여 새로운 담보를 설정하겠다는 의사표시가 아니라 기존의 담보를 채무인수인을 위하여 계속 유지하겠다는 의사표시에 불과하여 그 동의에 의하여 유지되는 담보는 기존의 담보와 동일한 내용을 갖는 것이므로, 근저당권에 관하여 채무인수를 원인으로 채무자를 교체하는 변경등기(부기등기)가 마쳐진 경우 특별한 사정이 없는 한 그 근저당권은 당초 구 채무자가 부담하고 있다가 신 채무자가 인수하게 된 채무만을 담보하는 것이지, 그 후 신 채무자(채무인수인)가 다른 원인으로 부담하게 된 새로운 채무까지 담보하는 것으로 볼 수는 없다.

2-3 채권자와 담보부동산의 제3취득자 간 채무인수계약

은행이 담보로 취득하고 있는 부동산의 소유권이 채무자로부터 제3자에게 이전되어 그 새로운 소유자에게 채무자의 채무를 인수시키고자 할 때 반드시 채무자의 동의가 필요한 것은 아니며, 채무자가 반대하더라도 채무인수계약은 유효하다.

민법 453조 1항은 "제3자는 채권자와의 계약으로 채무를 인수하여 채무자의 채무를 면하게 할 수 있다. 그러나 채무의 성질이 인수를 허용하지 아니하는 때에는 그러하지 아니하다."라고 규정하고 있으며 2항은 "이해관계 없는 제3자는 채무자의 의사에 반하여 채무를 인수하지 못한다."라고 규정하고 있다. 따라서 이를 반대해석하면 이해관계에 있는 제3자는 채무자의 의사에 반하더라도 유효하게 채무인수를 할 수 있다. 담보부동산의 제3취득자는 이해관계 있는 제3자에 해당하므로 채무자가 반대하더라도 채무의 성질이 인수를 허용하지 않는 채무가 아닌 한, 은행은 제3자와의 계약에 의하여 채무인수계약을 할 수 있으며, 기존 채무자의 동의나 승낙은 필요 없다.

3 중첩적 채무인수(병존적 채무인수)

중첩적 채무인수는 종래의 채무자의 채무를 면제시키지 않고 인수인이 전 채무자와 함께 그와 동일한 내용의 채무를 부담하는 계약 형태이다. 이는 종래의 채무자와 채권자 사이의 채권관계에는 아무 변화가 없기 때문에 중첩적 채무인수는 정확한 의미에 있어서의 채무인수는 아니며, 인적 담보의 기능을 가진다.

채무인수가 '중첩적 채무인수(병존적 채무인수)인가 면책적 채무인수인가'에 관하여 명확하지 않을 경우에는 원칙적으로 채권자 보호를 위해 병존적인 것으로 해석해야 한다.[13]

예를 들면, A에 대하여 대출채권을 가지는 은행이 채무인수인 B와의 계약으로 B가 A와 별도로 A가 부담하는 내용과 동일한 채무를 부담하기로 한 경우에는 종래의 채무자 A는 채무를 면하지 않고 인수인인 B가 그와 별도로 동일한 내용의 채무를 부담하게 되어 두 개의 채무가 병존하게 된다.

13) 대법원 1989.9.12. 선고 88다카13806 판결

3-1 중첩적 채무인수의 효과

중첩적 채무인수는 기존의 채무관계는 그대로 유지하면서 제3자가 채무자로 들어와 종래의 채무자와 더불어 동일한 내용의 채무를 부담하지만, 채무가 채무자로부터 인수인에게 이전되지는 않는다. 중첩적 채무인수의 효과로서 종래의 채무자는 그의 채무를 벗어나지 못하며, 인수인은 채무자와 동일한 내용의 채무를 부담하는 것이 된다. 두 채무 중 하나가 변제되면, 두 채무 모두 소멸하게 된다.[14]

4 계약인수

계약인수는 계약당사자의 지위의 승계를 목적으로 하는 계약이다. 이러한 계약인수가 있으면 종래 계약당사자 일방이 가지고 있던 권리 · 의무가 모두 그대로 인수인에게 이전된다. 예를 들면 매매계약에서의 매도인 또는 매수인, 대출채권에 있어서의 채권자 또는 채무자의 지위 등과 같은 계약당사자의 지위의 승계를 목적으로 하는 계약을 가리켜, '계약상의 지위의 양도' 또는 '계약인수'라고 한다. 이 계약인수에 의하여 종래의 계약당사자의 한쪽이 가지고 있었던 권리 · 의무가 그대로 승계인에게 이전하게 된다.

민법은 개개의 채권의 양도 또는 인수에 대하여 규정하고 있지만, 채권관계 전체의 양도에 관하여는 전혀 규정하고 있지 않다. 그런데 채권양도 · 채무인수에 의하여 개개의 채권 · 채무만을 이전하는 경우에는 그 계약에서 생기는 취소권 · 해제권 등은 그대로 종전의 계약당사자에게 귀속하게 되어 불편하므로, 이를 극복하기 위하여 이용하는 것이 계약인수이다.

4-1 근저당권의 채무자 지위인수

가. 근저당권

근저당권은 계속적 거래관계로부터 발생하는 다수의 불특정·불확정채권을 장

14) 곽윤직, 채권총론(2004년) 203면, 박영사

래의 결산기에 채권최고액까지 담보하는 저당권을 말한다(민법 357조). 금융기관과 사업을 영위하는 채무자와 같이 계속적 거래관계에 있는 당사자 사이에서는 채권이 수시로 발생하고 변동하는데 그 때마다 저당권을 설정·말소한다면 매우 불편하고 비용도 많이 발생한다. 그래서 채권최고액으로 범위 내에서 다수의 불특정채권을 일괄하여 담보하는 제도의 요구에 따라 법제화 된 것이 근저당제도이다. 이러한 편리성 때문에 현재 우리나라 모든 금융기관에서는 저당권 대신에 근저당권을 활용한다.

독일민법과 일본민법이 우리나라 민법의 근저당권 규정에 영향을 주었다. 독일민법은 저당권에 의하여 담보할 채권최고액만을 약정하고 구체적인 피담보채권의 확정은 장래에 유보하는 방식이고, 일본민법은 저당권에 의하여 채무자와 채권자 간의 특정한 계속적 거래관계 또는 일정한 계속적 거래관계(기본계약 : 특정근저당, 한정근저당, 포괄근저당)로부터 발생하는 채권을 일정한 한도액까지 담보하는 방식이다(일본민법 398조의2 1항·2항).

우리나라 민법은 근저당권에 관하여 "저당권은 그 담보할 채무의 최고액만을 정하고 채무의 확정을 장래에 보류하여 이를 설정할 수 있다. 이 경우에는 그 확정될 때까지의 채무의 소멸 또는 이전은 저당권에 영향을 미치지 아니한다."라고 규정하고 있어(민법 357조 1항) 그 규정방식으로는 독일민법을 따르고 있다. 그러나 금융기관 담보실무에서는 특정근저당, 한정근저당으로 나누어 기본계약을 당사자 간에 약정하고 그 기본계약으로부터 발생하는 채권을 피담보채권으로 하는 저당권이 근저당권임을 인정하여 일본민법을 따르고 있다.[15]

즉, 우리나라는 근저당권에 관한 민법규정은 독일민법의 최고액저당권을 모범으로 하고, 금융기관의 담보실무는 근저당권을 설정하기 위해서는 당사자 간에 특정·한정근저당으로 기본계약을 체결해야 하며, 그 기본계약으로 발생하는 채권을 피담보채권으로 하는 저당권을 근저당권으로 다루고 있다.

은행 실무에서 기본계약은 근저당권설정계약서에 일괄 기재되어 있어서 동시에 체결된다. 근저당권설정계약은 근저당권설정 당사자인 근저당권자(은행), 채무자 및 근저당권설정자(채무자 또는 제3자)는 근저당권의 피담보채권을 성립시

15) 김상용, 근저당의 기본계약의 부종성 인정에 관한 입법의견(법률신문) 참고

키는 기본계약(특정·한정근저당권 중 선택), 근저당권의 채권최고액과 결산기(장래지정형·지정형·자동확정형 중 하나를 선택)를 약정한다. 또한 부동산등기부에는 「근저당권자, 채무자, 채권최고액」만이 등재되며, 「결산기와 기본계약」은 등재되지 않는다(부동산등기법 75조 2항). 그래서 결산기와 기본계약을 변경할 때는 변경등기 필요 없이 당사자들 간의 합의만으로도 가능하다. 은행 실무에서도 근저당권의 피담보채무범위를 변경할 때는 근저당권설정자, 채무자 등 관련자와 근저당권변경계약서를 작성한 후 변경등기는 하지 않지만, 확정일자를 받고 있다.

과거 은행권에서 「포괄근저당」을 채무자가 이미 체결되어 있거나 장래에 체결할 여러 유형의 거래로 발생하는 모든 채무를 채권자에게 담보하고자 할 때 사용하였지만, 2012년 8월 금융위원회는 은행업감독규정을 개정하여 포괄근저당으로 운용할 수 있는 예외적 경우를 명확히 하는 등 소비자보호를 위하여 실질적으로 포괄근저당제도를 금지하였다(관련 규정은 금융소비자보호에 관한 감독규정이 시행되면서 삭제되었다). 이후 2021년 3월 금융소비자보호법과 금융소비자보호에 관한 감독규정이 시행되면서 "담보되는 채무를 특정하지 않거나, 담보가 다른 채무에도 적용된다는 내용으로 계약하는 행위"를 불공정영업행위로 금지하여(14조 6항 8호), 포괄근저당은 근저당권의 기본계약으로 사용하지 않는다.

근저당권에 있어서 채무자변경의 원인은 포괄승계(일반승계)와 특정승계로 구분되며, 포괄승계에는 사망, 합병이 있고, 특정승계에는 채무인수, 계약인수가 있다.

나. 포괄승계(일반승계)

포괄승계에 해당하는 것으로는 채무자의 사망과 합병의 경우가 있다. 채무자가 사망하면 근저당권 기본계약에 기한 권리·의무는 상속인에게 상속되고 근저당거래는 승계된다.[16] 이러한 채무자의 변경은 그 변경등기가 경료되지 않더라도 변경된 채무자에 대하여 효력이 있다.[17] 그리고 채무자인 법인이 합병된 경우에도 기본계약에 기한 근저당거래가 승계된다. 은행실무에서는 거래의 안전을 위해서

---

16) 채무자가 사망한 경우에는 공동상속인이 협의분할을 통하여 공동상속인 중 1인을 채무자로 정할 수 있다.

17) 대법원 1998.3.24. 선고 97다56242 판결

이러한 경우에도 채무자변경등기를 한 이후에 거래를 계속하도록 내부규정을 정하고 있다.

피담보채권이 확정되기 전에 채무자가 사망한 때에는 상속인 등은 기본계약서상의 채무자의 지위를 승계하게 되어 근저당권은 채권자와 상속인간의 계속적 거래로 생긴 다른 원금채무를 담보한다. 그러나 근저당권자가 여러 명의 상속인 중 1인과 계속적 거래를 하려면 채무자를 변경한다는 취지를 기재한 상속재산분할협의서를 첨부하여 채무자 변경등기를 하여야 한다.

상속개시 후에 상속인간의 협의로 법정상속과 다른 비율로 상속재산을 분할할 수도 있다(민법 1012조, 1013조). 그 결과 상속재산과 상속채무가 서로 다른 상속인에게 승계되거나 무자력한 상속인에게 집중되어 채무가 상속되면 채권회수가 불가능해 질 수도 있다. 그러나 상속채권자의 관여 없이 상속인의 자의에 의해 채무에 대한 상속분이 변경되어 상속채권자가 불이익을 받는 것은 매우 불합리하므로, 상속채무에 대하여는 법정상속분과 다른 지정 및 변경을 하더라도 상속채권자에게 대항할 수 없다. 따라서 은행은 상속채무의 분할이 이루어지더라도 그것을 무시하고 각 상속인에 대하여 법정상속분에 따른 채무의 이행을 청구할 수 있다. 또한, 협의분할은 그 성질상 재산권을 목적으로 하는 법률행위(계약)이므로 채무초과 상태에 있는 채무자가 상속재산의 분할협의를 하면서 상속재산에 관한 권리를 전부 또는 일부 포기하여 재산분할의 결과가 구체적 법정상속분에 상당한 정도로 미달하는 과소한 것이라면 사해행위로 하여 채권자취소권(민법 406조)을 행사할 수 있다.

다. 계약인수(채무자지위의 인수)

근저당권에 있어서 계약인수는 채무자가 계약관계의 동일성을 유지한 채 이미 발생한 권리의무를 포괄한 채무자의 지위를 제3자에게 이전하고, 그 제3자가 채무자 지위를 승계하는 것을 목적으로 하는 계약이다.

근저당권으로 담보되는 채무를 제3자가 인수하는 경우, 채무자의 지위와 근저당권의 채무자의 지위를 함께 계약인수방식으로 이전해야 계약인수 이후의 신규여신을 근저당권이 담보할 수 있다. 다만 계약인수에 의한 근저당권의 채무자변경은 근저당권의 피담보채무가 확정되기 전에만 가능하다고 보아야 한다. 이유는 근저당권의 피담보채권이 확정되면 피담보채권은 특정되므로 그 이후 피담보채권의 범위 변경은 불가능한데, 계약인수는 채무인수와는 달리 인수인이 계약당사자로서의 지위를 승계하여 이미 발생한 채권·채무뿐만 아니라 장래에 발생할 채권·채무도 이전되며, 계약상의 취소권·해제권도 이전하는 것을 목적으로 하여 필연적으로 피담보채권의 유동·교체를 수반하기 때문이다. 은행실무상으로도 근저당권의 피담보채무가 확정되지 않은 경우에 한하여 계약인수방식으로 근저당권의 채무자변경을 할 수 있도록 하고 있다.

라. 인수계약의 당사자

근저당권자(채권자)와 인도인(구채무자) 및 인수인(신채무자) 간의 3면 계약으로 하고, 담보제공자나 연대보증인이 있을 경우에는 이들을 계약에 포함시켜 채무양수에 대한 동의를 받도록 하고 있다.

마. 후순위권자 등의 동의 여부

근저당권의 채무자 지위 인수는 등기를 하여야 그 효력이 발생한다. 채무자변경계약의 내용이 등기부에 부기등기의 방법으로 기재되어야 하는데, 등기원인으로 '년 월 일 계약인수'를 기재하여 신채무자를 표시하고, 구채무자 표시를 말소한다.

이러한 채무자변경에 관하여 후순위 저당권자를 비롯한 제3자의 승낙은 없어도 된다. 해당 부동산상에 후순위 저당권자, 기타 제3자가 있더라도 근저당권은 채권최고액을 등기하도록 하고 있어 채권최고액의 증액을 수반하지 않는 한 그 범위 내에서의 권리변경등기에 후순위 저당권자 및 기타 제3자는 등기상 이해관계를 가지지 않는 것이므로 그들의 동의는 필요가 없기 때문이다.

대법원등기예규에서도 채무자변경에 대하여 후순위 권리자는 이해관계가 없기 때문에 근저당권의 채무자변경등기신청에 후순위 저당권자, 기타 제3자의 승낙서를 첨부할 것을 요구하지 않는다.

계약인수도 채무인수와 동일하게 근저당권의 채무자 변경효력을 발생시키려면 채무자변경계약의 내용을 부기등기의 방법으로 등기하여야 한다. 실무적으로는 등기원인으로 "년 월 일 계약인수"를 기재하고, 신채무자를 표시하고, 구채무

자 표시를 주말한다.[18]

다만, 계약인수에 의한 채무자변경은 피담보채권의 유동·교체를 수반하는 만큼 피담보채권확정 이후에는 불가능하다.

참고 근저당권에 관한 등기사무처리지침 (등기예규 제1471호, 시행 2012.6.29.)

제4조(채무자변경으로 인한 근저당권변경등기)

① 근저당권의 피담보채권이 확정되기 전에 근저당권의 기초가 되는 기본계약상의 채무자 지위의 전부 또는 일부를 제3자가 계약에 의하여 인수한 경우, 근저당권설정자(소유자) 및 근저당권자는 "계약인수"(제3자가 기본계약을 전부 인수하는 경우), "계약의 일부 인수"(제3자가 수개의 기본계약 중 그 일부를 인수하는 경우), "중첩적 계약인수"(제3자가 기본계약상의 채무자 지위를 중첩적으로 인수하는 경우)를 등기원인으로 하여 채무자변경을 내용으로 하는 근저당권변경등기를 신청할 수 있다.

② 근저당권의 피담보채권이 확정된 후에 제3자가 그 피담보채무를 면책적 또는 중첩적으로 인수한 경우에는 채무인수로 인한 저당권변경등기에 준하여 채무자변경의 근저당권변경등기를 신청할 수 있다. 이 경우 등기원인은 "확정채무의 면책적 인수" 또는 "확정채무의 중첩적 인수" 등으로 기록한다.

참고 근저당권의 채무자변경등기의 원인과 후순위 저당권자 등의 승낙 여부 (등기선례 제2-394호, 제정 87.8.20.)

제4조(채무자변경으로 인한 근저당권변경등기)

근저당권의 기본계약상의 채무자의 지위가 채권자 및 신 · 구채무자 사이의 3면 계약에 의하여 승계된 경우에는 '채무자변경계약'을 원인으로 근저당권의 채무자변경등기를 신청할 수 있으며, 그 신청서에 후순위 저당권자 등 이해관계인의 승낙서는 첨부할 필요가 없다.

4-2 은행의 채무자변경절차

채무관계자로부터 채무자변경 신청이 있는 경우, 은행은 신청사유의 적정여부, 채무양수인의 신용상태, 상환능력, 연대보증인 및 담보제공자와의 관계, 담보물건 상황 및 관계기관(신용보증기금보증서를 담보로 사용한 대출인 경우 신용보증기금) 승인 여부 등을 종합적으로 검토한 후 "채무인수약정서 및 근저당권변경계약

18) 대법원 등기예규 제880호(1997.9.9 개정) 근저당권에 관한 등기사무처리지침

서”를 활용하여 채무자변경계약을 체결한다. 근저당권변경계약서는 근저당권의 채무자지위를 인수하는 “계약인수용”[19]과 근담보권의 채무만을 면책적으로 인수하는 “확정채무의 면책적 인수용”[20]이 있는데, 확정채무의 면책적 인수용으로 근저당권변경계약을 체결할 경우, 근저당권의 피담보채무확정의 효력이 발생하게 되어 은행은 해당 근저당권으로는 인수인의 신규여신을 담보할 수 없게 됨을 유의해야 한다.

계약인수 계약체결은 은행 · 채무양수인 · 채무양도인에 의한 3면 계약으로 하되, 담보제공자 · 연대보증인이 있을 경우 이들을 계약상에 포함시켜 채무양수에 대한 동의를 받도록 하고 있다.

개인기업의 법인전환이나 사업양수도 등으로 고객변경이 발생하는 경우에는 채무양수인의 명백한 의사표시 등 특별한 사정이 없는 한 근저당권 변경등기는 등기원인을 ‘계약인수’로 하도록 하고 있다.

또한 기존여신이 완제되는 등으로 양수도를 할 채무가 없는 상태에서의 근저당권변경등기는 근저당권의 효력 유무에 대해서 분쟁의 소지가 있으므로, 피담보채무의 확정사유가 없는 경우에 한하여 고객명의로 여신을 취급한 후 채무인수와 근저당권변경을 하도록 하고 있으며, 근저당권의 피담보채무의 확정사유가 있었던 근저당권은 ‘계약인수’를 할 수 없도록 하고 있다.

5 계약가입(중첩적 계약인수)

계약가입은 종래의 당사자가 계약관계에서 벗어나지 않고 가입자와 더불어 당사자의 지위를 가지는 것을 말한다. 이를 중첩적 계약인수라고 표현할 수 있다.

---

19) 근저당권변경계약서(계약인수용) 1조(근저당권의 채무자지위 인수)
① 채권자(근저당권자), 채무자, 계약인수인 및 근담보권설정자(또는 제3취득자)는 아래 표시 근저당권(이하 원근저당권이라 합니다) 설정계약의 기초가 되는 채권자와 채무자 간에 존재하는 계약(아래 표시 약정서를 포함합니다. 이하 기본계약이라 합니다) 및 원근저당권설정계약상의 채무자지위를 계약인수인이 전부 인수하는데 합의하였습니다.

20) 근저당권변경계약서(확정채무의 면책적 인수용) 1조(채무의 인수)
① 채무인수인은 채무자가 은행여신거래기본약관 및 아래 표시 약정서(이하 원약정서라 합니다)에 의하여 채권자에게 부담하고 있는 채무를 채권자와 채무자의 승낙을 얻어 20 . . .자 채무인수약정서로 그 채무의 동일성을 유지한 채 면책적으로 인수하였습니다.

참고 계약인수와 채무인수의 비교

<table>
<tr><th>구 분</th><th>등기원인</th><th>변경등기 이전 채무자</th><th>변경등기 이후 채무자</th><th>계속 거래 가능 여부</th></tr>
<tr><td rowspan="2">(계약인수) 신채무자와 거래 계속 (○)</td><td>면책적 계약인수</td><td>A</td><td>B</td><td rowspan="2">– 계약체결일 현재 발생된 원채무자의 채무뿐 아니라 신채무자와 거래할 새로운 채무도 담보
– 신규 · 증액 · 대환 · 기간연장 모두 가능</td></tr>
<tr><td>중첩적 계약인수</td><td>A</td><td>A, B</td></tr>
<tr><td rowspan="2">(채무인수) 신채무자와 거래 계속 (×)</td><td>면책적 채무인수</td><td>A</td><td>B</td><td rowspan="2">– 계약체결일 현재 발생된 원채무자의 채무만 담보
– 신채무자와 거래할 새로운 채무는 담보하지 못함
– 신규 · 증액 · 대환 불가, 기간연장 가능</td></tr>
<tr><td>중첩적 채무인수</td><td>A</td><td>A, B</td></tr>
</table>

참고 은행 채무인수약정서 및 근저당권변경계약서별 운용요령

구분	채무인수약정서(약정서에 선택표시)		근저당권변경계약서 (확정채무의 면책적 인수용)	근저당권변경계약서 (계약인수용)
	면책적 인수형	중첩적 인수형		
용도	●기존채무에 관한 채무자 교체 시(면책적 채무인수 또는 계약인수) – 확정채무의 면책적 인수 또는 계약인수를 하는 경우 그 원인계약으로 약정 ●대상채무 : 계약체결일 현재 이미 발생된 기존채무	●기존채무에 관한 채무자 추가 시(중첩적 채무인수) – 원채무자와 계속거래를 요하나 신용악화된 경우 또는 계속거래가 없는 대출을 신용 있는 자에게 인수시키는 등 담보보강을 위한 경우 ●대상채무 : 계약체결일 현재 이미 발생된 기존채무	●피담보채권 확정 후 채무자 교체 시(면책적 채무인수) – 근저당권의 피담보채권이 확정된 후 제3자가 그 피담보채무를 면책적으로 인수하는 경우 ●대상채무 : 계약체결일 현재 이미 발생된 기존채무	●피담보채권 확정 전 채무자 지위승계 시(계약인수) ●개인기업의 법인전환, 영업양도 등으로 채무자가 변경되나 은행과의 계속적인 거래관계 유지가 필요한 경우 ●대상채무 : 계약체결일 현재 이미 발생된 기존채무 및 장래 발생될 채무(신규, 대환, 증대)
효과	●원채무자는 채무를 면함 ●양수인은 원채무자가 가지고 있던 특정채무만을 부담함	●원채무자는 계속 채무를 부담 ●양수인은 원채무자의 기존 특정채무를 원채무자와 함께 부담함(원채무자와 양수인은 연대채무 관계임)	●원채무자는 채무를 면함 ●양수인은 원채무자가 가지고 있던 특정채무만을 부담함	●원채무자는 계약관계에서 탈퇴하고 그와의 계약관계는 소멸함 ●양수인은 원채무자의 계약상 지위를 포괄적으로 승계함(기존채무의 인수 및 계약상의 지위를 함께 승계함)
담보효력(근저당권)	●근저당권변경계약서에 따름	●원채무자에 대하여는 근저당권의 효력이 계속 유지되므로 인수 후의 새로운 채무도 담보하게 되나 양수인에 대하여는 인수 특정채무만을 담보할 효력만을 갖게 됨	●인수한 특정채무만을 담보하는 효력을 갖게 되고 인수인의 새로운 채무는 담보하지 아니함 ●인수한 채무의 대환·재약정 불가 ●양수인의 기존채무는 담보하지 않음	●계속 근담보로서 기존채무 및 인수 후 발생할 양수인의 계약상 채무를 담보함 ●양수인의 기존채무는 담보하지 않음
근저당권 변경등기	●변경등기(부기등기) 필요 ●등기원인 표시 : "확정채무의 면책적 인수" 또는 "계약인수"	●변경등기(부기등기) 불필요	●등기원인표시 : "확정채무의 면책적 인수"	●등기원인표시 : "계약인수"

제2절

개인채무자의 변동

1 채무자의 사망

여신거래에 있어서 '채무자의 사망'이라는 의미는 사망한 채무자(피상속인)가 여신거래의 권리 · 의무 관계에서 제외되고 사망한 채무자의 채권 · 채무를 상속받은 상속인이 여신거래의 권리 · 의무를 승계한다는 것을 의미한다. 이러한 측면에서 채무자의 사망은 개인채무자 변동 원인의 하나가 된다.

2 상속

상속이란 자연인이 사망한 경우에 그의 재산상의 지위(권리 · 의무)가 법률규정에 의하여 특정인에게 포괄적으로 승계되는 것을 말하며, 사망하는 자를 '피상속인'이라 하고, 사망자의 재산상의 지위를 승계하는 자를 '상속인'이라고 한다.

2-1 상속의 개시

가. 상속개시의 원인

상속의 개시란 상속에 의한 법률효과가 발생하는 것이다. 상속개시의 원인은 피상속인의 사망이다(민법 997조). 사망에는 자연적 사망과 법원의 실종선고에 의한 의제사망이 있다.

나. 상속개시의 시기

상속개시의 시기는 상속인의 자격 · 범위 · 순위를 결정하는 기준이 되고, 상속에 관한 권리의 행사기간의 기산점이 되며, 상속의 효력발생, 상속재산 상속분 ·

유류분의 기준시기가 되는 등 상속인이나 상속의 법률관계를 결정하기 위하여 중요한 시점이 된다. 은행 실무적으로 상속개시 시점은 피상속인의 가족관계등록부(구 호적등본)에 의하여 확인한다.

다. 사망의 구체적인 시기

1) 자연사망

이 경우에는 피상속인이 실제로 사망한 시기, 즉 호흡과 혈액순환이 영구적으로 멈춘 때에 상속이 개시된다.

2) 인정사망

이 경우에는 관공서가 인정한 시기에 상속이 개시된다.

3) 실종선고

이 경우에는 실종기간이 만료된 때에 상속이 개시된다. 보통실종은 생존이 확인된 최후 소식 시로부터 5년의 기간이 만료된 때, 특별실종의 경우에는 위난 종료 시로부터 1년의 기간이 만료된 때에 사망한 것으로 본다. 만약 실종선고가 취소되면 실종선고는 실효되는데, 상속받은 자가 선의인 경우에는 그 받은 이익이 현존하는 한도에서 재산을 반환해야 한다. 그러나 그가 악의인 경우에는 받은 이익에 이자를 붙여서 반환하고 손해가 있으면 배상해야 한다. 다만 실종선고 후 그 취소가 이루어지기 전에 선의로 한 상속재산의 처분행위는 선고가 취소되어도 유효하다.

4) 동시사망의 추정

동시에 사망한 것으로 추정되는 사람들 상호간에는 상속이 개시되지 않지만, 대습상속은 받을 수 있다.[21)]

---

21) 대법원 2001.3.9. 선고 99다13157 판결

라. 상속개시의 장소

상속은 피상속인의 주소지에서 개시된다(민법 998조).

2-2 상속인

상속인이란 피상속인의 재산상의 법적지위를 포괄적으로 승계한 자를 말한다. 상속인이 될 수 있는 범위는 피상속인의 배우자·직계비속·직계존속·형제자매·4촌 이내의 방계혈족이다. 상속인은 단순히 상속인이 될 수 있는 자격을 갖는 자와 구별된다. 예를 들어 부모, 처, 자녀를 둔 A가 사망한 경우, A의 상속인은 처와 자녀이고 부모는 상속인이 될 수 있는 가능성을 갖는 자에 불과하고 상속인은 아니다.

가. 상속인의 자격

1) 상속능력

상속능력은 상속인이 될 수 있는 능력(지위 · 자격)을 말한다. 상속에 의하여 상속인은 피상속인의 권리의무를 승계하므로, 상속능력을 가지려면 당연히 권리능력[22]이 있어야 한다. 상속인은 피상속인의 일정한 친족에 한정되고, 태아는 상속에 관하여는 이미 출생한 것으로 본다(민법 1000조 3항). 법인은 상속인이 되지는 못하지만, 포괄유증을 받을 수는 있다.

2) 상속결격

상속에 적합하지 않은 일정한 사유가 있는 경우에 상속인의 자격을 상실하게 하는 것을 상속결격이라고 한다. 상속결격사유에 해당하는 행위를 한 자는 상속인이 되지 못한다(민법 1004조)[23]. 이 결격의 효과는 결격자 본인에게만 한정되므

22) 권리능력은 권리의 주체가 될 수 있는 지위 또는 자격을 가리키며, 인격 또는 법인격이라고도 한다.

23) 민법 1004조(상속인의 결격사유) 다음 각 호의 어느 하나에 해당한 자는 상속인이 되지 못한다.
1. 고의로 직계존속, 피상속인, 그 배우자 또는 상속의 선순위나 동순위에 있는 자를 살해하거나 살해하려 한 자
2. 고의로 직계존속, 피상속인과 그 배우자에게 상해를 가하여 사망에 이르게 한 자
3. 사기 또는 강박으로 피상속인의 상속에 관한 유언 또는 유언의 철회를 방해한 자

로 그의 직계비속이나 배우자가 대습상속을 하는 데는 지장이 없다.

2-3 상속재산

가. 형성권 · 지식재산권(무체재산권)

피상속인이 현실적으로 행사할 수 있는 형성권(취소권·해제권·해지권·환매권·채권자취소권·예약완결권 등)도 상속된다. 저작권 중 저작재산권은 상속이 되지만 저작인격권은 상속의 대상이 아니다. 특허권·실용신안권·의장권·상표권과 같은 산업재산권은 양도나 처분금지 또는 제한이 있다고 하더라도 원칙적으로 상속이 가능하다. 광업권·어업권 등도 원칙적으로 상속된다.

나. 물권

물권은 원칙적으로 전부 상속된다. 부동산물권의 득실변경은 등기를 하여야 그 효력이 발생하나(민법 186조), 상속으로 인한 부동산물권의 취득은 등기를 필요로 하지 않는다(민법 187조). 동산물권도 인도를 요하지 않고 상속인에게 당연히 이전되는 것으로 본다.

점유권도 상속인에게 상속된다(민법 193조). 현실의 인도 등의 직접적인 점유이전이 없더라도 상속인이 사실상 지배하고 있다고 인정된다면 점유가 인정된다.

다. 채권

채권은 원칙적으로 상속의 대상이 된다. 다만 채권·채무의 성질상 승계가 불가능한 경우 등은 상속성이 없다.

보험계약자인 피상속인이 자신을 피보험자 및 수익자로 한 경우의 생명보험금은 상속재산이다. 다만, 보험계약자가 피보험자의 상속인을 보험수익자로 하여 맺은 생명보험계약에 있어서 피보험자의 상속인은 피보험자의 사망이라는 보험사고가 발생한 때에는 보험수익자의 지위에서 보험자에 대하여 보험금지급을 청

---

4. 사기 또는 강박으로 피상속인의 상속에 관한 유언을 하게 한 자
5. 피상속인의 상속에 관한 유언서를 위조 · 변조 · 파기 또는 은닉한 자

구할 수 있고, 이 권리는 보험계약의 효력으로 당연히 생기는 것으로 상속재산에 속하지 않는다.[24)]

피상속인에게 지급될 일반적인 퇴직금·퇴직수당·공로금·연금(유족연금 등은 제외) 또한 이와 유사한 급여의 경우 피상속인의 사망으로 인하여 지급되는 것이라면 상속재산으로 본다(상속세 및 증여세법 10조). 그러나 산업재해보상보험금 등과 같이 그 근거가 유족에게 직접 지급한다는 사용자와 피용자 사이의 제3자를 위한 계약에 준하는 사망퇴직금이나 산업재해보상보험금은 각각의 규정에 의하여 수급권자를 정한 것이므로 상속재산이 아니며 수급권자의 고유재산에 속한다.

2-4 상속인의 순위

민법은 상속인이 될 수 있는 자가 여러 명 있는 경우에는 상속인으로 되는 자 및 그들의 순위를 정하고 있다. 상속인에는 혈족상속인과 배우자상속인이 있으며, 혈족상속인은 피상속인과의 관계에 의하여 그룹별로 1순위부터 4순위까지 정해져 있고(민법 1000조), 배우자는 언제나 상속인이 되는 것으로 정해져 있다(민법 1003조).

제1순위 상속인뿐만 아니라 제2순위 내지 제4순위 상속자가 모두 있는 경우에는 제1순위자만 상속인이 되고, 나머지는 상속인이 되지 못한다. 또한 상속인이 없고 상속재산의 분여를 청구하는 자도 없는 경우에는 상속재산은 국고에 귀속한다(민법1058조).

가. 제1순위 : 피상속인의 직계비속(민법 1000조 1항 1호)[25)]

직계비속이면 모두 여기에 해당하므로 피상속인의 자녀 외에 손자녀 · 증손자녀 등도 포함된다. 다만, 직계비속이 여럿 있는 경우 최근친이 선순위가 되고 최근친인 직계비속이 여럿 있으면 공동상속인이 되므로 피상속인의 자녀 · 손자녀가 있는 경우에는 자녀만이 상속하고 자녀가 여럿 있으면 그들이 공동으로 상속한다. 자녀에는 양자녀 및 그의 직계비속도 포함된다.

---

24) 대법원 2001.12.24. 선고 2001다65755 판결

25) 직계비속이란 자기로부터 직계로 이어져 내려가는 혈족. 아들, 딸, 손자, 증손 등을 말한다.

나. 제2순위 : 피상속인의 직계존속(민법 1000조 1항 2호)[26)]

직계존속이면 부계 · 모계, 양가 · 생가[27)]를 모두 포함하며, 성별, 이혼했는지 여부 등은 상관없다. 직계존속이 여럿 있는 경우에는 최근친이 선순위가 된다는 점, 최근친인 직계존속이 여럿 있으면 공동상속인이 된다는 점은 직계비속의 경우와 같다.

다. 제3순위 : 피상속인의 형제자매(민법 1000조 1항 3호)

형제자매도 부계 · 모계를 모두 포함한다. 그리하여 부는 다르고 모는 같은 이성동복(異姓同腹)과 부가 같고 모는 다른 동성이복(同姓異腹)도 포함된다. 형제자매이면 성별, 혼인 여부, 양자인지 등을 묻지 않는다. 형제자매가 여러 명인 경우는 동순위로 상속인이 된다.

라. 제4순위 : 4촌 이내의 방계혈족(민법 1000조 1항 4호)

4촌 이내의 방계혈족이면 상속에 포함되고 부계인지 모계인지, 성별, 혼인 여부 등은 묻지 않는다. 4촌 이내의 방계혈족이 여럿 있는 경우에는 최근친자가 선순위가 되고, 선순위인 자가 여럿 있으면 공동상속인이 된다.

마. 배우자

피상속인의 배우자는 피상속인의 직계비속이나 피상속인의 직계존속이 있는 때에는 그 상속인과 공동상속인이 되고, 그 상속인이 없는 때에는 단독상속인이 된다. 여기의 배우자는 혼인신고를 한 법률상의 배우자만을 가리키며, 사실혼의 배우자는 포함되지 않는다.

2-5 대습상속

피상속인의 사망 이전에 상속인이 될 직계비속 또는 형제자매가 이미 사망하

26) 직계존속이란 조상으로부터 직계로 내려와 자기에 이르는 사이의 혈족으로 부모, 조부모 등을 말한다.

27) 다만 특별양자인 친양자 사망의 경우 생가 부모가 상속인이 될 수 없다.

였거나 결격사유의 발생으로 상속권을 상실하였을 경우에는 그 자의 직계비속이나 배우자가 그 자에 갈음하여 그 자가 받았을 상속분을 상속하는 것이 대습상속이다(민법 1001조, 1003조 2항).[28] 여기서 대습상속인이란 상속권을 잃은 상속인의 직계비속과 배우자를 말한다.

대습상속이 가능한 경우를 살펴보면, 상속인이 될 피상속인의 직계비속이 상속개시 전에 사망하거나 결격된 때에는 그의 직계비속이 대습상속을 하고 상속인이 될 피상속인의 형제자매가 상속개시 전에 사망하거나 결격된 때에는 그의 직계비속이 대습상속을 한다. 또한 상속인이 될 피상속인의 직계비속 또는 형제자매가 상속개시 전에 사망하거나 결격된 때에는 그의 배우자는 그의 직계비속과 공동으로 대습상속하고 직계비속이 없으면 단독으로 상속한다.

가. 대습상속의 요건

대습상속의 요건은 상속인이 상속개시 전에 사망하거나 결격자가 되어야 한다. 대습상속인은 피대습자(사망 또는 결격된 자)의 직계비속이나 배우자로 대습자는 상속인의 자격을 잃어서는 안 된다.

1) 상속개시 전의 사망

대습상속이 인정되기 위해서는 상속인이 될 직계비속 또는 형제자매가 상속개시 전에 사망하거나 결격자가 되어 상속권을 상실하여야 한다(민법 1001조, 1003조 2항).

민법은 대습원인을 단순히 상속개시 전의 사망으로 규정하고 있어 동시사망의 경우에는 해석상의 논란이 있었으나, 판례는 동시사망의 경우에도 대습상속을 인정하고 있다.[29] 그 이유는 피대습자가 피상속인보다 먼저 사망하였을 때에는 민법 1001조와 1003조 2항에 의하여 대습상속하게 되고, 피대습자가 상속개시 후

---

28) 예를 들면 재산가인 A에게는 결혼한 아들 B(배우자와 자녀 2명)와 미혼인 딸 C가 있었다. 이 상태에서 A가 사망하는 경우에는 B와 C가 상속인이 된다. 그러나 B가 먼저 사망한 이후에 A가 사망한 경우에는 딸 C가 상속인이 되는 외에 B의 배우자와 자녀 2명도 B가 상속받았을 몫을 상속받게 된다.

29) 대법원 2001.3.9. 선고 99다13157 판결

에 사망하면 피대습자를 거쳐 피상속인의 재산을 본위상속하므로 두 경우 모두 상속을 한다. 그런데 피상속인과 피대습자가 동시에 사망한 것으로 추정되는 경우에만 그 직계비속 또는 배우자가 본위상속과 대습상속의 어느 쪽도 못하게 된다면 동시사망 추정 이외의 경우에 비하여 현저히 불공평하고 불합리하기 때문이다.

판례 **대법원 2001.3.9. 선고 99다13157 판결**

[1] 피상속인의 사위가 피상속인의 형제자매보다 우선하여 단독으로 대습상속한다는 민법 1003조 2항이 위헌인지 여부(소극)
[2] 동시사망으로 추정되는 경우 대습상속의 가능 여부(적극)
[3] 피상속인의 자녀가 상속개시 전에 전부 사망한 경우 피상속인의 손자녀의 상속의 성격(대습상속)

또한 실종선고의 경우도 자연적인 사망과 다르게 볼 이유가 없으므로 실종선고를 대습상속의 원인으로 보고 있다.[30)]

2) 상속인이 될 사람(피대습자)의 직계비속이나 배우자일 것

대습상속인은 피대습자의 직계비속이나 배우자이어야 한다. 대습상속이 개시된 경우 피대습자의 배우자(사실혼 배우자 제외)는 그 직계비속과 같은 순위의 공동상속인이 되고, 그 상속인이 없으면 배우자가 단독상속한다(민법 1003조 2항).

3) 대습상속인은 상속인의 자격을 상실하지 않을 것

대습상속인이 되려는 사람은 스스로 상속인의 자격을 잃어서는 안 된다. 즉 대습자가 결격자인 경우에는 대습상속권이 없다. 대습상속인도 본위상속의 상속인과 마찬가지로 피상속인을 직접 상속하는 자이기 때문이다. 예컨대 손자가 그 아버지를 살해하여 상속결격자가 되었는데 나중에 할아버지가 사망한 경우, 손자는 아버지를 대습하여 할아버지의 재산을 상속할 수 없다(양형우, 친족상속법-2025년, 정독).

30) 대법원 1980.8.26. 선고 80다351 판결; 대법원 2011.5.13. 선고 2009다94384 · 94391 · 94407 판결

나. 피대습자의 요건

피대습자는 상속인이 될 직계비속 또는 형제자매이다. 따라서 추정상속인이 피상속인의 직계존속이거나 형제자매 이외의 4촌 이내의 방계혈족인 경우에는 이들이 피상속인보다 먼저 사망하거나 결격자로 되어도 대습상속은 인정되지 않는다.

판례 **대법원 2017. 1. 12. 선고 2014다39824 판결**

피상속인 A의 상속인 B, C(처/자녀)가 상속을 포기하여 A의 모(母) D가 차순위 상속인으로 재산을 상속하고, 이후 D가 사망하여 B, C가 대습상속을 받았는데 D에게 위 상속재산 외에 고유재산이 없는 경우에, B, C가 종전에 한 A의 상속포기의 효력이 대습상속의 포기에까지 미치는지 여부(소극)

민법 제1001조는 대습상속에 관하여 상속인이 될 직계비속 또는 형제자매가 상속개시 전에 사망하거나 결격자가 된 경우에 그 직계비속이 있는 때에는 그 직계비속(대습상속인)이 사망하거나 결격자가 된 사람(피대습자)의 순위로 상속인이 된다고 정하고 있다. 이 경우에 상속개시 전에 사망하거나 결격자가 된 사람의 배우자는 제1001조의 규정에 의한 상속인과 동순위로 공동상속인이 된다(민법 제1003조 2항).

피상속인의 사망으로 상속인에게 피상속인의 모든 재산상의 권리 · 의무가 법률상 당연히 포괄적으로 승계되는데(민법 제1005조 제1항), 상속인의 의사를 고려하여 상속인을 보호하기 위하여 마련된 제도가 상속포기 제도이다.

상속의 포기는 상속에 관한 법률상 지위를 상실시키는 행위로서 다른 공동상속인 또는 피상속인이나 상속인의 채권자 등에게 미치는 영향이 크다. 민법은 그 의사표시의 존재를 명확히 하고 법률관계를 획일적으로 처리하기 위하여 상속포기의 기간을 상속개시 있음을 안 날부터 3월로 제한하고(민법 제1019조 제1항 전문), 상속인이 이 기간 내에 한정승인 또는 포기를 하지 않은 때에는 단순승인을 한 것으로 보며(민법 제1026조 제2호), 상속포기의 취소는 허용되지 않는다(민법 제1024조 제1항). 또한 상속포기의 방식은 위 기간 내에 가정법원에 포기의 신고를 하도록 엄격하게 제한된다(민법 제1041조). 가사소송법과 그 규칙은 상속포기의 절차와 방식을 정하고 있는데, 상속인 등이 피상속인의 성명과 최후주소, 피상속인과의 관계 등 일정한 사항을 기재하고 기명날인하거나 서명한 서면에 의하여 가정법원에 신고하여야 하며 가정법원이 상속포기신고를 수리할 때 반드시 심판절차를 거쳐 심판서를 작성하여야 한다.

상속포기의 기간, 방식과 절차를 정한 민법의 위 규정들은 강행규정으로서, 이를 위반하여 상속이 개시되기 전에 포기를 하거나 그 방식과 절차를 따르지 않은 경우에는 상속포기의 효력이 없다고 보아야 한다.

피상속인의 사망으로 상속이 개시된 후 상속인이 상속을 포기하면 상속이 개시된 때에 소급하여 그 효력이 생긴다(민법 제1042조). 따라서 제1순위 상속권자인 배우자와 자녀들이 상속을 포기하면 제2순위에 있는 사람이 상속인이 된다. 이러한 상속포기의 효력은 피상속인의 사망으로 개시된 상속에만 미치는 것이고, 그 후 피상속인을 피대습자로 하여 개시된 대습상속에까지 미치지는 않는다. 대습상속은 상속과는 별개의 원인으로 발생하는 것인 데다가 대습상속이 개시되기 전에는 이를 포기하는 것이 허용되지 않기 때문이다. 이는 종전에 상속인의 상속포기로 피대습자의 직계존속이 피대습자를 상속한 경우에도 마찬가지이다. 또한 피대습자의 직계존속이 사망할 당시 피대습자로부터 상속받은 재산 외에 적극재산이든 소극재산이든 고유재산을 소유하고 있었는지 여부에 따라 달리 볼 이유도 없다.

따라서 피상속인의 사망 후 상속채무가 상속재산을 초과하여 상속인인 배우자와 자녀들이 상속포기를 하였는데, 그 후 피상속인의 직계존속이 사망하여 민법 제1001조, 제1003조 제2항에 따라 대습상속이 개시된 경우에 대습상속인이 민법이 정한 절차와 방식에 따라 한정승인이나 상속포기를 하지 않으면 단순승인을 한 것으로 간주된다. 위와 같은 경우에 이미 사망한 피상속인의 배우자와 자녀들에게 피상속인의 직계존속의 사망으로 인한 대습상속도 포기하려는 의사가 있다고 볼 수 있지만, 그들이 상속포기의 절차와 방식에 따라 피상속인의 직계존속에 대한 상속포기를 하지 않으면 그 효력이 생기지 않는다. 이와 달리 피상속인에 대한 상속포기를 이유로 대습상속 포기의 효력까지 인정한다면 상속포기의 의사를 명확히 하고 법률관계를 획일적으로 처리함으로써 법적 안정성을 꾀하고자 하는 상속포기제도가 잠탈될 우려가 있다(출처 : 법원도서관 판례속보, 2017.1.20.).

2-6 상속의 효력

가. 상속재산의 포괄승계

상속인은 상속이 개시된 때에 피상속인의 재산에 관한 모든 권리 · 의무를 포괄적으로 승계한다. 따라서 개별적인 권리에 대한 이전절차나 채무인수는 필요하지 않다. 그 승계는 특별한 의사표시가 없어도 법률상 당연히 진행된다.

승계되는 것은 적극재산(권리)뿐만 아니라 소극재산(채무)도 포함되고, 아직 구체화되지 않은 재산법적인 법률관계(예: 청약을 받고 있는 지위)도 포함된다.

승계되는 시기는 상속이 개시된 당시(피상속인의 사망 당시)이다. 이때 상속인은 상속이 개시되었다는 사실, 자기가 상속인이라는 사실, 피상속인의 적극 · 소극재산 등의 구체적인 내용을 알았는지 여부와는 상관없이 상속이 이루어진다.

나. 상속분

1) 법정상속분

상속분이란 '각 공동상속인이 상속재산에 대하여 가지는 권리 · 의무의 비율'을 말한다. 같은 순위의 상속인이 여러 명인 때에는 그 상속분은 균분으로 한다. 다만, 피상속인의 배우자의 상속분은 직계비속 · 직계존속과 공동으로 상속하는 때에는 직계비속 · 직계존속의 상속분에 5할을 더한다. 피상속인에게 배우자만 있고 직계비속도 직계존속도 없는 때에는 배우자가 단독으로 상속한다(민법 1003조 1항).

2) 대습상속인의 상속분

대습상속인의 상속분은 피대습자의 상속분과 같다(민법 1010조 1항). 그리고 대습상속의 경우에 대습상속하는 직계비속이 여러 명인 때, 그리고 대습상속하는 배우자(피대습자의 배우자)가 있는 때에는 피대습자의 상속분을 상속재산으로 하여 법정상속분의 방법으로 상속분을 정한다. 따라서 피대습자의 직계비속의 상속분은 균등하며, 피대습자의 배우자의 상속분은 직계비속의 상속분에 5할을 더하고 직계비속이 없는 경우에는 배우자가 단독상속한다.

3) 특별수익자의 상속분

가) 특별수익의 반환제도

공동상속인 중 한 사람 또는 여러 사람이 피상속인으로부터 재산의 증여 또는 유증을 받은 경우에 그 특별수익을 고려하지 않고 상속한다면 불공평하게 된다. 따라서 특별수익자는 그 수증재산이 자기의 상속분에 달하지 못한 때에는 그 부족한 부분의 한도에서 상속분이 인정된다(민법 1008조).

특별수익자가 있는 경우, 구체적인 상속분의 산정방법은 먼저 피상속인이 상속개시 당시에 가지고 있었던 재산(적극재산만을 의미)의 가액에 생전증여의 가액을 더한 후, 이 가액에 각 공동상속인별로 법정상속분을 곱하여 상속분의 가액을 정한다. 이 가액이 각 공동상속인의 상속분이 되나, 특별수익자의 상속분은 이 가액에서 수증재산인 증여 또는 유증의 가액을 공제한 것이 된다.[31)]

나) 특별수익의 가액이 상속분을 초과한 경우

특별수익의 가액이 수익자의 상속분을 넘는 경우에는 수익자는 상속재산으로부터 더 이상 상속받을 수는 없고, 특별수익이 공동상속인의 유류분을 침해한 경우에는 그 초과분을 반환하여야 한다.[32)]

4) 기여분

가) 의의

기여분제도는 공동상속인 중에 피상속인의 재산의 유지 또는 증가에 관하여 특별히 기여하거나 피상속인을 특별히 부양한 자가 있는 경우, 상속분을 정함에 있어서 그러한 기여나 부양을 고려하는 제도이다. 구체적으로는 상속개시 당시의 피상속인의 재산가액에서 공동상속인의 협의로 정한 '기여자의 기여분'을 공제한 것을 상속재산으로 하여 각 공동상속인의 상속분을 산정한 뒤, 그 산정된 상속분에 기여분을 더한 액을 기여자의 상속분으로 하는 것이다(민법 1008조의2 1항).

나) 기여의 종류와 정도

기여의 종류에는 공동상속인 중에서 상당한 기간 동거 · 간호 그 밖의 방법으로 피상속인을 특별히 부양한 '특별부양'과 피상속인의 재산의 유지 또는 증가에 특별히 기여한 '재산상의 특별기여'가 있다.

---

31) 예를 들면, 사망당시의 재산 가액이 1억 원인 A가 자녀 B · C를 남기고 사망하였는데, A는 1년 전에 B에게 2천만 원을 증여하였다. 이 경우 상속재산은 1억 원에 증여된 2천만 원이 더해져 1억2천만 원이 되고 자녀 B · C의 상속분은 일단 6천만 원씩 되지만, B의 상속분은 이미 증여받은 2천만 원을 뺀 4천만 원이 된다.

32) 사망당시 1억 원의 재산과 자녀 B · C를 남긴 A가 생전에 B에게 5억 원을 증여한 경우, 상속재산은 1억 원에 B에게 증여된 5억 원이 더해져 6억 원이 되어, B와 C의 상속분은 각 3억 원이 되지만 C의 유류분은 그의 상속분 3억 원의 2분의 1인 1억5천만 원이다. 따라서 A가 남긴 재산이 1억 원이 있으므로 B는 5천만 원만을 C에게 반환하면 된다.

특별부양 또는 특별기여의 정도가 가족관계 내지 친족관계에 있어서 일반적으로 기대되는 공헌의 정도를 넘는 경우, 이를 무시하고 본래의 상속분에 따라 분할한다면 불공평하게 되므로 이에 기여의 정도를 부여한다.

다) 기여분의 결정

기여분은 1차적으로 모든 공동상속인의 협의에 의하여 정하고, 협의가 되지 않거나 협의할 수 없는 때에는 기여자의 청구에 의하여 가정법원이 심판으로 결정한다(민법 1008조의2 2항). 기여분은 상속이 개시된 때의 피상속인의 재산가액에서 유증의 가액을 공제한 액을 넘지 못한다(민법 1008조의2 3항).

5) 상속분의 양수(환수)

공동상속인 중에 그의 상속분을 제3자에게 양도한 자가 있는 경우, 다른 공동상속인은 그 가액과 양도비용을 상환하고 그 상속분을 되찾아올 수 있으며, 이를 공동상속분의 양수(환수)라고 한다. 이 양수(환수)권은 상속분이 양도된 것을 안 날부터 3개월, 양도가 있었던 때부터 1년 내에 행사하여야 한다(민법 1011조).

양수권의 행사에 의하여 제3자에게 양도된 상속분은 양도인 외의 공동상속인 전원에게 그 상속분에 따라 귀속된다.[33] 양수권 행사에 쓰인 상속분의 가액과 양도비용도 상속분에 따라 공동상속인들이 부담한다.

2-7 상속재산의 분할

공동상속의 경우 상속이 개시되면 상속재산은 일단 공동상속인이 공유하는 상태가 되는데, 상속재산의 공유관계를 각 공동상속인의 단독소유로 전환하는 분배절차를 상속재산의 분할이라고 한다. 피상속인이 유언으로 상속재산의 분할방법을 정한 경우에는 그에 따르고(지정분할), 유언이 없으면 공동상속인의 협의에 의하여 분할하고(협의분할), 협의가 성립되지 않은 때에는 가정법원의 심판에 의하여 분할한다(심판분할).

---

33) 지원림, 민법강의 제12판(2014년), 홍문사

가. 분할의 당사자

상속재산의 분할에는 원칙적으로 공동상속인 전원이 참여하여야 한다. 따라서 공동상속인 중에 부재자가 있으면 가정법원으로부터 부재자 재산관리인의 선임을 받아야 한다. 대습상속인 또는 상속분의 양수인에게도 분할청구권이 인정되며, 분할청구권은 일신전속권이 아니므로 상속인의 채권자도 상속인을 대위하여 분할청구권을 행사할 수 있다.

나. 분할의 대상인 상속재산

분할의 대상이 되는 재산은 피상속인이 남겨 놓은 재산 중 일신전속적인 것을 제외한 나머지 전부이다.

가분채권(채권의 성질 또는 가치를 손상시키지 않고도 분할할 수 있는 채권 – 금전채권 등)은 상속개시와 동시에 법정상속분에 따라 공동상속인에게 분할되어 승계되므로 원칙적으로 분할의 대상이 아니지만 공동상속인들 사이에 이를 분할 대상으로 삼기로 하는 합의가 있거나 이를 분할하는 것이 구체적 형평에 부합되는 경우에 한하여 분할의 대상이 될 수 있다.[34] 그 밖의 채권은 원칙적으로 분할의 대상이 될 수 있으나, 채권양도에 준하여 채무자에 대한 통지를 요한다.

금전채무와 같이 가분채무는 상속개시와 동시에 당연히 법정상속분에 따라 공동상속인에게 분할되어 귀속되므로, 상속재산분할의 대상이 아니다. 즉 상속재산분할의 대상이 될 수 없는 상속채무에 관하여 공동상속인들 사이에 분할의 협의가 있다고 하여 그 협의가 상속재산의 협의분할에 해당하는 것은 아니다.[35]

공동상속인 중 1인이 법정상속분을 초과하여 채무를 부담하기로 한 경우에 그 약정은 면책적 채무인수의 성질을 가지므로, 채권자에 대한 관계에서 다른 공동상속인이 법정상속분에 따른 채무의 일부 또는 전부를 면하기 위해서는 채권자의 승낙이 필요하다.

다. 분할의 방법

34) 박동성, 친족상속법(2013년), 660면, 박영사

35) 대법원 1997.6.24. 선고 97다8809 판결

1) 지정분할

피상속인은 상속개시 후 상속재산을 둘러싼 분쟁을 방지하기 위하여 유언으로 상속재산의 분할방법을 정하거나 이를 정할 것을 제3자에게 위탁할 수 있다. 반드시 유언으로 하여야 하므로, 생전행위에 의한 경우에는 그 효력이 없어 상속인들이 피상속인의 의사에 구속되지 않는다.[36] 일반적인 지정분할의 모습은 특정재산을 특정상속인에게 분배되도록 하거나 어떤 재산은 장남에게 주고 나머지 상속재산은 다른 공동상속인들이 나누어 가지게 하는 경우이다.

2) 협의분할

유언에 의한 분할지정이 없거나 무효인 경우에, 공동상속인은 언제든지 협의에 의하여 상속재산을 분할할 수 있다. 분할협의는 처분행위에 해당하므로 상속인의 자격으로 분할협의에 참가한 자에 대해서는 그로 인하여 단순승인의 효과가 발생한다.[37]

협의의 절차는 공동상속인 간의 일종의 계약이므로 상속재산의 협의분할에는 포괄수유자(유언에 의하여 상속 재산의 전부나 일정한 비율을 받은 사람)를 포함하여 공동상속인 전원이 참여하여야 한다. 따라서 일부상속인으로만 구성된 분할협의 또는 공동상속인 중 일부의 동의가 없거나 그 의사표시에 대리권의 흠결이 있는 경우에 분할은 무효이다. 협의는 반드시 한 자리에서 이루어져야 하는 것은 아니므로 순차적으로 이루어지거나 공동상속인 중 한 사람이 만든 분할 원안을 다른 상속인이 돌아가며 승인하여도 무방하다.

가) 친권자와 미성년자 사이의 이해상반행위

공동상속인 중에 미성년자와 친권자가 있는 경우에 분할협의 시 그들 사이에 이해관계가 상반되므로 미성년자를 위한 특별대리인이 선임되어야 한다(민법 921

---

36) 대법원 2001.6.29. 선고 2001다28299 판결

37) [대법원 1983.6.28. 선고 82도2421 판결] "상속인 중 1인이 다른 공동재산상속인과 협의하여 상속재산을 분할한 때에는 민법 1026조 1호에 규정된 상속재산에 대한 처분행위를 한 때에 해당되어 단순승인을 한 것으로 보게 되어 이를 취소할 수 없는 것이므로 그 뒤 가정법원에 상속포기신고를 하여 수리되었다 하여도 포기의 효력이 생기지 않는다."

조). 즉 상속재산에 대하여 그 소유의 범위를 정한다는 내용의 공동상속재산 분할협의는 그 행위의 객관적 성질상 상속인 상호간에 이해의 대립이 생길 우려가 있는 이해상반행위에 해당한다. 따라서 공동상속인인 친권자와 미성년인 여러 명의 자녀 사이에 상속재산 분할협의를 하게 되는 경우에는 미성년자 각자마다 특별대리인을 선임하여 각 특별대리인이 각 미성년자인 자녀를 대리하여 상속재산 분할의 협의를 하여야 하고 만약 친권자가 여러 명의 미성년자의 법정대리인으로서 상속재산 분할협의를 한 것이라면 이는 이해상반행위로서 적법한 추인이 없는 한 무효이다. 친권자가 공동상속인이 아니더라도 미성년인 여러 명의 자녀가 있는 경우에는 미성년자 상호간에 이해가 상반되므로 마찬가지로 특별대리인을 선임하여야 한다.

판례 **대법원 2011.3.10. 선고 2007다17482 판결**

상속재산에 대하여 소유의 범위를 정하는 내용의 공동상속재산 분할협의는 그 행위의 객관적 성질상 상속인 상호간 이해의 대립이 생길 우려가 없다고 볼만한 특별한 사정이 없는 한 민법 921조의 이해상반되는 행위에 해당한다. 그리고 피상속인의 사망으로 인하여 1차 상속이 개시되고 그 1차 상속인 중 1인이 다시 사망하여 2차 상속이 개시된 후 1차 상속의 상속인들과 2차 상속의 상속인들이 1차 상속의 상속재산에 관하여 분할협의를 하는 경우에 2차 상속인 중에 수 인의 미성년자가 있다면 이들 미성년자 각자마다 특별대리인을 선임하여 각 특별대리인이 각 미성년자를 대리하여 상속재산 분할협의를 하여야 하고, 만약 2차 상속의 공동상속인인 친권자가 수 인의 미성년자 법정대리인으로서 상속재산 분할협의를 한다면 이는 민법 921조에 위배되는 것이며, 이러한 대리행위에 의하여 성립된 상속재산 분할협의는 피대리자 전원에 의한 추인이 없는 한 전체가 무효이다.

나) 협의의 형식

분할협의의 형식에는 제한이 없다. 즉 공동상속인 전원의 약정에 의하여 일부 상속인에게 상속지분을 양도하는 것도 협의분할의 취지로 볼 수 있고, 상속재산 전부를 상속인 중 1인에게 상속시키기 위하여 나머지 상속인들이 법원에 상속포기신고를 하였으나 그 신고가 법정기간 도과 후의 것이어서 상속포기로서의 효력이 없더라도 분할협의가 이루어진 것으로 해석된다.[38)]

---

38) [대법원 1996.3.26. 선고 95다45545 판결] "상속재산을 공동상속인 1인에게 상속시킬 방편으로 나머지 상속인들이 한 상속포기 신고가 민법 1019조 1항 소정의 기간을 경과한 후에 신고된

다) 협의의 내용

협의분할은 공동상속인 전원의 합의에 기한 것이므로, 분할로 인하여 각자가 취득할 가액이 어떤 비율로 되든 상관없고, 어떤 상속인의 상속분을 하나도 없는 것으로 하는 협의도 가능하다.[39] 분할협의에 의하여 법정상속분을 초과하는 재산을 취득한 공동상속인은 그 초과분을 다른 공동상속인으로부터 증여받은 것이 아니라 상속개시 당시에 피상속인으로부터 승계한 것으로 본다.[40]

라) 분할방법

분할의 방법에는 제한이 없고, 공동상속인들이 자유롭게 정할 수 있다. 즉, 현물분할은 물론이고 그 밖에 대상분할(상속재산의 성질상 분할할 수 없을 때 상속인 중 1인이 취득하고 나머지 상속인에게 그 지분을 금전으로 지급하는 방식)이나 경매분할의 방법에 의하든 아니면 이들을 병용하든 문제되지 않는다.

마) 협의분할과 채권자취소권

협의분할은 그 성질상 재산권을 목적으로 하는 법률행위(계약)이므로, 채무초과상태에 있는 채무자가 상속재산의 분할협의를 하면서 상속재산에 관한 권리를 전부 또는 일부 포기하여 재산분할의 결과가 구체적 상속분에 상당하는 정도에 미달하는 과소한 것이라면 채권자취소권의 대상으로 될 수 있다.

채권자가 채무자와 관련한 상속이 사해행위에 해당한다고 주장하며 취소소송을 내려면 해당 상속재산분할협의가 있은 날로부터 5년 이내에 소송을 제기해야 한다. 사해행위취소의 소에서 제소기간의 기산점이 되는 '법률행위가 있은 날'을 판정하는 기준시기는 다른 날에 상속재산분할협의가 있었다고 볼 만한 특별한 사정을 발견할 수 없다면 등기부(등기사항증명서)상 「등기원인일자」이다(대법원 2021.6.10. 선고 2020다265808 판결).

것이어서 상속포기로서의 효력이 없다고 하더라도, 공동상속인들 사이에서는 1인이 고유의 상속분을 초과하여 상속재산 전부를 취득하고 나머지 상속인들은 이를 전혀 취득하지 않기로 하는 내용의 상속재산에 관한 협의분할이 이루어진 것으로 보아야 한다."

39) 대법원 1996.3.26. 선고 95다45545 판결

40) 대법원 2001.11.27. 선고 2000두9731 판결

이처럼 대법원은 상속재산분할 협의 과정에서 채무초과 상태의 채무자가 자신의 상속분에 해당하는 권리를 포기하는 행위는 채권자취소권 행사의 대상으로 인정하면서도, 「상속포기」는 인적 결단의 성질을 가지는 것으로 상대적 효력만을 갖는 채권자취소권을 적용하면 상속을 둘러싼 법률관계가 복잡해지고, 상속의 포기가 상속인의 재산을 현재 상태보다 악화시키지 않으며 무엇보다도 상속의 포기는 재산권에 관한 법률행위가 아니라는 이유로 채권자취소권의 행사를 허용하지 않는다.

결론적으로 대법원은 상속재산분할 협의는 채권자의 채권을 해할 수 있지만, 상속포기는 그렇지 않다고 판단하였다. 이는 상속포기가 순전한 재산적인 행위라기보다는 인적 관계의 단절적인 성격이 더 크다고 판단하기 때문이다.

판례 **대법원 2007.7.26. 선고 2007다29119 판결**

상속재산의 분할협의가 사해행위취소권 행사의 대상이 되는지 여부(적극) 및 채무초과 상태에 있는 채무자가 상속재산의 분할협의를 하면서 자신의 상속분에 관한 권리를 포기함으로써 일반 채권자에 대한 공동담보가 감소된 경우 사해행위 해당 여부(적극)

상속재산의 분할협의는 상속이 개시되어 공동상속인 사이에 잠정적 공유가 된 상속재산에 대하여 그 전부 또는 일부를 각 상속인의 단독소유로 하거나 새로운 공유관계로 이행시킴으로써 상속재산의 귀속을 확정시키는 것으로 그 성질상 재산권을 목적으로 하는 법률행위이므로 사해행위취소권 행사의 대상이 될 수 있고, 한편 채무자가 자기의 유일한 재산인 부동산을 매각하여 소비하기 쉬운 금전으로 바꾸거나 타인에게 무상으로 이전하여 주는 행위는 특별한 사정이 없는 한 채권자에 대하여 사해행위가 되는 것이므로, 이미 채무초과 상태에 있는 채무자가 상속재산의 분할협의를 하면서 자신의 상속분에 관한 권리를 포기함으로써 일반 채권자에 대한 공동담보가 감소한 경우에도 원칙적으로 채권자에 대한 사해행위에 해당한다.

판례 **대법원 2011.6.9. 선고 2011다29307 판결**

상속포기가 사해행위취소의 대상인지 여부(소극)

상속의 포기는 비록 포기자의 재산에 영향을 미치는 바가 없지 아니하나(그러한 측면과 관련하여서는 '채무자 회생 및 파산에 관한 법률' 제386조도 참조) 상속인으로서의 지위 자체를 소멸하게 하는 행위로서 순전한 재산법적 행위와 같이 볼 것이 아니다. 오히려 상속의 포기는 1차적으로 피상속인 또는 후순위상속인을 포함하여 다른 상속인 등과의 인격적 관계를 전체적으로 판단하여 행하여지는 '인적 결단'으로서의 성질을 가진다. 그러한 행위에 대하여 비록 상속인인 채무자가 무자력상태에 있다고 하여서 그로 하여금 상속포기를 하지 못하게 하는 결과가 될 수 있는 채권자의 사해행위취소를 쉽사리 인정할 것이 아니다. 그리고 상속은 피상속인이 사망 당시에 가지던 모든 재산적 권리 및 의무 부담을 포함하는 총체재산이 한꺼번에 포괄적으로 승계되는 것으로서 다수의 관련자가 이해관계를 가지는데, 위와 같이 상속인으로서의 자격 자체를 좌우하는 상속포기의 의사표시에 사해행위에 해당하는 법률행위에 대하여 채권자 자신과 수익자 또는 전득자 사이에서만 상대적으로 그 효력이 없는 것으로 하는 채권자취소권의 적용이 있다고 하면, 상속을 둘러싼 법률관계는 그 법적 처리의 출발점이 되는 상속인 확정의 단계에서부터 복잡하게 얽히게 되는 것을 면할 수 없다. 또한 상속인의 채권자의 입장에서는 상속의 포기가 그의 기대를 저버리는 측면이 있다고 하더라도 채무자인 상속인의 재산을 현재의 상태보다 악화시키지 아니한다. 이러한 점들을 종합적으로 고려하여 보면, 상속의 포기는 민법 406조 1항에서 정하는 "재산권에 관한 법률행위"에 해당하지 아니하여 사해행위취소의 대상이 되지 못한다.

3) 조정분할

공동상속인 사이에 분할의 협의가 성립되지 않는 경우에 각 공동상속인은 가정법원에 분할심판을 청구할 수 있다(민법 1013조 2항). 그런데 각 공동상속인은 먼저 조정을 신청하여야 하고, 조정이 성립되지 않으면 심판을 청구할 수 있다.

4) 심판분할

분할심판청구는 공동상속인들 사이에 분할협의가 이루어지지 않거나 협의할 수 없는 경우이며, 상속인들이 상대방의 주소지 가정법원에 상속재산분할심판청구를 할 수 있다. 상속재산분할청구는 공동상속인 전원이 분할의 당사자가 되고, 분할청구권자는 공동상속인 1인 또는 여러 명이 나머지 공동상속인 전원을 상대로 상속재산에 대하여 분할을 청구하는 것을 말한다.

공동상속인이 분할방법에 관한 구체적인 내용을 청구하더라도 법원은 그에 구속되지 않는다. 다만 상속재산의 특정에 대해서는 당사자가 법원에 대하여 협력하여야 한다. 상속인들이나 가정법원은 그 합의 또는 재량으로 현물분할이나 가액분할을 할 수 있고 대상분할 또는 정산분할을 할 수 있다.

라. 상속재산 분할의 효과

상속재산의 분할은 상속이 개시된 때로 소급하여 그 효력이 생긴다. 다만 제3자의 권리를 침해하지 못한다(민법 1015조). 즉, 공동상속인 각자가 상속재산을 피상속인으로부터 직접 승계하는 것으로 되고 상속재산에 대한 공유상태는 존재하지 않았던 것으로 된다. 따라서 상속재산분할에 의하여 어느 공동상속인이 특정부동산을 취득한 경우에 상속에 의하여 피상속인으로부터 직접 승계한 것이므로 등기를 할 필요가 없지만, 그것을 처분하기 위해서는 등기를 하여야 한다(민법 187조).

2-8 상속의 승인과 포기

가. 상속의 승인 · 포기의 자유

상속인은 상속개시로 피상속인의 재산에 관한 권리 · 의무를 승계하지만, 다른 한편으로 상속인은 이를 승인하거나 포기를 할 수 있다(민법 1019조). 이는 상속인에게 권리취득 또는 불이익 부담(채무가 적극재산보다 많은 경우)을 강요하지 않기 위해서이다.

상속인의 승인에는 단순승인[41]과 한정승인[42]의 두 가지가 있다. 단순승인은 권리의무의 승계에 대한 전면적인 승인이고, 한정승인은 피상속인의 채무를 상속재산의 한도 내에서 변제하겠다는 조건하에 상속을 승인하는 것을 말한다.

민법은 단순승인 · 한정승인 · 포기 가운데 단순승인을 원칙으로 한다(민법 1026조).

---

41) 단순승인은 권리 · 의무의 승계에 대한 전면적인 승인하는 상속인의 의사표시이다.

42) 한정승인은 피상속인의 채무를 상속재산의 한도 내에서 변제하겠다는 조건하에 상속을 승인하는 것이다. 한정승인을 하려면 상속인이 일정한 기간 내에 상속재산의 목록을 첨부하여 가정법원에 한정승인의 신고를 하여야 한다. 특별한정승인의 경우 이미 처분한 재산이 있는 때에는 그 목록과 가액을 함께 제출하여야 한다.

나. 승인 · 포기의 고려기간

상속인은 상속개시 있음을 안 날부터 3개월 내에 단순승인 · 한정승인 또는 포기를 할 수 있다. 그리고 상속인은 승인 또는 포기 전에 상속재산을 조사할 수 있다. 이때의 3개월의 기간은 상속인이 상속재산을 조사해 보고 승인이나 포기를 할 수 있도록 부여된 것으로서 고려기간이라고 한다. 상속인이 이 기간 내에 승인이나 포기를 하지 않으면, 단순승인을 한 것으로 본다(민법 1026조 2호). 또한 상속인이 승인이나 포기를 하고 나면, 고려기간이 경과하지 않았더라도 이를 철회하지 못한다.

다만, 상속채무가 상속재산을 초과하는 사실을 중대한 과실 없이 고려기간 내에 알지 못하고 단순승인을 하였거나 단순승인으로 의제된 경우에는 그 사실을 안 날부터 3개월 내에 한정승인(통상적으로 특별한정승인이라고 한다)을 할 수 있다.

다. 단순승인

단순승인은 상속인이 피상속인의 권리 · 의무가 제한 없이 승계되는 것을 승인하는 의사표시이다. 단순승인의 방식에는 제한이 없으나 단순승인의 의사표시가 행해지는 경우는 거의 없으며, 고려기간 동안 상속인이 한정승인이나 포기를 하지 않아 단순승인으로 의제되는 경우가 대부분이다.

다만 ① 상속인이 상속재산에 대한 처분행위를 한 때, ② 상속인이 3개월의 고려기간 내에 한정승인 또는 포기를 하지 않은 때, ③ 상속인이 한정승인 또는 포기를 한 후에 상속재산을 숨기거나 부정하게 소비하거나 고의로 재산목록에 기입하지 않은 때는 상속인의 의사를 묻지 않고 단순승인한 것으로 본다(민법 1026조).

단순승인의 경우, 상속인은 피상속인의 권리의무를 제한 없이 승계하여 상속인은 피상속인의 소극재산이 그의 적극재산을 넘는 때에도 변제를 거절하지 못한다. 또한 상속채권자(피상속인의 채권자)는 상속재산뿐만 아니라 상속인의 고유재산에 대하여도 강제집행을 할 수 있다.

라. 한정승인

한정승인은 상속으로 취득하게 될 재산의 한도에서 피상속인의 채무와 유증을 변제할 것을 조건으로 상속을 승인하는 의사표시이다(민법 1028조). 상속인이 여러 명인 경우에는 각 상속인은 그의 상속분에 응하여 취득할 재산의 한도에서 그의 상속분에 응한 피상속인의 채무와 유증을 변제할 것을 조건으로 상속을 승인할 수 있다.

한정승인은 원칙적으로 상속인이 상속개시 있음을 안 날부터 3개월 내에 할 수 있다. 그 외에 상속채무가 상속재산을 초과하는 사실을 중대한 과실 없이 고려기간 내에 알지 못하고 단순승인을 하였거나 또는 단순승인으로 의제된 경우(민법 1026조 1호 및 2호의 규정에 의한 경우에 한함)[43]에는 그 사실을 안 날부터 3개월 내에 한정승인을 할 수 있다.

1) 한정승인의 방법

한정승인을 하려면 상속인이 일정한 기간 내에 상속재산의 목록을 첨부하여 가정법원에 한정승인의 신고를 하여야 한다. 한정승인신고를 함에 있어서 상속재산을 고의로 재산목록에 기입하지 않으면 단순승인으로 의제된다. 그리고 상속인이 상속채무가 상속재산을 초과하는 사실을 중대한 과실 없이 알지 못하여 단순승인을 하였다가 그 사실을 안 날부터 3개월 내에 한정승인을 한 경우(민법 1019조 3항)에 한하여 상속재산 중 이미 처분한 재산이 있는 때에는 그 목록과 가액을 함께 제출하여야 한다.

2) 한정승인의 효과

한정승인을 한 상속인은 상속으로 인하여 취득할 적극재산의 한도에서 피상속인의 채무와 유증을 변제하면 된다. 이는 상속채무는 전부 승계되지만 책임의 범위가 상속재산에 한정된다는 의미이다(물적유한책임).

한정승인자는 한정승인을 한 날부터 5일 내에 채권 신고를 공고하는 것으로 상

---

43) ① 상속인이 상속재산에 대한 처분행위를 한 때, ② 상속인이 3개월의 고려기간 내에 한정승인 또는 포기를 하지 않은 때

속재산의 청산을 시작하여야 한다.

마. 상속의 포기

상속의 포기란 자기를 위하여 개시된 불확정 상속의 효력을 확정적으로 소멸하게 하는 일방적 의사표시이다. 포기는 단독상속인은 물론 공동상속인도 할 수 있다.

상속인이 상속을 포기할 때에는 3개월의 고려기간 내에 가정법원에 포기의 신고를 하여야 한다(민법 1041조). 상속의 포기는 상속이 개시된 때에 소급하여 그 효력이 있다. 그 결과 포기자는 처음부터 상속인이 아니었던 것으로 된다.

상속인이 여러 명인 경우 어느 상속인이 상속을 포기한 때에는 그의 상속분은 다른 상속인의 상속분의 비율로 다른 상속인에게 귀속되고, 포기자의 직계비속이 대습상속을 하는 것은 아니다(통설).

상속인 전원이 상속을 포기하면, 그 전원이 상속개시 시부터 상속인이 아니었던 것과 같은 지위에 놓이게 되므로 다음 순위에 있는 자가 본위 상속인으로서 상속하게 된다.

2-9 상속재산의 분리

상속재산의 분리란 상속개시 후에 상속채권자나 유증받은 자 또는 상속인의 채권자의 청구에 의하여 상속재산과 상속인의 고유재산을 분리시키는 가정법원의 처분을 말한다.[44] 상속재산의 분리는 상속인의 단순승인에 따라 상속재산과 상속인의 고유재산이 섞이는 것을 방지하기 위한 것이므로, 한정승인을 한 경우에는 재산분리를 할 필요가 크지 않다.[45]

---

44) 예를 들면 상속재산(피상속인 A의 유산)의 총액은 은행예금 3억 원인데, 상속인(B)의 고유재산은 부채인 은행대출만 5억 원인 경우에, 상속인(B)이 단순승인을 하면 상속재산과 본인의 부채가 혼합되어 상속인의 재산은 은행대출 2억 원으로 된다. 이렇게 되면 피상속인(A)의 채권자나 유증받은 자는 불리해지고 상속인(B)의 채권자는 유리하게 된다. 이러한 경우(이와 반대의 경우 – 피상속인의 재산은 소극재산이고 상속인의 재산은 적극재산인 경우 포함)에 상속채권자나 유증받은 자가 상속재산으로부터 우선적으로 변제받을 수 있도록 상속재산을 청산하는 제도가 재산분리제도이다.

45) 지원림, 민법강의 제12판(2014년), 홍문사

가. 유형

상속재산분리제도에는 상속채권자(상속으로 상속인의 채권자가 된 피상속인의 채권자)나 유증받은 자가 상속재산에 대하여 상속인의 채권자보다 우선하여 변제받을 수 있도록 하는 유형과 상속인의 채권자가 상속인의 고유재산에 대하여 상속채권자나 유증받은 자보다 우선하여 받을 수 있도록 하는 유형이 있다.

나. 상속재산분리의 절차

상속재산분리의 청구권자는 상속채권자, 유증받은 자 또는 상속인의 채권자이고(민법 1045조), 상대방은 원칙적으로 상속인이지만, 상속인을 알 수 없을 경우에는 상속재산관리인이다.

청구기간은 상속이 개시된 날부터 3월 내이지만, 상속인이 상속의 승인이나 포기를 하지 않고 있는 동안에는 3월이 경과하더라도 재산분리가 허용된다. 상속재산분리의 청구가 있으면 법원은 재산분리를 명하고, 분리청구권자는 법원의 분리명령이 있은 후 5일 내에 일반상속채권자와 유증받은 자에 대하여 재산분리의 명령이 있은 사실과 2월 이상의 기간을 정하여 그 기간 내에 그 채권 또는 수증을 신고할 것을 공고하여야 한다. 법원의 공고에는 일반상속채권자 또는 유증받은 자가 소정기간 내에 신고하지 않으면 배당변제에서 제외된다는 것을 표시하여야 한다.

다. 상속재산분리의 효과

재산분리의 기본적인 효과로는 상속재산이 상속인의 고유재산으로부터 분리된다. 따라서 상속재산과 상속인의 고유재산이 아직 혼합되지 않은 경우에 상속인은 그 상태를 유지하여야 하며, 이미 혼합되었다면 양 측의 재산을 분리하여야 한다.

재산분리의 청구기간 및 상속채권자와 유증받은 자에 대한 공고기간이 만료한 후에 상속인은 재산분리를 청구하였거나 최고기간 내에 신고한 상속채권자와 유증받은 자 및 상속인이 알고 있는 상속채권자, 유증받은 자에 대하여 상속재산으로 각 채권액과 수증액의 비율로 변제하여야 한다. 그러나 우선권이 있는 채권자의 권리를 해치지 못한다(민법 1051조). 변제를 위하여 상속재산의 전부 또는 일부를 매각하여 현금화할 필요가 있는 경우에 민사집행법에 따라 경매하여야 한다(민법 1051조 3항, 1037조).

상속채권자와 유증받은 자는 상속재산에 의하여 채권 전부의 변제를 받을 수 없는 경우에 한하여 상속인의 고유재산으로부터 변제받을 수 있다. 반면 상속인의 채권자는 상속인의 고유재산으로부터 우선변제를 받을 수 있다.

2-10 유언

유언은 하나의 의사표시이면서 동시에 법률행위이다. 유언은 법률행위 중에 가장 대표적인 상대방 없는 단독행위이다.[46)]

가. 유언의 방식

유언은 유언자가 사망한 때에 효력이 발생하므로 유언의 존재 및 내용에 관하여 다툼이 생기면 이를 확인할 수가 없기 때문에 일정한 방식에 따르지 않은 유언은 설사 유언자의 진정한 의사에 합치하더라도 무효이다.

민법이 정하는 유언의 방식에는 다섯 가지가 있다. 자필증서 · 녹음 · 공정증서 · 비밀증서 · 구수증서(口授證書)방식이다. 자필증서 유언을 제외한 나머지 유언의 경우에는 증인이 참여하게 되는데 유언에 참여한 증인의 서명 · 기명날인 · 구술은 유언의 유효 · 무효를 판단하는 자료가 된다.

1) 자필증서에 의한 유언

자필증서에 의한 유언은 유언자가 그 전문과 연월일 · 주소 · 성명을 스스로 쓰고 날인함으로써 성립하는 유언이다. 자필증서에 문자의 삽입, 삭제 또는 변경을 할 때에는 유언자가 이를 스스로 쓰고 날인하여야 한다(민법 1066조).

---

46) 유언을 할 수 있는 사항은 법으로 정해져 있으며, 그 예로는 재단법인의 설립을 위한 재산출연행위(민법 47조 2항), 친생부인(민법 850조), 인지(민법 859조), 미성년 후견인의 지정(민법 931조 1항), 미성년후견감독인의 지정(민법 940조의2), 상속재산의 분할방법의 지정 또는 위탁(민법 1012조), 상속재산의 분할금지(민법 1012조), 유증(민법 1074조 이하), 유언집행자의 지정 또는 위탁(민법 1093조), 신탁의 설정(신탁법 2조) 등이다.

2) 녹음에 의한 유언

녹음에 의한 유언은 유언자가 유언의 취지, 그의 성명과 연월일을 말하고 이에 참여한 증인이 유언이 정확하다는 것과 그의 성명을 말함으로써 성립하는 유언이다(민법 1067조).

3) 공정증서에 의한 유언

공정증서에 의한 유언은 유언자가 증인 두 사람이 참여한 가운데 공증인의 면전에서 유언의 취지를 말로 진술하고 공증인이 이를 필기 · 낭독하여 유언자와 증인이 그것이 정확하다는 것을 승인한 뒤 각자 서명 또는 기명날인함으로써 성립하는 유언이다(민법 1068조).

4) 비밀증서에 의한 유언

비밀증서에 의한 유언은 유언자가 유언의 취지와 필자의 성명을 기입한 증서를 단단히 봉하여 날인하고 이를 두 사람 이상의 증인의 면전에 제출하여 자기의 유언서임을 표시한 뒤 그 봉서 표면에 제출연월일을 기재하고 유언자와 증인이 각자 서명 또는 기명날인한 다음 5일 내에 공증인 또는 법원서기에게 제출하여 그 봉인 위에 확정일자를 받음으로써 성립하는 유언이다(민법 1069조).

5) 구수증서에 의한 유언

구수증서에 의한 유언은 질병 기타 급박한 사유로 인하여 자필증서 · 녹음 · 공정증서 · 비밀증서 방식에 의한 유언을 할 수 없는 경우에, 유언자가 두 사람 이상의 증인을 참여하게 하여 그 한 사람에게 유언의 취지를 말로 진술하고 그 진술을 받은 사람이 이를 필기 · 낭독하여 유언자와 증인이 그것이 정확하다는 것을 승인한 뒤 각자 서명 또는 기명날인함으로써 성립하는 유언이다.

구수증서에 의한 유언은 그 증인 또는 이해관계인이 급박한 사유가 종료한 날부터 7일 내에 법원에 그 검인을 신청하여야 한다(민법 1070조). 검인신청기간 내에 검인신청을 하지 않은 구수증서 유언은 무효이다.

나. 유언의 효력

1) 유언의 일반적인 효력

유언은 유언자가 사망한 때부터 그 효력이 생긴다. 다만 유증받을 자는 유언의 효력이 발생한 후에 언제든지 유증을 승인 또는 포기할 수 있다(민법 1074조).

2) 유언의 무효 · 취소

유언도 법률행위이므로 법정방식이 흠결된 유언, 유언무능력자의 유언, 수유결격자에 대한 유언, 선량한 풍속 기타 사회질서 또는 강행규정에 위반되는 것을 내용으로 한 유언 및 법정사항 외의 사항을 내용으로 하는 유언은 무효이다. 또한 유언내용의 중요부분에 착오가 있거나 사기 · 강박에 의하여 유언이 이루어진 경우에 그 유언은 취소될 수 있다.[47]

2-11 유증

가. 유증의 의의

유증이란 유언에 의하여 재산상의 이익을 타인에게 무상으로 주는 단독행위이다. 유증은 원칙적으로 자유롭게 행하여질 수 있지만, 유류분제도에 의한 제한 등이 있다.

나. 수증자와 유증의무자

수증자는 유증을 받는 자로 유언에 지정되어 있는 자이다. 수증자로는 자연인뿐만 아니라 법인, 권리능력 없는 사단 · 재단, 기타의 단체나 시설도 될 수 있다. 다만, 수증자는 유언자가 사망하는 때에 권리능력을 갖추고 있어야 하고, 상속결격사유가 있는 사람은 수증자로 되지 못한다(민법 1064조, 1004조).

유증의무자는 유증을 실행할 의무를 지는 자이다. 유언집행자가 1순위 유증의무자이고 유언집행자가 없을 때에는 상속인이 2순위 유증의무자이다. 포괄수증

---

47) 지원림, 민법강의 제12판(2014년), 2103면, 홍문사

자가 있는 경우 그도 상속인과 같은 지위에서 유증의무자가 되고, 상속인의 존재 여부가 불분명한 경우의 상속재산관리인은 마지막 순위의 유증의무자가 된다.

다. 유증의 종류

유증은 포괄적 유증과 특정유증으로 나누어진다. 포괄적 유증은 유증되는 목적의 범위를 상속재산의 전부 또는 그에 대한 비율로 표시하는 유증이고, 특정유증은 유증의 목적이 특정되어 있는 유증이다(특정물 외에 금전 또는 종류물을 목적으로 하는 것도 특정유증이다). 유증에는 조건부 유증, 기한부 유증, 부담부 유증도 있다.

1) 포괄적 유증

포괄적 유증은 유언자가 상속재산의 전부 또는 그 일정비율을 유증하는 것이다. 포괄적 수증자는 상속인과 동일한 권리 · 의무가 있다(민법 1078조). 유증의 효력이 발생하면 포괄적 수증자는 상속인과 마찬가지로 유증사실을 알든 모르든 수증분에 해당하는 유증자의 권리 · 의무를 법률상 당연히 포괄적으로 승계한다(민법 1005조). 포괄적 수증자 외에 다른 상속인이나 포괄적 수증자가 있는 경우에는, 공동상속인들 사이의 관계처럼 상속재산의 공유, 분할에 대한 협의 등의 규정이 적용된다. 또한 포괄적 유증의 수증자가 이를 승인 · 포기하는 데에는 상속의 승인 · 포기에 관한 규정이 적용된다.

2) 특정유증

특정유증은 상속재산 가운데 특정재산을 목적으로 하는 유증이다. 특정유증의 목적이 되는 특정재산은 물건(특정물 · 불특정물)일 수도 있고 채권 등의 권리일 수도 있다. 특정유증은 포괄적 유증과 달리 목적재산권이 일단 상속인에게 귀속되고, 수증자는 유증의무자에 대하여 유증을 이행할 것을 청구할 수 있는 채권만을 취득하게 된다. 그리고 이러한 이행청구권을 행사하여 이행이 완료되는 때에 수증자에게 귀속된다. 즉 부동산의 경우에는 상속인이 수증자에게 이전등기를 완료한 때, 동산의 경우에는 인도를 완료한 때, 채권의 경우에는 지명채권양도방법

(민법 450조)에 따라 대항요건을 갖춘 양도를 완료한 때에 수증자에게 귀속된다.

특정유증을 받은 자는 유언자의 사망 후에 언제든지 유증을 승인 또는 포기할 수 있고, 그 승인이나 포기는 유언자가 사망한 때에 소급하여 효력이 발생한다. 만약 수증자가 승인이나 포기를 하지 않고 사망한 때에는 그의 상속인은 상속분의 한도에서 승인 또는 포기할 수 있다.

3) 부담부 유증

부담부 유증이란 유언자가 유언으로 수증자에게 유언자 본인, 상속인 또는 제3자를 위하여 법률상의 의무를 부담시키는 유증이다. 부담부 유증을 받은 자는 유증의 목적의 가액을 초과하지 않는 한도에서 부담한 의무를 이행할 책임이 있다(민법 1088조 1항). 만약 부담부 유증을 받은 사람이 그의 부담의무를 이행하지 않은 때에는 상속인 또는 유언집행자는 상당한 기간을 정하여 이행할 것을 최고하고 그 기간 내에 이행하지 않는 때에는 법원에 유언의 취소를 청구할 수 있다. 그러나 제3자의 권리를 해치지 못한다(민법 1111조).

2-12 유류분

민법은 법정상속을 규정하면서도 유산처분의 자유도 인정하고 있다. 그 결과 피상속인이 그의 전 재산을 상속인이 아닌 자에게 생전에 증여하거나 유증한 때에는 상속인이 되었을 자가 전혀 상속을 받지 못하는 경우도 있어서 일정범위의 상속인에게는 최소한의 생활보장 내지 부양을 위하여 유류분제도를 인정하고 있다.

따라서 상속이 개시되면 피상속인의 직계비속 · 배우자 · 직계존속 중 최우선 순위의 상속인은 상속재산에 대하여 일정비율을 취득할 수 있는데, 이를 유류분권이라고 한다.[48)]

법정상속인인 형제자매·4촌 이내의 방계혈족은 유류분 권리자가 아니다(민법 1112조). 또한 상속이 개시될 때 순위상 상속권이 있어야 한다. 가령 1·2순위 상속

48) 최선순위의 상속인에게 유류분권을 인정하기 때문에 피상속인의 자녀와 부모가 있는 경우 부모는 유류분권을 행사할 수 없다.

인이 있는 경우는 2·3순위 상속인들은 유류분 권리를 행사할 수 없다.

참고 유류분제도에 대한 일부 위헌 및 헌법불합치 결정

헌법재판소는 2024년 4월 25일 재판관의 일치된 의견으로, ① 피상속인의 형제자매의 유류분을 규정한 민법 1112조 4호를 단순위헌으로 결정하고(즉시 효력상실), ② 유류분상실사유를 별도로 규정하지 아니한 민법 1112조 1호부터 3호 및 기여분에 관한 민법 1008조의2를 준용하는 규정을 두지 아니한 민법 1118조는 모두 헌법에 합치되지 아니하고 2025. 12. 31.을 시한으로 입법자가 개정할 때까지 계속 적용된다는 결정을 선고하였다[위헌 및 헌법불합치](헌재 2024.4.25. 선고 2020헌가4).

가. 유류분권자의 유류분

유류분권자의 유류분은 피상속인의 직계비속과 배우자는 그의 법정상속분의 2분의 1이고, 피상속인의 직계존속은 그의 법정상속분의 3분의 1이다.

나. 유류분의 산정

유류분 산정의 기초가 되는 재산은 피상속인이 사망할 당시에 보유하고 있던 재산의 가액에 증여재산(원칙은 상속개시 전 1년 동안 체결한 증여계약을 기준)의 가액을 더하고 채무의 전액을 공제하여 산정된다. 여기에 유류분권자의 유류분율을 곱한 것이 유류분액이다.

다. 유류분 반환청구권

유류분권자가 피상속인의 증여 또는 유증으로 인하여 그의 유류분에 부족이 생긴 때에는 부족한 한도에서 증여 또는 유증된 재산의 반환을 청구할 수 있다.[49] 또한 반환청구권은 유류분권자가 상속의 개시와 반환해야 할 증여 또는 유증을 한 사실을 안 때부터 1년, 상속이 개시된 때부터 10년 내에 행사하지 않으면 시효에 의하여 소멸한다.

---

49) 증여와 유증이 병존하는 경우에는 먼저 유증에 대하여 반환을 청구하여야 한다(민법 1116조).

2-13 채무자 사망과 은행실무

은행 실무적으로 채무자의 사망은 여신채권에 큰 영향을 미치는 사건이므로, 은행은 신속하게 여신 사후관리절차를 진행한다.

가. 채무자 사망 시 은행의 조치

채무자가 사망하고 채무자에 대하여 상속이 개시된 것이 확인된 경우에는 상속개시시점, 피상속인의 여신 · 수신현황, 상속인과 상속형태(단순승인 · 한정승인 · 상속포기), 재산분할 협의서의 내용, 보증인과 담보제공자의 계속거래 의사 등을 확인한다. 상속인이 여신 거래를 계속하기를 희망하는 경우에는 가능한 한 유력상속인이 채무를 인수하도록 한다. 만일 상속인이 계속거래를 원하지 않고 담보물처분 등 구체적인 회수방안도 없는 경우에는 상속인과 그 상속분을 확인하여 각 상속인에 대한 강제집행절차를 강구해야 한다.

1) 상속개시 시점 확인

상속은 자연인(채무자)의 사망에 의하여 개시되며, 상속개시 시기는 상속인이나 상속의 법률관계를 결정하기 위하여 중요한 시점이 된다. 실무적으로 상속개시 시점은 피상속인의 가족관계등록부에 의하여 확인한다.

2) 상속인과 채무승계인의 확인

은행실무에서는 상속인들 간 상속재산 분할협의에 기초한 상속신고서를 받아서 상속인과 채무승계인을 확인하는 것이 일반적인 업무형태이다. 만일 상속인들 간에 재산분할협의가 이루어지지 않으면 상속에 의하여 채무가 당연히 분할되어 각 공동상속인에 의하여 법정상속비율로 승계된다.

상속인과 상속채무승계인을 확인하기 위해서는 가족관계등록부를 징구하여 법정상속인의 성명과 인원수를 확인하여야 한다. 가족관계등록부에 혼인으로 인하여 제적된 사람이 있는 경우에는 제적된 사람에 대해 별도로 가족관계등록부를 받아서 생존 여부를 확인하고, 만약 사망하였다면 대습상속인의 유무도 확인하여야 한다.

3) 상속인의 한정승인 · 상속포기 여부 확인

공동상속인 전원이 단순승인하고 있는 경우에는 전원을 상대방으로 한 상속절차가 되지만, 상속인이 한정승인 또는 상속포기를 한 경우에는 담보나 보증이 있는 때를 제외하고는 해당 절차에 적극 참가하여야 한다. 즉, 상속인이 가정법원에 한정승인을 신청한 경우에는 청산절차에 적극 참가하여 지급을 받아야 한다. 상속인이 상속을 포기한 경우, 포기자는 처음부터 상속인이 아니므로 포기한 상속인 이외의 상속인을 상대로 대출금의 상속절차를 이행하여야 한다.

4) 유증 또는 상속재산 분할협의서 내용 확인

채무자가 유증을 한 경우에는 그 유증의 형태를 파악하고, 특히 특정유증으로 인하여 은행의 채권회수가 곤란해질 우려가 있는 때에는 상속인의 유류분반환청구권을 대위행사하거나 채권자취소권을 행사하고, 불가피한 경우에는 파산을 신청하여 파산절차에서 배당받는 방안을 강구해야 한다.

피상속인이 유언으로 채무의 승계인을 지정하거나 또는 상속인 사이에 협의에 의하여 채무의 상속인을 정하더라도 이는 채권자인 은행의 동의가 없다면 아무런 효력이 없다. 그러나 이 경우에도 그 내용이 타당하고 은행으로서도 채권보전에 불리하지 않을 때에는 상속재산 분할협의의 내용에 따라서 채무상속의 절차를 받아들여도 무방하다. 만일 승인할 수 없는 내용이라면 은행은 법정상속비율에 따라서 상속인에게 채무의 변제를 청구할 수 있다.

5) 피상속인 예금상계

상속은 포괄적 승계이므로 채무자의 예금은 당연히 상속인에게 승계되어 은행은 예금과 대출금을 서로 상계할 수 있다. 상속재산 분할협의에 의하여 채무승계자가 예금을 상속하지 않게 되고 재산분할의 소급효에 의하여 상속개시로부터 다른 상속인의 예금으로 된다고 하더라도 소급효는제3자의 권리를 침해하지는 못하므로 은행은 상계할 수 있다. 이 경우 예금승계자에게 상계통지해야 하므로 각 상속인에 대하여 상속비율에 따른 금액에 대하여 상계통지를 하면 된다.

나. 공동상속인 중 1인이 채무자지위를 승계하는 경우

공동상속인 중 1인이 기존의 확정된 여신채무를 승계(채무인수)하거나 기본약정상의 채무자의 지위를 승계(계약인수)하려면, 먼저 공동상속인 간에 채무자의 지위를 특정한 상속인이 승계하도록 하는 상속재산 분할협의가 선행되어야 하고,[50] 그 분할협의에 관하여 채권자, 담보제공자(또는 제3취득자) 및 연대보증인 등의 승낙을 받아야 한다.

다. 근보증인이 있는 경우

대출금의 인적담보로서 연대보증이 '특정채무보증'인 경우에는 주채무자의 사망에도 불구하고 사망 당시 이미 발생되어 진행 중에 있는 보증책임에는 아무런 영향이 없다.

문제는 주채무자가 사망한 경우에 '근보증'[51]에 있어서의 피보증채무가 확정되어 상속인이 확정되기 전에 발생한 주채무에 대해서만 보증책임을 지는 것인지, 아니면 피보증채무가 확정되지 아니하고 상속인과의 거래관계로부터 발생하는 주채무에 대하여도 계속해서 보증책임을 지는 것인지에 관한 것이다.

이에 관하여 다수의 의견은 주채무자가 변경되는 것은 보증인에게 있어서는 중대한 문제이므로 주채무자의 사망에 의하여 그 근보증은 확정되는 것으로 보아야 한다는 것이다. 따라서 근보증인이 상속인과의 새로운 거래에 계속 보증하기 위해서는 그 근보증인으로부터 상속인과의 거래관계로부터 발생하는 주채무에 대하여도 계속해서 보증책임을 지겠다는 확약서를 받거나 근보증인과 새로운 보증계약을 체결해야 한다.

---

50) 이런 취지에서 근저당권에 관한 등기사무처리지침(등기예규 제1471호, 시행 2012.6.29.) 제5조는 "근저당권의 채무자가 사망한 후 공동상속인 중 그 1인만이 채무자가 되려는 경우에는 상속재산 분할협의서를 첨부하여 협의분할에 의한 상속을 등기원인으로 한 채무자변경의 근저당권변경등기를 근저당권자 및 근저당권설정자 또는 소유자(제3취득자, 담보목적물의 공동상속인 등)가 공동으로 신청할 수 있다. 위 상속재산 분할협의서에는 당해 근저당권의 채무자가 변경된다는 취지가 포함되어야 한다"고 규정하고 있다.

51) 근보증은 일정한 계속적인 거래관계 내지 법률관계로부터 장차 발생하게 될 불특정 · 다수의 채무를 보증하는 것으로서 담보물권법에 있어서의 근저당 · 근질권에 대응하는 개념이다. 은행실무상으로는 특정근보증 · 한정근보증으로 구분하여 사용하고 있다.

라. 근저당권이 있는 경우

1) 채무자 사망 시 근저당권의 피담보채권 확정 여부

채무자의 사망으로 인하여 근저당권의 피담보채권이 확정되어 근저당권이 채무자의 사망시점까지 발생한 채무만을 담보하는 보통의 저당권으로 변경되는지 여부에 관하여 학설은 다음과 같이 분류된다. 근저당권의 채무자가 사망하면 근저당거래는 종료하고 피담보채무액은 상속개시 시점에 현존하는 채무로 확정되어 그 이후로는 보통저당권으로서 존속할 뿐이라는 당연종료설과, 채무자의 사망에 의하여 근저당권의 피담보채무는 확정되지 아니하며 그 근저당권은 상속인을 위하여 계속 존속한다는 일반승계설로 나눈다.

근저당권의 채무자가 사망하면 근저당권의 기초인 기본계약상의 지위를 상속인들이 상속하고, 만약 상속인들이 이를 원하지 않으면 해지할 수 있다고 보아야 한다. 즉 근저당권의 채무자가 사망하였다는 사실만으로 확정된다고 보기는 어렵다고 판단된다.

참고로 2004년 법무부 민법개정안 제357조의8(상속과 근저당권) 제2항은 "원본의 확정 전에 채무자에 대하여 상속이 개시된 때에는 근저당권은 이미 존재하는 채무를 담보한다. 근저당권자와 근저당권설정자는 상속인이 상속개시후에 부담하는 채무도 담보하는 것으로 약정할 수 있다"라고 규정하였다. 다만, 이 민법개정안은 1999년 2월 법무부 산하 민법개정특별분과위원회가 출범하여 2004년 국회에 의안으로 부쳤으나, 국회의 회기만료로 폐기되었다.

2) 실무처리 방법

근저당권의 채무자가 사망하게 되면 근저당거래는 종료되고 피담보채무액은 상속개시 시점에 현존하는 채무로 확정되는 것으로 보고 업무를 처리하는 것이 안전하다. 그러나 상속인들이 근저당권을 계속하여 활용하기를 원하면 상속인들과 협의(실무적으로는 '상속재산 분할협의서'를 받는 방법으로 한다)하여 어느 한 상속인과 계약인수의 방법으로 채무인수를 한 다음 근저당권의 채무자변경등기를 하여야 한다.

또한 제3자가 제공한 담보물건은 담보제공자 또는 그 물건의 소유자로부터 상속인을 위하여 계속적으로 담보를 제공하겠다는 확인서를 추가로 제출받은 후에 채무자변경등기를 하여야 한다.

이처럼 상속 및 채무자 명의변경 등의 절차가 완료되면, 부동산담보물에 대한 기존의 근저당권은 당초 설정계약서상의 피담보채무 범위 내에서 상속인에 대한 신규대출금의 담보로 계속 활용할 수 있다.

만약 상속인이 미성년자일 경우는 법정대리인(친권자 또는 후견인)에게 그 행위를 대리하게 하거나 동의하게 한다. 또한 상속인 전원이 상속을 포기하거나 상속인이 존재하지 않는 경우는 관할법원에 재산관리인의 선임을 신청하여 그 재산관리인을 상대로 회수절차를 진행한다.

표 II-1 〈 채무자 사망에 따른 채무인수 및 근저당권변경계약 절차 〉

업무내용	서식	특징
'채무승인서' 징구	채무승인서 – 상속인용 (은행서식)	A가 가지던 계약상 채무자 지위가 포괄적으로 B로 이전됨
'채무인수약정' 체결	채무인수약정서(은행서식)	상속인 외에 담보제공자나 근보증인 등이 있을 경우에는 이들을 계약상에 포함시켜 채무인수에 대한 동의를 받음
'근저당권변경 계약' 체결	근저당권변경계약서 (피담보채무의 면책적 인수용)	"
	근저당권변경계약서(계약인수용)	

3) 근저당권과 상속세(당해세)의 우선원칙

근저당권설정자가 그 피담보채권에 우선하여 징수당할 조세의 체납이 없는 상태에서 사망한 경우에 그 상속인에 대하여 부과된 국세인 상속세는 이를 당해세라 하여 근저당권에 우선하여 징수할 수 없다. 조세에 대하여 우선적으로 보호되는 근저당권으로 담보되는 채권이라 함은 원래 근저당권 설정 당시의 근저당권자와 저당권설정자와의 관계를 기본으로 하여, 그 설정자의 납세의무를 기준으로 한 것이므로, 저당권설정자가 그 피담보채권에 우선하여 징수당할 조세의 체납이 없는 상태에서 사망한 경우에 그 상속인에 대하여 부과된 국세인 상속세는

이를 당해세라 할 수 없기 때문이다.[52)]

판례 대법원 1997. 5. 9. 선고 96다55204 판결

국세기본법 제35조 제1항 제3호 (나)목의 규정에 의하면, 국세, 가산금 또는 체납처분비는 원칙적으로 다른 공과금 기타의 채권에 우선하여 징수하는 것이나, 과세표준과 세액을 정부가 결정하는 세금의 경우에 납세고지서의 발송일 전에 저당권을 설정한 사실이 증명되는 재산의 매각대금 중에서 국세 또는 가산금을 징수하는 때에는 그 저당권에 의하여 담보되는 채권에 우선하지 못하고, 다만 당해 재산에 대하여 부과되는 국세와 가산금인 이른바 당해세에 한하여 저당권의 설정 이후에 납세고지서가 발송되었다 하더라도 그 저당권의 피담보채권에 우선하여 징수할 수 있도록 규정하고 있다.

그런데 여기서 국세에 대하여 우선적으로 보호되는 저당권으로 담보되는 채권이라 함은, 원래 저당권 설정 당시의 저당권자와 저당권설정자와의 관계를 기본으로 하여 그 설정자의 납세의무를 기준으로 한 것이라고 해석되므로, 저당권설정자가 그 피담보채권에 우선하여 징수당할 조세의 체납이 없는 상태에서 사망한 경우에 그 상속인에 대하여 부과된 국세인 상속세는 이를 당해세라 하여 우선 징수할 수 없다고 함이 이 법원의 확립된 견해이고 나아가 이 규정의 취지는 납세의무자의 재산상에 근저당권이 설정되어 있고 그 설정일이 이 규정 소정의 법정기일 이전인 때에는 그 근저당권에 의하여 담보되는 채권의 발생 시기 여하를 불문하고 그 채권이 국세에 우선한다는 취지로 보아야 할 것이다.

4) 채무자가 사망한 경우 경매진행

채무자(제3자가 제공한 담보인 경우는 소유자)가 사망하였는데 상속인의 상속포기 여부가 확인이 안 될 경우에는 상속인에게 대위등기 후 경매신청하여야 하고, 채무자가 사망한 후 상속인이 상속포기를 한 경우에는 상속재산관리인을 선임한 후 경매신청하는 것이 원칙이다.

그러나 상속재산관리인의 선임에 상당한 시일이 소요되므로 그 지체로 인한 손해가 예상되는 때에는 집행법원에 특별대리인의 선임을 신청하여 경매절차를 진행하여야 한다.

52) 대법원 1997. 5. 9. 선고 96다55204 판결; 1995.4.7. 선고 94다11835 판결; 1996.7.12. 선고 96다21058 판결

참고 민사집행법 제52조(집행을 개시한 뒤 채무자가 사망한 경우)

① 강제집행을 개시한 뒤에 채무자가 사망한 때에는 상속재산에 대하여 강제집행을 계속하여 진행한다.
② 채무자에게 알려야 할 집행행위를 실시할 경우에 상속인이 없거나 상속인이 있는 곳이 분명하지 아니하면 집행법원은 채권자의 신청에 따라 상속재산 또는 상속인을 위하여 특별대리인을 선임하여야 한다.
③ 제2항의 특별대리인에 관하여는 민사소송법 제62조 제3항 내지 제6항의 규정을 준용한다.

마. 상속재산과 상속채무가 서로 다른 상속인에게 집중된 경우

은행의 대출은 가분채무(성질이나 가치를 해치지 아니하고 나눌 수 있는 채무)이기 때문에 각 상속인의 법정상속분에 따라 각 상속인에게 분할승계되는 것이 원칙이다. 따라서 은행은 각 상속인에 대하여 각자의 상속분에 해당하는 대출금의 변제를 요구할 수 있고, 특정상속인이 자력이 있다고 하여 그 자에 대하여 피상속인의 대출금 전부를 청구할 수는 없다.

상속인들은 공동상속인 중 1인이 단독으로 채무를 이행하기로 하는 분할협의를 할 수는 있으나 이는 그들 사이의 내부 문제이므로 채권자(은행)가 동의하지 않는 이상 법정상속분에 따르지 않는 채무분할은 채권자에게 대항할 수 없다.

또한 피상속인은 법정상속분과 다른 비율로 미리 상속분을 지정할 수 있고, 상속인들은 상속 개시 후에 상속인 간의 협의로 법정상속과 다른 비율로 상속재산을 분할할 수도 있다(민법 1012조 · 1013조). 그 결과 상속재산과 상속채무가 서로 다른 상속인에게 승계되거나 무자력한 상속인에게 채무가 집중되어 은행의 채권회수가 곤란해질 수도 있다. 그러나 이와 같이 상속채권자의 관여 없이 상속인의 자의에 의해 채무에 대한 상속분이 변경되어 상속채권자가 불이익을 받는 것은 매우 불합리하므로, 상속 채권채무에 대하여 법정상속분과 다른 지정 및 변경을 하더라도 상속채권자에게 대항할 수 없다.

따라서 은행은 상속채권과 채무의 분할이 이루어지더라도 그것을 무시하고 각 상속인에 대하여 법정상속분에 따른 채무의 이행을 청구할 수 있다. 또한 협의분할은 그 성질상 재산권을 목적으로 하는 법률행위(계약)이므로 채무초과 상태에 있는 채무자가 상속재산의 분할협의를 하면서 상속재산에 관한 권리를 전부 또는 일부 포기하여 재산분할의 결과가 구체적 법정상속분에 상당한 정도로 미달하는 과소한 것이라면 사해행위로 하여 채권자취소권(민법 406조)을 행사할 수 있다.

바. 상속인이 채무초과 상태인 경우

채무초과 상태인 상속인이 피상속인의 재산을 그대로 상속하면 피상속인의 재산이 상속인의 재산과 혼합되어 피상속인의 채권자인 은행은 불이익을 받을 수 있다. 따라서 담보나 보증인의 자력이 충분하지 않아 피상속인의 재산으로부터 대출채권을 회수할 수밖에 없는 때, 또는 상속인의 채무초과 상태인 경우에는 상속재산과 상속인의 고유재산을 혼합시키지 않고 상속인의 채권자보다 우선변제를 받을 수 있도록 가정법원에 상속재산분리를 청구하여야 한다(민법 1045조 1항).

사. 상속인이 없는 경우

법정상속인이 모두 상속을 포기한 때, 가족관계등록부상 상속인이 없을 때 또는 상속인의 존재 여부가 분명하지 않은 때에는 상속재산관리인을 선임하여야 한다(민법 1052조 1항).

상속인이 되는 사람은 배우자 · 자녀 등의 직계비속, 직계존속, 형제자매, 4촌 이내의 방계혈족 등이지만, 어떤 사람이 사망한 때에 이들 상속인 중 누가 존재하고 있는지가 명확하지 않을 수 있다. 이러한 경우 먼저 상속인을 찾아야 하고, 동시에 상속인이 출현하기까지 상속재산을 관리하여야 하며, 상속인이 나타나지 않으면 최종적으로는 상속재산에 관련된 법률관계를 청산하여야 하는데 이를 위해서 상속재산관리인을 둔다.

1) 상속재산관리인 선임

법정상속인이 모두 상속을 포기한 경우, 가족관계등록부상 상속인이 없는 경우 또는 상속인의 존재 여부가 분명하지 않은 경우에는 은행은 상속재산관리인의 선임을 가정법원에 청구하여 그 자를 상대로 채권을 회수해야 한다. 상속재산관리인은 피상속인의 친족(8촌 이내의 혈족, 4촌 이내의 인척, 배우자), 기타 이해관계인(상속채권자, 수유자, 상속재산에 담보권을 가지는 자 등 법률상 이해관계를 가지는 자) 또는 검사의 청구에 의하여 가정법원이 선임하며, 상속재산관리인이 선임되면 법원은 지체 없이 이를 공고하여야 한다(민법 1053조 1항).

2) 회수절차

상속재산관리인은 채권신고의 공고절차를 거친 후 일반상속채권자와 유증받은 자에 대하여 한정승인의 경우와 동일한 방법으로 변제하여야 하며, 은행은 가정법원이 공고한 기간 내에 채권신고를 하고 법원의 분배금액을 수령하여 대출금을 회수한다. 은행은 담보권실행 시 그 통지의 상대방을 관리인으로 해야 하고 상계의 의사표시도 관리인에게 하여야 한다.

3 채무자의 부재와 실종

은행거래에서 채무자와의 연락이 두절되는 경우로는 채무자가 자신의 자산 전체를 정리해도 채무를 변제하기 부족하거나 사업의 부실화로 채무변제를 포기하고 행방을 감추는 경우가 대부분이다.

채무자가 부재중이더라도 여신을 연체하지 않으면 문제가 되지 않으나 연체가 되면 은행은 통상 6개월에서 1년 사이에 담보물이 있는 경우에는 공시최고 절차 등을 통하여 담보권을 실행하고 예금과 대출을 상계처리한다.

또한 기존 담보물 등으로 부재자(채무자)의 여신이 전부 변제되지 않을 경우, 은행은 부재자에 대한 재산조사 등을 하여 추가로 일반재산을 발견하면 채권보전조치로써 가압류를 하고 채무자를 상대로 대여금청구소송 등을 한다. 이로써 집행권원을 취득한 후에 가압류를 압류로 전환하여 강제집행을 진행하여 배당금을 수령하는 방법으로 여신관리를 한다.

따라서 은행 실무상 채무자가 생사불명이거나 행방불명이더라도 현실적으로 재산관리인을 선임하여 재산을 관리해야 할 만한 채무자가 극히 드물기 때문에 민법상의 부재와 실종의 법리를 이용하는 경우는 많지 않다.

민법상으로는 어떤 자가 그의 주소를 떠나서 쉽게 돌아올 가능성이 없는 때에는 일단 그가 아직 살아있는 것으로 추정하여 그의 재산을 관리해 주면서 돌아오기를 기다리는데 이를 '부재자의 재산관리'라고 하고, 만약 생사불분명 상태가 장기간 계속되면 그를 사망한 것으로 보고 그에 관한 법률관계를 확정짓는데 이를 '실종선고제도'라고 한다.

3-1 부재(不在)

가. 부재자의 재산관리

'부재자'란 종래의 주소나 거소를 떠나 당분간 돌아올 가능성이 없어서 그의 재산이 관리되지 못하고 방치되어 있는 자이다. 따라서 생존이 분명한 경우에도 부재자일 수 있다.

나. 부재자의 재산관리의 방법 및 내용

민법은 부재자의 재산관리에 관하여 부재자 자신이 관리인을 두지 않은 경우와 관리인을 둔 경우를 구별하여 다르게 규율한다.

부재자가 관리인을 두지 않은 경우에는 가정법원은 이해관계인(예: 상속을 받을 자, 배우자, 채권자)이나 검사의 청구에 의하여 재산관리에 필요한 처분을 명하여야 한다(민법 22조). 가정법원이 명할 수 있는 처분으로는 재산관리인의 선임, 경매에 의한 부재자의 재산매각 등이 있으며, 그 중 가장 보통의 방법은 관리인의 선임이다.

부재자가 관리인을 둔 경우에는 민법은 원칙적으로 간섭을 하지 않지만, 재산관리인의 권한이 본인의 부재중에 소멸한 때와 부재자의 생사가 분명하지 않게 된 때에는 가정법원은 재산관리인을 새로 선임하거나 바꿀 수 있다.

3-2 실종선고

부재자의 생사불분명 상태가 오랫동안 계속되어 사망의 개연성이 크지만 사망의 확증이 없는 경우에 이를 방치하면 이해관계인(배우자 · 상속인 등)에게 불이익을 준다. 이에 민법은 일정한 시기를 기준으로 사망한 것과 같은 효과를 발생시키고 있다.

가. 실종선고 요건

법원이 실종선고를 하려면 다음 4가지 요건을 갖추어야 한다.

① 부재자의 생사불명

② 실종기간의 경과 : 보통실종 5년, 특별실종[53] 1년

③ 이해관계인(예: 배우자, 상속인으로 될 자)이나 검사의 청구

④ 공시최고[54] : 6개월 이상

나. 실종선고의 효과

실종선고가 확정되면 실종선고를 받은 자(실종자)는 실종기간이 만료된 때에 사망한 것으로 본다(민법 28조). 그 결과 실종기간 만료 시를 기준으로 상속이 개시되고, 유언은 효력을 발생하며, 혼인관계도 소멸한다. 그러나 실종선고는 실종자가 다른 곳에서 맺은 법률관계나 종래의 주소로 돌아와 새로이 맺은 관계에는 영향이 없다. 실종선고의 효과는 종래의 주소를 중심으로 하는 관계에 대하여만 사망의 효과가 발생하는 것이다.

다. 실종선고의 취소

실종선고의 경우에는 사망이 추정되는 것이 아니고 의제(간주)되기 때문에 실종자가 살아 돌아온다고 하여도 사망의제의 효과를 뒤집으려면 실종선고의 취소가 있어야 한다.

실종선고가 취소되기 위해서는 실종자가 생존한 사실, 실종기간이 만료된 때와 다른 시기에 사망한 사실, 실종기간의 기산점 이후의 어떤 시기에 생존하고 있었던 사실 가운데 어느 하나의 증명이 있어야 하고, 본인 · 이해관계인 또는 검사의 청구가 있어야 한다(민법 29조 1항).

실종선고가 취소되면 처음부터 실종선고가 없었던 것으로 된다. 즉 실종선고로 생긴 법률관계는 소급적으로 무효로 된다. 다만, 실종선고 후 취소 전에 선의

---

53) 전쟁터에 나간 자(전쟁실종), 침몰한 선박 중에 있던 자(선박실종), 추락한 항공기 중에 있던 자(항공기실종), 기타 사망의 원인이 될 위난을 당한 자(위난실종)

54) 6개월 이상의 기간을 정하여 부재자 본인이나 부재자의 생사를 아는 자에 대하여 신고하도록 공고

로 한 행위는 무효로 되지 않는다. 그리고 실종선고가 취소되면 실종선고를 원인으로 재산을 취득한 자(예: 상속인, 유증을 받은 자, 생명보험금 수익자)가 선의인 경우에는 그가 받은 이익이 현존하는 한도에서 반환할 의무가 있고, 그가 악의인 경우에는 그가 받은 이익에 이자를 붙여서 반환하고 손해가 있으면 그것을 배상하여야 한다(민법 29조 2항).

3-3 채무자의 부재와 은행의 채권관리

가. '기한의 이익의 상실'과 상계에 대한 통지 – 은행여신거래기본약관

채무자가 단순히 부재라는 사실만으로는 채무의 기한의 이익을 상실시킬 수 없다. 다만, 이와 유사한 사유로는 은행여신거래기본약관(기업용) 7조 1항 6호의 내용인 "채무자가 폐업, 도피, 기타의 사유로 지급을 정지한 것으로 인정된 때"를 들 수 있다. 즉 채무자가 폐업, 도피를 하면서 향후 대출금 상환을 정지한다는 의사를 표시하였다면, 은행은 채무자에게 독촉통지 등을 하지 않더라도 모든 채무의 기한의 이익을 상실시킬 수 있다.

다만, 채무자가 부재중이고 행방불명되어 주소나 거소를 알 수 없지만 은행이 채무자에게 서면으로 독촉하고 10일 이상으로 정한 기간이 경과해야 기한의 이익을 상실시킬 수 있는 사유(은행여신거래기본약관 - 기업용 7조 3항 및 4항)가 발생하거나 예금과 대출을 서로 상계를 해야 한다면, 은행은 채무자가 신고한 최종 주소로 '내용증명'으로 통지하면 된다.[55]

나. 채무자 부재 시 법적절차 진행 방법

채무자가 장기간 행방불명이 되어 주소를 알 수 없게 된 경우에도 기존담보물을 민사집행법에 의해 임의경매에 착수하기 위해서는 채무자에게 경매개시결정문이 필수적으로 송달되어야 한다. 또한 채무자에 대한 재산조사를 통하여 새로운 재산을 발견한 경우 이를 강제집행하기 위해서는 집행권원을 얻어야 한다. 이때 대여금 청구소송을 진행하기 위해서는 소장을 피고인 채무자에게 송달하여야 한다.

55) 은행여신거래기본약관 - 기업용 18조 2항

1) 소송절차에서 송달

송달이란, 법원이 재판에 관한 서류를 법정의 방식에 따라 당사자 혹은 그 밖의 소송관계인에게 교부하여 그 내용을 알리거나 알 수 있는 기회를 부하여고 이를 공증하는 행위를 말한다. 송달은 법원이 그 재판권에 기하여 법에서 정해진 방식에 따라 행하는 공권적 행위이므로, 송달은 법원사무관등(법원서기관·법원사무관·법원주사 또는 법원주사보를 말한다), 우편집배원 · 집행관 · 법원경위 등에 의해 실시된다.

적법하게 송달이 이루어진 이상 '송달을 받을 사람이 현실적으로 서류의 내용을 알았는가, 몰랐는가'의 여부와 상관없이 법적인 효과가 발생한다. 예를 들면, 피고에게 소장부본이 송달되면 소송계속의 효과가 발생하고, 기일통지서의 송달은 기일개시의 요건이 되며, 송달이 되었음에도 당사자가 출석하지 않으면 불이익이나 제재를 받게 된다. 또한 판결서가 송달됨으로써 상소기간의 진행이 개시되고(민사소송법 396조), 집행권원의 송달은 강제집행을 개시할 수 있는 요건이 되기도 한다(민사집행법 39조).

송달은 송달장소에서 송달서류를 송달받을 사람에게 교부하는 교부송달을 원칙으로 한다(민사소송법 178조 1항).[56] 이 원칙적 교부송달 방법의 변형으로 조우송달[57] · 보충송달[58] · 유치송달[59]방법이 있고, 교부송달 원칙에 대한 예외로서 등기우편에 의한 발송송달[60]과 전화 등에 의한 간이송달 및 공시송달의 방법이 있다.

---

56) 교부송달은 우편집배원 · 집행관 · 법정경위를 송달실시기관으로 하는 경우가 가장 보편적으로 행하여지는 방법이다. 법원사무관등이 당해 사건에 관하여 출석한 사람에게 직접 송달하는 경우(민사소송법 177조 1항)도 교부송달에 해당하며, 이 경우 법원 안에서 송달받을 사람에게 서류를 교부하고 영수증을 받은 때에 송달의 효력이 있다(민사소송법 177조 2항).

57) 조우송달이란 송달실시기관이 송달받을 사람의 송달장소 이외의 곳에서 송달받을 사람을 만난 때에 송달서류를 교부하여 행하는 송달을 말한다.

58) 송달할 장소에서 송달받을 사람을 만나지 못한 때에는 그 사무원 · 피용자 · 또는 동거인으로서 사리를 분별할 지능 있는 사람에게 그가 서류의 수령을 거부하지 않는 경우에 서류를 교부할 수 있다. 이를 보충송달이라고 하며 보충송달을 받을 수 있는 사람을 수령대행인이라고 한다. 이들 수령대행인에게 교부한 때에는 본인에게 전달되었는가의 여부는 문제되지 않는다.

59) 송달을 받을 사람, 즉 당사자 본인이나 송달영수인 또는 그 사람들의 주소 · 영업소 등에서 보충송달을 받을 수 있는 대행인이 정당한 사유 없이 송달받기를 거부하는 때에는 송달할 장소에 서류를 놓아 두어 송달의 효력을 발생시킬 수 있다(민사소송법 186조 3항). 이렇게 행하는 송달을 유치송달이라 한다.

60) 보충송달이나 유치송달의 방법으로도 송달할 수 없는 때(민사소송법 187조)와 당사자 · 법정대리

2) 공시송달

공시송달이란 당사자의 주소와 근무장소를 알 수 없는 경우 또는 외국에서 행하여져야 할 송달에 관하여 송달의 효력이 없을 것으로 인정되는 경우에 법원의 직권 또는 당사자의 신청에 따라 재판장의 명에 의하여 실시하는 송달을 말한다(민사소송법 194조 1항). 이 방식에 의한 송달방법은 법원사무관등이 송달할 서류를 보관하고 그 사유를 법원게시판에 게시하는 방법으로 하며, 게시 후 2주일이 경과하면 송달의 효력이 생긴다. 공시송달은 교부송달의 원칙에 대한 예외를 나타내는 것이고, 다른 송달방법이 불가능한 경우에 한하여 인정되는 보충적이고 최후적인 방법이다.

실무적으로 공시송달은 ① 최근 주민등록등본상의 주소지로 송달하여도 송달사유가 '이사 갔음'으로 나오는 경우에는 다른 송달의 방법이 없음을 이유로 공시송달을 신청할 수 있다. ② 주민등록등본상의 주소 변화는 없으나 계속해서 송달이 되지 않는 경우에는 집행관에 의한 송달이나 특별송달을 신청하고, 그럼에도 불구하고 계속해서 송달이 되지 않는 경우에는 공시송달을 신청할 수 있다. ③ 주민등록이 직권말소된 경우에는 말소자등본을 첨부하여 공시송달을 신청할 수 있다.

3) 경매개시결정문의 송달

부동산의 압류는 채무자에게 강제경매개시결정이 송달된 때 또는 경매신청등기가 된 때에 그 효력이 생기므로(민사집행법 83조 4항), 법원은 직권으로 그 결정정본을 채무자에게 송달해야 한다(민사집행법 23조 1항, 민사소송법 174조).

따라서 경매개시결정은 채무자에게 반드시 송달되어야 한다. 경매개시결정은 압류의 효력을 발생시키는 것일 뿐만 아니라 매각절차의 기초가 되는 재판이므로 그것이 채무자에게 고지되지 않으면 적법 · 유효하게 매각절차를 진행할 수

인 또는 소송대리인이 송달받을 장소를 바꾸고도 법원에 신고하지 아니하여 달리 송달할 장소를 알 수 없는 때(민사소송법 185조)의 두 가지 경우에는, 법원사무관등은 서류를 등기우편 등 대법원규칙이 정하는 방법으로 발송할 수 있다. 이 경우 서류를 발송한 때에 송달된 것으로 본다(민사소송법 189조). 발송송달은 보충송달이나 유치송달이 가능한 경우에는 허용되지 않는 어디까지나 예외적인 송달방법이다.

없고 설사 경매절차가 진행되었다고 하더라도 그 절차는 당연히 무효가 된다.

채무자가 송달을 받을 수 있는데도 불구하고 받지 않은 경우라면 보충송달이나 유치송달 또는 우편송달을 신청하여야 한다. 만약 채무자가 송달을 받을 수 없는 경우이면 송달 가능한 주소지를 알아내어 보정하도록 하되 송달 가능한 주소지를 알 수 없고 그 밖에 달리 송달할 장소도 알 수 없는 경우에는 공시송달이라도 반드시 하여야 한다.

4 법인전환

기업활동에 관한 권리 · 의무가 누구에게 귀속되는지에 따라 개인과 법인으로 구분되는데, 법인전환이란 개인이 경영하던 기업을 사업의 동일성을 유지하면서 법인형태로 조직을 변경하여 사업운영상의 권리 · 의무의 주체를 법인이 되도록 하는 것을 말한다.

법인전환의 동기로는 세금의 절감, 기업의 유지발전, 대외신용도 제고, 자금조달의 원활화 · 다양화 등을 들 수 있다. 특히, 2011년 6월 3일 소득세법이 개정되어 일정규모 이상의 개인사업자는 세무대리인인 세무사나 공인회계사로부터 성실신고확인을 받아 성실신고확인서를 세무서에 제출하도록 성실신고제도가 시행되었다. 이 제도는 세무대리인도 성실신고제도의 수행과정에서 징계를 당할 위험이 있어 개인사업자의 법인사업자로의 전환이 가속화되고 있다.

4-1 법인전환의 유형

법인전환은 상법이나 세법 등 관련 법률이 정하는 절차에 따라 이루어지게 되는데 크게 「사업양수도에 의한 법인전환」, 「현물출자에 의한 법인전환」으로 구분할 수 있다.

법인전환으로 개인기업의 고정자산을 법인기업에 양도하면 양도세가 부과되어야 하지만, 일정 조건이 맞으면 양도세가 부과되지 않는다. 이를 법인전환에 대한 양도소득세의 이월과세라고 한다. 다만, 법인이 나중에 고정자산을 제3자에게 양도할 때는 법인세가 부과된다.

법인전환 시 양도소득세 이월과세를 받기 위해서는 다음의 4가지의 조건을 모두 충족해야 한다.

① 전환방법은 현물출자 또는 포괄양수도이어야 한다.

② 납입자본금이 순자산(자산-부채) 가액(시가) 이상이어야 한다.

③ 여관업, 주점업 등은 제외된다.

④ 대상자산은 사업용 고정자산이어야 한다(주택 등 제외).

또한 개인사업자가 현물출자 또는 사업의 포괄적양도 방식으로 법인으로 전환하는 경우, 부가가치세법에서는 일반적인 재화의 공급으로 보지 않고, 재화의 공급에서 제외한다. 따라서 부가가치세가 과세되지 않는다. 다만 사업용 부동산을 제외하고 법인전환을 하는 경우는 부가가치세가 과세될 수 있다.

가. 사업양수도에 의한 법인전환

사업양수도에 의한 법인전환이란 개인사업주가 발기인이 되어 먼저 법인을 설립한 후 개인기업을 동 법인에게 양도하는 방법이다. 이는 상법의 규정에 의하여 새로 설립한 법인에게 개인기업을 양도함으로써 법인으로 전환하는 가장 쉽고 간단한 방법이다.

개인기업을 법인으로 전환하기 위해서는 개인기업의 폐업신고를 하여야 하며, 폐업신고서에는 폐업사유를 '사업양도 양수에 의한 법인전환'으로 기재하고 사업양도 · 양수계약서를 첨부한다. 이때 사업양도양수계약서상의 법인의 대표이사와 개인사업자가 동일인이더라도 법률상 별개의 인격체로 간주되므로 문제가 되지 않는다. 사업양수로 법인기업이 취득한 재산 중 등기 및 등록을 요하는 재산에 대하여는 개인사업주에서 법인으로 그 소유명의를 전환하는 등기 · 등록을 하고 기타 재산에 대하여도 소유권의 이전을 위한 조치를 하여야 한다.

사업양수도에 대하여 부가가치세를 면제받기 위해서는 포괄적인 사업양도가 되어야 한다. 따라서 제조업을 영위하는 개인사업자가 신설법인에게 자기의 사업용 토지와 건물을 제외하고 사업을 양도하는 경우에는 부가가치세를 면제받을 수 없다.[61]

---

61) 사업을 양도하는 것이란 사업장별로 그 사업에 관한 모든 권리와 의무를 포괄적으로 승계시키는 것을 말하는 것이다(부가가치세법 10조 8항 2호, 시행령 23조).

나. 현물출자에 의한 법인전환

현물출자란 금전이 아닌 재산으로 출자하는 것을 말한다. 현물출자에 의한 법인전환이란 개인사업주가 자기의 사업용 자산 및 부채를 포괄적으로 현물출자하여 법인을 설립하는 것이다. 주식회사의 자본금은 금전으로 출자하는 것이 원칙이지만 필요한 경우 금전 외의 재산으로 출자하는 것을 인정하고 있다. 이는 변태설립사항으로서 상법규정에 의해 법원이 선임한 검사인의 조사를 받아야 한다(상법 298조, 299조).

현물출자를 통한 법인전환 시에도 부가가치세가 과세되지 않기 위해서는 당해 개인기업의 자산과 부채를 포괄적으로 승계하여야 한다.

개인기업의 사업장부동산을 반드시 법인으로 넘겨야 하는가에 대해서는 실무적으로 많은 개인사업자가 망설인다. 그러나 개인사업자가 사업장을 법인에 넘기지 않을 경우에는 ①사업장이 금융기관에 담보로 제공되어 있는 경우에는 담보자산을 제외하고 대출이전이 불가능할 수도 있고(금융기관의 판단 사항), ②부동산이 법인의 자산에서 제외되는 경우 재무건전성 악화로 인한 신용평가에 악영향을 줄 수 있으며, ③개인명의 사업장 부동산을 법인에 넘기지 않고 임대하는 경우에는 개인에게 임대수익이 발생하는 장점은 있으나 장기적으로 대표자 개인의 소득세부담(급여, 배당, 임대수익)이 늘어나며, ④향후 사업체를 가업승계시킬 경우 임대부동산에 대해서는 세제지원제도 적용이 불가한 문제점 등이 발생할 수 있다. 따라서 이러한 점을 감안하여 개인기업의 사업장부동산을 법인으로 넘길지 여부를 검토하여야 한다.

다. 중소기업 간 통합에 의한 법인전환

상법이 규정하는 합병은 법인기업 상호간의 병합을 전제로 하는 개념이지만, 조세특례제한법은 법인 상호간, 법인과 개인기업, 개인기업 상호간의 합동까지 포괄하여 '통합'이라 하고 있다. 중소기업 간 통합에 의한 법인전환은 개인기업과 개인기업 간 또는 개인기업과 법인기업 간의 통합에 의하여 법인을 신규로 설립하거나, 개인기업을 기존법인에 흡수 통합함으로써 법인으로 전환하는 방법이다.

개인기업 간의 통합은 신설될 법인에 각각 개인기업의 사업용 자산 및 부채를 포괄적으로 현물출자하여 통합하는 방식이고, 개인중소기업과 법인중소기업 간의 통합은 개인기업을 신설될 법인 또는 종전의 법인기업에 흡수시켜 통합하는 방식이다.

4-2 개인기업의 법인전환 시 은행의 업무

개인기업의 대출채무의 동일성을 변경시키지 않고 법인기업으로 이전되기 위해서는 채권자인 은행의 동의가 필요하며, 실무적으로 은행은 채무인수인이 여신거래 적격자이고 사업전망과 자산신용상태가 양호하여 인수한 채무의 이행에 지장이 없을 것으로 판단되는 경우에 한하여 동의하고 있다.

구체적으로 살펴보면 '개인기업이 법인기업으로 기업형태가 변경되는 경우'에 은행은 ① 개인기업주가 사업용 자산 및 부채를 포괄적으로 현물출자하여 법인을 설립하는 경우, ② 개인기업주가 신설법인의 발기인이 되고 법인설립 후 개인사업을 포괄적으로 법인에게 양도하는 경우, ③ 개인기업 간의 통합에 의하여 법인을 설립하는 경우를 고객변경 인정대상으로 하고 있다.

개인사업자 예금에 대해서는 영업양도로 자산이 인계된 것이므로 법인으로 예금자의 명의변경절차를 취한 후 제3자에 대항하기 위하여 확정일자를 받아두어야 한다. 은행 실무적으로는 예금을 해약 후 법인명의로 신규하는 것이 보통이다.

가. 개인기업의 법인전환 시 근저당권의 처리

개인기업이 법인으로 전환되더라도 그 대표자가 부담하고 있던 채무는 기존의 근저당권에 의하여 담보되므로 법인으로 신규대출을 취급하지 않는 한 채권보전에는 지장이 없다. 그러나 이 근저당권은 개인기업과 은행과의 거래에서 생긴 채권을 담보할 목적으로 설정한 것이므로 새로운 법인대출에 대해서는 담보하지 못한다. 따라서 법인으로의 신규대출에 대해서도 이 근저당권을 가지고 계속 담보하게 하려면 법인을 채무자로 하는 근저당권의 채무자변경등기를 반드시 '계약인수'의 방법으로 실행하여야 한다.

실무적으로 간혹 채무자가 개인기업으로 되어 있는 근저당권을 해지하고 법인명의로 새로 설정하는 경우도 있는데 이는 선순위이었던 근저당권의 등기일자가 조세의 법정기일과 임대차 등의 대항력 취득일자 등 우선특권보다 후순위로 변경될 우려가 있으므로, 충분히 확인한 후 처리하여야 한다.

나. 개인기업의 법인전환 시 보증인의 처리

개인기업이 법인기업으로 전환되었다고 해서 개인기업의 채무가 당연히 법인기업으로 이전되는 것은 아니므로, 개인기업의 채무를 법인기업으로 이전시키는 채무인수가 수반되어야 한다. 종래의 채무자가 채무자의 지위에서 벗어나지 않고 인수인과 함께 채무자가 되는 중첩적(병존적) 채무인수의 경우에는 보증채무가 소멸하지 않지만, 종래의 채무자가 채무자의 지위에서 벗어나고 인수인인 법인기업만이 채무자가 되는 면책적 채무인수의 경우에는 그 채무인수에 관하여 보증인이 동의하지 않는 한 보증채무는 소멸한다. 왜냐하면, 주채무자가 누구인가는 보증인에게 대단히 중요한 사항이기 때문이다. 따라서 개인기업이 법인기업으로 전환한 후 개인기업의 채무를 법인기업으로 이전시키기 위하여 면책적 채무인수 신청을 해 온 경우에는 반드시 보증인의 동의를 받아 채무인수 절차를 취해야 한다.

은행실무에 있어서 중첩적 채무인수는 거의 일어나지 않고 주로 면책적 채무인수를 하는 것이 일반적이다. 이 경우 만일 연대보증인이 채무인수에 동의하지 않는다면 중첩적 채무인수의 형태를 취해야 한다.

다. 개인기업의 법인전환 시 보증부대출의 채무자 변경

개인기업에서 법인기업으로 기업형태가 변경된 때 기존의 보증서담보대출을 법인기업이 채무인수하기 위해서는 신용보증기금으로부터 기존 보증서 회수조건의 갱신보증서를 발급받거나 채무자변경에 대한 서면동의서(조건변경통지서)를 받고서 채무인수 등의 채무자변경절차를 취해야 한다. 만약에 보증기관의 동의 없이 개인대출을 법인대출로 전환(채무인수)할 경우, 은행은 신용보증기금으로부터 전자문서 또는 서면에 의한 신용보증조건의 변경통지를 받지 않고 채무자의 변경을 하여서는 안 된다는 신용보증약관에 의해서 보증채무 이행이 거절될 수 있음을 유의해야 한다.

참고 신용보증약관

제10조(신용보증조건의 변경)

① 채권자는 신보로부터 전자문서 또는 서면에 의한 신용보증조건의 변경통지를 받지 아니하고는 대출과목의 변경, 채무자의 변경, 개별보증에 있어서의 대출기한 연장을 하여서는 안 됩니다.

제23조(면책)

① 신보는 아래 각 호의 어느 하나에 해당하는 경우에는 보증채무의 전부 또는 일부에 대하여 책임을지지 아니합니다.

1~4. (생략)

5. 신용보증약관 제10조(신용보증조건의 변경)을 위반한 때

참고 법인전환 유형

구 분	방 법	비 고
조세지원을 받는 법인전환	– 현물출자에 의한 법인전환 – (세금감면)사업양도양수에 의한 법인전환 – 중소기업 통합에 의한 법인전환	– 조세특례제한법 32조 – 조세특례제한법 32조 – 조세특례제한법 31조
조세지원을 받지 않는 법인전환	– (일반)사업양도양수에 의한 법인전환	

참고 개인기업과 법인기업의 비교

구 분	개인기업	법인기업
설립	절차가 단순(사업자등록)	절차가 복잡
운영	– 신속한 의사결정 용이 – 소득에 대한 별도의 배분절차 불필요(기업소득=기업주의 소득) – 단독무한책임 – 매출액이 일정규모 이상인 경우 세금부담 상승 – 대표자 급여 및 퇴직금의 세무상 비용처리 불가능	– 의사결정이 복잡(이사회 결의 등) – 자본조달 용이(자본증자 등) – 법인세가 과세된 소득에 대한 별도의 배분절차를 통해서 기업주에게 귀속 가능(급여 · 상여 · 배당 등) – 주주 유한책임(과점주주 2차 납세의무) – 일정규모 이상인 경우 세금부담 유리 – 엄격한 자금관리, 경영조직관리가 필요 – 대표이사 급여 및 퇴직금의 세무상 비용처리 가능
청산	절차 단순(폐업신고 · 신고세무절차)	절차 복잡 (폐업신고 · 신고세무절차 + 법인청산절차)
상속	– 증여세 과세특례 적용 불가 – 가업상속공제는 사업용 고정자산(토지 · 건물 등) 만 적용	– 증여세 과세특례 적용 가능 – 피상속인 보유지분의 사업용 자산비율만큼 가업상속공제 적용

제3절

상호변경

1 상호

상호란 상인(개인 및 회사)[62]이 영업에서 자기를 표시하는 명칭이다. 따라서 상인이 자신의 상품을 표시하기 위한 상표는 상인을 표시하는 명칭이 아니므로 상호가 아니다. 회사의 경우에는 회사의 명칭이 상호이다. 다만, 동일 시 · 군내에서는 동일한 영업을 위하여 타인이 등기한 상호와 확실히 구별되는 것이 아니면 상호의 등기를 하지 못한다. 상법은 상호에 관한 규정을 두어 상인과 상인 또는 상인과 일반인들 사이의 이익충돌을 조정한다. 상인은 성명 그 기타의 명칭으로 상호를 정할 수 있다(상법 18조).

회사란 상행위나 그 밖의 영리를 목적으로 하여 설립한 법인을 말하며(상법 169조), 회사는 법인격을 인정받음으로써 구성원과 독립하여 법인 자신의 명의로 권리·의무의 주체가 될 수 있다. 회사의 상호는 그 종류에 따라 합명회사, 합자회사, 유한책임회사, 주식회사 또는 유한회사의 문자를 사용하여야 한다(상법 19조). 이는 회사의 유형에 따라서 회사조직이나 사원의 책임 등이 크게 다르기 때문에 채권자 및 일반인들에게 미리 주지시키고자 하는 것이다.

---

62) 상인이란 형식적으로는 기업적 생활관계에서 발생하는 권리의무의 귀속주체를 의미하고 실질적으로는 기업의 인적 조직으로서 기업활동을 영위하는 자를 의미한다. [대법원 2008.12.11. 선고 2007다66590 판결] 상인은 자기 명의로 상행위를 하는 자를 의미하는데, 여기서 '자기 명의'란 상행위로부터 생기는 권리의무의 귀속주체로 된다는 뜻으로서 실질에 따라 판단하여야 하므로, 행정관청에 대한 인 · 허가 명의나 국세청에 신고한 사업자등록상의 명의와 실제 영업상의 주체가 다를 경우 후자가 상인이 된다.

2 상호의 등기

상인의 영업상 명칭인 상호는 다른 상인과 구별되는 기준이 될 뿐만 아니라 영업에 대한 신용이나 명성 등이 상호에 집적되어 재산적인 가치를 갖기 때문에 상호는 등기하여야 한다. 다만, 개인상호의 경우에는 이를 등기할 의무는 없다.[63] 회사의 경우에는 상호가 유일한 회사의 명칭이므로 회사의 상호는 설립 시 등기하여야 할 사항에 포함되어 반드시 등기하여야 하는 절대적 등기사항이다. 회사상호의 경우에는 개인상호와 달리 상호등기부에 따로 등기하지 않고 회사설립 시 다른 설립등기사항들과 함께 회사등기부에 등기하여야 한다.

3 상호의 양도

상호는 오랜 기간 영업과 일체로 사용되면서 그 기업의 제품, 서비스의 가치나 상인의 대외적 명성 등이 집적되고, 상인과 거래하는 제3자는 상호를 통해서 영업의 동일성을 판단하게 된다. 따라서 상호를 언제나 양도할 수 있게 한다면 상당한 혼란이 발생할 수 있어 상법은 상호의 양도를 금지하고 있다. 다만, 예외적인 경우에만 허용하고 있다.

상호는 영업을 폐지하거나 영업과 함께 하는 경우에 한하여 양도할 수 있다. 우선 상호와 영업이 일체로 이전되는 경우에는 영업의 실체와 관련해서 일반인이 오해할 우려가 없어지게 되므로, 이 경우에 상호의 양도는 허용하고 있다. 그러나 영업은 계속하면서 상호만 양도한다거나, 영업은 A에게, 상호는 B에게 양도하는 것은 허용되지 않는다. 또한 영업을 폐지하는 경우에는 일반인의 신뢰를 해칠 염려도 없으므로 상호의 양도를 허용하고 있다.

영업과 함께 상호를 양도하거나 영업의 폐지로 상호를 양도하는 경우에 당사자는 양도의 의사표시만으로 양도의 효력이 발생하지만, 등기상호의 경우는 상호이전의 등기를 해야만 제3자에게 대항할 수 있다.

---

63) 개인상인이 상호를 등기하고자 하는 경우에는 상호등기부라고 하는 상업등기부에 등기하여야 한다(상업등기법 5조 1호)

4 상호의 변경

상호는 상인이 자신의 영업을 표시하는 명칭이므로 원칙적으로 자유로이 변경하거나 폐지할 수 있다.

상호의 변경에서 개인상호의 경우에는 언제든지 변경이 가능하지만, 회사의 상호는 정관의 절대적 기재사항이기 때문에 이를 변경하려면 정관변경을 위한 절차를 거쳐야 한다. 그리고 등기상호를 변경한 경우에는 이를 등기하여야 한다(상법 40조).

은행 실무에서는 법인인 채무자나 보증인이 상호를 변경하게 되더라도 권리·의무의 주체가 변경되는 것은 아니며 법인의 법인격에 어떤 중요한 영향을 끼치는 것은 아니므로 금융거래에도 특별한 영향을 주는 것은 아니다.[64] 따라서 은행은 법률적으로 특별한 조치를 취할 필요는 없다. 다만 은행여신거래기본약관과 관련하여 이들 변경사항은 은행에 신고하도록 되어 있으므로, 주채무자인 회사에서는 그 변경신고서와 법인등기사항전부증명서 같은 증빙서류를 은행에 제출하여 상호변경절차를 마쳐야 한다.[65]

---

64) 대법원 1970.11.24. 선고 70다2205 판결

65) 은행여신거래기본약관(기업용) 16조

제4절

회사(법인)의 목적 변경

상법은 회사를 상행위나 그 밖의 영리를 목적으로 하여 설립한 법인이라고 규정하고, 회사를 합명회사, 합자회사, 유한책임회사, 주식회사와 유한회사의 5종으로 분류하고 있다(상법 169조, 170조).

회사의 목적은 정관의 필요적 기재사항인 동시에 등기사항이다. 여기서 '목적'이란 회사가 수행하고자 하는 사업의 내용을 말한다. 회사는 영리를 목적으로 하므로 목적사업은 영리성과 저촉되지 않는 것이어야 하고, 불법하거나 사회질서에 반하지 않는 것이어야 한다.[66]

민법은 "(비영리)법인은 법률의 규정에 좇아 정관으로 정한 목적의 범위 내에서 권리와 의무의 주체가 된다"고 규정하고 있다(민법 34조). 이를 문언대로 해석하면 법인은 정관으로 정한 목적범위를 벗어난 부분에 대해서 권리와 의무의 주체가 될 수 없으므로, 그 행위의 법적 효력은 무효인 것이 된다. 이와 같은 민법규정을 영리법인인 회사에 적용될 수 있는가에 대해서, 학설은 회사에 대해서도 민법을 유추적용하여 목적에 의한 제한을 받는다는 '제한긍정설'과 회사는 정관 소정의 목적에 의하여 권리능력의 제한을 받지 않는다는 '제한부정설'이 있다.

이에 대해 판례는 회사는 정관소정의 목적범위 내에서 권리·의무의 주체가 되고 회사의 목적범위 외의 사항은 설혹 그것이 회사명의로 행하여진 것이라 할지라도 회사에 대해서 무효라고 하는 제한긍정설을 취한다. 하지만 동시에 회사가 가진 목적의 범위를 정관에 명시되어 있는 사항에 한정하지 않고 그 목적을 수행하는 데 직접·간접으로 필요한 행위를 모두 포함하는 것으로서 목적에 반하지 않는 일체의 행위 등으로 탄력성 있게 보고 있어 실질적으로는 제한부정설에 접근

66) 회사의 정관과 법인등기사항전부증명서를 확인하면 「회사의 목적」을 알 수 있다(상법 179조, 289조).

하고 있다.[67] 즉, 법인의 대표기관(예: 대표이사 등)의 행위가 객관적 성질과 종류로 볼 때 법인의 목적범위 내이고 대표권한 내의 것이면 법인의 행위로 인정한다는 것이다.

대법원 판례 등을 종합해 살펴보면, 은행이 회사와 여신거래를 하는 경우에는 회사의 사업목적에 위반하였다는 이유로 분쟁이 발생할 여지는 거의 없을 것으로 판단된다. 다만, 회사가 다른 회사의 여신에 연대보증을 하는 경우에는 사업목적에 부합하는지 여부에 대하여 분쟁의 소지는 있을 수 있다.

또한 회사가 정관변경을 통하여 목적사업을 변경하더라도 은행의 여신거래에 직접적인 영향을 미치는 것은 없다. 다만, 향후 회사의 경영전략이나 사업기반이 변경되는 것이므로, 목적사업을 변경하는 이유가 기존 사업의 부진 등에 의한 것인지 여부 등을 확인하고 향후 은행거래에 미치는 영향 등을 검토 · 대응하여야 한다.

판례 **대법원 2009.12.10. 선고 2009다63236 판결**

회사의 권리능력은 회사의 설립근거가 된 법률과 회사의 정관상의 목적에 의하여 제한되나 그 목적범위 내의 행위라 함은 정관에 명시된 목적 자체에 국한되는 것이 아니라 그 목적을 수행하는 데 있어 직접, 간접으로 필요한 행위는 모두 포함되고 목적수행에 필요한지의 여부는 행위의 객관적 성질에 따라 판단할 것이고 행위자의 주관적, 구체적 의사에 따라 판단할 것은 아니다.

판례 **대법원 2005.5.13. 선고 2003다57659; 2003다57666 판결**

법인의 권리능력은 회사의 설립 근거가 된 법률과 회사의 정관상의 목적에 의하여 제한되나, 그 목적 범위 내의 행위라 함은 법률이나 정관에 명시된 목적 자체에 국한되는 것은 아니라 그 목적을 수행하는 데 필요한 부수적 행위도 포함되고 목적수행에 필요한지 여부도 행위의 객관적 성질에 따라 판단되어야 하는 것이다.

67) 대법원 2001.9.21. 선고 2000그98 판결, 대법원 1999. 10. 8. 선고 98다2488 판결

판례 **대법원 2005.5.27. 선고 2005다480 판결**

회사의 권리능력은 회사의 설립 근거가 된 법률과 회사의 정관상의 목적에 의하여 제한되나 그 목적범위 내의 행위라 함은 정관에 명시된 목적 자체에 국한되는 것이 아니라 그 목적을 수행하는 데 있어 직접, 간접으로 필요한 행위는 모두 포함되고 목적수행에 필요한지의 여부는 행위자의 주관적, 구체적 의사가 아닌 행위 자체의 객관적 성질에 따라 판단하여야 할 것인데, 그 판단에 있어서는 거래행위를 업으로 하는 영리법인으로서 회사의 속성과 신속성 및 정형성을 요체로 하는 거래의 안전을 충분히 고려하여야 할 것인바, 회사가 거래관계 또는 자본관계에 있는 주채무자를 위하여 보증하는 등의 행위는 그것이 상법상의 대표권 남용에 해당하여 무효로 될 수 있음은 별론으로 하더라도 그 행위의 객관적 성질에 비추어 특별한 사정이 없는 한 회사의 목적범위 내에 행위라고 봄이 상당하다 할 것이다.

판례 **대법원 1987. 9. 8. 선고 86다카1349 판결**

회사의 권리능력은 회사의 설립근거가 된 법률과 회사의 정관상의 목적에 의하여 제한되나 그 목적범위내의 행위라 함은 정관에 명시된 목적 자체에 국한되는 것이 아니고 그 목적을 수행하는데 있어 직접 또는 간접으로 필요한 행위는 모두 포함되며 목적수행에 필요한지 여부도 행위의 객관적 성질에 따라 추상적으로 판단할 것이지 행위자의 주관적, 구체적 의사에 따라 판단할 것은 아니다.

판례 **대법원 1975.12.23. 선고 75다1479 판결**

회사의 대표이사가 회사를 대표하여 타인의 극장위탁경영으로 인한 손해배상의무를 연대보증한 것이 회사의 사업목적 범위에 속하지 아니하는 경우에는 회사를 위하여 효력이 있는 적법한 보증으로 되지 아니하므로 회사는 손해배상책임이 없다.

제5절

회사(법인)의 대표자 변경

1 상법상의 회사

상법에서 회사는 상행위나 그 밖의 영리를 목적으로 하여 설립한 법인을 말한다(상법 169조). 즉 상법에서 회사는 "영리"를 목적으로 하는 "법인"이다. 회사가 영리를 목적으로 한다는 것은 영리활동을 통하여 얻은 이익을 사원에게 분배해야 한다는 것을 의미이고, 법인이란 법률에 의하여 권리능력이 인정된 단체이다. 권리능력이 인정된다는 것은 회사가 권리의무의 주체가 되고 법률행위(예: 계약 등)에 의한 법률효과에 직접 귀속되며 책임재산을 가질 수 있다. 그러나 회사는 자연인과 달리 스스로 활동을 할 수 없기 때문에 자연인의 행위를 통해서 법률행위를 해야 한다. 회사의 법률행위를 해주는 사람을 회사의 대표기관이라고 하며 이 대표기관의 행위가 회사의 행위로 인정되기 때문에 회사는 기관을 통해서 법률행위를 할 수 있다.

은행 여신거래의 상대방은 크게 개인과 법인으로 구분할 수 있고, 법인이란 법률에 의하여 권리능력이 인정된 단체 또는 재산을 말한다. 은행 여신거래에 있어서 법인은 거의 대부분은 상법상의 회사인 '주식회사'이다. 주식회사에 대해서 간략하게 살펴보면 아래와 같다.

2 주식회사

주식회사는 사원인 주주가 회사채권자에 대해서는 직접 아무런 책임도 부담하지 않고, 회사에 대해서는 자기가 인수한 주식금액을 한도로 출자의무만 부담하는 간접·유한책임을 부담하는 회사형태이다(상법 331조).

주식회사는 사원인 주주가 출자하여 자본이 구성되고, 자본은 일정한 금액의 주식으로 분할되어 있으며, 사원인 주주는 자신이 인수한 주식의 인수가액의 한도에서 회사의 채무에 대해서 책임을 부담하는 회사이다. 주식회사의 본질적인 요소는 자본, 주식, 주주의 유한책임이다.

주식회사에서는 회사의 재산만이 회사채무의 담보가 되므로 목적사업을 위한 기본재산을 갖추어야 그 성립이 가능하고 주주는 회사의 주식을 소유함으로써 회사재산을 경제적으로 소유하고 지배하며 법적으로 주주의 권리를 행사한다. 주식회사에서 주주는 자신이 인수한 주식가액을 한도로 회사채무에 대해서 책임을 부담하므로 회사채권자에게 담보가 되는 것은 회사의 재산뿐이다. 상법은 주식회사 자본의 규모와 관련한 제한을 두고 있지 않다.[68]

주식회사의 자본금은 회사가 보유해야 하는 '순재산액의 기준'을 말하며, 주식회사의 재산은 '주식회사가 현재 보유하고 있는 순재산액'을 의미하여 서로 구분된다.

2-1 주식회사의 설립

주식회사는 다수의 주주와 자본으로 구성되는 물적회사이기 때문에 복잡한 설립절차를 거쳐 성립된다. 주식회사의 설립과정을 대략적으로 살펴보면, 먼저 정관을 작성하고 주식인수, 주금액 납입, 이사 · 감사 선임을 거쳐 설립경과를 조사하고 설립등기를 함으로써 끝난다.

주식회사의 설립방법은 발기설립과 모집설립으로 구분된다. 발기설립에는 주식회사의 설립사무에 종사하는 발기인만으로 주주를 구성하므로 주식회사 설립 시 발행하는 주식의 전부를 발기인이 인수하여 회사를 설립하는 방법이다. 여기서 발기인의 자격과 수에는 제한이 없어서 법인도 발기인이 될 수 있고 1인 이상의 발기인이면 문제가 없다. 모집설립은 발기인이 설립 시 발행하는 주식 중에서 일부만을 인수하고 나머지 주식은 따로 주주를 모집하여 인수시키는 설립방법이다.

---

68) 과거 상법은 최저자본금을 5천만 원으로 정하고 있을 뿐 최고자본금에 대한 제한은 없는 것으로 하였으나, 2009년 개정 상법에서 5천만 원인 최저자본금의 제한마저 폐지하였다.

가. 주식인수가액의 납입

금전출자의 경우에는 회사의 설립 시 발행하는 주식의 총수가 인수되면 발기인은 지체 없이 주식인수인에 대하여 납입기일을 정하여 그 날까지 주식에 대한 인수가액의 전액을 납입시켜야 한다. 납입은 은행, 기타 금융기관에 한하여 취급할 수 있다. 납입금을 보관한 은행, 기타 금융기관은 발기인 또는 이사의 청구가 있는 때에는 보관증명서를 교부할 의무가 있고, 그 증명한 보관금액에 대하여는 납입의 부실 또는 그 금액의 반환에 관한 제한이 있음을 이유로 회사에 대항하지 못한다.

나. 가장납입

가장납입이란 주금을 납입하지 않고 납입된 것으로 가장하여 설립절차를 마치는 것을 말한다. 발기인이 납입취급은행과 공모하여 납입금 보관증명을 발급받는 방법이다(통모가장납입). 종전에는 납입취급은행과 발기인이 통모하여 주금의 납입없이 은행이 납입금보관증명서를 발급해 주는 경우가 있었으나, 금융기관은 증명한 보관금액에 대하여는 납입이 부실하거나 그 금액의 반환에 제한이 있다는 것을 이유로 회사에 대항하지 못한다는 상법(318조 2항)에 의하여 은행에게 책임을 물은 이후로 이러한 유형의 가장납입은 찾아보기 어렵다. 가장납입의 다른 유형으로는 발기인이 납입취급은행 이외의 자로부터 금전을 일시차입하여 주금납입에 충당하고 회사설립등기 직후에 이를 인출하여 차입금을 변제하는 방법이다(제3자로부터 일시차입행위, 위장납입). 위장납입에 대해서는 현실적으로 납입이 존재하므로 유효라고 보는 견해와 실질적으로 납입이 있었다고 볼 수 없으므로 무효라고 보는 견해가 대립하지만, 대법원은 현실적으로 납입이 존재하므로 유효하다는 입장이다. 그러나 위장납입에 의한 증자등기를 한 것에 대해서는 납입가장죄와 공정증서원본부실기재죄에 해당한다고 판시하였다.

판례 **대법원 1998.12.23. 선고 97다20649 판결**

주식회사를 설립하면서 일시적인 차입금으로 주금납입의 형태를 갖추고 회사설립절차를 마친 다음 바로 그 납입금을 인출하여 차입금을 변제하는 이른바 가장납입의 경우에도 주금납입의 효력을 부인할 수는 없다.

판례 **대법원 2004.6.17. 선고 2003도7645 전원합의체 판결**

(다수의견) 상법 제628조 제1항 소정의 납입가장죄는 회사의 자본충실을 기하려는 법의 취지를 유린하는 행위를 단속하려는 데 그 목적이 있는 것이므로, 당초부터 진실한 주금납입으로 회사의 자금을 확보할 의사 없이 형식상 또는 일시적으로 주금을 납입하고 이 돈을 은행에 예치하여 납입의 외형을 갖추고 주금납입증명서를 교부받아 설립등기나 증자등기의 절차를 마친 다음 바로 그 납입한 돈을 인출한 경우에는 이를 회사를 위하여 사용하였다는 특별한 사정이 없는 한 실질적으로 회사의 자본이 늘어난 것이 아니어서 납입가장죄 및 공정증서원본부실기재죄와 부실기재공정증서원본행사죄가 성립한다.

2-2 주식회사의 주주

주주란 주식회사의 사원으로서 주식의 귀속주체이다. 주주는 주식을 인수하고 주금액을 납입하거나 타인으로부터 기존 주식을 양수함으로써 주주가 되며, 주식의 양도 또는 소각에 의해서 주주의 지위를 상실한다. 주주가 될 수 있는 자격에는 제한이 없으며, 주주의 수는 회사설립 시에는 발기인의 수와 같이 1인 이상이고, 성립 후에도 제한이 없으므로 주주가 1인인 회사도 인정된다. 종래 주식의 종류에 따라 기명주주와 무기명주주가 있었으나 상법은 2014년 5월 10일에 무기명주식제도를 폐지하였다.

2-3 주식회사의 기관

가. 주주총회

주주총회는 주주로 구성되며 회사의 기본적 사항에 관하여 회사의 의사를 결정하는 필요상설의 기관이며, 주주총회는 상법 또는 정관이 정하는 사항에 한해서만 의결할 수 있다.

주주총회는 매년 1회 일정한 시기(매결산기)에 소집되는 정기총회와 필요한 경우 수시로 소집되는 임시총회로 나뉜다. 주주에 대한 소집통지는 원칙적으로 총회일의 2주 전에 서면 또는 각 주주의 동의를 받아 전자문서로 발송되어야 한다.

1) 의결권 및 결의

의결권이란 '주주가 주주총회에 출석하여 결의에 참가할 수 있는 권리'를 말한다. 주주의 의결권은 하나의 주식에 대하여 하나만 부여되는 것이 원칙이다. 기명주식을 가진 주주는 주주명부상의 명의개서만으로 주권의 제시 없이 의결권을 행사할 수 있다.[69]

주주총회의 결의는 다수결의 원리에 의하여 형성된 주주총회의 의사표시로서 결의의 성립이 선언된 때로부터 각 주주의 의사와는 관계없이 관계자 전원을 법적으로 구속한다.

가) 보통결의

보통결의는 원칙적으로 출석한 주주의 의결권의 '과반수'와 발행주식총수의 4분의 1 이상의 수로써 하는 결의이다. 보통결의사항은 상법이나 정관에서 특별결의사항이나 특수결의사항으로 정한 이외의 모든 사항이다.

나) 특별결의

특별결의는 출석한 주주의 의결권의 '3분의 2 이상'이며 발행주식총수의 3분의 1 이상인 수로써 행하는 결의이다. 상법상 규정된 특별결의사항으로는 정관의 변경, 자본의 감소, 회사의 해산, 회사의 합병, 회사의 분할, 회사의 영업의 전부 또는 중요한 일부의 양도, 회사의 영업에 중대한 영향을 미치는 다른 회사의 영업 전부 또는 일부의 양수, 이사 · 감사의 해임 등이 있다.

상법에 영업의 전부 또는 중요한 일부의 양도, 영업 전부의 임대, 회사의 영업에 중대한 영향을 미치는 계약의 체결 등은 주주총회의 특별결의사항으로 규정되어 있어서(상법 374조 1항), 주식회사의 대표이사가 영업의 폐지를 가져올 수 있

---

69) 주주는 대리인으로 하여금 그 의결권을 대리행사 시킬 수 있는데, 이때에 그 대리인은 대리권을 증명하는 서면을 총회에 제출하여야 한다.

는 중요한 영업용 자산의 처분에 필요한 주주총회의 특별결의를 거치지 않고 임의로 처분하였다면 그러한 처분행위는 무효이다(대법원 2009.3.12. 선고 200760455 판결). 즉, 대표이사가 이런 사항을 주주총회 특별결의를 거치지 않고 집행하였다면 그 집행은 회사 내에서는 물론 회사 외에서도 당연 무효이며, 거래상대방(제3자)이 선의라도 보호받지 못한다(대법원 2012.4.12. 선고 2011다106143 판결, 김건식·노혁준·천경훈 회사법 제5판 박영사, 398면). 이유는 주주총회 결의는 사업의 근간에 관련되는 정말 중요한 사항들에 대해서 요구되는 만큼 거래상대방이 주주총회결의가 없는 것을 몰랐다는 이유로 보호하면서까지 회사의 이익을 침해할 수는 없기 때문이다.

그러나 주주총회결의와 달리 이사회결의를 거치지 않은 경우, 대법원은 거래상대방이 회사에서 이사회결의가 없었음을 알았거나 몰랐던 데에 중대한 과실이 있는 경우(악의 또는 중과실)에만 무효가 된다고 보았다(대법원 2021. 2. 18. 선고 2015다45451 전원합의체 판결).

나. 이사회 · 대표이사 또는 집행임원(업무집행기관)

이사는 주주총회에서 선임되어 이사회의 구성원으로서, 회사의 업무집행에 관한 의사회의 의사결정과 대표이사의 업무집행을 감독하는 데 참여할 권한을 갖는 자이다. 그러나 자본금 총액이 10억 원 미만인 주식회사로서 이사를 1명 또는 2명을 둔 '소규모 주식회사'의 경우에는 예외적으로 각 이사는 업무집행기관 및 대표기관으로서의 지위를 갖는다.

이사는 사내이사와 사외이사로 구분할 수 있다. 사내이사는 회사의 일상적인 업무인 상무에 종사하는 이사를 말한다. 사내이사는 대표이사를 최상위로 계통조직에 소속되어 담당업무를 맡으며 그 업무에 대한 중간의사결정을 행한다. 대표권이 없는 사내이사가 대외적인 행위를 한 경우, 회사는 선의의 제3자에게 표현대표이사의 책임을 부담하게 된다(상법 395조). 사외이사는 일상업무에 관여하지 않고 이사회의 구성원이 될 뿐이다.

이사회는 이사 전원으로 구성되는 회의체로서 업무집행에 관한 회사의 의사를 결정하는 주식회사의 필요적 상설기관이다. 이사회의 결의는 재임하는 이사 과반수의 출석과 출석이사의 과반수로 하여야 한다.

이사회는 중요한 자산의 처분 및 양도, 대규모 재산의 차입, 지배인의 선임 또는 해임과 지점의 설치·이전 또는 폐지 등 회사의 업무집행에 대한 결정권을 가진다(상법 393조 1항). 즉, 열거된 사항에 대해서는 대표이사가 단독으로 결정할 사항이 아니라 이사회의 결정사항으로 명문화한 것이다.

대표이사는 이사 중에서 이사회의 결의로 선임되는 것이 원칙이며, 대표이사의 인원수에 관하여는 제한이 없으므로 1인 또는 수 인이 대표이사로 선임될 수 있다.

대표이사가 2인 이상이면 의사결정권 때문에 "각자대표"와 "공동대표"로 구분된다. 이 제도의 취지는 대표이사의 대표권은 넓으므로 이를 제한하는 방안으로 공동대표이사 선임을 허용하는 것이다(상법 389조 2항). 대표이사가 복수인 경우, 원칙적으로 각각의 대표이사는 완전한 대표권을 행사할 수 있다(각자대표의 원칙). 이사회 또는 주주총회의 결의로써 수인이 공동으로 회사를 대표하도록 하는 공동대표이사를 정한 경우는 복수의 대표이사가 대표행위를 공동으로 해야만 그 효과를 회사에 귀속시킬 수 있다.

대표이사는 회사를 대표하여 회사의 영업에 관하여 재판상 또는 재판 외의 모든 행위를 할 권한이 있다. 이 대표권에 대한 내부적 제한은 선의의 제3자에게 대항하지 못한다(상법 389조 3항, 209조). 또한 영업에 관한 모든 행위는 영업의 계속을 전제하므로 영업전부의 양도·임대·위임 등의 행위는 포함되지 않는다. 이처럼 대표이사가 상법상 주주총회의 결의가 필요한 행위를 결의 없이 한 경우에는 무효이다.

회사는 대표이사에 갈음하여 집행임원을 둘 수 있다. 집행임원 설치회사는 회사의 업무집행기관(집행임원)과 업무감독기관(이사회)을 분리하여, 이사회는 경영의 전문가인 집행임원을 업무집행기관으로 선임하여 회사의 경영을 맡기고, 이사회는 이에 대한 감독만을 하면서 회사의 중요한 사항에 대하여 의사를 결정한다.[70)]

다. 감사 · 감사위원회 · 준법지원인(감사기관)

---

70) 과거에는 주식회사의 업무집행기관은 원칙적으로 이사회(의사결정기관)와 대표이사(업무집행기관)만이 있었는데, 2011년 4월 개정상법은 '집행임원제도'를 도입하였다.

감사는 이사(집행임원)의 업무집행을 감사하고 회계를 감사할 권한을 가진 주식회사의 기관이다. 자본금 총액이 10억 원 미만인 소규모 주식회사는 감사를 선임하지 아니할 수 있다. 감사는 주주총회에서 보통결의의 방법에 의하여 선임된다.

감사위원회는 '감사에 갈음하여 이사의 업무집행과 회계를 감사할 권한을 가진 이사회 내 위원회의 하나인 필요상설기관'이다. 상법상 감사위원회는 원칙적으로 자율적으로 정관에 의하여 설치할 수 있는데,[71] 감사위원회를 설치한 경우에는 감사를 둘 수 없다. 감사위원회는 반드시 3인 이상의 위원(이사)으로 구성되며, 3분의 2 이상은 사외이사로 구성되어야 한다.

준법지원인은 '임직원이 준법통제기준을 준수하고 있는지 여부를 점검하고 그 결과를 이사회에 보고하는 자'이다. 준법지원인은 준법통제기준에 의하여 회사의 내부에서 임직원이 업무를 수행하기 이전에 관련법규 위반 등을 점검하는데 반하여, 감사위원회 또는 감사는 주주를 대리하여 업무집행기관 이외의 제3자로서 업무집행기관이 수행한 업무 및 회계 등의 적법성 여부를 사후에 감사한다고 볼 수 있다.

3 주식회사와의 여신거래

주식회사와의 여신거래 상대방은 대표이사로 하며, 적법한 대표권을 확인한 후 여신행위가 주식회사의 정관상 목적범위 내인지 등을 확인하고 여신거래를 한다. 주식회사의 대표가 각자대표인 경우 가급적 여신거래를 대표할 1인을 정하여 거래하도록 하고, 공동대표이사인 경우에는 공동대표 전원이 연서·날인하는 방법으로 여신거래를 한다.

주식회사의 설립목적은 정관으로 확인하며, 법인등기사항전부증명서로는 대표이사 및 각자대표이사 또는 공동대표이사 여부를 확인할 수 있다. 특히 주식회사가 은행으로부터 차입을 하거나 담보를 설정하는 등 중요자산을 처분하는 경우에는 이사회의사록 사본을 징구하여 이사회결의 여부를 확인하여야 한다.

주식회사의 대표이사가 이사회 결의를 요하는 대외적 거래행위를 하면서 실제

---

71) 최근 사업연도말 현재 자산총액이 2조 원 이상인 상장회사는 일정한 회사를 제외하고는 의무적으로 감사위원회를 설치하여야 한다(상법 542조의11 1항, 상법시행령 37조).

로 이사회 결의를 거치지 아니하였거나 결의가 있었다고 하더라도 그 결의가 무효인 경우, 거래 상대방이 그 이사회결의의 부존재 또는 무효 사실을 알았거나 알지 못한 데 중과실이 있었다면 그 거래행위는 무효이다. 그러나 거래의 상대방이 그 이사회 결의의 흠결에 대하여 선의·무중과실이면 그 거래는 유효하다.

통상의 경우 거래 상대방으로서는 회사의 대표자가 거래에 필요한 이사회결의 등 회사의 내부절차를 마쳤을 것으로 신뢰하였다고 보는 것이 경험측에 부합하므로 특별한 사정이 없으면 이사회결의를 거쳤는지를 확인할 의무가 없다. 따라서 대표권 제한에 위반한 대표행위라는 점에 대하여 거래상대방이 악의·중과실이라는 점은 회사가 입증책임을 부담한다(신현탁, 회사법강의-2023년, 박영사).

여기서 유의할 점은 은행이 주식회사와 거래할 경우에 은행 여신거래규정 등에서 이사회결의서 사본 등으로 이사회결의 유무를 확인하도록 규정하고 있기 때문에 은행의 선의·무중과실을 인정받기에 곤란하다는 것이다.

판례 **대법원 2021. 2. 18. 선고 2015다45451 전원합의체 판결**

[다수의견] (가) 주식회사의 대표이사는 대외적으로는 회사를 대표하고 대내적으로는 회사의 업무를 집행할 권한을 가진다. 대표이사는 회사의 행위를 대신하는 것이 아니라 회사의 행위 자체를 하는 회사의 기관이다. 회사는 주주총회나 이사회 등 의사결정기관을 통해 결정한 의사를 대표이사를 통해 실현하며, 대표이사의 행위는 곧 회사의 행위가 된다. 상법은 대표이사의 대표권 제한에 대하여 선의의 제3자에게 대항하지 못한다고 정하고 있다(상법 389조 3항, 209조 2항).

대표권이 제한된 경우에 대표이사는 그 범위에서만 대표권을 갖는다. 그러나 그러한 제한을 위반한 행위라고 하더라도 그것이 회사의 권리능력을 벗어난 것이 아니라면 대표권의 제한을 알지 못하는 제3자는 그 행위를 회사의 대표행위라고 믿는 것이 당연하고 이러한 신뢰는 보호되어야 한다. 일정한 대외적 거래행위에 관하여 이사회 결의를 거치도록 대표이사의 권한을 제한한 경우에도 이사회 결의는 회사의 내부적 의사결정절차에 불과하고, 특별한 사정이 없는 한 거래 상대방으로서는 회사의 대표자가 거래에 필요한 회사의 내부절차를 마쳤을 것으로 신뢰하였다고 보는 것이 경험칙에 부합한다. 따라서 회사 정관이나 이사회 규정 등에서 이사회 결의를 거치도록 대표이사의 대표권을 제한한 경우(이하 '내부적 제한'이라 한다)에도 선의의 제3자는 상법 제209조 제2항에 따라 보호된다.

거래행위의 상대방인 제3자가 상법 제209조 제2항에 따라 보호받기 위하여 선의 이외에 무과실까지 필요하지는 않지만, 중대한 과실이 있는 경우에는 제3자의 신뢰를 보호할 만한 가치가 없다고 보아 거래행위가 무효라고 해석함이 타당하다. 중과실이란 제3자가 조금만 주의를 기울였더라면 이사회 결의가 없음을 알 수 있었는데도 만연히 이사회 결의가 있었다고 믿음으로써 거래통념상 요구되는 주의의무를 현저히 위반하는 것으로, 거의 고의에 가까운 정도로 주의를 게을리하여 공평의 관점에서 제3자를 구태여 보호할 필요가 없다고 볼 수 있는 상태를 말한다.

제3자에게 중과실이 있는지는 이사회 결의가 없다는 점에 대한 제3자의 인식가능성, 회사와 거래한 제3자의 경험과 지위, 회사와 제3자의 종래 거래관계, 대표이사가 한 거래행위가 경험칙상 이례에 속하는 것인지 등 여러 가지 사정을 종합적으로 고려하여 판단하여야 한다. 그러나 제3자가 회사 대표이사와 거래행위를 하면서 회사의 이사회 결의가 없었다고 의심할 만한 특별한 사정이 없다면, 일반적으로 이사회 결의가 있었는지를 확인하는 등의 조치를 취할 의무까지 있다고 볼 수는 없다.

(나) 대표이사의 대표권을 제한하는 상법 제393조 제1항은 그 규정의 존재를 모르거나 제대로 이해하지 못한 사람에게도 일률적으로 적용된다. 법률의 부지나 법적 평가에 관한 착오를 이유로 그 적용을 피할 수는 없으므로, 이 조항에 따른 제한은 내부적 제한과 달리 볼 수도 있다. 그러나 주식회사의 대표이사가 이 조항에 정한 '중요한 자산의 처분 및 양도, 대규모 재산의 차입 등의 행위'에 관하여 이사회의 결의를 거치지 않고 거래행위를 한 경우에도 거래행위의 효력에 관해서는 위에서 본 내부적 제한의 경우와 마찬가지로 보아야 한다.

판례 **대법원 2021. 4. 15. 선고 2017다253829 판결**

주식회사의 대표이사가 상법 제393조 제1항에서 정한 '중요한 자산의 처분 및 양도, 대규모 재산의 차입 등의 행위'에 관하여 이사회의 결의를 거치지 않고 한 거래행위는 무효이지만, 거래 상대방이 이사회 결의가 없었다는 점을 알지 못하였거나 알지 못한 데에 중대한 과실이 없다면 상법 제389조 제3항, 제209조 제2항에 따라 보호된다(대법원 2021. 2. 18. 선고 2015다45451 전원합의체 판결 참조). 한편 주식회사의 대표이사가 회사의 영리목적과 관계없이 자기 또는 제3자의 이익을 도모할 목적으로 그 권한을 행사하였다면 이는 대표권을 남용한 행위가 되고, 그 거래행위의 상대방이 대표이사의 진의를 알았거나 알 수 있었을 때에는, 그 거래행위는 회사에 대하여 무효가 된다(대법원 1997. 8. 29. 선고 97다18059 판결 등 참조). 이러한 대표권 남용에 관한 법리는 앞서 본 대표권 제한에 관한 법리와 양립할 수 있다. 즉 대표이사가 대표권 제한을 위반하여 한 거래행위가 상법 제209조 제2항에 의해 유효한 경우에 해당하더라도 그 거래행위가 대표권을 남용한 행위로서 상대방이 그러한 대표이사의 진의를 알았거나 알 수 있었다면 회사에 대하여 무효가 될 수 있다.

4 주식회사의 대표자 변경

주식회사의 모든 책임과 권한의 귀속 주체는 법인이고 대표이사 개인은 아니므로 대표이사가 변경된다고 해서 채무가 변경되는 것은 아니기 때문에 대표이사 변경은 원칙적으로 여신거래에 아무런 영향이 없다. 따라서 대표이사 변동사항이 있는 때에는 해당 주식회사로부터 관계 증빙서류인 법인등기사항전부증명서 등을 받아 대표이사 변경처리를 하면 된다. 여신 고객은 대표자의 변경이 있는 경우(등기부상 변경등기를 마친 경우 포함)에는 지체 없이 그 변경 내용을 은행에 신고하여야 한다.[72]

5 주식회사의 대표자 변경과 근저당권

부동산등기법의 규정에 따르면 등기관이 근저당권의 설정을 등기할 경우 반드시 ① 채권의 최고액, ② 채무자의 성명 또는 명칭과 주소 또는 사무소 소재지를 기록하도록 되어 있다.[73] 그러나 근저당권의 설정등기에 있어서 법인인 주식회사가 채무자인 경우는 부동산등기부에 법인명만 표시되고 대표이사는 표시되지 않는다. 은행 실무적으로도 주식회사를 채무자로 하여 여신을 지원한 이후에 주식회사의 대표이사가 변경되는 경우에는 근저당권의 채무자변경등기는 하지 않고 있다.

6 주식회사 대표자 변경과 연대보증

은행과 주식회사 간의 여신거래에 연대보증인으로 입보한 대표이사가 대표이사 사임을 이유로 연대보증계약의 해제 또는 해지를 요구하는 경우가 있다. 계약의 해제는 해지와 달리 소급효가 있으므로 대표이사가 사임이라는 사정변경을 이유로 연대보증계약을 해제할 수 있는지가 문제될 수 있다.

---

72) 은행여신거래기본약관(기업용) 16조

73) 부동산등기법 75조 2항

이에 대해 대법원은 "이른바 사정변경으로 인한 계약해제는 계약성립 당시 당사자가 예견할 수 없었던 현저한 사정의 변경이 발생하였고 그러한 사정의 변경이 해제권을 취득하는 당사자에게 책임 없는 사유로 생긴 것으로서 계약내용대로의 구속력을 인정한다면 신의칙(信義則)에 현저히 반하는 결과가 생기는 경우에 계약준수 원칙의 예외로서 인정된다."고 하여 예외적으로 인정하고 있다.[74]

그러나 대표이사의 사임은 연대보증 계약체결 당시 당사자가 예견할 수 없었던 현저한 사정의 변경이라고 할 수 없고 연대보증계약의 해제를 인정한다면 소급효로 인해 기존에 정상적으로 부담하였던 보증채무까지 소멸하게 되어, 은행이 예측할 수 없는 손해를 입게 된다. 따라서 신의칙에 현저히 반하는 결과가 발생한다는 점 등을 감안하면 대표이사 사임이라는 이유만으로는 연대보증계약을 해제할 수는 없다(물론 채권자인 은행이 동의하는 경우에는 가능하다. 이를 실무적으로는 '보증책임을 면제한다'고 한다).

소급효가 인정되지 아니하는 연대보증계약의 해지가 인정되는지 여부에 대하여 대법원은 "회사의 이사라는 지위에 있었기 때문에 부득이 회사와 은행 사이의 계속적 거래로 인한 회사의 채무에 연대보증인이 된 자가 그 후 회사로부터 퇴직하여 이사의 지위를 상실하게 된 때에는 사회통념상 계속 보증인의 지위를 유지시키는 것이 부당하므로, 연대보증계약 성립 당시의 사정에 현저한 변경이 생긴 것을 이유로 그 보증계약을 일방적으로 해지할 수 있다."라고 판시하였다.[75]

---

74) [대법원 2007.3.29. 선고 2004다31302 판결] 이른바 사정변경으로 인한 계약해제는 계약성립 당시 당사자가 예견할 수 없었던 현저한 사정의 변경이 발생하였고 그러한 사정의 변경이 해제권을 취득하는 당사자에게 책임 없는 사유로 생긴 것으로서, 계약내용대로의 구속력을 인정한다면 신의칙에 현저히 반하는 결과가 생기는 경우에 계약준수 원칙의 예외로서 인정되는 것이고, 여기서 말하는 사정이라 함은 계약의 기초가 되었던 객관적인 사정으로서 일방당사자의 주관적 또는 개인적인 사정을 의미하는 것은 아니다. 또한 계약의 성립에 기초가 되지 아니한 사정이 그 후 변경되어 일방당사자가 계약 당시 의도한 계약목적을 달성할 수 없게 됨으로써 손해를 입게 되었다 하더라도 특별한 사정이 없는 한 그 계약내용의 효력을 그대로 유지하는 것이 신의칙에 반한다고 볼 수 없다.

75) [대법원 2000.3.10. 선고 99다61750 판결] 계속적 거래관계로 인하여 발생하는 불확정한 채무를 보증하기 위한 이른바 계속적 보증에 있어서는 보증계약 성립의 사정에 현저한 변경이 생겨 보증인에게 계속하여 보증책임을 지우는 것이 당사자의 의사해석 내지 신의칙에 비추어 상당하지 못하다고 인정되는 경우에는, 상대방인 채권자에게 신의칙상 묵과할 수 없는 손해를 입게 하는 등의 특별한 사정이 없는 한 보증인은 일방적인 보증계약해지의 의사표시에 의하여 보증계약을 해지할 수 있다고 보아야 할 것이고, 회사의 이사라는 지위에 있었기 때문에 부득이 회사와 은행 사이의 계속적 거래로 인한 회사의 채무에 연대보증인이 된 자가 그 후 회사로부터 퇴직하여

이처럼 대법원 판례를 종합하여 보면, 사임하는 대표이사는 은행과 체결한 계속적 연대보증계약을 장래에 한하여 일방적으로 해지할 수 있다.

사임한 대표이사가 은행과의 연대보증계약을 해지한 이후에도 기존에 대표이사의 지위에서 체결한 연대보증계약에 따라 부담하게 되는 채무를 여전히 부담해야 되는지에 대하여 대법원은 "계속적 보증계약[76]에서 보증인이 이를 해지한 후 보증인은 해지 이후에 발생한 채무에 대해서는 보증책임을 부담하지 않는다."라고 판시하였다.[77] 이를 반대해석하면, 계속적 보증계약에서 보증인이 해지 사유가 발생하여 이를 일방적으로 해지하였더라도 해지 전에 보증인이 부담하게 된 채무는 그 책임범위의 제한 사유로 인해 제한되지 아니 하는 이상, 보증인은 이를 전부 부담하여야 한다.

은행은 사임한 대표이사와의 연대보증계약을 해지함으로 인하여 여신의 채권보전에 지장이 있는 것으로 판단되는 경우, 은행여신거래기본약관에 의하여 은행이 인정하는 담보를 제공하거나 보증인을 세울 것을 요구할 수 있다.[78]

이사의 지위를 상실하게 된 때에는 사회통념상 계속 보증인의 지위를 유지케 하는 것이 부당하므로 연대보증계약 성립 당시의 사정에 현저한 변경이 생긴 것을 이유로 그 보증계약을 일방적으로 해지할 수 있다.

76) 계속적 보증이란 '계속적 채권관계로부터 발생하는 채무 및 손해에 대한 보증'을 총칭하는 말이다. 계속적 금융거래의 보증, 계속적 매매거래의 보증, 대리점계약의 보증, 임대차의 보증 등이 그 예이다.

77) [대법원 2002.2,26. 선고 2000다24265 판결] 기간의 정함이 없는 이른바 계속적 보증계약에 있어서는 보증인의 주채무자에 대한 신뢰가 깨지는 등 보증인으로서 보증계약을 해지할 만한 상당한 이유가 있는 경우에 보증인으로 하여금 그 보증계약을 그대로 유지·존속케 한다는 것은 사회통념상 바람직하지 못하므로 그 계약해지로 인하여 상대방인 채권자에게 신의칙상 묵과할 수 없는 손해를 입게 하는 등 특단의 사정이 있는 경우를 제외하고 보증인은 일방적으로 이를 해지할 수 있다고 할 것이고, 이 경우 보증인은 해지 이후에 발생한 채무에 대해서는 보증책임을 부담하지 않는다.

78) 은행여신거래기본약관(기업용) 6조 (담보) ① 고객 또는 보증인의 신용악화·담보가치의 감소 등의 사유로 은행의 채권보전상 필요하다고 인정된 때에는 고객은 은행의 청구에 의하여 곧 은행이 인정하는 담보를 제공하거나 보증인을 세워야 합니다.

판례 **대법원 1999.9.3. 선고 99다23055 판결**

보증인이 회사의 직책을 맡아 있어 어쩔 수 없이 회사의 채무에 대하여 연대보증을 하였다는 이유로 그 보증인의 책임을 보증인이 재직중에 있을 때 생긴 채무만으로 제한할 수 있는 경우는 포괄근보증이나 한정근보증과 같이 채무액이 불확정적이고 계속적인 거래로 인한 채무에 대하여 보증한 경우에 한하고, 회사에 재직하게 된 관계로 보증할 당시 그 채무가 특정되어 있는 확정채무에 대하여는 보증을 한 후 그 직책을 사임하였다 하더라도 그 책임이 제한되는 것이 아니며, 상환 시기와 상환 방법이 구체적으로 확정되어 채무의 총액이 설정되고 주채무자인 회사가 이를 분할상환해 가기로 하되 미상환된 부분에 대하여 발생하는 구상채무를 연대보증한 경우에는 퇴직 후 그 연대채무를 면할 수 없다.

판례 **대법원 1999.1.15. 선고 98다46082 판결**

보증인이 회사의 이사라는 지위에 있었고 은행대출규정상 어쩔 수 없이 회사의 채무에 대하여 연대보증을 하였다는 이유로 그 보증인의 책임을 보증인이 이사로 재직 중에 있을 때 생긴 채무만으로 제한할 수 있는 경우는 포괄근보증이나 한정근보증과 같이 채무액이 불확정적이고 계속적인 거래로 인한 채무에 대하여 보증한 경우에 한하고, 회사의 이사로 재직하면서 보증 당시 이미 그 채무가 특정되어 있는 확정채무에 대하여는 보증을 한 후 이사직을 사임하였다 하더라도 사정변경을 이유로 보증계약을 해지할 수 있다거나 그 책임이 제한되는 것은 아니다.

제6절

영업양도

1 영업양도의 의의

기업에 있어서 영업은 기업조직에 내재한 무형의 가치로서 기업의 유지 · 존속 · 발전에 있어서 중요한 요소이기 때문에 상법은 영업양도를 합병과 함께 대표적인 기업결합유형으로 인정하고 있다. 그러나 영업양도는 기업들이 자신의 세력을 확장하기 위한 방법으로 이용된다는 측면에서 특별법에 의한 제한을 받기도 한다.

영업이라는 것은 일반적으로 주관적 의미와 객관적 의미로 나누어진다. 주관적 의미의 영업이란 영업의 주체인 상인이 수행하는 영리활동을 뜻하고, 객관적 의미의 영업이란 상인이 영리목적을 달성하기 위하여 조직한 영업용 재산의 총체를 말한다. 영업양도에 있어서 '영업'에는 영업용 재산과 사실관계가 포함된다. 영업용 재산은 적극재산(토지 · 건물 등의 물건 및 채권 · 상표권 · 저당권 등의 권리)과 소극재산(채무 및 기타의 부채 등)을 말하며, 사실관계는 영업권이라고도 하는데 영업상의 고객관계나 영업비결, 명성, 노하우 같은 무형의 가치물을 말한다.

판례 **대법원 2008.4.11. 선고 2007다89722 판결**

상법 42조 1항[79]의 영업이란 일정한 영업목적에 의하여 조직화된 유기적 일체로서의 기능적 재산을 말하고, 여기서 말하는 유기적 일체로서의 기능적 재산이란 영업을 구성하는 유형 · 무형의 재산과 경제적 가치를 갖는 사실관계가 서로 유기적으로 결합하여 수익의 원천으로 기능한다는 것과, 이와 같이 유기적으로 결합한 수익의 원천으로서의 기능적 재산이 마치 하나의 재화와 같이 거래의 객체가 된다는 것을 뜻하는 것이다.

---

79) 상법 42조(상호를 사용하는 양수인의 책임) ① 영업양수인이 양도인의 상호를 계속 사용하는 경우에는 양도인의 영업으로 인한 제3자의 채권에 대하여 양수인도 변제할 책임이 있다

2 영업양도의 개념

판례는 영업양도를 일정한 영업목적에 의하여 조직화된 업체, 즉 인적 · 물적 조직을 그 동일성을 유지하면서 일체로서 이전하는 것을 의미하고, 영업양도가 이루어졌는가의 여부는 단지 어떠한 영업재산이 어느 정도로 이전되어 있는가에 의하여 결정되어야 하는 것이 아니고 거기에 종래의 영업조직이 유지되어 그 조직이 전부 또는 중요한 일부로서 기능할 수 있는가에 의하여 결정되어야 한다고 한다. 즉 영업재산의 일부를 유보한 채 영업시설을 양도했어도 그 양도한 부분만으로도 종래의 조직이 유지되어 있다고 사회관념상 인정된다면 그것을 영업의 양도라 볼 수 있고, 이러한 영업양도는 반드시 영업양도 당사자 사이의 명시적 계약으로 하는 것은 아니며 묵시적 계약에 의하여도 가능하다고 한다.[80]

회사를 양도하는 영업양도계약의 유형은 영업주체인 회사로부터 영업 일체를 양수하여 회사와는 별도의 주체인 양수인이 양수한 영업을 영위하는 경우와 회사의 주식이나 지분권을 그 소유자로부터 양수받아 양수인이 회사의 새로운 지배자로서 회사를 경영하는 경우가 있다.[81]

3 영업양도와 합병의 차이점

영업양도와 함께 기업결합의 대표적 수단으로서 합병이 있는데, 양자의 경제적 목적은 동일하지만 법적 내용에서는 많은 차이가 존재한다.

3-1 채권계약과 포괄승계

합병이란 상법상의 규정에 의해 2개 이상의 회사의 재산이 청산절차를 거치지 않고 1개 회사 이상의 소멸과 권리 · 의무의 포괄적 이전이 되는 것이지만, 영업양도 양수는 당사자 사이에 체결되는 채권계약이므로 특정승계의 방법에 의하여 재산의 종류에 따라 개별적으로 이전행위를 하여야 한다.

80) 대법원 2009.1.15. 선고 2007다17123·17130 판결

81) 대법원 1999.4.23. 선고 98다45546 판결

3-2 당사자

영업양도는 개인이나 회사가 할 수 있는 반면, 합병은 회사만이 할 수 있다.

3-3 이전행위

영업양도는 개인법적인 채권계약이므로 개별적인 이전을 위한 등기 · 인도가 필요하지만, 회사의 합병은 단체법상의 계약으로서 포괄승계되므로 개별적인 이전행위가 필요 없다. 다만, 합병의 경우에 권리행사를 하기 위해서는 권리이전행위가 필요하다. 또한 영업양도는 일부양도가 가능하나, 합병에서는 일부합병이 없다.

3-4 채권자보호절차

영업양도에서는 별도의 채권자보호절차는 없고 선의의 채권자 · 채무자를 보호할 뿐이지만, 합병에서는 회사채권자보호절차를 거쳐야 한다.

4 영업양도의 절차

4-1 당사자

영업양도의 양도인은 개인상인이든 회사이든 영업주체로서 상인이면 된다. 개인상인은 영업을 양도하면 상인자격을 상실하지만, 회사는 영업을 양도하더라도 법인격이 소멸하지 않는 한 상인자격을 상실하지 않는다.

4-2 영업양도에 대한 의사결정

개인상인이 영업을 양도하는 경우에는 별다른 절차가 요구되지 않지만, 회사의 경우에는 영업양도가 재산관계에 중대한 변화를 초래하여 출자자 및 회사채권자 등의 이해관계인을 보호할 필요가 있다. 따라서 상법은 회사의 영업양도에서는 대내적 의사결정절차를 거치도록 하고 있다.

합명회사 및 합자회사와 같은 인적회사가 해산 후에 영업을 양도하는 경우라면 총사원의 과반수의 동의가 필요하다. 그러나 회사가 존립 중에 양도하는 경우에는(이는 정관변경 사항인 점에서) 총사원의 동의가 필요하다. 그리고 이들 회사가 영업을 양수하여 정관의 목적을 변경하여야 하는 경우라면 총사원의 동의가 필요하다.

주식회사와 같은 물적회사가 영업을 양도 · 양수하기 위해서는 해산 전 · 후와 상관없이 주주총회의 특별결의(출석주주의 의결권의 3분의 2 이상, 발행주식총수의 3분의 1 이상의 찬성)가, 유한회사의 경우에는 사원총회의 특별결의(총사원의 의결권의 4분의 3 이상, 총사원의 반수 이상의 찬성)가 필요하다.

4-3 영업양도계약의 이행

영업양도계약은 영업을 양도할 것을 목적으로 하는 채권계약이기 때문에 당사자들은 채권계약을 이행하기 위해서 영업을 구성하는 재산에 대해서 개별적으로 이전행위를 하고, 또한 등기 · 등록 등의 효력발생요건과 대항요건을 갖추어야 한다.

영업양도계약은 1개의 포괄적 계약이지만, 영업양도계약을 체결했다고 해서 영업재산이 포괄적으로 이전하는 것이 아니라 영업재산을 이루는 개개의 재산을 개별적으로 이전하는 행위가 뒤따라야 한다. 따라서 동산은 인도, 부동산은 등기, 특허권 등의 무체재산권(지식재산권)은 등록, 기명주식은 명의개서를 하는 등의 요건을 구비해야 재산이전이 되었다고 할 수 있다.

5 영업양도의 효과

영업양도의 효력은 원칙적으로 양도인과 양수인 간에 체결한 영업양도계약의 내용에 따라 결정된다. 다만 상법은 양수인의 보호를 위해서 양도인에게 경업금지의무를 부과하고 있으며, 이와 함께 영업상의 채권자와 채무자(상법 43조)를 보호하기 위한 규정도 두고 있다.

5-1 양도인의 경업금지의무

영업을 양도한 후에 양도인이 동종의 영업을 다시 개시하는 경우에는 영업양도는 실효를 거둘 수 없기 때문에 영업양도인에게 경업금지의무를 규정하고 있다. 영업을 양도한 경우에 다른 약정이 없으면 양도인은 동일한 서울특별시 · 광역시 · 시 · 군과 인접한 서울특별시 · 광역시 · 시 · 군에서 10년간 동종영업을 하지 못한다. 그리고 경업금지의 약정이 있는 경우에 경업금지기간은 20년을 넘지 못한다(상법 41조).

영업양도인이 경업금지의무를 부담하는 행위는 동일하거나 인접한 행정구역에서의 동종영업이다. 여기서 동종영업이란 동일한 영업은 물론이고, 양도한 영업과 경쟁관계에 있다거나 대체관계가 있는 영업까지 포괄하는 넓은 개념이라고 보는 것이 일반적이다.

5-2 영업상의 채권자보호

상법은 양수인이 양도인의 상호를 계속 사용하는 경우(상호속용)와 채무인수를 광고한 경우에는 양수인에게 종전의 영업상 채무에 대해서 책임을 물을 만한 일정한 외관이 형성되어 양수인도 양도인의 채무에 대해 책임을 지도록 하고 있다(상법 42조, 44조).

가. 요건

1) 상호속용

상호속용으로 인정되기 위해서는 양수인이 영업양수 이후에도 양도인의 상호를 속용(계속 사용)하여야 한다(상법 42조 1항). 속용하는 상호가 반드시 문자 그대로 동일해야 하는 것은 아니고, 약간의 변경이 있더라도 사회통념상 동일성이 인정될 수 있으면 된다. 종래 개인기업이던 영업을 양수인이 회사형태로 변경하면서 양도 전의 상호에 회사 등의 부가어를 추가한 경우에도 상호속용으로 볼 수 있다.

상법(42조)[82] 은 상호를 속용하는 양수인의 책임에 대하여 규정하고 있다. 이는 영업의 양도가 이루어지면서 채무의 승계가 제외된 경우에는 영업상의 채권자의 채권이 영업재산과 분리되게 되어 채권자를 해치게 될 수 있으므로 양수인에게도 변제의 책임을 지우기 위하여 마련된 규정이다.

상법 42조 1항의 취지는 일반적으로 채무자의 영업상 신용은 채무자의 영업재산에 의하여 실질적으로 담보되는 것인데 채무자가 승계되지 않는데 상호를 계속 사용하여 영업이 양도되었다는 사실 또는 영업양도에도 불구하고 채무가 승계되지 않은 사실이 대외적으로 알기 어렵게 되어 채권자에게 채권 추구의 기회를 상실시키는 경우 양수인에게도 변제의 책임을 지우기 위한 것이다.

따라서 채무자가 부실발생 직전에 영업양도계약을 체결하고 영업양수인이 양도인과 동일한 상호를 사용하는 경우, 상법 42조에 따라 양도인의 영업으로 인한 제3자인 은행의 채권에 대하여 영업양수인이 변제할 책임이 인정될 수 있다.

---

82) 상법 42조(상호를 속용하는 양수인의 책임)

① 영업양수인이 양도인의 상호를 계속사용하는 경우에는 양도인의 영업으로 인한 제3자의 채권에 대하여 양수인도 변제할 책임이 있다.

② 전항의 규정은 양수인이 영업양도를 받은 후 지체없이 양도인의 채무에 대한 책임이 없음을 등기한 때에는 적용하지 아니한다. 양도인과 양수인이 지체없이 제3자에 대하여 그 뜻을 통지한 경우에 그 통지를 받은 제3자에 대하여도 같다.

판례 **대법원 2022. 4. 28. 선고 2021다305659 판결**

[1] 상호를 속용하는 영업양수인의 책임을 정하고 있는 상법 제42조 제1항은, 일반적으로 영업상 채권자의 채무자에 대한 신용은 채무자의 영업재산에 의하여 실질적으로 담보되어 있는 것이 대부분인데도 실제 영업양도가 이루어지면서 채무인수가 제외된 경우에는 채권자의 채권이 영업재산과 분리되게 되어 채권자를 해치게 되는 일이 일어나므로 채권자에게 채권추구의 기회를 상실시키는 것과 같은 영업양도의 방법, 즉 채무를 인수하지 않았음에도 불구하고 상호를 속용함으로써 영업양도의 사실이 대외적으로 판명되기 어려운 방법 또는 영업양도에도 불구하고 채무인수가 이루어지지 않은 사실이 대외적으로 판명되기 어려운 방법 등이 채용된 경우에 양수인에게도 변제의 책임을 지우기 위하여 마련된 규정이다. 양수인에 의하여 속용되는 명칭이 상호 자체가 아닌 옥호 또는 영업표지인 때에도 그것이 영업주체를 나타내는 것으로 사용되는 경우에는 채권자가 영업주체의 교체나 채무인수 여부 등을 용이하게 알 수 없다는 점에서 일반적인 상호속용의 경우와 다를 바 없으므로, 양수인은 특별한 사정이 없는 한 상법 제42조 제1항의 유추적용에 의하여 그 채무를 부담한다.

[2] 상호를 속용하는 영업양수인의 책임은 어디까지나 채무인수가 없는 영업양도에 의하여 채권추구의 기회를 빼앗긴 채권자를 보호하기 위한 것이므로, 영업양도에도 불구하고 채무인수 사실이 없다는 것을 알고 있는 악의의 채권자에 대하여는 상법 제42조 제1항에 따른 책임이 발생하지 않고, 채권자가 악의라는 점에 대한 주장 · 증명책임은 그 책임을 면하려는 영업양수인에게 있다. 나아가 채권자 보호의 취지와 상법 제42조 제1항의 적용을 면하기 위하여 양수인의 책임 없음을 등기하거나 통지하는 경우에는 영업양도를 받은 후 지체 없이 하도록 규정한 상법 제42조 제2항의 취지를 종합하면, 채권자가 영업양도 당시 채무인수 사실이 없음을 알고 있었거나 그 무렵 알게 된 경우에는 영업양수인의 변제책임이 발생하지 않으나, 채권자가 영업양도 무렵 채무인수 사실이 없음을 알지 못한 경우에는 특별한 사정이 없는 한 상법 제42조 제1항에 따른 영업양수인의 변제책임이 발생하고, 이후 채권자가 채무인수 사실이 없음을 알게 되었다고 하더라도 이미 발생한 영업양수인의 변제책임이 소멸하는 것은 아니다.

판례 **1998.4.14. 선고 96다8826 판결**

영업양도인이 사용하던 상호와 양수인이 사용하는 상호가 동일할 것까지는 없고, 다만 전후의 상호가 주요 부분에 있어서 공통되기만 하면 상호를 계속 사용한다고 보아야 한다.

2) 채무인수의 광고

양수인이 양도인의 상호를 속용하지 않더라도 양수인이 양도인의 채무를 인수하였다는 취지의 광고를 한 경우에는 상호속용의 경우와 마찬가지로 영업상 채권자에 대한 변제책임을 부담한다(상법 44조). 채무인수의 광고란 사회통념상 양수인이 채무인수를 한 것으로 채권자가 믿을 만한 외관을 야기한 것을 말하는데, 광고뿐만 아니라 양도인의 채권자에게 개별적으로 통지하는 것도 포함한다.

양수인이 채무인수를 광고하였으나, 실제로는 채무를 인수하지 않았거나 채무인수가 무효 혹은 취소된 경우에도 책임을 진다. 즉 영업양도계약의 유효성 여부와 무관하게 책임이 인정된다.[83)]

3) 영업으로 인한 채권

양수인이 변제책임을 부담하는 것은 '양도인의 영업으로 인한 제3자의 채권'이다. 양수인이 부담하는 채무는 양도인이 제3자에 대해서 부담하는 계약상의 의무뿐만 아니라 영업과 관련이 있는 불법행위 또는 부당이득으로 인한 채무도 부담한다.

판례 **대법원 2002. 6. 28. 선고 2000다5862 판결**

[1] 상법 제42조 제1항은 영업양수인이 양도인의 상호를 계속 사용하는 경우에는 양도인의 영업으로 인한 제3자의 채권에 대하여 양수인도 변제할 책임이 있다고 규정하고 있고, 이 때 양도인의 영업으로 인한 채무란, 영업상의 활동에 관하여 발생한 채무를 말하는 것이다.

[2] 영업양도인이 주식회사인 경우에는 회사에게 사적인 생활이 존재하지 아니한 관계로 주식회사의 명의로 한 행위는 반증이 없는 한 일단 회사의 영업을 위하여 하는 행위로 추정되며, 따라서 그로 인하여 회사가 부담하는 채무도 영업으로 인한 채무로 추정된다고 할 것이지만, 반증에 의하여 그 채무가 영업으로 인한 채무가 아니라는 점이 밝혀지는 경우 그러한 추정은 복멸될 수 있다.

4) 제3자의 선의

제3자란 양도인과 직접 거래관계에 있는 채권자뿐만 아니라 양도인의 직접 상대방으로부터 채권을 양수한 자도 포함된다. 그리고 채권자인 제3자는 채무인수가 없었다는 사실을 모르는 데에 악의가 없어야 한다.

---

83) 대구지법 2007.4.3. 선고 2005가단118609 판결

판례 **대법원 1989.12.26. 선고 88다카10128 판결**

상호를 속용하는 영업양수인의 책임은 어디까지나 채무승계가 없는 영업양도에 의하여 자기의 채권추구의 기회를 빼앗긴 채권자를 보호하기 위한 것이므로, 영업양도에도 불구하고 채무인수의 사실 등이 없다는 것을 알고 있는 악의의 채권자가 아닌 한 당해 채권자가 비록 영업의 양도가 이루어진 것을 알고 있었다 해도 보호의 적격자가 아니라고 할 수는 없다.

나. 양수인의 변제책임

영업상의 채권자보호 요건을 갖추면 양수인은, 양도인의 영업으로 인한 제3자의 채권에 대하여 양수인도 변제할 책임이 있다(상법 42조). 이때 양수인이 부담하는 변제책임은 양수한 영업의 범위에 한정되는 것이 아니므로, 양수인은 자신의 모든 재산으로 변제책임을 부담한다. 이때 양수인이 책임을 지더라도 양도인이 책임을 면하는 것은 아니기 때문에 양자의 책임은 부진정 연대책임으로 본다.

다. 면책 및 책임의 소멸

양수인이 영업양도를 받은 후 지체 없이 양도인의 채무에 대한 책임이 없음을 등기하거나 양도인과 양수인이 지체 없이 제3자에 대하여 그 뜻을 통지한 경우에 그 통지를 받은 제3자에 대해서는 양수인이 책임을 부담하지 않는다(상법 42조 2항).

양수인이 변제의 책임이 있는 경우(양수인이 상호를 속용하거나 채무인수를 광고한 경우에 한함)에 양도인의 제3자에 대한 채무는 영업양도 또는 광고 후 2년이 경과하면 소멸한다(상법 45조). 이 기간 이후에는 양수인만이 양도인의 영업상 채권자에 대해서 변제책임을 부담한다.

5-3 영업양도와 근로관계

영업양도에 해당하려면 원칙적으로 인적 · 물적 조직을 그 동일성을 유지하면서 일체로서 이전하여야 한다. 이러한 영업의 동일성과 일체성 여부는 일반 사회

관념을 기준으로 판단한다.[84] 이와 같이 영업양도가 이루어진 경우에는 원칙적으로 해당 근로자들의 근로관계가 양수하는 기업에 포괄적으로 승계된다. 일부 근로자를 승계의 대상에서 제외하기로 하는 특약은 실질적으로 해고나 다름이 없으므로 근로기준법상의 소정의 정당한 이유가 있어야 유효하며, 영업양도 그 자체만을 사유로 삼아 근로자를 해고할 수는 없다. 또한 근로자는 반대 의사를 표시함으로써 양수기업에 승계되는 대신 양도기업에 잔류하거나 양도기업과 양수기업 모두에서 퇴직할 수도 있다.[85]

6 영업양도와 채권관리

6-1 일반적인 사후관리

은행거래에 있어서 채무자가 제3자에게 영업을 양도하는 경우, 영업양수인이 은행 대출에 대하여 개별적인 채무인수의 절차를 취하지 않는 이상, 대출채무가 영업양수인에게 이전되지 않는다.[86] 따라서 기존 채무자가 영업을 양도하고 은행 대출채무는 양도하지 않을 경우, 양도인의 상환능력 등이 급격히 저하되어 채권보전에 문제가 생길 수 있다.

이와 같은 위험을 방지하기 위해서 은행들은 여신을 진행할 때 여신고객과 작성하는 여신거래약정서에 '상환자력 유지의무' 조항을 두어서 고객이 영업을 양도 또는 양수할 때에는 사전에 은행과 협의하도록 하고 있다.[87] 만약에 여신고객

---

84) 대법원 2007.6.1. 선고 2005다5812 5829·5836 판결

85) 대법원 2012.5.10. 선고 2011다45217 판결

86) 이와 달리 여신 거래처인 회사가 합병되는 경우에는 은행의 여신이 포괄적으로 이전되는 것이 영업양도와 합병의 다른 점이다.

87) <예시> 제00조 상환자력 유지의무 등
② 본인이 다음 각 호의 행위를 할 때에는 사전에 은행과 협의하기로 합니다.
1. 합병, 영업양수도 및 중요한 재산의 매각 임대
2. 이 거래약정에 따른 자금용도외의 고정자산에 대한 투자
3. 타인의 채무를 위한 보증
4. 신규사업 진출 또는 해외투자
5. 기업구조 개선 작업(Workout) 또는 사적화의 신청 등 경영상 중대한 변화가 생길 우려가 있는 경우

이 영업양도 전에 은행과 협의하지 않았다면, 고객이 은행과의 개별약정을 이행하지 아니하여 정상적인 거래관계 유지가 어렵다고 볼 수 있어, 은행은 채무의 기한의 이익을 상실시킬 수 있다. 또한 이는 고객에게 책임 있는 사유로 고객의 신용이 악화된 경우에 해당하므로, 은행은 고객에게 담보의 보충을 요구할 수도 있다(은행여신거래기본약관 - 기업용 7조 4항 2호, 6조).

영업양수인이 은행의 대출채무를 면책적으로 인수하는 경우에는 담보제공자나 보증인으로부터 채무인수에 대한 동의를 받아 두어야 한다. 만약, 담보제공자나 보증인으로부터 동의를 받지 않으면 보증이나 담보의 효력이 소멸한다(민법 459조).

또한 기존 대출에 대한 근저당권이 있는 경우에는 채무자를 양수인으로 변경하는 등기를 위해서 은행과 기존채무자인 양도인, 신채무자인 양수인 간에 채무자를 변경하기 위한 근저당권변경계약을 체결해야 한다. 그런데 근저당권변경계약을 '계약인수용'이 아닌 '확정채무의 면책적 인수용'으로 하게 되면, 근저당권의 피담보채무가 확정되는 효과가 발생하여 해당 근저당권으로는 양수인에 대한 신규 여신을 담보하지 못함을 유의하여야 한다.[88]

6-2 채무면탈 목적 영업양도에 대한 채권자취소권 행사

영업양도가 사해행위에 해당되는 경우에는 취소 대상이 될 수 있으며, 영업양도계약의 대상이 된 목적물 별로 원상회복을 청구할 수 있다. 여신 채무자가 채무초과상태에서 유일한 재산을 영업양도계약을 통하여 양도하였다면, 이는 채권자들의 공동담보의 부족을 초래하는 사해행위에 해당하므로, 은행은 채권자취소권을 행사하여 양도된 물건 또는 권리를 양도인에게 원상회복하도록 한 후에 대출채권을 회수하여야 한다.

예를 들어 채무자가 영업양도계약을 통하여 유일한 재산인 임차보증금, 유체동산, 영업권을 제3자에게 양도한 경우, 은행은 회수 가능성이 높은 임차보증금

88) [대법원 2000.12.26. 선고 2000다56204 판결] 근저당권에 관하여 채무인수를 원인으로 채무자를 교체하는 변경등기(부기등기)가 마쳐진 경우 특별한 사정이 없는 한 그 근저당권은 당초 구 채무자가 부담하고 있다가 신 채무자가 인수하게 된 채무만을 담보하는 것이지, 그 후 신 채무자(채무인수인)가 다른 원인으로 부담하게 된 새로운 채무까지 담보하는 것으로 볼 수는 없다.

에 대해서 지급금지가처분 등의 보전조치를 통하여 임차보증금이 양수인에게 지급되지 않도록 한 후, 영업양도계약을 취소하는 사해행위취소소송 등을 진행하여 영업양수인에게 이전된 임차보증금반환청구권을 양도인에게 다시 귀속시킨 후 임차보증금에 대한 강제집행절차(압류 · 추심명령 또는 전부명령)를 통하여 임차보증금을 회수할 수 있다.

제7절

회사의 합병

회사합병은 경제적으로는 경쟁회피 · 시장 확장 · 경영합리화 · 도산회사구제 · 국제경쟁력 강화 등을 목적으로 하는 행위이다. 합병과 같은 경제적 목적을 가진 회사의 행위를 기업결합이라고 하며 합병도 기업결합의 한 유형이다. 기업결합에는 합병 외에도 주식취득, 영업양도, 임원겸임 등 다양한 유형이 있다.

원칙적으로 모든 종류의 회사는 자유로이 다른 회사와 합병할 수 있다. 하지만 현실적으로 가장 일반적인 합병의 모습은 주식회사 간의 합병이므로, 여기서는 주식회사를 중심으로 살펴보도록 한다.

1 합병의 의의

합병이란 2개 이상의 회사가 청산절차를 거치지 않고 경제적 · 법률적으로 하나의 회사로 통합되는 기업결합방식을 말한다. 구체적으로 보면 합병은 상법에서 정한 절차에 따라 2개 이상의 회사가 하나의 회사로 합쳐지는데, 이때 한 회사(존속회사)[89]가 나머지 회사(소멸회사)를 흡수하거나 모든 회사가 소멸하고 새로운 회사(신설회사)를 설립하여 청산절차 없이 소멸회사의 권리 · 의무가 존속회사나 신설회사에 포괄적 이전이 이루어지고 주주(사원)도 수용되는 회사법상의 법률사실이다.

합병으로 소멸회사의 권리 · 의무가 존속회사 또는 신설회사에 포괄적으로 승계되고 주주의 지위도 이전된다. 즉, 합병으로 존속회사는 소멸회사의 모든 권리 의무를 포괄적으로 승계하는 것이므로 개개의 재산에 대하여 이전행위를 할 필

89) 흡수합병에 있어서는 합병회사가 존속회사이고 피합병회사는 소멸되기 때문에 소멸회사라 부른다. 신설합병에 있어서는 합병 당사회사는 모두 소멸되고 합병에 의해 신설되는 회사가 존속회사가 된다.

요가 없고 별도 채무인수절차도 필요 없다.

즉, 합병은 존속회사 또는 신설회사가 합병등기를 함으로써 효력이 발생하고, 소멸회사의 권리·의무가 포괄승계되어 개별적인 이전행위가 필요하지 않다는 장점이 있다(상법 530조 2항, 234조, 235조). 원래 회사의 재산이 포괄적으로 이전될 때 이전되는 기업은 청산절차를 밟아야 하지만 실정법상 상법 내에 특례규정을 둠으로써 청산을 위한 복잡한 절차와 이에 따른 경영손실과 재산의 이전에서 발생하는 자본이득에 대한 막대한 세금의 부담을 덜게 하였다. 다만, 채무도 포괄승계되므로 예측하지 못한 부채도 승계될 수 있다는 단점이 있다.

2 합병의 유형

상법상 기업의 합병에는 신설합병과 흡수합병의 두 가지가 있다. 합병규모에 따라 일반합병, 소규모합병, 간이합병으로 나누어진다. 신설합병에 있어서의 신설회사, 흡수합병에 있어서의 존속회사를 합병회사라 하며, 합병에 의하여 소멸한 회사를 해산회사 또는 소멸회사라 한다.

2-1 흡수합병

흡수합병은 2개 이상의 합병당사회사 중에서 한 회사만 존속하고 나머지 회사는 소멸하여 존속회사에 흡수되면서 존속회사가 소멸회사의 권리 · 의무를 포괄적으로 승계하고 소멸회사의 주주의 지위가 존속회사로 이전되는 방법의 합병이다.

2-2 신설합병

신설합병은 모든 합병당사회사가 소멸하고 이들에 의해 새로운 회사가 설립되어 소멸회사의 권리의무를 포괄적으로 승계하고 소멸회사 주주의 지위를 수용하는 방법의 합병이다.[90)]

---

90) 신설합병의 경우에는 신주권의 발행, 영업에 관한 주무관청의 인 · 허가, 주식상장절차를 다시 밟아야 하는 등의 절차와 비용이 수반되고 기존회사조직을 활용할 수 없기 때문에 실무에서는

2-3 간이합병

간이합병은 소멸회사 주주총회의 승인결의를 이사회의 승인으로 갈음할 수 있도록 한 형태이다. 즉, 합병할 회사의 일방이 합병 후 존속하는 경우 합병으로 인하여 소멸회사 총주주의 동의가 있거나, 소멸회사 발행주식총수의 100분의 90 이상을 존속회사가 소유하고 있는 때에는 합병으로 인하여 소멸회사 주주총회의 승인을 이사회의 승인으로 갈음할 수 있다(상법 527조의2항). 즉 합병 후 계속해서 존재할 회사가 없어질 회사의 주식을 이미 90% 이상을 갖고 있어서 주주의 의사를 따로 물을 필요가 없는 것이다.

소멸회사는 주주총회의 승인결의만 생략될 뿐이고 그 밖의 절차는 일반합병과 동일하게 진행하여야 한다. 그리고 간이합병에서 존속회사의 경우에는 일반합병과 동일한 합병절차를 진행하여야 한다.

2-4 소규모 합병

소규모 합병은 존속회사 주주총회의 승인결의를 이사회의 승인으로 갈음할 수 있도록 한 것이다. 즉, 합병 후 존속하는 회사가 합병으로 인하여 발행하는 신주의 총수가 그 회사 발행주식총수의 100분의 10을 초과하지 아니하는 때에는 그 존속하는 회사의 주주총회의 승인을 이사회 승인으로 갈음할 수 있다는 것이다(상법 527조의3항).

소규모합병은 흡수합병을 하는 경우 존속회사에 관해서만 인정되는 특례이다. 즉, 존속회사의 입장에서 합병하는 회사의 규모가 작으면 주주총회라는 과정을 생략하고 이사회의 승인만으로 진행할 수 있도록 하는 것이다.

3 합병의 자유와 제한

회사는 원칙적으로 어떠한 종류의 회사와도 합병할 수 있다(상법 174조 1항). 그러나 실제로 합병은 동일한 종류의 회사 간에 이루어지며, 주로 주식회사 간에

흡수합병이 주로 이용된다.

이루어지는 것이 보통이다. 합병에 대한 상법상의 제한으로는 합병을 하는 회사의 일방 또는 쌍방이 주식회사 또는 유한회사인 때에는 존속회사 또는 신설회사는 주식회사 또는 유한회사이어야 한다는 것(상법 174조 2항)과 유한회사와 주식회사가 합병하는 경우 존속회사 또는 신설회사가 주식회사인 때에는 법원의 인가를 받지 아니하면 합병의 효력이 없다(상법 600조 1항)는 등의 제한이 있다.

4 합병의 절차

합병결의와 합병계약은 합병효과를 가져오는 합병절차의 구성요건이므로 그 중 한 가지만 없어도 합병은 성립되지 않으며, 양자가 모두 갖춰져야 한다.

합병에는 각 당사회사의 이사회 결의와 주주총회의 특별결의가 필요하고(상법 522조), 반대주주에게 주식매수청구권이 인정되며(상법 522조의3), 채권자보호절차를 거쳐야 하므로(상법527조의5), 이러한 절차를 거치는 데에 상당한 시일이 소요된다.

4-1 이사회결의

합병의 시작은 합병에 대한 이사회 결의이다. 이사회의 합병결의로 합병이 시작되지만, 합병으로부터 이해관계자인 주주를 보호하기 위해서 상법은 주주총회의 승인결의를 요구하고 있다.

합병승인을 위한 이사회의 결의에 반대하는 주주는 주주총회 전에 회사에 서면으로 합병 결의에 반대하는 의사를 통지한 후, 주주 총회의 결의일로부터 20일 이내에 주식의 종류와 수를 기재한 서면으로 회사에 대하여 자기가 소유하고 있는 주식의 매수를 청구할 수 있다.

4-2 합병계약 및 결의

회사가 합병하려면 먼저 당사회사 간에 합병계약을 체결하여 합병조건·합병방식 등 합병에 필요한 사항을 정하여야 한다.

합병계약의 체결은 회사 대표기관의 권한에 속한다. 합병계약이 체결되면 당사회사들은 각각 합병결의를 하여야 한다. 이 결의는 주식회사에서는 출석주식 수의 3분의 2 이상의 다수 그리고 발행주식 총수의 3분의 1 이상의 동의로 한다(상법 522조 3항).

이사회 결의 → 합병계약서의 작성 → 합병계약서 등의 공시→ 주주총회 합병승인결의 또는 간이합병(주주총회결의를 이사회 승인으로 갈음) → 주식매수청구(반대주주)[91] → 채권자 보호절차 → 소멸회사 주주의 주권제출 → 보고총회(흡수합병의 경우)[92] 또는 창립총회(신설합병의 경우)[93] → 등기(변경등기 · 해산등기 · 설립등기) → 합병무효의 소

5 채권자 보호절차

회사가 부실한 회사와 합병하면 채권자의 담보라고 할 수 있는 회사재산이 부실해질 수 있어, 상법에서는 합병 시 반드시 채권자 보호절차를 거치도록 하고 있다. 회사가 채권자 보호절차를 거치지 않은 경우에는 합병무효의 원인이 된다.

상법은 채권자보호를 위하여 특별한 이의절차를 규정하고 있다(상법 232조). 채권자 이의절차는 먼저 채권자에게 합병에 대해서 이의를 제출할 수 있음을 알리고, 채권자가 이의를 제출하면, 이의를 제출한 채권자에 대해서 회사가 변제를 하거나 담보를 제공하는 단계로 구성된다.

5-1 합병결의 전의 조치(합병계약서 등의 공시)

주식회사는 합병계약서 등을 작성하여 합병결의를 위한 주주총회 회일의 2주

91) 합병승인을 위한 주주총회의 결의사항에 관하여 이사회의 결의가 있는 때에 그 결의에 반대하는 주주는 주주총회 전에 회사에 대하여 서면으로 그 결의에 반대하는 의사를 통지한 경우 그 총회의 결의일로부터 20일 이내에 주식의 종류와 수를 기재한 서면으로 회사에 대하여 자기가 소유하고 있는 주식의 매수를 청할 수 있다. 합병반대주주의 주식매수청구권에 대하여 회사가 아무런 조치를 취하지 않았다고 하더라도 합병의 효력에는 영향을 미치지 않는다.

92) 흡수합병의 경우에는 존속회사의 대표이사가 채권자 보호절차의 종료 후, 주식병합이 있을 때에는 그 효력이 생긴 후 지체 없이 보고하여 총회를 소집하고 합병에 관한 사항을 보고하여야 한다.

93) 신설합병의 경우에는 설립위원이 채권자 보호절차의 종료 후, 주식병합이 있을 때에는 그 효력이 생긴 후 지체 없이 창립총회를 소집하여야 한다.

전부터 합병을 한 날 이후 6월이 경과하는 날까지 본점에 비치하여 공시하여야 한다(상법 522조의2). 그리고 주주 및 회사채권자는 영업시간 내에는 언제든지 위 서류의 열람 및 그 등본의 교부를 청구할 수 있다.

5-2 합병결의 후의 조치(이의제출의 공고 및 최고)

회사는 합병계약서에 대한 주주총회의 승인결의가 있은 날로부터 2주 내에 채권자에 대하여 합병에 이의가 있으면 1월 이상의 기간 내에 이를 제출할 것을 공고하고, 알고 있는 채권자에 대하여는 개별적으로 이를 최고하여야 한다. 채권자가 이 기간 내에 이의를 제출하지 않으면 합병을 승인한 것으로 본다. 이의 제출기간 내에 이의를 제출한 채권자가 있는 때에는 회사는 그 채권자에 대하여 변제 또는 상당한 담보를 제공하거나 이를 목적으로 하여 상당한 재산을 신탁회사에 신탁하여야 한다(상법 527조의 5). 이 절차를 어기면 합병무효의 원인이 되며, 과태료에 의한 제재를 받는다(상법 635조 1항).

'알고 있는 채권자'에는 비금전채권은 물론이고 미확정채권을 가진 자도 포함된다. 회사가 보증채무를 부담하는 경우의 채권자와 같이 회사에 대해서 우발채권을 가진 자도 포함된다.

6 합병등기

합병은 당사회사의 근본적 변경을 발생시키고 대외적으로도 중대한 영향을 미치게 되므로, 회사 설립과 마찬가지로 그 효력발생시기를 획일적으로 해서 제3자에 대항할 수 있도록 해야 한다. 따라서 합병의 효력은 존속회사의 본점소재지에서 변경등기를 한 때 또는 신설회사의 본점소재지에서 설립등기를 한 때 발생한다. 또한 합병 후 존속하는 회사 또는 합병으로 인하여 설립된 회사가 합병으로 인하여 전환사채 또는 신주인수권부사채를 승계한 때에는 합병등기와 동시에 사채의 등기를 하여야 한다.

구체적으로 흡수합병의 경우는 보고총회가 종결한 날(또는 보고총회에 갈음하는 이사회의 공고일), 그리고 신설합병의 경우는 창립총회가 종결한 날(또는 창립총회에 갈음한 이사회의 공고일)로부터 본점소재지에서는 2주 내에 지점소재지에서는 3주 내에 존속회사의 변경등기, 소멸회사의 소멸등기, 신설회사의 설립등기를 해야 한다(상법 528조 1항).

7 합병의 효과

합병등기를 하면 합병의 효과가 발생하여 합병당사회사의 전부 또는 일부가 소멸하고 새로운 회사가 설립되거나 존속회사의 정관이 변경된다. 소멸회사의 권리 · 의무는 존속회사 또는 신설회사로 포괄적으로 승계된다.

7-1 회사의 소멸과 설립

흡수합병의 경우에는 존속회사 이외의 합병당사회사가 소멸하고, 신설합병의 경우에는 모든 합병당사회사가 소멸한다. 합병은 상법에서 정한 회사의 해산사유이지만, 소멸회사의 법인격을 존속회사 또는 신설회사가 승계하므로 청산절차를 거치지 않고 소멸한다. 그리고 신설합병에서는 새로운 회사가 설립되고, 흡수합병의 경우에는 존속회사의 정관이 변경된다.

7-2 권리 · 의무의 포괄적 승계

합병으로 존속회사 또는 신설회사는 소멸회사의 모든 권리 · 의무를 포괄적으로 승계한다. 따라서 소멸회사의 권리 · 의무에 대해 개별적인 이전행위를 하지 않아도 권리 이전의 효력이 발생한다. 다만, 포괄승계한 권리를 행사하기 위해서는 일정한 공시방법과 대항요건을 갖추어야 한다.

승계대상인 권리·의무에는 근로관계도 포함된다. 소멸회사에서의 근로조건은 합병 후에도 효력을 유지한다.[94] 공법상 권리·의무의 승계 여부는 구체적인 권리·의무의 취지에 비추어 개별적으로 결정한다. 피합병회사의 권리·의무는 사법상의 관계나 공법상의 관계를 불문하고 그 성질상 이전을 허용하지 않는 것을 제외

---

94) 대법원 1994.3.8. 선고 93다1589 판결

하고는 모두 합병으로 인하여 존속회사에게 승계된다.[95)]

7-3 주주의 지위 이전

합병에 의해서 소멸회사의 주주의 지위는 원칙적으로 존속회사 또는 신설회사의 주주의 지위로 이전된다. 다만, 단주가 발생하는 경우 또는 합병교부금만 받는 경우에는 주주의 지위가 이전되지 않는다.

소멸회사 주식의 질권은 주식을 병합한 경우에는 병합된 주식에 미치고, 병합하지 않은 경우에는 합병으로 인해 주주가 받을 주식 또는 교부금에 미친다.

주식의 병합이란 여러 개의 주식을 합하여 그 보다도 적은 수의 주식으로 하는 것을 말한다. 주식을 병합하게 되면 경우에 따라서는 1주로 할 수 없는 주식, 즉 단주가 발생할 수 있다(예: 주식 10주를 7주씩 합쳐서 1주로 하는 경우 등)기 때문에 주식병합은 자본감소(상법 440조), 회사합병(상법 530조 3항)경우에 한하여 인정된다.

7-4 이사 · 감사의 임기

소멸회사 이사나 감사는 합병으로 인하여 그 지위를 상실한다. 존속회사 이사나 감사도 합병계약서에 다른 정함이 있는 경우를 제외하고는 합병 후 최초로 도래하는 결산기의 정기총회 종료 시에 퇴임한다(상법 527조의4). 합병으로 인하여 새로이 존속회사 주주가 되는 소멸회사 주주의 의사를 반영하여 이사회를 구성할 기회를 주기 위해서이다. [96)]

7-5 합병의 무효

합병은 상법에서 정한 절차에 따라 이루어져야 하므로 법정절차를 거치지 않은 경우에는 효력을 인정할 수 없다. 하지만 상법은 합병무효의 원인이 있더라도 합병이라는 단체법적 법률관계의 획일적 확정을 위해서 합병무효의 소로써만 이를 다툴 수 있도록 하였다.

---

95) 대법원 1994.10.25. 선고 93누21231 판결

96) 김건식·노혁준·천경훈, 회사법(4판), 781p

가. 합병무효의 원인

상법에는 합병무효의 원인에 대해서 아무런 규정을 두고 있지 않지만, 해석론에서 인정하고 있는 무효원인을 보면, 합병제한규정위반, 합병계약서의 기재요건 흠결, 합병결의의 하자, 채권자 보호절차위반, 합병비율의 불공정 등이 있다.

나. 「합병무효의 소」의 당사자 및 제기기간

합병무효의 소의 원고는 주주, 이사, 감사, 청산인, 파산관재인 또는 합병에 이의를 제기한 회사채권자이고, 피고는 존속회사 또는 신설회사이다. 합병무효의 소는 합병등기 후 6월 내에 제기하여야 한다(상법 529조).

다. 합병무효판결의 효과

1) 합병무효의 등기(상법 530조, 238조)

합병을 무효로 한 판결이 확정된 때에는 본점과 지점의 소재지에서 합병 후 존속한 회사의 변경등기, 합병으로 인하여 소멸된 회사의 회복등기, 합병으로 인하여 설립된 회사의 해산등기를 하여야 한다.

2) 대세적 효력과 소급효 제한(상법 530조, 240조, 190조)

합병무효의 소는 다수의 이해관계자 간의 법률관계를 획일적으로 확정하는 것이므로, 설립무효의 판결 또는 설립취소의 판결은 당사자뿐만 아니라 제3자에 대해서도 그 효력이 있다. 다만, 합병의 유효를 전제로 이루어졌던 법률관계의 안정을 위해서 판결확정 전에 생긴 회사와 사원 및 제3자 간의 권리의무에는 영향을 미치지 아니한다(소급효 제한).

3) 합병 전으로 환원

합병무효판결이 확정되면 합병당사회사들은 합병 전의 상태로 환원된다. 즉, 흡수합병의 경우에는 존속회사가 분할되어 소멸회사가 부활하며, 신설합병의 경우에는 신설회사가 분할되어 소멸회사가 부활한다. 또한 존속회사 또는 신설회사가 소멸회사로부터 포괄적으로 승계한 권리 의무는 부활된 소멸회사로 환원된다.

합병을 무효로 한 판결이 확정된 때에는 합병 후 존속한 회사 또는 합병으로 인하여 설립한 회사의 합병 후 취득한 재산에 대해서는 합병을 한 회사의 공유로 한다. 그리고 합병 후 존속한 회사 또는 합병으로 인하여 설립된 회사의 합병 후 부담한 채무에 대하여는 연대하여 변제할 책임이 있다(상법 239조 1항).

당사회사가 협의로 그 지분이나 부담부분을 정하지 못한 때에는 법원이 합병 당시의 각 회사의 재산상태 기타의 사정을 참작하여 이를 정한다(상법 239조 3항). 그러나 합병 이후 두 회사 사이의 인적·물적 결합이 상당히 진행되었다면 분리하기가 현실적으로 어렵다.

판례 **대법원 2009.4.23. 선고 2005다22701 · 22718 판결**

현저하게 불공정한 합병비율을 정한 합병계약은 사법관계를 지배하는 신의성실의 원칙이나 공평의 원칙 등에 비추어 무효이고, 따라서 합병비율이 현저하게 불공정한 경우 합병할 각 회사의 주주 등은 상법 529조에 의하여 소로써 합병의 무효를 구할 수 있다. 다만, 합병비율은 자산가치 이외에 시장가치, 수익가치, 상대가치 등의 다양한 요소를 고려하여 결정되어야 할 것인 만큼 엄밀한 객관적 정확성에 기하여 유일한 수치로 확정할 수 없고, 제반요소의 고려가 합리적인 범위 내에서 이루어진 것이라면 결정된 합병비율이 현저하게 부당하다고 할 수 없다.

판례 **대법원 2004.7.8. 선고 2002두1946 판결**

회사합병이 있는 경우에는 피합병회사의 권리 · 의무는 사법상의 관계나 공법상의 관계를 불문하고 그의 성질상 이전을 허용하지 않는 것을 제외하고는 모두 합병으로 인하여 존속한 회사에게 승계되는 것으로 보아야 한다.

판례 **대법원 2004.5.14. 선고 2002다23185 · 23192 판결**

복수의 회사가 합병되더라도 피합병회사와 합병 후 전체 근로자들을 대표하는 노동조합과 사이에 단체협약의 체결 등을 통하여 합병 후 근로자들의 근로관계 내용을 단일화하기로 변경 · 조정하는 새로운 합의가 있을 때까지는 피합병회사의 근로자들과 합병회사 사이에 그대로 승계되는 것이고, 합병회사의 노동조합이 유니언 숍의 조직형태를 취하고 있었다고 하더라도 피합병회사의 근로자들이 자동적으로 합병회사의 노동조합의 조합원으로 되는 것은 아니다.

판례 **대법원 1994.3.8. 선고 93다1589 판결**

회사의 합병에 의하여 근로관계가 승계되는 경우에는 종전의 근로계약상의 지위가 그대로 포괄적으로 승계되는 것이므로 합병 당시 취업규칙의 개정이나 단체협약의 체결 등을 통하여 합병 후 근로자들의 근로관계의 내용을 단일화하기로 변경 · 조정하는 새로운 합의가 없는 한 합병 후 존속회사나 신설회사는 소멸회사에 근무하던 근로자에 대한 퇴직금관계에 관하여 종전과 같은 내용으로 승계하는 것이라고 보아야 한다.

8 회사합병과 은행의 채권관리

채무자인 회사가 합병으로 소멸되거나 존속하는 경우에 회사의 책임재산이 변동되어 은행의 채권보전에 지장을 초래할 수 있다. 이에 상법은 합병을 하려는 회사에게 주주총회 승인결의가 있은 날로부터 2주 이내에 채권자에 대하여 합병에 이의가 있으면 1월 이상의 기간 내에 이의를 제출할 것을 공고하여야 하고, 이미 알고 있는 채권자에 대하여는 개별적으로 최고하도록 의무를 부여하고 있다(상법 530조의11 2항, 527조의5 1항).

은행이 이와 같은 회사합병의 최고를 받게 되면 합병 후의 회사에 대하여 검토를 한 다음 채권회수가 곤란하게 될 우려가 있으면 이 기간 내에 이의를 제출(구체적인 이유 제시는 불필요하며, 내용증명우편에 의함)한다. 이의를 제출받은 회사는 은행에 채무변제를 하거나 그에 상응하는 다른 담보를 제공하여야 한다. 만약 은행이 이의제출기간동안 아무런 이의를 제출하지 않으면 합병을 승인한 것으로 간주되어 돌이킬 수 없으므로 주의할 필요가 있다(상법 530조, 232조). 따라서 채무자인 회사가 합병하는 경우에는 합병조건, 합병 전 · 후의 재무상황 등을 종합적으로 검토하고 이의제출기간(합병공고일로부터 1월 이상) 이내에 동의 여부를 결정하여야 한다.

은행이 합병에 동의를 하고 존속회사와 거래를 계속하고자 할 경우에는 소멸회사의 담보부동산에 대하여는 존속회사를 채무자로 하는 "채무자 명의변경등기절차"를 취하고 거래를 유지한다. 반대로 은행이 합병에 동의하지 않을 경우에는 이의제출기간 이내에 반대를 하여, 채무자인 회사로 하여금 별도의 채권보전대책을 세우게 하거나 합병을 포기하는 것 중 선택하게 할 수 있다.

8-1 합병이 담보와 보증에 미치는 영향

합병으로 인한 소멸회사의 권리의무는 법률상 당연히 존속회사 또는 신설회사에 포괄적으로 승계된다. 합병에 반대하는 경우 이의신청의 기회를 잃지 않도록 주의하는 외에 실무상으로는 합병사실의 확인, 담보권(특히 근보증·근저당권)의 보전에 만전을 기해야 한다.

합병으로 소멸되는 회사의 채무는 합병에 의해 존속·신설회사에 포괄적으로 승계되므로 담보·보증도 주채무에 수반하는 것이 원칙이다. 소멸회사의 예금채권도 특별히 채권양도절차(제3자에 대한 통지·승낙절차)를 밟지 않고도 당연히 존속회사 또는 신설회사의 예금이 된다. 다만, 합병에 의한 채무자의 신용상황의 변화 등을 이유로 담보제공자 또는 보증인이 근담보계약·근보증계약에 대한 해지권을 행사할 수 있으며, 근저당권설정자가 근저당거래 종료를 요구해올 수도 있으므로 주의를 요한다.

가. 회사 합병 시 근저당권의 피담보채무 확정 여부

채무자와 근저당권을 제공한 자가 서로 다른 경우, 주채무자인 회사가 합병하더라도 담보제공자(근저당권설정자)는 합병 당시까지 발생한 주채무에 대해서는 담보책임을 부담한다는 것에 대해서는 학자들의 견해가 일치한다. 다만, 합병 후 존속회사 또는 신설회사와의 거래관계로부터 발생하는 주채무에 대하여도 책임을 지는 것인지에 대해서는 학자들의 견해가 다르다.

회사가 합병되더라도 근저당권의 피담보채무가 확정되지 않기 때문에 담보제공자는 책임을 지지만, 채무자의 사정변경을 이유로 담보거래를 해지할 수 있는 해지권만 생긴다는 것이 통설이다. 다만 반대의견도 있으므로 실무상으로는 담보제공자로부터 존속회사 또는 신설회사의 거래관계로부터 발생하는 주채무에 대하여도 계속해서 책임을 부담하겠다는 확약서를 받아두거나, 새로운 담보계약을 체결한 후 존속회사 또는 신설회사와 거래하는 것이 안전하다. 따라서 합병 후 회사와 근저당거래를 계속하기 위해서는 담보제공자가 근저당거래의 존속에 대한 합의와 채무자변경등기를 한 후 거래를 하는 것이 바람직하다.

나. 회사합병 시 근보증인의 피보증채무 확정 여부

회사의 합병이 보증인의 피보증채무의 확정을 가져와 보증인이 합병 전에 발생한 주채무에 대해서만 책임지는 것인지, 아니면 확정을 가져오지 않고 합병 후 존속회사 또는 신설회사와의 거래관계로부터 발생하는 주채무에 대하여도 책임을 지는 것인지가 근저당에서와 마찬가지로 문제된다.

근저당에서와 마찬가지로 피보증채무가 확정되지 않고 단지 보증인에게 근보증의 해지권이 생기게 될 뿐이라는 견해가 통설이다. 그러나 은행 실무적으로는 근보증인으로부터 존속회사 또는 신설회사와의 거래관계로부터 발생하는 주채무에 대하여도 계속해서 보증책임을 지겠다는 확약서를 받아두거나 근보증인과 새로운 보증계약을 체결한 후 존속회사 또는 신설회사와 거래하는 것이 바람직하다.

판례 **대법원 2010. 1. 28. 선고 2008다12057 판결**

물상보증인이 설정한 근저당권의 채무자가 합병으로 소멸하는 경우 합병 후의 존속회사 또는 신설회사는 합병의 효과로서 채무자의 기본계약상 지위를 승계하지만 물상보증인이 존속회사 또는 신설회사를 위하여 근저당권설정계약을 존속시키는 데 동의한 경우에 한하여 합병 후에도 기본계약에 기한 근저당거래를 계속할 수 있고, 합병 후 상당한 기간이 지나도록 그러한 동의가 없는 때에는 합병 당시를 기준으로 근저당권의 피담보채무가 확정된다. 따라서 위와 같이 근저당권의 피담보채무가 확정되면, 근저당권은 그 확정된 피담보채무로서 존속회사 또는 신설회사에 승계된 채무만을 담보하게 되므로, 합병 후 기본계약에 의하여 발생한 존속회사 또는 신설회사의 채무는 근저당권에 의하여 더 이상 담보되지 아니한다. 그리고 이러한 법리는 채무자의 합병 전에 물상보증인으로부터 저당목적물의 소유권을 취득한 제3자가 있는 경우에도 마찬가지로 적용된다.

8-2 합병기간 중 은행여신의 상대방

회사가 합병하여 새로운 회사를 설립할 경우, 합병절차에 소요되는 기간 중에는 누구를 채무자로 해야 되는지가 문제이다. 합병의 진행과정별로 세분하여 보면 다음과 같다.

가. 합병계약 후 합병기일까지

합병계약 후 합병기일까지는 각 회사가 완전히 독립적인 사업주체로서 자격을 가지므로 합병계약 후 합병절차를 밟는 기간 중의 차입행위에 관하여 특별히 제한을 두지 않는 한 합병기일까지는 각 회사가 자유로이 차입을 할 수 있다.

나. 합병기일 후 창립총회 종료까지

신설합병에 있어서는 흡수합병의 경우와 달리 존속회사가 없으므로, 합병등기가 이루어지기 전까지는 신회사가 설립되지 않는다. 이 기간 동안의 실무처리는 설립위원을 거래의 상대방으로 하는 방법에 의하지 않고 일방 회사의 대표이사를 거래상대방으로 하고 타방 회사의 대표이사가 이에 동의하는 방법으로 업무를 처리한다.

다. 창립총회 종료 후 합병등기 전까지

창립총회에서 이사를 선임하고 이사회에서 대표이사를 선임한 후에는 곧바로 합병등기를 하는 것이 일반적이다(상법 233조). 합병등기를 함으로써 합병의 법적효력이 생기며 이후부터는 신회사가 거래 상대방이 된다.

8-3 회사합병 시 임금우선특권 관련 유의사항

채무자가 다른 법인과 합병하는 경우에는 채무자의 책임재산에 변동을 초래하여 은행의 채권보전에 막대한 지장을 초래할 수 있다. 이를 방지하기 위해서는 합병 후 존속회사의 기존 근로자가 가지는 임금채권액을 파악하여, 합병 후 존속회사의 근로자가 가지는 임금채권액이 합병 전 임금채권액보다 많은 경우에는 그에 상응하는 여신을 상환받거나 상당한 담보를 제공받아야 한다.

만약 채무자가 은행의 요청에 따르지 않을 경우에는 이의제기 기간 내에 합병에 대한 이의를 제기하여야 한다. 또한 채무자가 은행의 요구를 무시하고 합병하는 경우에는 합병등기일로부터 6월 이내에 합병에 관한 무효소송을 제기하여야 한다(상법 236조).

제8절

회사의 분할

회사분할제도는 1998년 상법 개정과 함께 도입된 것으로 분할계획서에서 정하는 바에 따라 법률의 규정에 의하여 분할되는 기존 회사(분할회사 또는 분할존속회사)의 권리·의무 및 법률상 지위가 회사분할에 의하여 새로 설립되는 회사(분할신설회사)에게 포괄적으로 승계된다는 점에서는 회사합병과 유사하다.

구체적으로 회사의 분할이란 회사의 일부를 쪼개서 그 일부를 포괄적으로 승계하는 새로운 회사를 설립하거나(단순분할), 다른 회사의 일부로 합병시키는 것을 의미한다(분할합병). 이때 분할되는 회사를 「분할회사」라 하며, 분할에 의하여 새롭게 설립되는 회사를 「분할신설회사」라 한다. 분할에 의하여 분리된 영업에 관한 권리·의무는 분할신설회사에게 포괄적으로 승계된다. 이러한 분할제도는 주식회사에만 적용된다.

특히 분할신설회사 중에서도 ① 단순분할에 의하여 신설된 분할신설회사를「단순분할신설회사」② 분할합병을 통하여 다른 회사와 신설합병된 분할신설회사를「분할합병신설회사」③ 분할합병을 통하여 분할된 일부를 흡수합병하는 존속회사를「분할승계회사」라 한다. 한편 분할합병 방식에 있어서 분할된 일부의 합병을 실시하는 기존의 다른 회사를「분할합병의 상대방 회사」라 한다.

회사의 분할은 특정사업부문의 전문화 또는 불요사업부문(부진사업, 적자사업)의 분리에 의한 경영의 효율화(기업구조의 재조정), 이익분산에 의한 절세 등을 목적으로 행해진다.

회사분할은 회사가 운영하는 여러 사업부 중의 일부를 분할하는 방법을 통해 다른 회사에 매각하고 확보한 자금으로 채무변제를 하거나 신규 유망사업에 투자하는 긍정적인 효과를 낼 수 있다. 그러나 회사분할은 회사의 부실을 분할 이후의 회사에 전가시키는 위험도 안고 있다. 특히 회사가 경영상에 어려움을 겪고 있을 때 경영상 부실을 전가시킬 목적으로 일부 사업부를 분할하여 별도의 회사를 신설하는 경우도 있어 유의해야 한다.

1 의의

일반적으로 회사분할이라 함은 하나의 회사가 2개 이상의 회사로 나누어져 분할 전 회사의 권리의무가 분할 후 회사에 일부 또는 전부포괄승계 되고, 이에 따라 발행되는 분할 후 회사의 주식은 원칙적으로 분할회사의 주주들에게 배정되는 제도를 말한다.

회사분할이 이루어지면, 분할되는 회사를 기준으로 하여 처음의 회사는 소멸하거나 축소되며, 내부의 주주는 본래 회사의 권리·의무를 승계한 분할된 회사의 주식을 취득한다. 회사분할의 대상은 개별적인 재산이 아닌 유기적인 영업의 일부이다. 회사분할의 대가는 주식이어야 한다. 만약 주식이 아닌 현금이라면 일종의 영업양도가 되기 때문이다.

회사분할로 인하여 분할하는 회사의 자본 및 사업구조에 변화가 발생하므로, 상법에서는 회사분할을 주식회사에 한하여 주주총회의 특별결의로 할 수 있도록 하고, 회사분할의 경우 채권자 보호절차를 거치도록 하였다.

2 분할의 유형

2-1 단순분할

단순분할은 분할에 의하여 1개 또는 여러 개의 회사를 설립하는 것으로 합병과 관련되지 않은 회사분할을 말한다. 즉, 제약사업부, 에너지사업부, 화학사업부를 운영하는 A회사가 3개 사업부문 모두를 분할하여 2개 또는 3개의 회사를 설립하면서 A회사를 해산할 수도 있는데, 이때 A가 단순분할 이후에도 존속하는 것을 존속분할 또는 불완전분할이라 하고, 소멸하는 것을 소멸분할 또는 완전분할이라고 한다.

분할되는 회사는 그대로 영업을 존속하면서 영업 중의 일부를 신설회사에 출자하는 회사분할을 불완전분할이라고 한다.

불완전분할은 분할 전 회사가 둘 이상의 회사로 분할되지만 분할 전 회사의 재산의 일부만이 분할 후 회사에 이전되고 분할 전 회사는 축소된 범위내에서 존속한다. 반면에 완전분할은 분할 전 회사가 분할하여 그의 전 재산이 둘 이상의 회사에 현물출자되어 포괄승계되고 분할 전 회사는 청산절차 없이 소멸한다.

2-2 분할합병

분할합병은 분할에 의하여 분할된 부분을 1개 또는 여러 개의 기존 회사와 합병하는 것이다. 즉, 분할합병은 합병과 결합된 회사분할이며, 분할 전 회사가 분할한 후에 그 분할된 부분이 다른 기존회사 또는 다른 기존회사의 일부와 합쳐져 하나의 회사로 되는 회사분할을 말한다. 분할합병은 구조상 둘 이상의 회사 간의 계약에 의하여 절차가 이루어진다. 분할회사가 존속하는 경우와 소멸하는 경우가 있으며, 합병대상이 다른 회사 전체 또는 일부인 경우가 있다. 예를 들면, A회사가 3개의 사업부 중에서 에너지사업부를 분할하여 B회사에 합병시키는 것을 말한다. 물론 A회사가 3개의 사업부 모두를 3개의 기존 회사에 각각 분할합병시킬 수도 있다.

분할합병의 경우에도 분할되는 회사가 소멸하는 경우(소멸분할합병)와 존속하는 경우(존속분할합병)가 있다.[97] 그리고 분할합병도 합병이므로 합병의 두 가지 유형인 흡수합병과 신설합병이 존재한다.[98] 이처럼 분할합병에는 소멸분할합병, 존속분할합병 그리고 흡수분할합병과 신설분할합병이 서로 조합을 이루어 다양한 형태의 분할합병이 존재한다.

2-3 단순분할과 분할합병의 결합

---

97) 예를 들면, A회사가 에너지사업부를 분할하여 B회사와 합병하고 동시에 제약사업부와 화학사업부를 분할하여 C회사와 합병한 후, A회사가 소멸하는 경우를 소멸분할합병이라고 한다. 반면에 A회사가 에너지사업부만 분할하여 B회사와 합병하고 A회사는 제약사업부와 화학사업부를 계속 영위하는 경우를 존속분할합병이라고 한다.

98) 예를 들면, A회사가 에너지사업부를 분할하여 B회사와 합병하는 경우에는 기존회사(존립중의 회사)인 B회사가 분할합병의 상대방 회사로서 합병이후에도 존속하므로 흡수분할합병에 해당한다. 반면에, A회사가 에너지사업부를 분할하고 B회사도 에너지사업부를 분할하여 이 둘을 합하여 C라는 새로운 회사로 합병하는 경우는 신설분할합병에 해당한다.

단순분할과 분할합병은 개별적으로 이루어질 수도 있지만 동시에 이루어질 수도 있다. 즉, 분할에 의하여 1개 또는 여러 개의 회사를 설립함과 동시에 분할합병하는 것이 가능하다. 예를 들면 A회사가 제약사업부를 분할하여 C라는 새로운 회사를 설립하면서 동시에 에너지사업부를 분할하여 기존회사(존립 중의 회사)인 B회사와 합병할 수도 있는 것이다.

2-4 인적분할과 물적분할

회사분할 방식은 크게 인적분할과 물적분할 두 가지로 나누어진다. 인적분할은 분할부분에 해당하는 분할 후 회사의 지분을 분할 전 회사의 주주에게 배정하는 형태의 회사분할을 말한다. 물적분할은 분할부분에 해당하는 분할 후 회사의 지분을 분할 전 회사의 주주에게 배정하지 않고 분할 전 회사 자신이 취득하는 형태(자회사의 설립)의 회사분할을 말한다. 물적분할은 기존회사 또는 신설회사의 주식을 분할회사에게 부여하여 모회사가 자회사를 설립하는 형태이고 기존회사의 지배관계가 유지된다. 인적분할과 물적분할의 차이는 분할절차에서 회사의 주식이 회사의 주주와 회사 중에서 누구에게 분배되는가에 따른 구분이다.[99]

물적분할은 기존의 현물출자와 유사하지만 재산의 이전이 포괄적으로 이루어진다는 점에서 구분된다.[100] 현실적으로 물적분할은 구조조정을 목적으로 이뤄지는 경우가 많다. 물적분할 방식으로 실적이 나쁜 사업부문을 떼어서 매각할 수 있다면 모기업 입장에서는 이익이기 때문이다. 반면에 인적분할은 원래 있었던 기업과의 연계성을 유지하면서 별도 회사로 가는 것이 경영전략이나 주가관리 차원에서 유리하다고 판단될 때에 시행되는 경우가 많다.

3 회사분할의 절차

분할 또는 분할합병도 이사회의 결의로부터 시작하며, 회사가 분할 또는 분할

---

99) 상법 530조의12(물적분할) 이 절의 규정은 분할되는 회사가 분할 또는 분할합병으로 인하여 설립되는 회사의 주식의 총수를 취득하는 경우에 이를 준용한다.

100) 물적분할은 모회사가 자회사를 설립하거나 기존회사를 지배하는 데 유용한 수단으로 활용될 수 있다.

합병을 하는 때에는 분할계획서 또는 분할합병계약서를 작성하여 주주총회의 특별결의에 의한 승인을 얻어야 한다. 회사가 분할 또는 분할합병하는 경우의 채권자보호절차는 단순분할, 분할합병을 불문하고 합병에서의 채권자보호절차를 준용한다.

3-1 분할계획서

가. 법정기재사항

단순분할의 경우 분할회사는 분할계획서를 작성하여 주주총회 승인을 받아야 한다(상법 530조의5). 분할계획서에 기재할 사항은 단순분할신설회사에 승계되는 재산에 관한 사항, 분할의 조건, 단순분할신설회사의 조직과 체제이다.

나. 승계되는 재산에 관한 사항

분할계획서에는 단순분할신설회사에 이전될 재산의 범위와 가액을 특정할 수 있는 정도로 기재해야 한다. 분할 전의 채무에 대해서는 단순분할신설회사도 연대책임을 지는 것이 원칙이지만, 예외적으로 승계받는 재산에 관한 채무만을 승계한다고 정한 경우에는 그 사항을 기재해야 한다(상법 530조의5 1항 8호).

다. 분할의 조건 등

단순분할신설회사는 이전되는 재산에 대한 대가로서 주식을 분할회사의 주주에게 어떻게 배정하는지 배정비율과 분할교부금에 대해서 기재해야 한다(상법 530조의5 1항 4호, 5호). 물적분할의 경우에는 주식을 분할회사 주주가 아니라 분할회사에 배정한다.

이사회결의 → 분할계획서 및 분할합병계약서 작성 → 분할계획서 및 분할합병계약서, 관련 대차대조표 등의 공시 → 분할계약서 및 분할합병계약서의 승인결의 → 분할합병반대주주의 주식매수청구 → 채권자 보호절차 → 소멸회사 주주의 주권제출 → 보고총회(흡수합병) 또는 창립총회(신설합병의 경우)→ 등기(변경등기 · 해산등기 · 설립등기) → 분할 또는 분할합병무효의 소

4 분할등기

회사의 분할은 등기를 함으로써 효력이 발생한다. 회사가 분할을 한 경우 본점소재지에서는 2주 내에, 지점소재지에서는 3주 내에 분할 후 존속하는 회사에 있어서는 변경등기, 분할로 인하여 소멸하는 회사에 있어서는 해산등기, 분할로 인하여 설립되는 회사에 있어서는 설립등기를 하여야 한다(상법 530조의11 1항, 528조). 이때 등기기간의 기산일은 분할합병의 경우에는 보고총회가 종결한 날이고, 단순분할의 경우에는 창립총회가 종결한 날이다.

5 분할의 효과

분할 또는 분할합병 효력의 내용은 분할계획서 또는 분할합병계약서의 내용에 의하여 결정된다. 완전분할의 경우 분할되는 회사는 해산되나 청산절차를 거치지 않고 소멸되며, 불완전분할의 경우에는 자본금과 영업목적 등이 변경될 수 있다.

5-1 권리 · 의무의 포괄적 승계

분할의 효력은 재산이전 절차 없이 분할등기 시에 포괄적으로 승계된다. 단순분할신설회사, 분할승계회사 또는 분할합병신설회사는 분할회사의 권리와 의무를 분할계획서 또는 분할합병계획서의 내용에 따라 승계한다(상법 530조의10). 이는 법률규정에 의한 재산이전이므로 개별적인 재산의 이전절차나 채권자의 승낙이 요구되지 않는다.

부동산도 등기 없이 권리가 이전되며 지명채권양도의 경우에도 채무자에 대한 통지나 채무자의 승낙이 필요 없다. 채권자는 연대책임과 채권자 이의절차에 의한 보호를 받을 뿐이다.

5-2 주주자격의 취득

인적분할의 경우에는 분할회사의 주주는 분할계획서 또는 분할합병계약서의 내용에 따라서 신설회사 또는 분할출자를 받는 기존회사의 주식을 취득한다. 물적분할의 경우에는 분할회사가 분할 또는 분할합병으로 인하여 설립되는 회사의 주식 총수를 취득한다.

5-3 분할계획서 · 분할합병계약서에 의한 특정 채무의 승계

합병의 경우 소멸회사의 채무가 존속회사 또는 신설회사에 포괄적으로 승계된다. 그러나 분할의 경우에는 분할계획서나 분할합병계약서에 특정된 채무만이 승계된다(상법 530조의10). 이는 채무자와의 계약에 의한 채무인수와 유사하므로 원칙적으로 민법(454조 1항)에 따라 채권자의 승낙이 필요하다. 그러나 현실적으로 채권자의 승낙은 분할실행을 어렵게 만든다. 그래서 상법은 채권자 승낙을 면제하는 대신에 '연대책임'과 '채권자 이의절차'를 인정하고 있다. 연대책임을 질 때는 채권자에게 불이익은 발생하지 않고, 채권자 이의절차를 거칠 때에는 사실상 채권자의 승낙이 있는 것과 마찬가지이기 때문이다.

6 채권자보호와 그 절차

6-1 연대책임

합병에 있어서는 책임재산과 권리 · 의무가 모두 존속회사 또는 신설회사에 포괄적으로 이전되는 것이지만, 회사분할은 중요재산을 신설회사 등에 이전하는 방법으로 채권자의 권리를 해할 가능성이 높기 때문에 회사분할은 회사합병의 경우보다 채권자의 보호가 더 중요하다.

채권자를 보호하기 위해서 상법은 분할회사와 분할신설회사 사이에 채무 부담 부분을 어떻게 분배하였는지와 무관하게 채권자 보호를 위하여 기존의 일체의 채무에 대하여 함께 연대책임을 부담하는 것이 원칙이다(상법 530조의9 1항).

분할회사가 분할 전에 부담한 채무는 분할회사, 단순분할신설회사, 분할승계회사 또는 분할합병신설회사가 연대하여 변제할 책임이 있다. 이러한 연대책임의 대상이 되는 채무는 분할 또는 분할합병 전의 분할회사의 채무인데, 분할(등기) 전에 채권이 발생하였다면 분할 후에 이행기가 도래하더라도 연대책임의 대상이 된다(대법원 2008.2.14. 선고 2007다73321 판결).

6-2 연대책임의 배제

위와 같은 연대책임의 원칙은 회사분할제도의 활용을 저해할 수 있어서, 분할회사가 분할계획서에 단순분할신설회사가 분할회사의 채무 중에서 분할계획서에 승계하기로 정한 채무에 대한 책임만을 부담하는 것으로 정한 후, 이에 관하여 주주총회의 특별결의에 의한 승인을 얻고, 또한 채권자보호절차를 거치면, 연대책임이 배제될 수 있다(상법 530조의9 2항, 530조의3 2항, 530조의5 1항 8호, 530조의9 4항, 439조 3항, 527조의5)[101].

단순분할신설회사나 분할승계회사(또는 분할합병신설회사)는 "분할계획서에서 승계하기로 정한 채무"를 승계한다(상법 530조의10). 분할합병의 경우에도, 분할합병계약서에 분할승계회사(또는 분할합병신설회사)가 분할회사의 채무 중에서 분할합병계약서에서 승계하기로 정한 채무에 대한 책임만을 부담하는 것으로 정하여, 분할회사의 주주총회가 특별결의로써 이를 승인하면 연대책임에서 벗어날 수 있다(상법 530조의9 3항, 530조의3 2항, 530조의6 1항7호).

결론적으로 분할당사회사의 연대책임이 배제되기 위해서는 분할계획서에 정한 채무만을 부담하는 것으로 정해 주주총회의 특별결의를 받을 것을 요구하고 있다. 즉 상법은 채권자보호절차만 거치면 분할당사회사의 연대책임이 언제든지 배제될 수 있다고 규정하고 있는 것이 아니라, 신설회사는 분할회사의 채무 중에서 분할계획서에서 정한 채무만을 부담하고 분할회사는 신설회사가 부담하지 아니하는 채무만을 부담하는 경우에 한해 연대책임 배제를 인정하고 있는 것이다.

101) 분할되는 A회사로부터 출자를 받는 B회사는 A회사의 채무 중에서 A회사가 출자한 재산에 관한 채무만 부담할 것을 정할 수 있다. 이 경우에도 분할되는 A회사가 분할 후에 존속하는 때에는 분할로 인하여 설립되는 회사가 부담하지 아니하는 채무만 부담한다.

6-3 채권자의 이의

가. 채권자 이의권의 필요성

분할회사의 분할 전의 채무를 분할로 설립되는 회사와 연대하여 변제할 책임을 지는 단순분할의 경우와는 달리, 설립되는 회사가 분할회사의 채무 중에서 분할계획서에서 정한 채무만을 부담할 것으로 정한 경우에는 연대책임이 아니므로 분할회사의 채권자가 불이익을 받을 염려가 있기 때문에 채권자의 이의권을 인정할 필요가 있다(상법 530조의9 4항). 즉, 채권자이의권은 단순분할의 모든 경우에 인정되는 것은 아니고 분할로 설립된 회사가 분할회사의 채무를 제한적으로 승계한 경우에만 인정된다.

나. 분할합병에 대한 채권자의 이의

분할합병의 경우에는 분할회사와 분할승계회사·분할합병신설회사는 각각 채권자 이의절차를 거쳐야 한다(상법 530조의11 2항, 527조의5). 이유는 분할회사, 단순분할신설회사, 분할승계회사 또는 분할합병신설회사는 분할 또는 분할합병 전의 분할회사 채무에 관하여 연대하여 변제할 책임이 있지만(상법 530조의9 1항), 분할회사의 채권자로서는 분할승계회사·분할합병신설회사의 재산상태가 부실한 경우에는 변제받지 못할 위험이 있기 때문이다.

다. 채권자의 이의절차

채권자의 이의권을 보장하기 위하여 회사는 분할계획서 또는 분할합병계약서에 대한 주주총회의 승인결의가 있은 날부터 2주 내에 채권자에 대하여 분할 또는 분할합병에 이의가 있으면 1월 이상의 기간 내에 이를 제출할 것을 공고하고, 알고 있는 채권자에 대하여는 이를 최고하여야 한다(상법 530조의9 4항, 530조의11 2항, 527조의5).

채권자가 이의기간 내에 이의를 제출하지 아니한 때에는 분할 또는 분할합병을 승인한 것으로 본다. 이의를 제출한 채권자가 있는 때에는 회사는 그 채권자에 대하여 변제 또는 상당한 담보를 제공하거나 이를 목적으로 하여 상당한 재산을 신탁회사에 신탁하여야 한다(상법 527조의5, 232조항).

상법은 채권자보호절차에서 이의를 제출한 채권자가 있는 경우에는 회사는 그 채권자에 대하여 변제 또는 상당한 담보를 제공하거나 이를 목적으로 하여 상당한 재산을 신탁할 것을 요구하고 있다. 이중에서 실무상 주로 사용되는 방법은 담보의 제공이며, 담보의 종류는 제한이 없다. 공탁이나 부동산에 대한 저당권, 주식에 대한 질권 등의 물적담보뿐만 아니라 보증보험증권, 은행의 지급보증서 등의 인적담보도 사용되고 있다.

라. 이의절차를 거치지 않은 경우의 효과

분할회사가 알고 있는 채권자에게 개별최고를 하지 않으면, 합병과는 달리 연대책임배제 효과가 발생하지 않는다. 따라서 신설회사, 분할승계회사는 분할회사의 채무에 대해서 연대책임을 부담한다. 다만 개별최고를 하지 않은 경우에도 채권자가 회사분할에 관여하여 회사분할을 알면서도 이의제기를 포기하였다고 볼만한 사정이 있는 경우에는 연대책임이 부활하지 않는다.

판례 **대법원 2011. 9. 29. 선고 2011다38516 판결**

[1] 분할되는 회사와 수혜회사가 분할 전 회사의 채무에 대하여 연대책임을 지지 않는 경우에는 채무자의 책임재산에 변동이 생기게 되어 채권자의 이해관계에 중대한 영향을 미치므로 채권자 보호를 위하여 분할되는 회사가 알고 있는 채권자에게 개별적으로 이를 최고하도록 규정하고 있는 것이고, 따라서 분할되는 회사와 수혜회사의 채무관계가 분할채무관계로 바뀌는 것은 분할되는 회사가 자신이 알고 있는 채권자에게 개별적인 최고절차를 제대로 거쳤을 것을 요건으로 하는 것이라고 보아야 하며, 만약 그러한 개별적인 최고를 누락한 경우에는 그 채권자에 대하여 분할채무관계의 효력이 발생할 수 없고 원칙으로 돌아가 수혜회사와 분할되는 회사가 연대하여 변제할 책임을 지게 된다.

[2] 분할 또는 분할합병으로 인하여 회사의 책임재산에 변동이 생기게 되는 채권자를 보호하기 위하여 상법이 채권자의 이의제출권을 인정하고 그 실효성을 확보하기 위하여 알고 있는 채권자에게 개별적으로 최고하도록 한 입법 취지를 고려하면, 개별 최고가 필요한 '회사가 알고 있는 채권자'란 채권자가 누구이고 채권이 어떠한 내용의 청구권인지가 대체로 회사에게 알려져 있는 채권자를 말하는 것이고, 회사에 알려져 있는지 여부는 개개의 경우에 제반 사정을 종합적으로 고려하여 판단하여야 할 것인데, 회사의 장부 기타 근거에 의하여 성명과 주소가 회사에 알려져 있는 자는 물론이고 회사 대표이사 개인이 알고 있는 채권자도 이에 포함된다고 봄이 타당하다.

[3] 갑 주식회사와 을 주식회사가, 갑 회사의 전기공사업, 전문소방시설공사업 부분을 분할하여 분할된 부분을 을 회사가 분할합병하면서 연대책임을 부담하지 않기로 정하였으나, 갑 회사가 발행한 약속어음을 소지하고 있는 병에게 개별 최고를 하지 않은 사안에서, 병은 갑 회사의 개별 최고기간에 어음발행인인 갑 회사에 대하여 약속어음에 관한 권리를 행사할 수 있는 채권자의 지위에 있었던 것으로 인정되고, 병이 갑 회사 대표이사로부터 약속어음을 배서양도받은 어음 소지인 또는 약속어음을 제3자에게 배서양도한 배서인으로서 지위를 가지는 점 등을 고려하면 병은 갑 회사에 알려져 있는 어음상의 채권자로 보아야 하므로, 갑 회사로서는 분할합병으로 인하여 약속어음상의 권리에 중대한 영향을 입게 되는 병의 이의제출권 행사가 보장될 수 있도록 개별 최고를 하였어야 했는데도 개별 최고를 누락하였으므로 위 약속어음금채무에 관하여 연대책임배제는 적용이 없고, 을 회사는 갑 회사와 연대하여 약속어음금채무를 변제할 책임이 있다고 한 사례.

판례 **대법원 2010. 2. 25. 선고 2008다74963 판결**

[1] 회사가 분할되는 경우 분할로 인하여 설립되는 회사 또는 존속하는 회사는 분할전 회사채무에 관하여 연대하여 변제할 책임이 있으나(상법 제530조의9 제1항), 분할되는 회사가 상법 제530조의3 제2항에 따라 분할계획서를 작성하여 출석한 주주의 의결권의 3분의 2 이상의 수와 발행주식총수의 3분의 1 이상의 수로써 주주총회의 승인을 얻은 결의로 분할에 의하여 회사를 설립하는 경우에는 설립되는 회사가 분할되는 회사의 채무 중에서 출자한 재산에 관한 채무만을 부담할 것을 정하여(상법 제530조의9 제2항) 설립되는 회사의 연대책임을 배제할 수 있고, 이 경우 분할되는 회사가 '출자한 재산'이라 함은 분할되는 회사의 특정재산을 의미하는 것이 아니라 조직적 일체성을 가진 영업, 즉 특정의 영업과 그 영업에 필요한 재산을 의미하는 것으로 해석된다.

[2] 분할되는 회사와 신설회사가 분할 전 회사의 채무에 대하여 연대책임을 지지 않는 경우에는 채무자의 책임재산에 변동이 생기게 되어 채권자의 이해관계에 중대한 영향을 미치므로 채권자의 보호를 위하여 분할되는 회사가 알고 있는 채권자에게 개별적으로 이를 최고하고 만약 그러한 개별적인 최고를 누락한 경우에는 그 채권자에 대하여 신설회사와 분할되는 회사가 연대하여 변제할 책임을 지게 된다고 할 것이나, 채권자가 회사분할에 관여되어 있고 회사분할을 미리 알고 있는 지위에 있으며, 사전에 회사분할에 대한 이의제기를 포기하였다고 볼만한 사정이 있는 등 예측하지 못한 손해를 입을 우려가 없다고 인정되는 경우에는 개별적인 최고를 누락하였다고 하여 그 채권자에 대하여 신설회사와 분할되는 회사가 연대하여 변제할 책임이 되살아난다고 할 수 없다.

판례 **대법원 2004.8.30. 선고 2003다25973 판결**

상법은 회사가 분할되고 분할되는 회사가 분할 후에도 존속하는 경우에는 특별한 사정이 없는 한 회사의 책임재산은 분할되는 회사와 신설회사의 소유로 분리되는 것이 일반적이므로 분할 전 회사의 채권자를 보호하기 위하여 분할되는 회사와 신설회사가 분할 전의 회사채무에 관하여 연대책임을 지는 것을 원칙으로 하고, 이 경우에는 회사가 분할되더라도 채권자의 이익을 해할 우려가 없으므로 알고 있는 채권자에 대하여 따로 이를 최고할 필요가 없도록 한 반면에, 다만 만약 이러한 연대책임의 원칙을 엄격하게 고수한다면 회사분할제도의 활용을 가로막는 요소로 작용할 수 있으므로 연대책임의 원칙에 대한 예외를 인정하여 신설회사가 분할되는 회사의 채무 중에서 출자받은 재산에 관한 채무만을 부담할 것을 분할되는 회사의 주주총회 특별결의로써 정할 수 있게 하면서, 그 경우에는 신설회사가 분할되는 회사의 채무 중에서 그 부분의 채무만을 부담하고, 분할되는 회사는 신설회사가 부담하지 아니하는 채무만을 부담하게 하여 채무관계가 분할채무관계로 바뀌도록 규정하였다고 해석된다.
분할되는 회사와 신설회사가 분할 전 회사의 채무에 대하여 연대책임을 지지 않는 경우에는 채무자의 책임재산에 변동이 생기게 되어 채권자의 이해관계에 중대한 영향을 미치므로 채권자의 보호를 위하여 분할되는 회사가 알고 있는 채권자에게 개별적으로 이를 최고하도록 규정하고 있는 것이고, 따라서 분할되는 회사와 신설회사의 채무관계가 분할채무관계로 바뀌는 것은 분할되는 회사가 자신이 알고 있는 채권자에게 개별적인 최고절차를 제대로 거쳤을 것을 요건으로 하는 것이라고 보아야 하며, 만약 그러한 개별적인 최고를 누락한 경우에는 그 채권자에 대하여 분할채무관계의 효력이 발생할 수 없고 원칙으로 돌아가 신설회사와 분할되는 회사가 연대하여 변제할 책임을 지게 되는 것이라고 해석하는 것이 옳다.

마. 이의절차를 거친 경우의 효과

채권자가 이의절차를 거친 경우에는 신설회사, 분할승계회사는 분할회사의 채무에 대해서 연대책임이 배제된다. 그러나 채권자가 이의를 제출하지는 않았지만 귀책사유가 없는 경우에는 연대책임이 배제되지 않는다.[102)]

예를 들면 채권자 이의절차가 행해질 시점에 불법행위가 존재하거나, 채권자가 불법행위자를 인식할 수 없었던 경우이다.[103)]

---

102) 서울중앙지방법원 2004.7.27. 선고 2000가합78872 판결

103) 김건식·노혁준·천경훈, 회사법(4판), 박영사, 821p

7 분할의 무효

가. 분할무효의 소

분할에 관해서는 합병무효의 소에 관한 규정이 준용된다(상법 530조의11 1항). 따라서 분할에 무효원인이 있는 경우에는 분할무효의 소를 제기할 수 있다. 무효의 원인으로는 승인결의의 하자 등 분할절차상의 중대한 하자와 분할계획서나 분할합병계약서의 내용이 강행법규에 위반한 경우를 들 수 있다.

분할무효의 소는 합병무효의 경우와 동일하게 분할당사회사의 주주·이사·감사·청산인·파산관재인 또는 분할을 승인하지 않은 채권자가 분할등기 후 6월 이내에 제기할 수 있다(상법 530조의11 1항).

나. 무효판결의 효력

분할무효판결이 확정되면 단순분할신설회사는 소멸하고 소멸된 분할회사는 부활한다. 단순분할의 경우 단순분할신설회사의 권리·의무는 분할회사로부터 승계한 것인지 여부를 불문하고 분할회사에 복귀한다. 분할합병의 경우에도 분할승계회사가 분할회사로부터 승계한 재산과 채무는 모두 분할회사로 복귀한다. 분할회사는 분할 후에 신설회사 또는 분할승계회사가 부담한 채무에 대해서 연대하여 변제할 책임이 있다(상법 239조 1항). 분할 후에 취득한 재산은 분할회사와 신설회사 또는 분할승계회사의 공유로 한다(상법 239조 2항).

다. 분할무효의 등기

분할무효판결이 확정된 때에는 단순분할신설회사의 해산등기, 소멸된 분할회사의 회복등기, 분할승계회사의 변경등기를 해야 한다(상법 530조의11 1항, 238조).

8 회사분할과 은행의 채권관리

분할되는 회사가 특정채무를 신설회사에 이전하는 것으로 분할계획서를 작성하는 경우에는 분할로 인해 채권자인 은행의 의사와 무관한 채무자 변경이라는 결과가 초래된다. 또한 분할이 있는 경우 분할회사가 기존에 보유하던 재산은 분리되어 분할회사와 신설회사로 나뉘어 귀속되므로 분할회사의 기존 채권자 입장에서는 분할로 인해 채무자의 책임재산 감소라는 불이익이 초래된다.

앞에서 살펴보았듯이 분할회사는 주주총회 특별결의 및 채권자 보호절차를 거쳐서 분할신설회사가 분할계획서 또는 분할합병계약서에서 정한 범위의 채무에 대해서만 책임을 부담하기로 정할 수 있고, 이 경우 연대책임이 배제된다(상법 530조의9).

따라서 여신채무자인 회사가 은행에 이의제기 기간을 통지하면서 회사분할에 대한 승인(동의)을 요청하는 경우, 은행은 회사분할의 목적과 법률적 요건의 충족 여부, 분할 후 계속기업으로서의 회사존속 가능성, 채권보전 및 향후 은행에 미치는 영향 등을 종합적으로 판단하여 승인 여부를 결정하여야 한다. 은행이 회사분할을 승인하지 않는 것으로 결정하였더라도 정해진 이의기간 내에 이의를 하지 않으면 회사분할을 승인한 것으로 간주됨을 유의해야 한다.

또한 여신채무자인 회사가 채무를 면탈할 목적으로 새로운 회사를 신설하고 신설된 회사와 분할합병계약에 의하여 영업자산을 양도하는 경우, 기존회사와 신설회사(합병회사) 모두를 채무자로 하여 보전처분(가압류 또는 가처분)을 실시하여 실익 있는 자산의 도피를 방지하여야 한다.

8-1 회사분할에 대한 사전검토

가. 회사분할의 적정성 검토

회사분할은 상법에 근거하여 진행되는 법률행위이므로 은행은 분할계획서, 이사회결의서, 주주총회승인결의서 및 정관, 존속 및 신설법인의 법인등기사항전부증명서, 분할목적에 따라 금융감독원 등 관계기관의 승인이 필요한 경우에는 동의서, 외부감사기관의 감사를 받은 분할 전 · 후 재무제표 등을 가지고 회사분할의 목적이 기업경영의 전문화와 효율에 부합되는지 여부, 분할영업에 비해 분할채무가 과도하게 편중되었는지 여부 및 향후 영업활동에 의한 부담가능성 등 회사분할의 적정성을 검토하여야 한다.

나. 회사분할 시 은행의 채권보전 가능성

여신채무자인 회사가 은행에 분할계획을 통지하여 온 때에는 분할로 인하여 채권보전에 지장이 있는지를 검토하여 분할이 채권보전에 나쁜 영향을 미칠 것으로 판단되면, 분할자체에 반대함으로써 채무자로 하여금 별도의 채권보전 대책을 세우거나 분할을 포기하는 것 중 선택하게 할 수 있다.

8-2 대출채무의 분할

은행이 회사의 대출채무분할에 동의하는 경우, 은행은 존속회사와 신설회사의 연명으로 회사분할에 따른 채무분할요청서를 받아 대출채무를 분할한다. 만약 회사분할계획서에 대출채무의 분할내용이 있는 경우에는 그 내용에 따라 채무분할요청서를 받는다.

8–3 회사분할 후 대출채무의 변제기 연장 · 대환

변제기 연장 또는 대환의 경우에 분할회사가 분할 전에 금융채무를 부담하고 있는 경우 그 채무가 분할당사회사의 연대책임의 대상이 된다. 실무상 문제가 될 수 있는 경우는 금융채무가 분할 이후 은행과 채무자(분할회사 또는 신설회사) 사이의 합의로 변제기가 연장되거나 대환 되는 경우에도 분할당사회사의 연대책임이 존속하는 가이다. 이에 대한 판례는 아직 없는 것으로 판단된다. 다만 판례는 보증의 경우에는 보증인의 승낙 없이 기존 채무의 변제기가 연장된 경우에도 그러한 변제기 연장은 보증인의 책임을 가중하는 것이라고 할 수 없으므로 보증책임은 원칙적으로 그대로 존속한다고 판시하고 있고,[104] 기존 채무의 대환의 경우에도 대환은 특별한 사정이 없는 한 형식적으로는 별도의 대출에 해당하나 실질적으로는 기존 채무의 변제기 연장에 불과하므로 그 법률적 성질은 기존채무가

104) 대법원 1996.2.23. 선고 95다49141 판결

여전히 동일성을 유지한 채 존속하는 준소비대차로 보아야 하므로 대환시에는 보증책임이 면제된다는 별도 약정이 존재하는 등의 특별한 사정이 없는 한 역시 보증책임은 대환의 경우에도 그대로 존속한다고 보고 있다.[105]이와 같이 판례가 단순 변제기 연장이나 준소비대차의 성격을 가지는 대환의 경우에는 채무가 동일성을 유지한다고 보고 있는 이상, 동일 채무에 관한 분할당사회사의 연대책임이 변제기 연장이나 대환으로 인해 소멸한다고 보기는 어렵다고 생각되고, 또한 이자율 등 주요조건의 변경이 없어 채무의 동일성이 인정되는 변제기 연장이나 대환의 경우 이와 같은 결론이 연대책임을 부담하는 분할당사회사에게 부당한 부담을 주는 것도 아니라고 생각된다.[106]

8-4 회사분할과 담보의 효력

가. 회사가 제공한 담보의 경우

분할 또는 분할합병으로 인하여 설립되는 회사 또는 존속하는 회사는 분할하는 회사의 권리와 의무를 분할계획서 또는 분할합병계획서의 내용에 따라 포괄적으로 승계하므로, 회사소유의 부동산에 이미 설정된 근저당권은 기존여신에 대하여 계속 효력이 미치므로 별도의 채무자 변경 등기는 필요 없다. 다만, 회사분할 이후의 신규 여신은 반드시 회사분할을 원인으로 근저당권 채무자의 명의를 변경한 후 취급하여야 한다.

나. 회사분할과 제3자가 제공한 담보

상법은 제3자가 제공한 담보인 경우, 그 제3자를 보호하기 위한 별도의 규정을 마련해 놓고 있지만, 민법은 면책적 채무인수가 이루어지면 제3자가 제공한 담보는 소멸함을 원칙으로 하되 제3자가 그 채무인수에 동의한 경우에 한하여 담보효

105) 대법원 1994.6.10. 선고 94다3445 판결, 대법원 2002.9.24. 선고 2000다49374 판결, 다만 판례는 대출의 종류와 이자율이 변경되는 등 구채무와 신채무 사이에 동일성이 인정되지 않는 대환의 경우에는 구채무에 대한 보증의 효력이 신채무에 미치지 아니한다고 판시하고 있다(대법원 1991.12.10. 선고 91다24281 판결)

106) 윤용준, 분할시 채권자보호의 실무상 쟁점, BFL 제49호(2011.9)

력이 미치도록 하고 있다(민법 459조).[107] 이처럼 민법의 규정을 적용하면 회사분할은 근저당권의 피담보채무가 신설회사에 승계되기 때문에 주채무자의 변제능력을 약화시켜 주채무자로부터 채권변제를 기대하기 어려운 결과를 가져오게 될 수도 있다.

따라서 회사분할에 있어서 제3자가 제공한 담보는 그 담보제공자가 회사분할에 동의하지 않으면, 신설회사의 새로운 채무뿐만 아니라 신설회사가 승계한 존속회사의 기존채무에 대하여도 근저당권의 효력이 미치지 않는다. 하지만 불완전 분할에 의하여 존속회사에 남게 된 기존 채무에 대하여는 여전히 근저당권의 효력이 미친다고 보아야 한다. 그러나 이 경우에도 회사분할에 의하여 존속회사의 책임재산에 중대한 변동이 생겼고 이것은 담보제공자가 예상하지 못한 특별하고 현저한 사정변경이므로 담보제공자는 장래에 대하여 근저당거래계약을 해지할 수 있다.

은행 실무적으로는 존속회사에 담보물이 남고 존속회사가 계속 거래를 희망하더라도 담보제공자의 동의 없이 새로운 대출을 취급하는 것은 바람직하지 않으므로, 담보제공자가 회사분할에 동의하고 기존 여신에 대하여 계속해서 책임을 지겠다는 명시적인 의사표시가 없는 이상, 은행은 채권자 이의절차로 회사분할을 막을 필요가 있다.

8-5 회사분할과 제3자가 제공한 보증

제3자가 제공한 담보의 경우와 동일한 논리에 의해서 채권자인 은행이 근보증인의 동의 없이 합병 또는 분할에 동의하면 그로 인하여 근보증인의 구상권 행사에 지장이 초래되는 범위 내에서 책임을 면하게 된다고 보아야 한다.

기존대출에 연대보증인이 있는 경우에는 연대보증인의 책임부담에 대한 이의제기가 있을 수 있으므로 연대보증인의 동의를 받아 존속회사 및 신설회사 앞으로 이전되는 채무에 대하여 각각 구분하여 연대보증인으로 재입보해야 한다. 회사분할 후에도 계속되는 거래를 통해 발생한 신규대출에 대하여는 존속 또는 신

107) 민법 459조(채무인수와 보증, 담보의 소멸) 전채무자의 채무에 대한 보증이나 제3자가 제공한 담보는 채무인수로 인하여 소멸한다. 그러나 보증인이나 제3자가 채무인수에 동의한 경우에는 그러하지 아니하다.

설회사가 연대책임을 지지 아니하므로, 채권보전을 위해 필요한 경우에는 별도로 존속 또는 신설회사를 연대보증인으로 입보시켜야 한다.

KOREA BANKING INSTITUTE

제 3 장

여신의 상환기일 관리

KOREA BANKING INSTITUTE

제1절 여신의 상환기일 관리

제2절 대출채무에 대한 기한이익의 상실

제3절 대출기한의 연장

제1절

여신의 상환기일 관리

은행 등 금융기관의 안정적이고 지속적인 성장의 기본구조는 수신고객의 예탁금 등으로 조달된 자금을 여신고객에게 대출상품 등을 통해 효율적으로 운용하고 이를 손실 없이 회수하는 것이다. 금융기관이 여신의 심사와 회수업무를 소홀히 할 경우에는 부실채권(연체대출금)이 증가하게 되고 그 결과로 대손충당금 적립금과 손실이 증가하게 되어 금융기관의 생존이 어렵게 된다. 결국 여신의 상환기일 관리는 여신의 안정적인 회수를 위한 채권관리의 기본이다.

1 임의변제의 독촉(최고)

채권의 변제기 경과 후에도 채무자의 채무변제가 없을 경우에 채권자가 채무자에 대하여 임의변제를 하도록 하는 재판 외의 청구를 독촉 또는 최고라 한다. 따라서 은행에서 채무자에 대한 독촉이라 함은 대출채권의 변제기가 도래하였음에도 채무자가 상환하지 않을 경우에 은행이 채무자에 대하여 대출상환을 청구하는 것을 말한다.

은행에서는 일반적으로 상환기일 후 10일이 경과하도록 채무자가 대출금을 상환하지 않을 경우에는, 채무관계자에게 정해진 양식의 독촉장을 발송하여 대출상환을 독촉한다. 상환기일 후 20일이 경과하도록 대출금을 상환하지 않을 경우에는, 정해진 양식에 따라 담보권실행을 경고하는 대출금변제독촉장을 내용증명우편으로 발송하며 그 증빙서는 채권서류와 함께 보관한다.

2 독촉(최고)의 법적 효력

최고는 권리의 행사에 해당하여 최고가 있게 되면 채권의 소멸시효가 중단되는 효과가 있어 6개월간 소멸시효의 진행이 중단된다. 그러나 독촉을 여러 차례 반복한다고 하여도 매번 소멸시효가 6개월간씩 중단되는 것은 아니다. 최고 후 6개월 내에 다시 재판상 청구를 하거나, 압류·가압류·가처분의 절차를 밟지 않으면 안 된다.

3 독촉(최고)의 내용

독촉의 종류에는 전화독촉, 서면독촉, 방문독촉 등이 있으나, 은행은 원칙적으로 독촉장을 내용증명우편을 이용하여 발송하는 방법을 사용한다. 독촉장에는 여신채권의 변제기가 도래하고 있다는 점과 그 이행을 촉구하는 뜻을 포함하고 있으면 충분하지만, 일반적으로 기한이익의 상실 내용, 기한도래 및 그 이행의 최고라는 내용, 채권금액 · 연체이자의 기간 및 금액, 일정 유예기한 후 변제가 없을 경우에는 법적조치를 할 예정이라는 내용을 명시한다.

4 연체대출금

'연체대출금'의 의미는 다양하여 약정기일에 상환되지 아니한 대출금을 뜻하기도 하고, 약정기일 이내라도 이자연체 등의 사유 등으로 은행여신거래기본약관에서 정한 사유가 발생하여 은행이 기한의 이익을 상실시킨 대출금 등을 의미하기도 한다. 일단 연체대출금이 발생하게 되면 은행은 대출채무에 대한 '기한이익의 상실' 사실을 내용증명우편으로 채무자에게 통지하고 연체정리 및 채권보전방법을 검토하게 된다.

제2절

대출채무에 대한 기한이익의 상실

1 기한

기한이란 법률행위의 시기 또는 종기가 정하여져 있는 것을 말한다. '시기' 있는 법률행위는 기한이 도래한 때로부터 그 효력이 생기는 것을 말하며, '종기' 있는 법률행위는 기한이 도래한 때로부터 그 효력을 잃는 것을 말한다(민법 152조).

기한과 구별해야 할 개념으로는 '기간'이 있다. 법률적인 개념으로 기간은 어느 시점에서 어느 시점까지 사이의 시간을 말한다. 즉, 기간이란 시기와 종기에 의하여 구획된 시간의 길이를 말한다.[110)]

2 기한의 이익

2-1 기한의 이익

은행의 여신거래에 있어서 채무자의 '기한의 이익'이란 대출의 기한이 도래할 때까지 은행으로부터 채무의 상환을 강제당하지 않을 권리를 말한다. 즉, '기한의 이익'이란 기한이 아직 도래하지 않음으로써 당사자가 받는 이익을 말한다.[111)]

---

110) 은행 실무적으로 대출의 상환기일을 연장할 때, '기한연장'이라고 표현하기도 하고, '기간연장'이라고 표현하기도 한다. 이는 채무자가 대출금을 사용하는 총 기간을 연장한다는 측면에서는 여신의 기간연장이라고 표현하고, 대출을 상환하여야 할 기일을 연기한다는 측면에서는 여신의 기한연장이라고 표현하는 것으로 생각된다. 법률조항에서도 기간연장과 기한연장을 모두 사용한다. "상표법 35조(상표등록료납부기간연장) 특허청장은 34조 3항의 규정에 의한 상표등록료의 납부기간을 청구에 의하여 30일의 기간 이내에서 연장할 수 있다." "금융지주회사법 시행령 35조(납부기한연장 및 분할납부) ①법 68조(과징금납부기한의 연장 및 분할납부) 1항의 규정에 의한 납부기한의 연장은 그 납부기한의 다음날부터 1년을 초과할 수 없다."

111) [대법원 1982.12.14. 선고 82다카861 판결] 채무이행의 방법으로 교부한 어음이 지급기일에 지급불능이 예상된다 하더라도 잔대금의 이행기일이 경과하지 않는 이상 기한의 이익을 보유하고 있

2-2 기한의 이익을 갖는 자

'기한'이 있는 법률행위에 있어서 어느 당사자가 기한의 이익을 갖는가는 법률행위의 종류, 당사자 사이의 특약 또는 법률행위를 한 당시의 구체적인 사정 등에 따라 정하여진다. 따라서 기한의 이익은 채권자만이 가지는 경우와, 채무자만이 가지는 경우도 있고, 채권자 · 채무자 쌍방이 가지는 경우도 있다. 당사자의 특약이나 계약의 성질상 누구에게 기한의 이익이 있는 것인지 분명하지 않으면 기한의 이익은 채무자에게 있는 것으로 추정한다(민법 153조 1항).

은행의 정기예금과 같은 '이자부 소비임치'의 경우, 채무자인 은행은 반환청구를 당하지 않는 이익을 가지고 채권자인 예금주도 이자를 취득할 수 있는 이익을 가지므로 통상 채권자 · 채무자 쌍방이 기한의 이익을 갖는 것으로 인정된다. 은행대출의 경우에는 채무자인 여신 고객이 기한의 이익을 가지는 것이 일반적이다.

3 기한이익의 포기

기한이익은 포기할 수 있다. 그러나 상대방의 이익을 해하지 못한다(민법 153조 2항). 기한이익의 일방적 포기에 의하여 상대방에게 발생한 손해를 배상하지 않거나 또는 기한이익을 일방적으로 포기할 수 없는 경우라도, 상대방의 동의가 있으면 기한이익을 포기할 수 있다.

이때, 기한이익의 포기에 의하여 기한이 도래한 것과 같은 효과가 발생한다. 그러므로 기한이익을 포기하면 기한의 존재를 전제로 하는 나머지 법률효과는 당연히 소멸한다. 예를 들어, 이자부 소비대차인 은행 대출의 기한의 이익이 채무자만을 위하여 존재하는 것이라면 채무자는 변제할 때까지의 이자를 붙여 변제하면 되고 기한도래까지의 이자를 붙여 변제할 필요는 없는 것이다. 다만 기한의 이익이 채무자만을 위한 것이라도 기한이익의 포기로 인하여 상대방에게 손해가 발생한 때에는 그 손해를 배상하여야 한다. 이와 같은 원리에 의해서 은행 대출채무자가 기한이익을 포기하고 상환기한 전에 대출을 상환(변제)하는 경우, 은행은 기한 전 상환수수료를 받고 상환에 응하고 있다.

다고 할 것이므로 바로 잔대금의 지급을 최고하여 계약을 해제할 수 없다.

4 기한이익의 상실

기한이익을 채무자에게 부여하는 것은 채무자를 믿기 때문이다. 따라서 채무자를 믿을 수 없는 사정이 발생하게 되면, 부득이 채무자로부터 기한의 이익을 상실시켜 채권자가 원한다면 즉시 이행청구를 할 수 있도록 할 필요가 있다. 그래서 민법은 ① 채무자가 담보를 손상하거나 멸실하게 한 때(민법 338조 1호), ② 채무자가 담보제공의 의무를 이행하지 않은 때(민법 388조 2항), ③ 채무자가 파산한 경우(「채무자 회생 및 파산에 관한 법률」 425조)에는 기한이익을 상실시키고 있다.

③의 경우에는 해당 법률규정으로 파산선고 시에 채무의 이행기가 도래한 것으로 의제되지만, ①과 ②의 경우에는 그러한 사유의 발생으로 채무의 변제기가 도래한 것으로 의제되는 것은 아니고, 채권자는 그의 선택에 따라 바로 이행청구를 할 수도 있고 하지 않을 수도 있으며, 채권자의 이행청구가 있으면 그때 비로소 채무의 변제기가 도래하게 된다.

5 기한이익의 상실 특약

민법 등에서 규정한 법정기한이익상실규정만 가지고는 은행의 채권보전상 채무자의 기한이익상실이 요구되는 채무자의 신용악화 또는 불신행위의 모든 경우를 방지할 수 없다. 따라서 법정기한이익상실사유 외에도 채무자의 신용이상을 징표하는 일정사유가 발생한 경우에 채무자는 기한의 이익을 상실하고 즉시 또는 은행의 청구에 의하여 변제할 의무를 부담하게 되는 특약이 필요하다. 이를 '기한이익의 상실 특약'이라고 한다.

은행 여신거래에 있어서 기한의 이익은 원칙적으로 채무자에게 있지만, 은행과 여신고객과의 계약서인 은행여신거래기본약관에 '기한이익의 상실' 조항을 두어 채무자의 신용상태가 악화되는 등 일정한 사유가 발생하는 경우에는 은행이 채권보전을 위하여 일방적으로 채무자의 기한이익을 상실시키고 대출기한 전이라도 채무자에게 대출 상환을 청구할 수 있도록 하고 있다.

이러한 기한이익의 상실 특약에는 일정한 사유가 발생하면 채권자 청구 등이 없어도 당연히 기한의 이익이 상실되어 이행기가 도래되는 것으로 하는 '정지조건부[112] 기한이익의 상실 특약'과, 일정한 사유가 발생한 후 채권자의 통지나 청구 등 채권자의 행위를 기다려 비로소 이행기가 도래하는 것으로 하는 '형성권적 기한이익의 상실 특약'이 있다.

6 은행여신거래기본약관(기업용)에 의한 기한이익의 상실사유

은행의 여신거래기본약관[113]은 민법상의 기한이익의 상실 조항보다 더 넓은 범위에서 채무자의 기한이익의 상실을 인정하는 규정을 두고 있다.[114] 은행여신거래기본약관의 기한이익의 상실사유는 여러 가지이나, 일정한 사유가 발생하면 채권자의 청구 등을 요함이 없이 당연히 기한의 이익이 상실되어 이행기가 도래하는 것으로 하는 것(정지조건부 기한이익의 상실 특약)과 일정한 사유가 발생한 후 채권자의 통지나 청구 등 채권자의 의사행위를 기다려 비로소 이행기가 도래하는 것으로 하는 것(형성권적 기한이익의 상실 특약)로 구분된다.[115]

판례 **대법원 1999. 7. 9. 선고 99다15184 판결**

채권자의 별도의 의사표시가 없더라도 바로 이행기가 도래한 것과 같은 효과를 발생케 하는 이른바 정지조건부 기한이익상실의 특약을 하였을 경우에는 그 특약에 정한 기한의 이익 상실사유가 발생함과 동시에 기한의 이익을 상실케 하는 채권자의 의사표시가 없더라도 이행기 도래의 효과가 발생하고, 채무자는 특별한 사정이 없는 한 그때부터 이행지체의 상태에 놓이게 된다 할 것이다(대법원 1989. 9. 29. 선고 88다카14663 판결; 1997. 8. 29 선고 97다12990 판결 등 참조).

---

112) 정지조건(停止條件)이란 그 성취에 의하여 법률행위의 법률효과를 발생하게 하는 조건을 말하고, 해제조건(解除條件)이란 그 성취에 의하여 이미 발생한 법률효과를 오히려 소멸하게 하는 조건을 말한다. 예를 들면 대학에 합격하면 자동차를 사주겠다는 조건이 정지조건이고, 1학년 전체 학점이 A등급 미만이면, 자동차를 팔아버리겠다는 조건이 해제조건이다.

113) 은행여신거래기본약관은 공정거래위원회 표준약관 10005호(2013.12.20. 개정)의 은행여신거래기본약관(기업용)을 기준으로 한다.

114) 은행여신거래기본약관 (기업용) 7조.

115) 대법원 1997. 8. 29. 선고 97다12990 판결.

판례 **대법원 2002.09.04. 선고 2002다28340 판결**

[1] 기한이익상실의 특약은 그 내용에 의하여 일정한 사유가 발생하면 채권자의 청구 등을 요함이 없이 당연히 기한의 이익이 상실되어 이행기가 도래하는 것으로 하는 정지조건부 기한이익상실의 특약과 일정한 사유가 발생한 후 채권자의 통지나 청구 등 채권자의 의사행위를 기다려 비로소 이행기가 도래하는 것으로 하는 형성권적 기한이익상실의 특약의 두 가지로 대별할 수 있고, 기한이익상실의 특약이 위의 양자 중 어느 것에 해당하느냐는 당사자의 의사해석의 문제이지만 일반적으로 기한이익상실의 특약이 채권자를 위하여 둔 것인 점에 비추어 명백히 정지조건부 기한이익상실의 특약이라고 볼 만한 특별한 사정이 없는 이상 형성권적 기한이익상실의 특약으로 추정하는 것이 타당하다.

[2] 형성권적 기한이익상실의 특약이 있는 경우에는 그 특약은 채권자의 이익을 위한 것으로서 기한이익의 상실 사유가 발생하였다고 하더라도 채권자가 나머지 전액을 일시에 청구할 것인가 또는 종래대로 할부변제를 청구할 것인가를 자유로이 선택할 수 있으므로, 이와 같은 기한이익상실의 특약이 있는 할부채무에 있어서는 1회의 불이행이 있더라도 각 할부금에 대해 그 각 변제기의 도래시마다 그 때부터 순차로 소멸시효가 진행하고 채권자가 특히 잔존채무 전액의 변제를 구하는 취지의 의사를 표시한 경우에 한하여 전액에 대하여 그 때부터 소멸시효가 진행한다.

6-1 기한이익의 상실(기한전의 채무변제의 의무)

가. 당연히 모든 채무의 기한이익이 상실되는 사유 – (은행의 별도 독촉·통지 없이 곧바로 모든 채무에 대한 기한이익이 상실되는 사유)

은행여신거래기본약관(기업용) 7조 1항에서 정하고 있는 사유로서 채무자의 신용이상이 나타나는 사유 중에서 신용악화의 정도가 객관적으로 명백하여 기한이익을 상실하는 '당연한 기한이익상실사유' 이다.[116]

(1) '채무자[117]의 제 예치금 기타 은행에 대한 채권'에 대하여 가압류 · 압류명령이나 체납처분 압류통지가 발송된 때 또는 기타의 방법에 의한 강제집행 개시나 체납처분 착수가 있는 때. 다만, 담보재산이 존재하는 채무의 경우에는 채권회수에 중대한 지

116) 지급보증거래에 있어서의 사전구상채무 발생을 포함한다.

117) 차주·할인신청인·지급보증신청인 등 은행에 대하여 채무를 부담하는 사람을 말한다(은행여신거래기본약관 1조 1항).

장이 있는 때에만 가압류를 사유로 기한이익을 상실하게 된다.

참고

2016.10.19. 공정거래위원회는 중소기업, 소상공인 등의 자금난을 해소하기 위해 여신거래기본표준약관의 기한이익상실 조항을 개정하여「당연히 모든 채무의 기한이익이 상실되는 사유」에서 법원의 예금계좌 가압류, 압류 결정 등이 은행에 도달하면 별도 통지 없이 법원 발송 시점을 기준으로 기한이익을 상실시켰던 내용을 개선하여 예금계좌가압류를 기한이익상실 사유에서 삭제했으며, 아울러 기한이익상실사유가 발생하더라도 은행이 대출계좌의 기한이익을 상실시키기 위해서는 별도 통지를 하도록 개정하였다. 이는 권고사항이므로 시중은행들이 이를 반영하고 있지는 않다.

참고 여신거래기본약관 제7조(기한전의 채무변제의무)

① 채무자에게 다음 각 호의 어느 하나에 해당하는 사유가 발생한 경우, 은행은 채무자에게 은행에 대한 모든 채무에 대하여 기한의 이익을 상실시킬 수 있습니다(지급보증거래에 있어서 사전구상채무 발생을 포함합니다. 이하 같습니다). 이 경우, 은행은 채무자에게 서면으로 다음 각 호의 사유 및 이에 따라 다음 각 호의 사유 발생 즉시 기한의 이익을 상실하였다는 사실을 함께 통지하여야 합니다. 통지가 도달하면 채무자는 다음 각 호의 사유발생시부터 기한의 이익을 상실하여, 이를 곧 갚아야 할 의무를 집니다.

(2)「채무자가 은행에 제공한 담보재산('(1)'의 제 예치금 기타 은행에 대한 채권 제외)」에 대하여 압류명령이나 체납처분 압류통지가 발송된 때 또는 기타의 방법에 의한 강제집행개시나 체납처분 착수가 있는 때

(3) 채무자가 파산 · 회생 · 개인회생절차개시의 신청을 하거나, 채무자에 대한 채무불이행자명부등재 신청이 있는 때

(4) 채무자가 조세공과에 관하여 납기 전 납부고지를 받거나 어음교환소의 거래정지처분이 있는 때

(5) 채무자가 폐업 · 도피 기타의 사유로 지급을 정지한 것으로 인정된 때

(6) 채무자의 과점주주나 실질적인 기업주인 포괄근보증인의 제 예치금 기타 은행에 대한 채권에 대하여 가압류 · 압류 명령이나 체납처분 압류통지가 발송된 때

나. 은행의 통지에 의해 당해 채무의 기한이익이 상실되는 사유 – (당연히 당해 채무의 기한이익이 상실되는 사유이지만, 은행이 채무자에게 기한이익의 상실일 3영업일 전까지 채무이행 지체사실과 기한이익이 상실된다는 사실을 서면으로 통지

해야 당해 채무의 기한이익이 상실되는 사유[118])

은행여신거래기본약관 7조 3항에서 정하고 있는 사유로서 1항의 '당연상실사유'보다는 채무자의 신용악화의 정도가 덜 심각하나 채권보전이 필요하다고 인정될 만한 다음의 채무이행지체 사유가 발생한 경우, 은행이 이를 서면으로 통지하면 기한이익이 상실된다.

(1) 이자 등을 지급하여야 할 때부터 계속하여 14일간 지체한 때
(2) 분할상환원금 또는 분할상환 원리금의 납입을 2회 이상 계속하여 지체한 때

다. 은행의 독촉으로 모든 채무의 기한이익이 상실되는 사유 – (채권보전에 현저한 위험이 예상되는 사유이므로, 은행이 채무자에게 서면으로 변제, 압류 등의 해소, 신용 회복 등을 10일 이상의 기간을 정해서 독촉하고, 그 서면이 채무자에게 도달한 날부터 정한 기간이 경과하면 모든 채무의 기한의 이익이 상실되는 사유)

은행여신거래기본약관 7조 4항에서 정하고 있는 사유로서 '당연한 기한이익 상실사유'인 1항과 3항과는 달리 은행이 채무자에게 10일 이상의 채무이행기간을 정하여 독촉하고 그 기간이 경과하지 않으면, 기한이익이 상실되지 않는 '독촉에 의한 기한이익상실사유'이다.

(1) 은행에 대한 여러 개의 채무 중 하나라도 기한에 변제하지 아니하거나 '가', '나' 또는 '라'에 의하여 기한이익을 상실한 채무를 변제하지 아니한 때
(2) '채무자의 제 예치금 기타 은행에 대한 채권' 및 '채무자가 제공한 담보재산' 외의 재산에 대하여 압류 · 체납처분이 있는 때
(3) '채무자의 제 예치금 기타 은행에 대한 채권' 외의 재산에 대하여 민사집행법상의 담보권실행 등을 위한 경매개시가 있거나 가압류통지가 발송되는 경우로서 채무자의 신용이 현저하게 악화되어 채권회수에 중대한 지장이 있을 때

---

118) 은행이 기한이익의 상실일 3영업일 전까지 통지하지 않은 경우 실제 통지가 도달한 날부터 3영업일이 경과한 날에 기한의 이익이 상실된다.

(4) 은행여신거래기본약관(기업용) 5조[119], 19조[120]에서 정한 약정을 위반하여 건전한 계속거래 유지가 어렵다고 인정된 때

(5) 채무자가 여신거래와 관련하여 허위, 위 · 변조 또는 고의로 부실자료를 은행에 제출한 사실이 확인된 때

(6) 청산절차 개시 · 결손회사와의 합병 · 노사분규에 따른 조업중단 · 휴업 · 관련기업의 도산 · 회사경영에 영향을 미칠 법적 분쟁 발생 등으로 현저하게 채무자의 신용이 악화되었다고 인정된 때

(7) 신용정보관리규약상 신용거래정보 중 연체정보 · 대위변제대지급정보 · 부도정보 · 관련인정보, 금융질서문란정보 및 공공기록정보로 등록된 때[121]

라. 은행의 독촉으로 당해 채무의 기한이익이 상실되는 사유 – (은행이 채무자에게 채무의 이행을 서면으로 독촉하고, 그 통지가 채무자에게 도달한 날부터 10일 이상으로 은행이 정한 이행기간이 경과하면 당해 채무 전부가 기한이익을 상실하는 사유)

은행여신거래기본약관 7조 5항에서 정하고 있는 사유로서 은행이 채무자에게 서면으로 채무의 이행을 독촉하고 그 통지의 도달일부터 10일 이상이 경과하면 당해 채무 전부의 기한이익이 상실되는 '독촉에 의한 기한이익상실사유'이다.

---

119) 5조(자금의 용도 및 사용) 고객은 여신 신청 시 자금의 용도를 명확하게 제시하고 은행과의 여신거래로 받은 자금을 그 거래 당초에 정해진 용도 외 다른 용도로 사용하지 않습니다. 지급보증 기타 은행으로부터 받은 신용의 경우에도 또한 같습니다.

120) 19조(회보와 조사 등)
① 고객은 그의 재산·부채현황·경영·업황 또는 여신조건의 이행 여부 기타 필요한 사항에 대하여 은행의 요구가 있으면 곧 회보하며, 은행이 필요에 따라 고객의 장부·공장·사업장 기타의 조사를 하는 경우 협조하여야 합니다.
② 고객은 그 재산·영업·업황 기타 거래관계에 영향을 미칠 사항에 관하여 중대한 변화가 생기거나 생길 염려가 있을 때에는 은행의 요구가 없더라도 은행 앞으로 곧 통지를 하여야 합니다.
③ 은행은 1항 또는 2항에 의한 회보 등이나 조사에 의하여 고객이 어음교환소의 거래정지처분, 부실여신의 보유, 경영상황의 급격한 악화 등으로 채권회수 불능의 우려가 있는 때에는 그 직원을 파견하여 고객의 재산 및 경영에 관하여 채권보전을 위한 범위내에서 관리·감독할 수 있습니다.

121) 공정거래위원회 표준약관 1005호(2013.12.20. 개정)의 원문은 "어음교환소의 거래정지처분 이외의 사유로 금융기관의 신용불량거래처로 규제된 때"이다.

(1) 채무자가 은행여신거래기본약관(기업용) 6조 1항 [122], 15조[123]에서 정한 약정을 이행하지 아니한 때

(2) 담보물에 대한 화재보험 가입의무를 이행하지 아니한 때, 은행을 해할 목적으로 담보물건을 양도하여 은행에 손해를 끼친 때, 시설자금을 받아 설치 · 완공된 기계 · 건물 등의 담보제공을 지체하는 때, 기타 은행과의 개별약정을 이행하지 아니하여 정상적인 거래관계 유지가 어렵다고 인정된 때

(3) 보증인이 「가. 당연히 모든 채무의 기한이익이 상실되는 사유 (1) 내지 (5)」의 사유에 해당하거나, 전 (1), (2)에 해당하는 경우로서, 상당하는 기간내에 보증인을 교체하지 아니한 때

마. 할인어음 환매채권에 대한 기한이익의 상실 특약

은행여신거래기본약관은 9조에서 대출채권과는 별도로 할인어음 환매채무발생에 대하여 별도로 특약사항을 두고 있다.

(1) 어음의 할인을 받은 채무자에게 '당연히 모든 채무의 기한이익이 상실되는 사유(은행여신거래기본약관 7조 1항)' 중 하나라도 발생한 경우에는 할인 의뢰한 모든 어음에 대하여 어음의 만기 전에 환매채무를 이행하여야 한다.

---

122) 은행여신거래기본약관 6조(담보) ① 채무자 또는 보증인의 책임 있는 사유로 신용이 악화되거나 담보물의 가액 감소가 현저한 경우, 채무자 또는 보증인은 채권보전을 위한 은행의 청구에 의하여 그 원상회복 및 담보의 보충을 하여야 합니다.

123) 은행여신거래기본약관 15조(위험부담·면책조항)
① 채무자가 발행·배서·인수나 보증한 어음 또는 채무자가 은행에 제출한 제 증서 등이 불가항력·사변·재해·수송도중의 사고 등 은행 자신의 책임 없는 사유로 인하여 분실·손상·멸실 또는 연착한 경우 채무자는 은행의 장부·전표 등의 기록에 의하여 채무를 갚기로 하되, 채무자가 은행의 장부·전표 등의 기록과 다른 자료를 제시할 경우 은행의 기록과 채무자가 제시하는 자료를 상호 대조하여 채무를 확정한 후 갚기로 합니다.
② 채무자는 제1항의 분실·손상·멸실의 경우에 은행의 청구에 따라 곧 그에 대신할 어음이나 증서 등을 제출하여야 합니다. 다만, 은행이 제3자와의 거래에서 취득한 어음이나 증서의 경우에는 제출하지 않아도 됩니다.
③ 제1항, 제2항에 의한 변제 또는 어음이나 증서의 제출로 인하여 채무자가 과실 없이 이중의 지급의무를 부담하게 됨으로 말미암은 손해는 은행이 부담하여야 합니다.
④ 은행이 어음이나 제 증서 등의 인영·서명을 채무자가 미리 신고한 인감·서명과 상당한 주의로써 대조하고, 틀림없다고 인정하여 거래한 때에는, 어음·증서 등과 도장·서명에 관하여 위조·변조·도용 등의 사고가 있더라도 이로 말미암은 손해는 채무자가 부담하며, 채무자는 어음 또는 증서 등의 기재문언에 따라 책임을 지기로 합니다.

(2) 어음을 발행한 자 또는 어음을 인수한 자에게 '당연히 모든 채무의 기한이익이 상실되는 사유(은행여신거래기본약관 7조 1항)' 중 하나라도 발생되거나 어음기일에 지급하지 아니한 때에는 그가 발행 또는 인수한 모든 어음에 대하여 채무자는 어음의 만기 전에 환매채무를 이행하여야 한다.

(3) 채무자에게 '은행의 독촉으로 모든 채무의 기한이익이 상실되는 사유(은행여신거래기본약관 7조 4항)'와 '은행의 독촉으로 당해 채무의 기한이익이 상실되는 사유(은행여신거래기본약관 7조 5항)'의 사유 중 하나라도 발생한 경우, 은행이 어음의 할인을 받은 채무자에게 서면으로 환매를 독촉하고 그 통지의 도달일로부터 10일 이상으로, 은행이 정한 기간이 경과하면 채무자는 어음의 환매채무를 이행하여야 한다.

(4) 어음을 발행 또는 인수한 자에게 '은행의 독촉으로 모든 채무의 기한이익이 상실되는 사유(은행여신거래기본약관 7조 4항)'와 '은행의 독촉으로 당해 채무의 기한이익이 상실되는 사유(은행여신거래기본약관 7조 5항)'의 사유 중 하나라도 발생한 경우, 은행이 어음의 할인을 받은 채무자에게 서면으로 환매를 독촉하고 그 통지의 도달일로부터 10일 이상으로 은행이 정한 기간이 경과하면, 채무자는 어음의 환매채무를 이행하여야 한다.

바. 상실된 기한이익의 부활

채무자가 은행에 대한 채무의 기한의 이익을 상실한 경우라도, 채무자의 신용상태가 개선되어 은행의 명시적 의사표시가 있거나, 분할상환금 · 분할상환원리금 · 이자 · 지연배상금의 수령 등 정상적인 거래의 계속이 있는 때에는 그 채무 또는 은행이 지정하는 채무의 기한의 이익은 그때부터 부활한다(은행여신거래기본약관 7조 6항).

6-2 기한이익의 상실 효과

가. 대출채권에 대한 효력

채무자에 관하여 기한이익의 상실사유가 발생하고 정상적인 계속거래가 어렵다고 판단되는 경우, 곧바로 채무자의 모든 채무 또는 당해 채무에 대한 기한이익을 상실시켜 채권회수조치를 진행하게 된다. 기한이익을 상실한 대출금에 대해서는 당초 대출기한에도 불구하고 기한이익이 상실된 날에 기한이 도래한 것으로 보고 그 다음 날부터 상환일 전일까지 상환하여야 할 원금에 대하여 연체대출금리에 의한 지연배상금을 징수하게 된다.

나. 보증인에 대한 효력

보증채무는 주채무의 이행을 담보하는 것을 목적으로 하며, 주채무에 대한 부종성으로 인하여 주채무의 변제기가 도래되면 보증채무의 변제기 또한 도래하게 된다. 따라서 주채무가 기한의 이익을 상실하면 보증채무도 이에 따라 기한의 이익을 상실한다고 보아야 한다.

채무자가 은행여신거래기본약관 7조에 의하여 기한이익이 상실될 때, 어음교환소의 거래정지처분이 있는 경우에는 기한의 이익 상실사유가 발생한 날부터, 그 밖의 경우에는 기한의 이익 상실사유를 은행이 알게 된 날부터 각 15영업일 이내에 연대보증인에게 서면(내용증명)으로 이를 통지하여야 한다. 연대보증인에게 기한이익상실을 통지한 경우라도 은행의 명시적 의사표시가 있거나, 분할상환원금·분할상환원리금·이자·지연배상금의 수령 등 정상적인 거래의 계속으로 인하여 기한이익이 부활된 채무에 대하여는 연대보증인에게 15영업일 이내에 서면으로 부활통지를 하여야 한다(여신거래기본약관 8조).

6-3 은행 실무상 유의점

가. 담보점검 및 채권보전책 강구

채무자의 기한이익이 상실되는 경우, 은행은 즉시 대출채권에 대한 담보를 점검하고, 부족채권 발생이 예상될 때에는 채무관계인에 대하여 일반재산조사를 실시하여 채권보전책을 강구하여야 한다. 채무관계인이 책임재산을 멸실 · 처분할 우려가 있는 경우에는 보전집행(가압류·가처분)을 하고, 이미 책임재산을 멸실 · 처분한 경우에는 사해행위취소 또는 근저당권설정등기 말소청구의 소를 제기하는 등 개별대책을 강구한다.

나. 신용보증기관에 대한 기한이익상실 통지

채무자가 기한이익을 상실하게 되는 경우 신용보증기금 등 보증기관에 보증사고를 통지함으로써, 보증기관에서 구상권 보전을 위한 조치를 취하도록 하여야 한다(신용보증기금 신용보증약관 12조 1항).

다. 대출금의 상계

1) 상계의 의의

상계란 채권자와 채무자가 서로 동종의 채권·채무를 가지고 있는 경우에, 그 채권·채무를 대등액에서 소멸시키는 당사자 일방(채권자 또는 채무자)의 일방적 의사표시(단독행위)를 말한다. 예를 들어 A가 은행에 500만 원의 예금(A의 예금채권)을 하고 있으며, 은행은 A에게 500만 원의 대출(은행의 대출채권)을 지원하였다. 이후 A가 대출의 기한이익을 상실하거나 예금에 다른 채권자가 압류한 경우, 은행은 A에 대한 일방적 의사표시(상계표시)로 쌍방의 채권을 소멸시킬 수 있다(A도 상계할 수 있음).

2) 상계의 기능

상계는 일반적으로 상호 동종내용의 채권을 갖는 양 당사자 간에 있어서 서로 채권을 대등액을 서로 소멸시켜 채권·채무의 결제를 간단하게 할 수 있고(간이결제기능), 당사자가 상호 동종의 채권을 갖는 때에는 자기의 채권변제의 확보를 위하여 상대방의 채권 즉 자기의 채무를 활용할 수 있다는 의미에서 채권담보의 기능을 한다(담보적 기능).

상계의 담보적 기능 때문에 은행은 대출(자동채권)을 예금(수동채권)과의 상계를 채권 회수수단으로 이용한다. 은행은 은행여신거래기본약관(10조)에 채무자의 예금채권에 압류 등이 있어 기한이익의 상실 사유가 발생한 경우 상계할 수 있다는 뜻을 미리 약정하여 둔다. 그 결과 은행은 실질적으로 다른 채권자보다 채무자의 예금에 대해서 최우선순위의 담보권을 갖는다.

3) 상계적상

상계는 상계적상을 요건으로 한다. ①채권이 대립하고 있을 것, ②두 채권이 동종의 목적을 가질 것, ③두 채권의 변제기가 도래할 것, ④채무의 성질상 상계가 허용될 것과 같은 요건을 갖춘 상계적상(민법 492조 1항) 상태에 있어야 상계의 의사표시로 유효하게 상계할 수 있다.

상계적상 요건 중 ③변제기 도래와 관련해서 자동채권(예: 대출)은 상대방의 기한의 이익 때문에 변제기에 있어야 한다. 그러나 수동채권(예: 예금)은 상계자(예: 은행)가 기한의 이익을 포기할 수 있으므로 상계 당시 반드시 변제기에 있어야 하는 것은 아니다.[124)]

4) 예금과 대출 상계

상계권을 행사하기 위해서는 자동채권인 대출과 수동채권인 예금의 변제기가 도래되어야 하고, 최소한 자동채권인 대출채권은 변제기에 있어야 한다. 만약 대출의 변제기 전에 채무자에게 은행여신거래기본약관에서 정한 기한이익상실사유가 발생하면, 약관의 효력에 의하여 대출의 변제기가 도래하게 되어 은행은 채무자 명의의 예금과 상계를 할 수 있게 된다.[125)]

5) 상계의 통지와 지급정지

은행이 상계를 할 경우 상계통지를 하여야 한다. 민법상 상계의 의사표시는 요식행위가 아니므로 반드시 서면으로 해야 하는 것은 아니며 구두에 의한 통지도 그 효력이 인정된다. 그러나 은행거래에 있어서 상계의 경우에 구두나 전화에 의한 상계의사표시를 허용한다면 나중에 통지의 유무·내용에 대하여 다툼이 생길 수 있어 은행여신거래기본약관에서는 상계통지나 기한전의 채무변제 청구 등 중요한 의사표시인 경우에는 내용증명에 의한 경우에 한하여 인정한다(은행여신거

---

124) 대법원 2011.7.28. 선고 2010다70018 판결

125) 채무자의 예금이 정기예금, 정기적금 등과 같이 만기가 따로 있는 거치식이나 적립식예금인 경우에는 기한의 이익을 은행이 가지고 있어 은행은 이를 포기하여 변제기를 도래시킬 수 있다.

래기본약관 18조 2항 단서). 또한 은행은 상계에 앞서 채무자 또는 보증인의 제 예치금 등에 대하여 일시적인 지급정지를 할 수 있으며, 지급정지를 한 경우에는 지체 없이 그 사실을 해당 제 예치금의 명의인에게 통지하여야 한다(은행여신거래기본약관 10조).

6) 착오에 의한 송금(계좌이체)과 은행의 상계권 행사

송금(계좌이체)은 은행 간 및 은행점포 사이에서 저렴한 비용으로 안전하고 신속하게 자금을 이동시키는 수단이고, 다수인 사이에 다액의 자금이동을 원활하게 처리하기 위하여 그 중개 역할을 하는 은행이 각 자금 이동의 원인인 법률관계의 존부, 내용 등에 관여함이 없이 이를 수행하는 체제로 되어 있다.

현금으로 계좌송금 또는 계좌이체가 된 경우에는 예금원장에 입금이 기록이 된 때에 예금이 된다(예금거래기본약관 7조).[126]

따라서 송금의뢰인이 수취인의 예금구좌에 계좌이체를 한 때에는 송금의뢰인과 수취인 사이에 계좌이체의 원인인 법률관계가 존재하는지 여부에 관계없이 수취인과 수취은행 사이에는 계좌이체금액 상당의 예금계약이 성립하고 수취인이 수취은행에 대하여 위 금액 상당의 예금채권을 취득한다.

만약, 송금의뢰인과 수취인 사이에 계좌이체의 원인이 되는 법률관계가 존재하지 않음에도 불구하고, 계좌이체에 의하여 수취인이 계좌이체금액 상당의 예금채권을 취득한 경우에는 송금의뢰인은 수취인에 대하여 위 금액 상당의 부당이득반환청구권을 가지게 되지만, 수취은행은 이익을 얻은 것이 없으므로 수취은행에 대하여는 부당이득반환청구권을 취득하지 못한다. 이 경우 은행은 수취인에 대한 대출채권 등을 자동채권으로 하여 수취인의 계좌에 입금된 금원 상당의 예금채권과 상계하는 것은 신의칙위반이나 권리남용에 해당한다는 특별한 사

---

126) 예금거래기본약관 7조(예금이 되는 시기)
① 제6조에 따라 입금한 경우 다음 각호의 시기에 예금이 된다.
1. 현금으로 입금한 경우 : 은행이 이를 받아 확인하였을 때
2. 현금으로 계좌송금하거나 계좌이체한 경우 : 예금원장에 입금의 기록이 된 때
3. 증권으로 입금하거나 계좌송금한 경우 : 은행이 그 증권을 교환에 돌려 부도반환시한이 지나고 결제를 확인한 때. 다만, 개설점에서 지급하여야 할 증권은 그날 안에 결제를 확인한 때

정이 없는 한 유효하다.[127]

송금의뢰인이 착오송금임을 이유로 거래은행을 통하여 혹은 수취은행에 직접 송금액의 반환을 요청하는 경우, 수취인도 송금의뢰인의 착오송금에 의하여 수취인의 계좌에 금원이 입금된 사실을 인정하여 수취은행에 그 반환을 승낙하고 있다면, 그 예금채권이 이미 제3자에 의하여 압류되었다는 등 특별한 사정이 없는 한 수취은행이 수취인에 대한 대출채권 등을 자동채권으로 하여 수취인의 계좌에 착오로 입금된 금원 상당의 예금채권과 상계하는 것은 송금의뢰인에 대한 관계에서 신의칙 위반 또는 상계권 남용으로서 허용되지 않는다(대법원 2010. 5. 27. 선고 2007다66088 판결, 대법원 2013. 12. 12. 선고 2012다72612 판결 등 참조).

그러나 일반적으로 수취인의 계좌에 입금된 금원이 착오송금에 의한 것인지 조사·확인하여야 할 수취은행의 의무는 없으므로, 송금의뢰인이 착오송금을 주장하더라도 수취인이 착오송금 사실을 인정하거나 수취은행에 그 반환을 승낙하였다고 볼 수 없는 경우에는, 수취은행의 상계는 원칙적으로 허용된다(대법원 2022. 8. 31. 선고 2021다256481 판결).

판례 **대법원 2010. 5. 27. 선고 2007다66088 판결**

[1] 예금거래기본약관에 따라 송금의뢰인이 수취인의 예금계좌에 자금이체를 하여 예금원장에 입금의 기록이 된 때에는 특별한 사정이 없는 한 송금의뢰인과 수취인 사이에 자금이체의 원인인 법률관계가 존재하는지 여부에 관계없이 수취인과 수취은행 사이에는 위 입금액 상당의 예금계약이 성립하고, 수취인이 수취은행에 대하여 위 입금액 상당의 예금채권을 취득한다. 그리고 수취은행은 원칙적으로 수취인의 계좌에 입금된 금원이 송금의뢰인의 착오로 자금이체의 원인관계 없이 입금된 것인지 여부에 관하여 조사할 의무가 없으며, 수취은행이 수취인에 대한 대출채권 등을 자동채권으로 하여 수취인의 계좌에 입금된 금원 상당의 예금채권과 상계하는 것은 신의칙 위반이나 권리남용에 해당한다는 등의 특별한 사정이 없는 한 유효하다.

127) 대법원 2007.11.29. 선고 2007다51239 판결

[2] 송금의뢰인이 착오송금임을 이유로 거래은행을 통하여 혹은 수취은행에 직접 송금액의 반환을 요청하고 수취인도 송금의뢰인의 착오송금에 의하여 수취인의 계좌에 금원이 입금된 사실을 인정하고 수취은행에 그 반환을 승낙하고 있는 경우, 수취은행이 수취인에 대한 대출채권 등을 자동채권으로 하여 수취인의 계좌에 착오로 입금된 금원 상당의 예금채권과 상계하는 것은, 수취은행이 선의인 상태에서 수취인의 예금채권을 담보로 대출을 하여 그 자동채권을 취득한 것이라거나 그 예금채권이 이미 제3자에 의하여 압류되었다는 등의 특별한 사정이 없는 한, 공공성을 지닌 자금이체시스템의 운영자가 그 이용자인 송금의뢰인의 실수를 기화로 그의 희생하에 당초 기대하지 않았던 채권회수의 이익을 취하는 행위로서 상계제도의 목적이나 기능을 일탈하고 법적으로 보호받을 만한 가치가 없으므로, 송금의뢰인에 대한 관계에서 신의칙에 반하거나 상계에 관한 권리를 남용하는 것이다.

판례 대법원 2015. 4. 23. 선고 2012다79750 판결

[1] 금융기관은 예금채권자에 대한 반대채권으로 예금채무와 상계할 수 있는 정당한 권리가 있고, 향후 그 권리를 행사하여 채권을 원활하게 회수할 수 있으리라는 합리적인 기대도 할 수 있으므로, 그 상계권 행사를 권리남용 또는 신의칙 위반이라고 하기 위해서는, 금융기관에게 자신의 정당한 권리를 제한하면서까지 상대방 또는 제3자에게 협력하거나 그의 이익을 보호할 의무가 있는데도 불구하고 그에 반하여 상계권을 행사하였음이 인정되는 등 상계권의 행사에 이른 구체적 · 개별적 사정에 비추어 그 행사에 법적 보호를 해 줄 가치가 없다고 볼 특별한 사유가 있어야 할 것이다(대법원 2005. 9. 9. 선고 2003다28 판결 참조).

[2] 은행 등 금융기관은 통상 대출금 등 채권과 관련하여 채무자의 변제자력에 의심이 가는 상황이 발생한 때에는 채무자의 그 대출금 등 채권에 관한 기한의 이익이 상실되도록 함으로써 예금 등 채권에 대한 압류가 있어도 그 대출금 등 채권으로 피압류채권인 예금 등의 채권과 상계를 할 수 있도록 특약을 하고 있고, 이 사건 은행여신거래약관(기업용) 제7조 제4항 제6호, 제10조 제1항이 바로 이러한 특약에 해당한다. 그리고 대법원은 이러한 기한의 이익 상실 등 특약의 유효성을 인정하면서 그러한 특약에 따라 대출금 등 채권과 피압류채권인 예금채권이 곧바로 상계적상에 이르기 때문에 제3채무자인 은행 등은 제한 없이 상계권을 행사할 수 있다고 보고 있다(대법원 2003. 6. 27. 선고 2003다7623 판결 참조). 한편 지명채권을 목적으로 한 질권의 설정은 설정자가 민법 제450조의 규정에 의하여 제3채무자에게 질권설정의 사실을 통지하거나 제3채무자가 이를 승낙함이 아니면 이로써 제3채무자 기타 제3자에게 대항하지 못하고(민법 제349조 제1항), 제3채무자가 이의를 보류하지 아니하고 질권설정을 승낙한 때에는 승낙 당시 질권설정자에 대한 채권이 있었더라도 질권설정자에 대한 상계로써 질권자에게 대항할 수 없다(민법 제349조 제2항, 제451조 제1항).

이러한 점을 고려하면 이 사건 각 질권설정승낙의뢰서는 기본적으로 대량적 · 정형적으로 업무를 처리하는 피고가 예금채권의 양도 및 입질금지 특약과 관련하여 질권설정자와 질권자의 질권설정 사실 통지에 대하여 그 질권설정에 동의하는 의사표시를 함과 아울러, 은행여신거래기본약관 등에서 정한 기한의 이익 상실 등 특약의 유효성을 인정하고 있는 판례와 거래실무에 기초하여 이 사건 상계권 유보조항을 통해 질권설정자와 질권자에게 질권설정의 대항요건으로서 위 특약에서 정한 바에 따라 상계권을 행사할 수 있다는 이의를 보류하는 승낙을 하는 한편, 그들로 하여금 피고로부터 위와 같은 이의 보류가 있었음을 확인하는 의미의 기명날인을 하도록 하기 위하여 마련한 것이라고 봄이 타당하다. 따라서 이와 같은 이 사건 상계권 유보조항이 일종의 예문에 불과하거나 실질적인 의미가 없는 것이라고 볼 수는 없다.

라. 채무자의 예치금에 대한 제3자의 압류

채무자의 예치금을 다른 채권자가 압류한 경우, 은행이 은행여신거래기본약관을 근거로 채무자에 대한 대출금의 기한이익상실을 주장하고 이를 자동채권으로 하여 압류된 은행의 채무자에 대한 예치금 반환채무와 상계함으로써 압류채권자에게 대항할 수 있느냐가 문제이다. 이에 대해 은행이 채권인 대출과 채무인 예금을 서로 상계하려면 채무자에 대한 자동채권이 수동채권의 가압류 또는 압류 전에 취득한 것이어야 하고(민법 498조), 자동채권의 변제기와 수동채권의 변제기가 압류 당시 이미 도래하여 상계적상에 있거나 아직 이에 이르지 못하였더라도 자동채권의 변제기가 수동채권의 변제기보다 먼저 또는 동시에 도래하게 될 경우이어야 한다는 것이 대법원의 확립된 입장이다.[128]

이러한 대법원의 입장에 대응하여 은행은 은행여신거래기본약관에서 수동채권인 채무자의 예치금 등에 다른 채권자의 압류 · 가압류명령이 발송되는 때에 채무자에 대한 자동채권인 대출채권의 변제기가 도래하는 것으로 해서 채무자의

---

128) [대법원 2012.02.16. 선고 2011다45521 전원합의체 판결] 민법 498조는 "지급을 금지하는 명령을 받은 제3채무자는 그 후에 취득한 채권에 의한 상계로 그 명령을 신청한 채권자에게 대항하지 못한다"라고 규정하고 있다. 위 규정의 취지, 상계제도의 목적 및 기능, 채무자의 채권이 압류된 경우 관련 당사자들의 이익상황 등에 비추어 보면, 채권압류명령 또는 채권가압류명령을 받은 제3채무자 또는 채권가압류명령을 받은 제3채무자가 압류채무자에 대한 반대채권을 가지고 있는 경우에 상계로써 압류채권자에게 대항하기 위하여는, 압류의 효력 발생 당시에 대립하는 양 채권이 상계적상에 있거나, 그 당시 반대채권(자동채권)의 변제기가 도래하지 아니한 경우에는 그것이 피압류채권(수동채권)의 변제기와 동시에 또는 그보다 먼저 도래하여야 할 것이다(대법원 1982. 6. 22. 선고 82다카200 판결; 대법원 2003. 6. 27. 선고 2003다7623 판결 등 참조).

예치금에 대해 다른 채권자가 압류 등을 하는 경우 항상 상계가 가능하도록 하고 있다(은행여신거래기본약관 7조).

1) 기한의 이익 부활

채무자의 예금에 제3자의 압류가 송달된 이후에 은행이 채무자의 예금과 대출을 상계하지 않고, 대출금 이자를 수령하거나 대출만기를 연장하게 되면, 가압류 또는 압류로 인하여 기한의 이익이 상실되었다고 하더라도 상실되었던 기한의 이익이 부활하게 된다고 보아야 한다. 이유는 은행여신거래기본약관을 보면 은행이 명시적으로 기한의 이익을 부활시키는 의사표시를 하거나 분할상환원금·분할상환원리금·이자·지연배상금의 수령 등 정상적인 거래의 계속이 있는 때에는 그 채무 또는 은행이 지정하는 채무의 기한의 이익은 그때부터 부활한다고 규정되어 있기 때문이다(은행여신거래기본약관 기업용 7조 5항).

2) 압류 · 가압류명령을 송달받은 후 기한의 이익이 부활한 경우의 상계

은행이 제3채무자로서 채무자의 예금채권에 대한 압류 또는 가압류명령(채무자의 은행에 대한 예금채권을 대상으로 한 압류·가압류명령)을 송달받았으나 대출채권과 예금채무를 상계하지 않고 있는 도중에 기한의 이익이 부활하면, 은행은 「자동채권의 변제기 미도래」 사유로 당해 예금을 상계할 수 없는 결과가 될 수 있다. 만약 압류채권자가 추심금 청구 소송을 하는 경우라면, 상계항변을 하지 못하므로 추심금 및 지연손해금을 지급해야 하는 경우가 될 수 있다.

따라서 채무자의 예금채권에 대하여 채권압류 또는 가압류명령이 발송되면 채무자는 기한의 이익을 상실하므로, 은행은 즉시 상계를 검토하고 상계의 필요성이 인정되면 대출기한연장, 이자수입 등의 기일이 도래하기 전에 상계하여야 한다. 기한의 이익이 부활하면 은행은 그 이후의 상계로써 압류 또는 가압류채권자에게 대항할 수 없기 때문이다.

제3절

대출기한의 연장

1 대출기한의 연장

은행 대출은 기한이 되면 원칙적으로 전액 상환해야 한다. 그러나 채무자가 대출만기에 상환할 자금이 없는 경우 대출의 상환기일의 연장을 요청하게 되고 은행은 특별한 문제가 없는 경우 이를 연장하게 된다. 그러나 대출기한은 무제한 연장할 수 있는 것은 아니다. 은행 실무적으로 대출기한을 연장하는 방법으로는 크게 두 가지가 있다. 은행과 채무자가 대출의 상환기한을 연장하는 계약을 체결하여 대출기한을 연장하는 방법과 기존 대출과 같은 대출과목으로 새로운 대출을 일으켜서 기존 대출을 상환(대환)하여 사실상 대출기한의 연장과 동일한 효과를 내는 방법이 있다.

2 대출기한의 연장계약

대출기한의 연장계약이라 함은 채무자가 대출만기까지 대출금을 상환할 재원이 없어 대출기한연장을 요청하면 은행이 채무자의 신용도, 상환능력, 거래기여도 등을 종합적으로 검토하여 일정비율의 대출원금을 상환하는 등의 조건으로 대출기한연장에 동의를 하는 내용의 계약을 체결함으로써 은행과 채무관계자가 대출기한을 연장하는 방법으로 한다.

은행 실무적으로 대출기한연장은 은행과 채무자가 대출만기일로부터 전 · 후 1개월 내에 대출기한을 1년 이내의 기간단위로 연장하는 계약을 체결하는 것이다. 예를 들어 대출상환기한이 2018년 8월 10일인 경우에는 2018년 7월 10일부터 9월 10일 사이에 대출기한연장을 할 수 있고, 이때 연장할 수 있는 기간은

1년 이내이다. 다만, 대출기한연장계약을 무한정 반복할 수는 없고 처음 대출을 받을 때 정한 '최장기간' 안에서만 할 수 있다. '최장기간'은 대출 종류에 따라서 각각 다르게 규정하고 있다.[129)]

은행은 내부규정으로 대출의 기한을 연장할 때 연대보증인이 있는 경우에는 연대보증인으로부터 거래조건변경에 동의를 받아두는 것을 원칙으로 하고 있다. 이는 「보증인 보호를 위한 특별법」[130)] 등 여러 가지 보증제도의 복잡성을 고려한 조치로써 불필요한 분쟁이나 민원 발생의 소지를 사전에 막기 위해서이고 판례 등 법률적인 내용과는 차이가 있다. 따라서 다음에서는 여신거래약관인 근저당권설정계약서와 근보증서의 내용 등 법률적인 의미에서 대출기한연장 시 보증인의 동의 여부에 대하여 살펴보도록 한다.

2-1 채무자가 제공한 담보가 있는 경우

채무자가 제공한 부동산 등을 담보로 한 대출의 경우, 대출기한연장계약 당사자는 은행과 채무자이다. 즉, 은행과 채무자가 서로 합의하면 대출기한을 연장하는 것이 가능하다.

그러나 채무자가 제공한 담보가 근저당권인 경우에는 근저당권설정계약에 따라서 차이가 있다. 은행표준약관인 근저당권설정계약서의 내용에 따르면 '특정근저당'은 피담보채무의 기한이 연기된 때에는 담보하지만, '재취급' 또는 '다른 여신으로 대환된 때'에는 담보하지 않는다.[131)] 이는 기한연장으로 인정되는 경우

---

129) 통상 가계에 대한 주택담보대출은 10년 이내이고, 기업에 대한 운전자금대출은 5년 이내이다.

130) 보증인 보호를 위한 특별법의 적용을 받는 호의보증인이란, 아무런 경제적 대가 없이 정서상 친구나 친척 등의 보증요청을 거절하지 못해 호의적으로 보증계약을 체결하여 보증채무를 부담하는 자를 말한다(동법 1조). 호의보증인과 보증계약을 체결한 후 채권자가 보증인의 승낙 없이 채무자에 대하여 변제기를 연장하여 준 경우에는 채권자나 채무자는 호의보증인에게 주채무의 연장사실을 알려야 하는 의무를 강제하고 있다(동법 7조 4항).

131) 담보제공자(저당권설정자)가 꼭 알아두어야 할 사항' 참고
<담보종류에 따른 책임범위>
ㅇ '근저당'은 채무자와 채권자 사이에 이미 맺어져 있거나 앞으로 맺게 될 거래계약으로부터 현재 발생되어 있거나 앞으로 발생할 채무를 채권최고액의 범위 내에서 담보하게 되는 것으로 세 가지 유형이 있으며, 각 유형에 따른 책임범위는 다음과 같습니다.
ㅇ '특정근저당'이란 특정된 거래계약(예: 년 월 일자 여신거래약정서)으로부터 계속적으로 발생하는 채무를 담보하며, 그 채무가 기한 연기된 때에도 담보합니다. 그러나 재취급 또는 다른 여

는 담보되지만, 기한연장으로 볼 수 없는 재취급 또는 다른 여신으로 대환되는 경우는 담보되지 않는다는 것이다. 이때 '재취급'의 의미에 대해서 표준약관은 설명하고 있지 않지만, 기존 대출을 모두 변제받은 후에 당초 대출조건 범위 내에서 새로 대출하여 기존대출과 신규대출의 동일성이 인정되지 않는 '재대출'의 다른 표현으로 판단된다. 또한 '다른 여신으로 대환된 때'가 무엇을 말하는지에 대해서도 표준약관은 설명하지 않고 있다. 다만, 이를 반대해석하면 '같은 여신으로 대환된 때'에는 담보한다고 볼 수 있다. 여기서 '같은 여신으로 대환'된다는 것은 기존대출과 신규대출의 대출과목, 대출원금, 이율 등이 동일하여 양 대출의 동일성이 인정되는 경우를 말하는 것으로 판단된다.[132)]

'한정근저당'인 경우에는 특정근저당과는 달리 피담보채무의 기한의 연기나 재취급은 물론 같은 종류로 대환된 때에도 담보하지만, 다른 종류의 여신으로 대환된 때에는 담보하지 않는 것으로 표준약관은 규정하고 있다. 이는 한정근저당은 구체적인 여신의 종류인 대출과목을 기준으로 피담보채무의 범위를 판단하기 때문이다. 즉, 기존대출과 신규대출 사이의 동일성이 인정되지 않는 재취급(재대출)의 경우에도 대출과목이 같다면 같은 종류의 여신으로 볼 수 있어서 기존근저당이 담보한다는 것이다. 따라서 대출과목이 동일한 대출로의 대환은 담보하지만, 대출과목이 다른 대출로의 대환은 담보하지 않는다는 것이다.[133)]

2-2 제3자가 제공한 담보가 있는 경우

채무가 특정되어 있는 이른바 확정채무에 대한 물상보증인(제3자가 제공한 담

신으로 대환된 때에는 담보하지 않습니다.

○ '한정근저당'이란 특정한 종류의 거래(예: 당좌대출거래)에 대하여 이미 맺어져 있거나 앞으로 맺게 될 거래계약으로부터 현재 발생되어 있거나 앞으로 발생하게 될 채무를 모두 담보하며, 그 채무의 연기나 재취급은 물론 같은 종류로 대환된 때에도 담보합니다. 그러나 다른 종류의 여신으로 대환된 때에는 담보하지 않습니다.

132) 은행 실무적으로는 근저당권설정계약을 특정근저당으로 약정하였더라도, 재대출, 다른 여신으로의 대환 등이 필요한 경우에 은행과 채무자가 새로이 재대출한 대출과 다른 여신으로 대환한 대출을 기존근저당권으로 담보하기 위한 근저당권설정변경계약(피담보채무범위변경용)을 체결하면 새롭게 근저당권을 설정하는 절차 없이 기존근저당권이 계속 담보할 수 있다.

133) 한정근저당권인 경우에도 특정근저당과 같이 근저당권설정변경계약(피담보채무범위변경용)을 체결하면 언제든지 피담보채무의 범위를 변경하는 것이 가능하다.

보)은 그 채무의 이행기가 연장되고 그가 거기에 동의한 바 없더라도 물상보증인으로서의 책임에 영향을 받지 않는 것이 원칙이다.[134] 그러나 제3자가 제공한 담보가 근저당권인 경우에는 근저당권설정계약에 따라서 차이가 있고 그 내용은 "2-1 채무자가 제공한 담보가 있는 경우"와 같다.

2-3 제3자가 제공한 연대보증이 있는 경우[135]

채권자와 채무자 및 연대보증인이 서로 합의하여 주채무의 상환기일을 연장하거나 단축할 수 있음은 당연하다. 은행 규정에서는 연대보증인이 입보되어 있는 대출의 기한을 연장할 때에는 반드시 그 연대보증인의 동의를 받아 기한을 연장하도록 규정하고 있다. 그러나 이와 같은 은행 내부규정은 연대보증인과 불필요한 분쟁이나 민원을 피하기 위해서 만든 규정이고 연대보증인의 동의 없이 주채무인 대출의 기한을 연장하는 경우 보증채무를 부담하지 않기로 한다는 사전합의가 없었다면 연대보증인은 계속해서 보증채무를 부담하는 것이 원칙이다.

가. 특정채무보증의 경우

은행거래에서 특정채무보증이란 특정대출금에 대한 보증으로 별도의 근보증서를 작성하지 않고 개별 여신거래약정서에 채무자와 보증인이 연명으로 계약을 체결하여 그 특정한 대출금에 관해서만 보증책임을 부담하는 보증을 말한다.[136] 특정채무보증은 여신거래약정서에 채무자와 연명으로 서명날인하고 보증한도만을 기재하여 사용하고 있어 보증기간에 관해서는 특별히 정한 것이 없다. 따라서 주채무기간이 종료되면 보증기간도 종료되는 것이 원칙이다. 다만, 이와 같은 특정채무보증인 경우에 보증인의 승낙 없이 주채무의 상환기일이 연장된 때에도 그것이 반드시 보증인의 책임을 확장 · 가중하는 것이라고 볼 수 없으므로 원칙적으로 보증인이 계속해서 보증책임을 부담한다는 것이 판례의 입장이다.[137]

---

134) 대법원 1999.9.7. 선고 98다19578 판결

135) 은행 실무에서는 연대보증을 원칙으로 하고 있어, 본 교재에서는 연대보증을 중심으로 기술한다.

136) 은행에 따라서 특정채무보증제도를 사용하지는 않는 경우도 있다.

137) 채무가 특정되어 있는 확정채무에 대하여 보증한 연대보증인으로서는 자신의 동의 없이 피보증채무의 이행기를 연장해 주었느냐 여부와 상관없이 그 연대보증채무를 부담한다(대법원 1997.4.25.

특정채무보증의 기본계약(피보증대출)이 수시로대출 · 당좌대출 · 할인어음 · 구매자금대출 또는 무역금융 등 한도거래인 경우에는 보증인의 동의 없이 주채무 기간을 연장한 후 남아 있던 한도여유분에서 그 한도만큼 추가로 대출이 실행되는 경우 또는 변제 등으로 감축된 부분만큼 대출이 추가로 실행된 때에는 그 추가로 실행된 대출금은 기존대출의 기한연장이 아니고 신규대출로 보아야 하므로, 보증인에게 보증책임을 물을 수 없다.

나. 근보증의 경우

근보증이란 채권자와 채무자 사이에 이미 맺어져 있거나 앞으로 맺게 될 거래계약으로부터 현재 발생되어 있거나 앞으로 발생할 채무를 근보증한도액의 범위 내에서 보증하는 것으로 통상 은행에서는 별도의 분리된 근보증서로 계약을 체결하여 운용한다. 보증인은 별도의 근보증서에 서명 · 날인하는 것 이외에 피보증채무의 범위와 보증한도액 및 근보증의 결산기를 기재하도록 만들어져 있다.

근보증의 피보증채무 확정사유가 발생하기 전이면, 채권자와 주채무자가 보증인의 동의 없이 주채무의 상환기간을 연장하더라도 보증인은 그 거래기간 중 발생한 주채무에 대하여 근보증한도액 범위 내에서 당연히 보증책임을 부담한다. 그러나 근보증서의 결산기가 도래하는 등의 사유로 피보증채무가 확정된 후에 보증인의 동의 없이 주채무의 상환기간을 연장하면, 보증인은 연장된 기간 중에 발생한 주채무에 대하여 보증책임을 부담하지 않는다. 다만, 근보증의 결산기는 장래지정형,[138] 지정형,[139] 자동확정형[140] 3가지 가운데 장래지정형으로 운용함을 원칙으로 하고 있기 때문에 근보증계약에서 정한 결산기 도래 후에 주채무의 상

선고 97다2726 판결; 대법원 1996.2.23. 선고 95다49141 판결; 대법원 1999.9.7. 선고 98다19578 판결; 대법원 2002.6.14. 선고 2002다14853 판결 등).

138) 보증약정일부터 3년이 경과하면 보증인은 서면통지에 의하여 근보증 결산기를 지정할 수 있기로 하되, 그 결산기는 통지 도달일부터 14일 이후가 되어야 하며, 이에 미달하는 때에는 통지 도달일부터 14일이 되는 날을 결산기로 합니다.

139) 결산기를 특정일로 지정하는 유형(년 월 일)

140) 보증약정일부터 3년이 경과하면 보증인은 서면통지에 의하여 근보증 결산기를 지정할 수 있기로 하되, 그 결산기는 통지 도달일부터 14일 이후가 되어야 하며, 이에 미달하는 때에는 통지 도달일부터 14일이 되는 날을 결산기로 합니다. 다만, 5년이 경과할 때까지 보증인의 별도 의사표시가 없는 경우에는 계약일부터 5년이 되는 날을 결산기로 합니다.

환기일을 연장하는 경우는 거의 발생하지 않는다.

근보증의 보증채무 범위는 특정근보증, 한정근보증으로 구분되며, 「금융소비자 보호에 관한 법률」(약칭: 금융소비자보호법)에서 대출성 상품에 관한 계약체결과 관련하여 부당한 담보를 요구하거나 보증을 요구하는 행위를 불공정영업행위로 금지하고 있고(20조 1항 2호), 시행령에서는 해당계약의 체결에 통상적으로 요구되는 일반적인 담보 또는 보증 범위보다 많은 담보 또는 보증을 요구하는 행위에 대해서 금지하고 있다(15조 4항 2호). 또한 금융소비자보호에 관한 감독규정에 의하면, 금융소비자 또는 제3자로부터 담보 또는 보증을 취득하는 계약서에 그 담보 또는 보증의 대상이 되는 채무를 특정하지 않거나, 해당 계약서상의 담보 또는 보증이 장래 다른 채무에도 적용된다는 내용으로 계약하는 행위를 불공정영업행위로 금지하고 있다(14조 6항 8호). 이에 따라 은행 실무상으로 근보증서를 특정근보증만을 운용하고 있는 은행도 있다.

그런데 특정근보증에 있어서는, 피보증채무의 기한연장에 있어서 연대보증인의 동의를 받지 않는 경우 연대보증인에게 보증책임을 물을 수 없음을 주의해야 한다.

표준약관인[141] 근보증서 1조 1항 2호는 특정근보증에 대한 정의를 "채무자가 은행(본·지점)에 대하여 다음 약정서에 의한 거래로 말미암아 현재 및 장래에 부담하는 모든 채무(아래 약정의 상환기일 또는 거래기간을 보증인의 동의를 받아 연장한 때에는 그 채무 포함)"이라고 규정하고 있다. "보증인의 동의를 받아 연장한 때에는 그 채무 포함"의 내용을 반대해석하면 특정근보증의 경우 채권자가 연대보증인의 동의를 받지 않고 대출기한을 연장하였다면 연대보증인에게 보증채무를 물을 수 없게 된다.[142] 한정근보증의 경우에는 이와 같은 특약의 내용이 없으므로,[143] 근보증서의 피보증채무가 확정되기 전이라면 피보증채무의 기한을 연장할 때 연대보증인의 동의를 받지 않았더라도 연대보증인은 보증채무를 부담하게 된다.

---

141) 공정거래위원회 표준약관 10047호 근보증서 참조

142) 일부 은행에서는 이와 같은 특약을 삭제하고 근보증서를 사용하여 분쟁의 여지를 없애고 있다.

143) 한정근보증' 채무자가 은행(본지점)에 대하여 다음 종류의 거래로 말미암아 현재 및 장래에 부담하는 모든 채무(　　거래,　　거래)

3 대환

은행이 대출채무의 변제기한을 연장할 수 없는 경우에 실질적으로는 변제기한을 연장하기 위한 것이나 실무처리 관행상 신규대출 시에 받는 통상의 서류들을 모두 제출받아 신규대출을 하여 구채무와 상계하는 것이 '대환'이다.[144] 은행이 대환제도를 두고 있는 이유는 대출금의 최장 변제기한이 경과한 때에는 채무자에 대하여 대출채권의 변제기를 연장해 줄 수 없게 되는데, 이 경우 부득이 신규대출 형식을 취하여 대출하고 이를 기존 여신의 변제에 충당하기 위해서이다.

대환은 특별한 사정이 없는 한 형식적으로는 별도의 대출에 해당하나 실질적으로는 기존채무의 변제기의 연장에 불과하므로 그 법률적 성질은 기존채무가 여전히 동일성을 유지한 채 존속하는 준소비대차로 보아야 할 것이나 채권자와 보증인 사이에 대환의 경우 보증인이 보증책임을 면하기로 약정을 한 경우 등 특별한 사정이 있는 경우에는 위의 경우와 달리 보증인은 그 보증책임을 면한다.[145]

3-1 대환의 유형

대환의 형태로는 변제기만 변경되는 경우, 변제기뿐만 아니라 대출과목, 금액, 이자율 등도 변경되는 경우, 여러 계좌의 대출금을 하나의 계좌로 합하는 경우 등이 있을 수 있다.

대환이 대출기한연장(기간연장)으로 인정되기 위해서는 기본적으로 전 · 후의 대출과목이 같고 동일성이 인정되는 경우이어야 한다. 전 · 후의 대출과목이 다르다면 이는 동일성이 인정되기 어려워 기한연장(기간연장)의 효력이 인정되기 어렵기 때문에 보증이나 담보의 효력이 미치지 않는다. 예를 들면 종전의 대출이 할인어음이었던 것을 담보제공자나 연대보증인의 승낙 없이 일반자금대출로 대환하는 경우, 할인어음을 피담보채무로 한 근저당(특정 · 한정근저당)이나 연대보증은 그 효력을 상실하게 된다.

---

144) 금융실무에서는 대환을 '갱신' 또는 '재취급'이라고도 한다. 판례는 이를 "현실적인 자금의 수수 없이 형식적으로만 신규대출을 하여 기존 채무를 변제하는 것"이라고 표현하고 있다.

145) 대법원 1991.12.10. 선고 91다24281 판결

3-2 법적 성질

대환의 법적 성질에 관하여는 기간연장설, 준소비대차설, 경개(갱개)설 등이 있다. 판례는 "대환은 특별한 사정이 없는 한 형식적으로는 별도의 대출에 해당하나 실질적으로는 기존채무의 변제기의 연장에 불과하므로 그 법률적 성질은 기존채무가 여전히 동일성을 유지한 채 존속하는 준소비대차로 보아야 할 것"이라고 하여 대개의 경우 준소비대차라고 보는 경우도 있고,[146] 종전의 채무인 수출지원금융에 대한 변제기한의 연장이 허용되지 아니하자 실질적 · 경제적으로는 기존 수출금융의 변제기한을 연장하는 효과를 얻기 위하여 신규로 일반자금대출을 하여 그 자금으로 기존채무를 변제하는 것으로 처리한 사안에서 그 대출과목, 이자율 등이 서로 다르다는 점 등을 들어 그 사건의 대환은 경개에 해당한다고 보는 경우도 있다.[147] 즉, 판례는 종전의 대출과 신규대출의 동일성이 인정되는 경우는 당사자들의 의사와 약정내용에 따라 준소비대차로 판단하고, 동일성이 인정되지 않으면 경개로 판단하고 있다.

3-3 준소비대차

은행 실무에서 신규대출방식으로 대환을 하였는데, 이 대환의 성질이 준소비대차로 인정되느냐 또는 경개로 인정되느냐에 따라 그 결과는 매우 다르게 나타날 수 있다. 준소비대차로 인정되는 경우에는 종전의 대출과 신규대출의 동일성이 인정되어 근저당과 연대보증의 책임범위를 벗어나지 않으나, 경개로 인정되는 경우에는 근저당과 연대보증의 책임범위를 벗어나는 결과가 된다.

가. 준소비대차의 의의

준소비대차는 금전 기타의 대체물을 지급할 의무가 있는 경우에 당사자가 그 목적물을 소비대차[148]의 목적으로 할 것을 약정한 때에 성립하는 것으로서(민법

---

146) 대법원 1994.6.10. 선고 94다3445 판결; 1998.2.27.선고 97다16077 판결

147) 대법원 1991.1.15. 선고 88다카20576 판결; 1991.12.10. 선고 91다24281 판결

148) 소비대차는 당사자 일방(대주)이 금전 기타의 대체물의 소유권을 상대방(차주)에게 이전할 것을 약정하고, 상대방은 그와 같은 종류 · 품질 · 수량으로 반환할 것을 약정함으로써, 성립하는 계약

605조), 기존채무(기존대출)를 소멸케 하고 신채무(신규대출)를 성립시키는 계약인 점에 있어서는 경개와 동일하지만 경개에 있어서는 기존채무와 신채무 사이에 동일성이 없는 반면, 준소비대차에 있어서는 원칙적으로 동일성이 인정된다는 점에 차이가 있다. 기존채무와 신채무의 동일성이란 기존채무에 동반한 담보권, 항변권 등이 당사자의 의사나 그 계약의 성질에 반하지 않는 한 신채무에도 그대로 존속한다는 의미이다.[149)]

대환을 준소비대차로 볼 것인가 경개로 볼 것인가는 일차적으로 당사자의 의사에 의하여 결정되고, 만약 당사자의 의사가 명백하지 않을 때에는 특별한 사정이 없는 한 준소비대차로 보아야 하지만, 신채무의 성질이 소비대차가 아니거나 기존채무와 동일성이 없는 경우에는 경개로 본다.[150)]

나. 준소비대차의 성립요건

준소비대차가 성립하려면 당사자 사이에 금전 기타의 대출물의 급부(지급 · 이행)를 목적으로 하는 기존채무가 존재하고 있어야 하고,[151)] 기존채무의 당사자가 그 채무의 목적물을 소비대차의 목적으로 한다는 합의를 하여야 한다.

이처럼 성립요건에 따라서 은행과 채무자가 서로 현실적인 자금의 수수 없이 형식적으로만 신규대출을 하여 기존채무를 변제하는 대환은 특별한 사정이 없는 한 기존채무의 변제기 연장에 불과하여 기존채무가 여전히 동일성을 유지한 채 존속하는 준소비대차로 인정된다.

다. 효력

준소비대차는 소비대차의 효력이 생긴다(민법 605조). 그리하여 기존채무는 소멸하고 소비대차에 의하여 신채무가 성립한다. 그리고 기존채무와 신채무는

이다(민법 598조). 소비대차에서는 차주가 빌린 물건 자체를 반환하지 않고 동종 · 동질 · 동량의 다른 물건을 반환하는 점에서 임대차 · 사용대차와 차이가 있다.

149) 대법원 2007.1.11. 선고 2005다47175 판결

150) 대법원 2003. 9. 26. 선고 2002다31803 판결

151) 기존채무가 존재하지 않거나 무효이면 준소비대차는 성립하지 않는다.

원칙적으로 동일성이 있으므로,[152] 기존채무에 관하여 존속하는 담보권,[153] 보증[154]과 동시이행의 항변권은 그대로 존속한다. 그러나 소멸시효는 신채무의 객관적 성질에 의하여 결정된다.

3-4 경개

가. 경개의 의의

경개는 채무의 중요한 부분을 변경함으로써 신채무를 성립시키는 동시에 구채무를 소멸시키는 계약이다(민법 500조). 즉, 경개는 채무의 중요한 부분이 변경되어 구채무와 신채무의 동일성이 인정되지 않는 경우를 말한다. 여기서 중요 부분은 채권자 · 채무자 · 채권의 목적이 이에 속한다.

나. 경개의 요건

경개가 성립하려면 당사자 사이에 신채무의 성립으로 구채무를 소멸시키려는 의사가 있어야 한다. 또한 경개가 유효하려면 소멸할 채무 즉 기존채무가 존재하여야 하며, 기존채무가 없으면 경개는 무효로 되고 신채무도 성립하지 않는다.[155]

다. 경개의 효과

경개에 의하여 구채무가 소멸하기 때문에 그것을 위하여 존재하였던 인적 · 물적 담보 위약금 기타의 종된 권리도 원칙적으로 모두 소멸한다.

은행 실무적으로는 현실적인 자금의 수수 없이 형식적으로만 신규대출을 하여 기존채무를 변제하는 형태로 대출의 상환기한을 연장할 필요성이 있는데, 이때 기존대출과 신규대출의 대출과목이 변경되는 경우에는 양 대출의 동일성이 인정되지 않기 때문에 준소비대차가 아니라 경개로 인정되어 특정근저당과 한정근저

---

152) 대법원 1989.6.27. 선고 89다카2957; 2003.9.26. 선고 200다31803 · 31810; 2007.1.11. 선고 2005다47175 판결

153) 대법원 1994.5.13. 선고 94다8440 판결

154) 대법원 2002.10.11. 선고 2001다7445 판결

155) 대법원 2007.11.15. 선고 2005다31316 판결

당의 담보책임 범위를 벗어나게 되고,[156] 연대보증인의 보증책임도 소멸하게 된다.[157] 물론 담보제공자 및 연대보증인으로부터 별도의 승낙을 얻은 경우에는 담보책임과 보증책임을 물을 수 있다.

라. 경개와 대환의 구별

은행 실무적으로는 대환과 경개는 담보와 보증에서 중요한 차이가 있으나, 경개와 대환을 명확하게 구별하는 획일적인 기준을 세우는 것이 곤란하고 개별 사안마다 구체적인 정황을 종합적으로 고려하여 판단할 수밖에 없다. 다만, 판례는 기존대출금 채무의 변제기한을 연장할 목적으로 신규대출을 취급하면서 기존대출과 신규대출은 그 대출과목, 대출원금, 이율 및 지연손해금율 등이 서로 다르고, 기존대출의 이자채무 일부가 신규대출의 원금으로 변경된 경우의 대환은 기존채무를 확정적으로 소멸케 하고 신채무를 성립시키는 계약으로서 양 채무 사이에 동일성이 없는 경개에 해당한다고 보았다.[158] 이처럼 판례를 기준으로 본다면, 경개와 대환의 구별은 기존대출과 신규대출의 대출과목, 대출원금, 이율 및 지연손해금율 등의 동일여부로 할 수 있을 것이다.

3-5 대환과 보증인의 책임

기존채무를 위하여 존재하였던 인적 · 물적 담보는 원칙적으로 경개의 경우에는 소멸하지만, 준소비대차의 경우에는 존속한다. 판례에서도 대환이 준소비대차에 해당하는 경우에는 특별한 사정이 없는 한 기존채무에 대한 보증책임이 존속되는 것으로 본다.[159] 즉 기존채무에 대하여 보증책임을 지고 있던 보증인은 그 법률적 성질이 준소비대차인 대환에 의하여 기존채무가 소멸하고 신채무가 발생하였지만, 그 신채무는 기존채무와 동일성이 있는 것이므로, 이와 같은 신채무에

156) 표준약관인 근저당권설정계약서의 내용에 따르면 특정근저당은 재취급 또는 다른 여신으로 대환된 때에는 담보하지 않고, 한정근저당은 다른 종류의 여신으로 대환된 때에는 담보하지 않기 때문이다.

157) 표준약관인 근보증서의 내용에 따르면 특정근보증은 재취급 또는 다른 여신으로 대환된 때에는 보증하지 않고, 한정근보증은 다른 종류의 여신으로 대환된 때에는 보증하지 않기 때문이다.

158) 대법원 2002.10.11. 선고 2001다7445 판결; 2006.12.22. 선고 2004다37669 판결

159) 대법원 1994.6.10. 선고 94다3445 판결: 1998.2.27. 선고 97다16077 판결

대하여 계속 보증책임을 진다는 취지이다.

보증인이 신채무에 대하여 보증책임을 지는 경우, 신채무의 금액 · 이율 등 부담내용이 축소 · 감경된 경우에는 보증인은 그와 같이 축소 · 감경된 주채무의 내용에 따른 보증책임만을 진다.[160] 또한 판례에 의하면 변제기의 연장은 보증인의 책임을 가중시키는 것이 아니므로, 채무가 특정되어 있는 확정채무에 대한 보증인으로서는 자신의 동의 없이 피보증채무의 이행기를 연장해 주었느냐의 여부에 상관없이 그 보증채무를 부담한다고 한다.[161]

준소비대차인 대환의 경우라도 채권자와 보증인 사이에 있어서 사전에 신규대출 형식에 의한 대환을 하는 경우 보증책임을 면하기로 약정하는 등의 '특별한 사정'이 있으면 보증책임은 소멸한다. 그 예로 판례는 신용보증기금의 신용보증약관상 채권자는 신용보증조건의 변경통지에 의하여 신규 대출에 의한 대환 취급을 할 수 없으며 채권자가 이에 위반하였을 때에는 신용보증인은 면책된다고 규정하고 있는 경우를 그러한 특별한 사정이 있는 경우로 보고 있다.

3-6 담보물의 가압류 · 압류와 대환

근저당권이 설정된 상태에서는 담보물건에 대하여 가압류가 있더라도 근저당권의 피담보채권이 확정되는 효과는 없기 때문에 종전의 대출을 기한연장 또는 대환을 하는 것은 문제가 되지 않는다. 그러나 담보물건에 압류가 있는 상태에서 기존대출에 대한 기간연장 또는 대환은 문제가 있다.

준소비대차의 성격을 갖는 대환은 기존대출이 실질적으로는 여전히 동일성을 유지한 채 존속하더라도 형식상으로는 신규대출이다. 따라서 은행에서 압류(경매기입등기)된 부동산을 담보로 하는 대환대출이 가능한지는 근저당권의 피담보채권이 확정되는 효력이 있는 경매개시결정기입등기 이후에 신규여신, 기간연장 또는 대환을 취급할 수 있는지에 관한 문제로 볼 수 있다.

---

160) 대법원 1996.2.9. 선고 94다38250 판결; 2000.1.21. 선고 97다1013 판결

161) 대법원 1996.2.23. 선고 95다49141 판결; 1997.4.25. 선고 97다2726 판결; 1999.9.7. 선고 98다19578 판결 등

가. 근저당권자가 스스로 경매를 신청한 경우

판례는 법원으로부터 경매개시결정이 내려지면 경매신청 시에 소급하여 근저당권의 피담보채무가 확정되어 보통의 저당권이 된다고 보고 있다.[162) 163)]

따라서 은행 스스로 담보물건에 대하여 경매를 신청한 경우에는 근저당권의 여유가 있더라도 피담보채무가 확정되기 때문에 신규여신은 불가능하다. 그러나 판례에 따르면 확정채무의 기한연장은 가능하다.[164)] 문제가 되는 것은 형식적으로는 신규대출이지만 실질적으로는 기존대출과 동일성이 유지되어 기한연장으로 인정되는 대환의 가능 여부이다.

논리적으로 보면 근저당권의 피담보채무가 확정되더라도 기한연장이 가능하다면, 신 · 구대출의 동일성이 인정되는 준소비대차의 성질을 갖는 대환도 가능하다고 보아야 한다. 그러나 대환은 기존대출이 소멸되고 신규대출이 발생하는 형태를 띠고 있고 신 · 구대출의 동일성이 획일적으로 인정되는 것도 아니고 개별적인 사안에 따라서 그 결과가 달라질 수 있어서, 은행 실무적으로는 근저당권의 기본계약인 근저당권설정계약에서 정한 결산기 도래, 근저당권설정계약의 해지신청, 근저당권의 경매신청 등의 사유로 근저당권이 확정된 때에는 동 근저당권을 담보로 한 신규여신 · 재취급 · 대환이 불가능하도록 내부적으로 규정하고 있다. 더 나아가 일부 은행에서는 판례에서도 인정하고 있는 기한연장도 불필요한 분쟁을 막기 위해서 금지시키고 있다.

---

162) [대법원 1988.10.11. 선고 87다카545 판결] 근저당권자가 그 피담보채무의 불이행을 이유로 경매신청한 때에는 그 경매신청 시에 근저당권은 확정되는 것이며 근저당권이 확정되면 그 이후에 발생하는 원금채권은 그 근저당권에 의하여 담보되지 않는다.
[대법원 2002.11.26. 선고 2001다73022 판결] 근저당권자가 피담보채무의 불이행을 이유로 경매신청을 한 경우, 근저당권의 피담보채무액의 확정 시기(=경매신청 시) 및 경매개시결정이 있은 후 경매신청이 취하되면 채무확정의 효과가 번복되는지 여부(소극)

163) 판례는 근저당권이 확정되면 보통저당권으로 전환된다고 설명하고 있다(대법원 1998.10.27. 선고 97다26104·26111 판결). 그러나 근저당권이 확정된다는 것은 그 확정 시에 채권 원본이 특정되고 그 이후 발생한 채권 원본은 그 근저당권에 의하여 담보되지 않는다는 의미에서 근저당권의 성질이 확정을 전후로 하여 바뀐다는 것일 뿐이고 채권최고액을 한도로 담보한다는 근저당권의 특질은 잃지 않는 것이므로 피담보채권이 확정된 후의 근저당권을 보통저당권이라고 하는 것은 부적절하다(주석 민법 물권(4), 한국사법행정학회, 2000년, 105면)

164) [대법원 1999.9.7. 선고98다19578 판결] 채무가 특정되어 있는 이른바 확정채무에 대한 물상보증인이나 연대보증인은 그 채무의 이행기가 연장되고 그가 거기에 동의한 바 없더라도 물상보증인으로서의 책임이나 연대보증인으로서의 채무에 영향을 받지 아니한다.

나. 제3자가 경매를 신청한 경우

제3자가 경매를 신청한 경우에는 근저당권의 피담보채무의 확정시기에 대해서 대법원판례는 경매절차가 진행되어 낙찰되고 대금납부가 완료된 때에 확정된다고 한다.[165] 이처럼 대법원판례에 의할 경우에는 대금납부가 완료될 때까지 신규대출은 물론 대환도 가능하다고 보아야 한다.

판례 **대법원 2003. 8. 19. 선고 2003다11516 판결**

현실적인 자금의 수수 없이 형식적으로만 신규대출을 하여 기존채무를 변제하는 이른바 대환은 특별한 사정이 없는 한 형식적으로는 별도의 대출에 해당하나 실질적으로는 기존채무의 변제기의 연장에 불과하므로 그 법률적 성질은 기존채무가 여전히 동일성을 유지한 채 존속하는 준소비대차로 보아야 하며, 이 경우 채권자와 보증인 사이에 보증인의 보증책임을 면제하기로 약정을 한 경우 등 특별한 사정이 있는 경우를 제외하고는 기존채무에 대한 보증책임이 존속된다.

판례 **대법원 2012. 2. 23. 선고 2011다76426 판결**

현실적인 자금의 수수 없이 형식적으로만 신규 대출을 하여 기존채무를 변제하는 이른바 대환은 특별한 사정이 없는 한 형식적으로는 별도의 대출에 해당하나 실질적으로는 기존채무의 변제기 연장에 불과하므로, 그 법률적 성질은 기존채무가 여전히 동일성을 유지한 채 존속하는 준소비대차로 보아야 하고, 이러한 경우 채권자와 보증인 사이에 사전에 신규대출형식에 의한 대환을 하는 경우 보증책임을 면하기로 약정하는 등의 특별한 사정이 없는 한 기존채무에 대한 보증책임이 존속된다.

165) [대법원 2001. 12. 11. 선고 2001두7329 판결] 공매절차에서 압류에 우선하는 근저당권의 피담보채권의 확정시기는(=매수대금 완납 시) 후순위 근저당권자가 경매를 신청한 경우 선순위 근저당권의 피담보채권은 그 근저당권이 소멸하는 시기, 즉 경락인이 경락대금을 완납한 때에 확정되는 것과 마찬가지로, 조세채권자가 체납처분을 하는 경우에도 선순위 근저당권자의 피담보채권은 그 근저당권이 소멸하는 시기, 즉 매수대금을 완납한 때에 확정된다.

판례 **대법원 2012. 6. 28. 선고 2012도2087 판결**

현실적인 자금의 수수 없이 형식적으로만 신규대출을 하여 기존채무를 변제하는 이른바 대환은 특별한 사정이 없는 한 형식적으로는 별도의 대출에 해당하나 실질적으로는 기존채무의 변제기 연장에 불과하므로 상호저축은행법에서 금지 · 처벌의 대상으로 삼고 있는 '개별차주에 대한 한도를 초과하는 신용공여'에 해당하지 아니하나, 이와 달리 대출로 인하여 실제로 자금의 이동이 있었던 경우에는 그러하지 아니하다.

판례 **대법원 2007. 6. 1. 선고 2006도1813 판결**

대환이란 현실적인 자금의 수수 없이 형식적으로만 신규대출을 하여 기존채무를 변제하는 것으로 특별한 사정이 없는 한 형식적으로는 별도의 대출에 해당하나 실질적으로는 기존채무의 변제기의 연장에 불과한 것인바, 이미 발행한 회사채를 보증한 금융기관이 그 지급자금의 확보를 위하여 새로이 발행하는 회사채에 대하여 보증하는 것과 같이 채권자가 변경되고 실질적인 자금 이동도 수반되는 경우에는 변제기의 연장에 불과한 대환이라고 볼 수 없다.

판례 **대법원 1988. 9. 27. 선고 88다카2080 판결**

보증인은 신용보증기금이 채권자인 은행과 사이에 신용보증계약을 체결하면서 채권자가 신규대출형식에 의한 대환취급을 할 수 없으며 이에 위반한 경우에는 위 신용보증기금은 보증채무의 책임을 면한다고 약정하였다면 은행이 신규로 금원을 대출하여 그 돈으로 기존의 대출금상당액과 상계하여 변제처리한 형식을 취한 이상 이는 위 약관에서 말하는 신규대출 형식에 의한 대환취급을 한 때에 해당하고, 따라서 당초에 대출한 일정액의 채무가 그 변제기한만 연장된 채 그대로 동일성을 유지 존속하고 있는지 여부와는 관계없이 위 면책약관에 따라 위 신용보증기금은 신용보증계약에 따른 보증금지급의무를 면한다.

판례 **서울고등법원 1984. 12. 6. 선고 84나2487 판결**

구 대출금보증인의 보증기한연장요청에 따라 변제기연장의 방법으로 신규대출이 이루어져 동 자금으로 구 대출금이 변제되는 것으로 장부상 정리하는 소위 대환절차가 이루어졌다 하더라도 이는 변제기가 연장된 이외에는 차주, 금액, 이율 기타 대출조건 등이 모두 종전의 대출금채무와 동일하여 그 동일성이 유지된다 할 것이므로 종전채무에 대한 보증인의 책임은 소멸하지 아니한다.

제 4 장

대출채권의 양도

KOREA BANKING INSTITUTE

제1절

채권양도

은행 실무에서 '채권양도'에 관한 법리가 주로 적용되는 사안은 크게 '전자외상매출채권담보대출', '계약양수도에 의한 근저당권의 채권자 변경', '부실채권(NPL)의 대외 매각'으로 볼 수 있다. 이 중에서 매출채권담보대출은 채무자가 취득한 채권을 은행이 질권 또는 양도담보를 취득하고 대출을 해주는 대출상품이다. 계약양수도에 의한 근저당권의 채권자 변경은 은행이 대출과 근저당권에 대한 채권자의 지위를 다른 금융기관에 이전하는 것으로 정상채권을 양도하는 것이며, 부실채권의 대외매각은 은행의 대출채권이 부실화되었을 때 은행의 자산건전성 유지 등을 위하여 부실채권을 외부에 매각하는 것을 말한다. 이들에 대한 세부내용은 절을 나누어서 살펴보도록 하겠다.

1 채권양도의 의의

민법에서 말하는 '채권양도'는 채권자(양도인)가 채무자에 대한 채권을 동일성을 유지한 채 새로운 채권자(양수인)에게 이전하는 계약을 말한다. 즉 채권의 동일성이 유지되는 채권 이전 계약이다. 가령 자동차부품을 제조하여 H자동차에 공급하는 ㈜A가 H자동차에 대하여 500백만 원의 금전채권(물품대금)을 가지고 있는 경우에, 그 채권을 그대로 B에게 이전하여 B가 새로운 채권자가 되는 계약이다. 채권의 이전은 법률규정(예: 민법 481조의 변제에 의한 대위) · 법원의 명령(예: 전부명령) · 유언에 의해서도 일어나지만, 이러한 경우는 채권양도라고 하지 않고 오직 계약에 의한 경우만을 채권양도라고 한다.[169)]

169) 채권양도는 양도인(구채권자)과 양수인(신채권자) 사이의 계약에 의하여 발생하여야 한다.

2 채권양도의 성질

2-1 처분행위

채권양도에 의하여 채권이 직접 이전되기 때문에 처분행위에 해당한다. 채권양도는 채권의 이전을 목적으로 하는 법률행위인 점에서 물권의 이전을 목적으로 하는 물권행위와 다르지만, 처분행위라는 점에서는 물권행위와 같으므로 이를 '준물권행위'라고 한다. 채권양도에 의해서는 개개의 '채권'이 이전될 뿐이고, '계약당사자로서의 지위'가 이전되는 것은 아니다. 계약상의 지위가 이전되기 위해서는 계약인수가 있어야 한다.

2-2 동일성의 유지

채권양도가 효력을 발생하면 채권은 그 동일성을 잃지 않고서 양수인에게 이전한다. 예컨대 기본적인 이자채권 · 위약금채권 · 담보물권 · 보증채권 등의 권리도 원칙적으로 양수인에게 이전하므로 별도의 양도행위를 할 필요가 없다. 다만, 저당권은 그 담보한 채권과 함께 양도할 수 있지만, 채권양도와 동시에 저당권이전의 등기를 하여야 한다.

3 지명채권의 양도

3-1 지명채권의 의의

지명채권은 채권자가 특정되어 있는 채권이며, 보통 채권이라고 하면 지명채권을 가리킨다. 금전을 빌려준 사람의 채권, 매도인 · 매수인의 채권이 모두 그에 해당한다. 은행 거래에 있어서 거의 대부분의 예금과 대출도 지명채권에 해당한다. 지명채권의 경우에는 증권적 채권과 달리 채권의 성립 · 존속 · 행사 · 양도에 증서(증권)의 작성 · 교부 등이 필요하지 않다. 설령 증서(채권증서)가 작성되었더라도 그것은 채권을 증명하는 방법에 지나지 않는다.

3-2 지명채권의 양도

'지명채권의 양도'는 빌려준 돈이나 물품대금 미수금 등과 같이 특정인으로부터 돈을 받을 권리(금전채권)를 특별한 사정이 없는 한 다른 사람에게 양도할 수 있게 하여, 일일이 원래 채권자(양도인)가 돈을 받아 다시 본인의 채권자(양수인)에게 다시 갚는 대신 채권을 양수인에게 양도하여 양수인이 양도인의 채무자에게 바로 변제받을 수 있게 하는 것이다.

지명채권은 원칙적으로 양도성을 갖는 것이지만, 상당히 넓은 범위에서 양도가 제한되어, 채권의 성질이 양도를 허용하지 않는 때에는 그 채권은 양도할 수 없다(민법 449조 1항). 또한 지명채권은 당사자가 반대의 의사표시를 할 경우에는 양도하지 못한다. 다만, 채권의 양도금지의 의사표시가 있더라도 선의의 제3자에게는 대항하지 못하며(민법 449조 2항), 압류 · 전부명령은 가능하다[170].

3-3 법률에 의한 지명채권 양도의 금지

법률이 일정한 정책적 이유에 기하여 채권의 양도를 금지하고 있는 경우가 있다. 예컨대 민법에 의한 부양청구권(민법 979조), 근로기준법에 의한 재해보상청구권(근로기준법 86조), 산업재해보험급여를 받을 권리(산업재해보상보험법 88조 2항), 선의 실업수당 · 퇴직금 · 송환비용 · 송환수당 · 상병보상 또는 재해보상을 받을 권리(선원법 152조), 국민연금법에 의한 급여를 받을 권리(국민연금법 58조), 공무원연금법 · 군인연금법 · 사립학교교원연금법에 의한 급여를 받을 권리(공무원연금법 32조, 군인연금법 7조, 사립학교교원연금법 40조)는 양도 · 압류가 금지된다.

이와 같이 법률에 의하여 양도가 금지되는 채권은 압류도 할 수 없고, 그 채권에 대하여 전부명령이 있더라도 무효이다. 다만 압류금지채권이 반드시 양도가 금지되는 채권이라고 할 수는 없으므로,[171] 압류금지채권의 양도성 유무는 채권의 특수성을 고려하여 판단된다. 특별법이 양도를 금지하는 경우에는 동시에 압류도 금하고 있는 것이 일반적이다.

---

170) 대법원 2002.8.27. 선고 2001다71699 판결

171) 대법원 1990.2.13. 선고 88다카8132 판결

3-4 지명채권 양도의 대항요건

지명채권의 양도는 당사자인 양도인과 양수인의 합의에 의하여 행하여진다. 따라서 양도의 당사자가 아닌 채무자와 그 밖의 제3자는 채권양도의 사실을 알지 못하여 예측하지 못한 손해를 입을 가능성이 있다. 그래서 민법은 채무자와 그 밖의 제3자를 보호하기 위하여 일정한 요건을 갖추지 못하면 채권양도를 가지고 이들에게 대항하지 못하도록 규정하고 있다(대항요건주의).

가. 채무자에 대한 대항요건

채권양도의 채무자에 대한 대항요건은 '채무자에 대한 양도인의 통지' 또는 '채무자의 승낙'이다(민법 450조 1항). 예를 들어 ㈜A가 H자동차에 대하여 가지고 있는 500백만 원의 금전채권(물품대금)을 B에게 양도하는 경우에, 새로운 채권자인 B가 채무자 H자동차에게 자신이 채권을 양수하였음을 주장하려면, 양도인인 ㈜A가 그 사실을 채무자 H자동차에게 통지하였든지 혹은 채무자 H자동차가 ㈜A 또는 B에게 채권양도에 대하여 승낙하였어야 한다.

나. 채무자 이외의 제3자에 대한 대항요건

채권양도의 제3자에 대한 대항요건도 채무자에 대한 것과 마찬가지로 양도인의 통지 또는 채무자의 승낙이다. 다만, 단순한 통지 · 승낙만으로 대항할 수 있게 하면 제3자의 지위가 불안할 수 있기 때문에 민법은 제3자에 대항하기 위하여 통지 또는 승낙을 '확정일자' 있는 증서로써 하도록 규정하고 있다(민법 450조 2항).

확정일자란 증서에 대하여 그 작성한 일자에 관한 완전한 증거가 될 수 있는 것으로 법률상 인정되는 일자, 즉 당사자가 나중에 변경하는 것이 불가능한 것으로 확정된 일자를 가리킨다.[172] 여기의 확정일자로 되는 것에는 사문서에 공증인 또는 법원서기가 일정한 절차에 따라 확정일자인을 찍은 경우이다.[173] 우체국의 내용증명우편은 문서의 확정일자를 부여하는 효력이 있어, 은행 실무적으로 매출

172) 대법원 2000.11. 선고 2000다2627 판결

173) 확정일자란, 증서에 대하여 그 작성한 일자에 관한 완전한 증거가 될 수 있는 것으로 법률상 인정되는 일자를 말하며, 당사자가 나중에 변경하는 것이 불가능한 확정된 일자를 가리키고, 확정일자 있는 증서란, 위와 같은 일자가 있는 증서를 말한다(대법원 1998. 10. 2. 선고 98다28879 판결).

채권담보대출을 지원할 때에는 채권양도인과 양수인(은행)이 연서한 채권양도증서를 내용증명우편으로 발송한다.

'제3자'는 채권양도의 당사자와 채무자를 제외한 모든 자를 가리키는 것이 아니고, '그 채권에 관하여 양수인의 지위와 양립할 수 없는 법률상의 지위를 취득한 자'만을 가리킨다. 그러한 제3자의 예로는 채권의 2중 양수인, 채권을 압류한 채권자를 들 수 있다. 그리고 채권양도를 가지고 제3자에게 '대항한다'는 것은 동일한 채권에 관하여 양립할 수 없는 법률상의 지위를 취득한 자 사이에서 우열을 정하는 것이다.

예를 들어, ㈜A가 H자동차에 대하여 가지고 있는 금전채권을 B에게 양도하고 그 사실을 H자동차에 전화로 알렸다. 그 뒤에 ㈜A는 H자동차에 대한 그 채권을 다시 C에게 양도하고 그 사실을 내용증명우편으로 H자동차에게 통지하였다. 이 경우에 B와 C는 모두 채권을 양수한 사람으로서 이들의 지위는 양립될 수 없다. 그리고 이 경우에 양도인 ㈜A는 B와 C에 대한 채권양도의 통지를 하였다. 그런데 B에 대한 양도에 관하여는 단순한 통지를 하였고, C에 대한 양도에 관하여는 확정일자 있는 증서로 하였다. 그 결과 B와 C사이에서는 C가 우선하게 되어, B는 C에게 자신이 채권자라고 주장하지 못하고, C만이 유일한 채권자로 된다.

다. 이중으로 채권이 양도된 경우의 우열

채권이 이중으로 양도된 경우, 양수인 상호간의 우열은 통지 또는 승낙에 붙여진 확정일자의 선·후에 의하여 결정할 것이 아니라, 채권양도에 대한 채무자의 인식, 즉 확정일자 있는 양도통지가 채무자에게 도달한 일시 또는 확정일자 있는 승낙의 일시의 선·후에 의하여 결정하여야 한다. 또한 채권양수인과 동일 채권에 대하여 압류·가압류명령을 집행한 자 사이의 우열도 확정일자 있는 채권양도통지와 압류·가압류결정정본이 채무자에게 도달한 선·후에 의하여 그 우열을 결정한다.[174] 만약 채권양도통지가 같은 날 도달하였는데, 그 선후관계에 대하여 입증할 방법이 없으면 동시도달로 추정한다.

174) 대법원 1994.4.26. 선고 93다24223 전원합의체 판결

4 지명채권에 대한 담보설정방법

은행에서 지명채권을 담보로 취득하는 방법은 질권을 설정하는 것과 양도담보로 채권을 취득하는 방법이 있다.

4-1 질권설정

지명채권에 대하여 질권을 설정하는 것은 지명채권을 담보로 취득하는 방법 중 가장 일반적인 방법이다(예: 매출채권, 은행 예금에 대한 질권설정 등). 방법은 질권자인 은행, 채무자 및 질권설정자가 민법의 규정에 따라 질권설정계약을 체결하고 은행이 채권증서(예: 예금증서 등)를 취득함으로써 성립한다(민법 347조). 또한 은행은 제3채무자(예: 매출채권의 채무자, 예금개설 은행) 등에게 대항하기 위하여 질권설정의 내용에 대해 제3채무자에게 확정일자 있는 증서로서 통지하거나 승낙을 얻으면 된다. 즉, 은행은 제3채무자의 승낙을 얻어 이에 확정일자를 받거나 또는 제3채무자에 대하여 질권설정자로 하여금 내용증명우편으로 통지하게 한다. 제3채무자에 대한 통지만으로는 불안하여, 실무적으로 은행은 제3채무자로부터 의의를 보류하지 않은 승낙을 받게 된다. 왜냐하면 단순히 통지만을 하거나 이의를 보류한 승낙을 얻으면 질권을 실행할 때 제3채무자로부터 모든 항변권의 대항을 받을 수 있기 때문이다.

4-2 양도담보

채권의 양도담보란 담보목적으로 채권을 양도하여 주는 것을 의미한다. 여기서 채권양도란 구 채권자와 신 채권자가 채권의 동일성을 그대로 유지하면서 해당 채권의 귀속을 변경시키기로 합의하는 것을 의미한다. 따라서 양도담보권자는 대외적으로 채권의 귀속을 주장할 수 있어 채권양도와 채권의 양도담보는 채권의 귀속과 행사(대외적인 행사)라는 면에서 차이가 없다.

은행에서 채권을 양도담보로 취득하는 경우, 채권의 이전은 당사자의 합의만으로 성립하고 채권증서의 양도는 그 요건이 아니다. 그러나 이 경우에 있어서도 채권이 양도되었다면 채권증서를 양수인 명의로 변경하는 것이 원칙이기 때문에 은행이 지명채권을 양도담보로 취득하는 경우, 채권증서가 없는 경우에는 제3채무자에게 대항하기 위하여 확정일자 있는 제3채무자의 이의 없는 승낙서(또는 내용증명우편)를 제출하도록 요구한다.

앞에서 살펴보았듯이 지명채권의 경우 채권을 양도하였음을 채무자에게 주장하기 위해서는 양도인인 구채권자가 채무자에게 양도사실을 알리거나(통지) 채무자의 승낙을 받아야 하고, 채권양도를 둘러싼 이해관계인(제3자) 상호간에 그 양도사실을 대항하기 위해서는 확정일자 있는 통지 또는 승낙을 받아야 한다(민법 450조 1항, 2항). 그 이유는 구채권자(채권양도인)가 채권을 양도 또는 담보로 제공하고도 이중으로 다른 사람에게 채권을 양도한다든지 해당 채권이 압류 내지 가압류되어 있음에도 채권을 다시 양도할 수 있어, 민법은 채무자와 구채권자 간의 통모에 의해 양도통지 또는 승낙의 일자를 소급시킬 수 없도록 확정일자를 요구하고 있는 것이다(민법 450조 2항).

5 증권적 채권의 양도

증권적 채권은 채권의 성립 · 존속 · 양도 · 행사 등을 그 채권이 화체되어 있는 증권으로 해야만 하는 채권을 말한다. 증권적 채권에는 기명채권 · 지시채권 · 지명소지인출급채권 · 무기명채권 등 네 가지가 있는데, 민법은 이들 중 기명채권을 제외한 나머지 세 가지에 관하여만 규정하고 있다.

5-1 지시채권의 양도

지시채권은 특정인 또는 그가 지시한 자에게 변제하여야 하는 증권적 채권이다. 화물상환증(상법 130조) · 창고증권(상법 157조) · 선하증권(상법 861조) · 어음(어음법 11조·77조) · 수표(수표법 14조) 등 상법 · 어음법 · 수표법이 규정하는 전형적인 유가증권은 배서금지의 기재가 없는 한 법률상 당연한 지시증권이다. 지시채권은 그 증서(증권)에 배서하여 양수인에게 교부하는 방식으로 양도한다(민법 508조).

5-2 무기명채권의 양도

무기명채권은 특정한 채권자를 지정함이 없이 증서(증권)의 소지인에게 변제하여야 하는 증권적 채권이다. 무기명채권의 예로는 무기명사채 · 무기명식 수표 등 상법 · 수표법상의 유가증권, 상품권, 철도승차권, 극장의 입장권, 시중은행의 양도성예금증서를 들 수 있다. 무기명채권의 양도는 증서를 교부하는 방식으로 행한다(민법 523조).

5-3 면책증서(면책증권)

면책증서란 증서(증권)의 소지인에게 변제하면 비록 그 사람이 진정한 채권자가 아닌 경우에도 채무자가 선의인 한 면책되는 증권이다. 철도여객의 수화물상환증, 호텔의 휴대품 예치증이 그 예이다. 이러한 면책증권은 단순한 자격증서이며 유가증권이 아니다. 그렇지만 면책증서가 증권적 채권과 비슷한 측면이 있기 때문에, 민법은 지시채권에 관한 일부규정을 면책증서에 준용하고 있다(민법 526조).

제2절

전자외상매출채권 담보대출

1 전자외상매출채권

우리나라는 인터넷 등 정보통신기술의 발달로 '기업 간(B2B; Business to Business)전자상거래'가 급속히 확산되었고, 이와 같은 B2B 전자상거래에 대한 기업 간 지급결제제도로 2002년 3월에 도입된 것이 전자외상매출채권제도이다. 전자외상매출채권제도는 기업 간 거래에서 발행하는 외상매출채권을 전자적으로 구현한 것으로 수표의 지급기능과 어음의 신용공여 기능을 혼합한 전자적인 형태의 금융결제수단이다.

전자외상매출채권이란 기업들이 은행과 약정을 맺은 후 구매기업[175)]이 외상매출채권(전자증서)을 발행하여 판매기업[176)]에게 대금을 지급하는 방식의 결제수단으로 판매기업은 동 채권을 만기까지 보유하거나 만기 전에 이를 담보로 거래은행으로부터 대출을 받아 현금화하는 제도이다. 이는 기업 간 물품구매거래에서 발생한 대금채권을 구매기업이 만기를 정한 '전자식채권'[177)]으로 변경하여 금융결제원에 등록함으로써 효력이 발생하는 채권이다.

전자외상매출채권은 은행의 보증 유무에 따라 보증 · 무보증 전자외상매출채권으로 구분된다. 보증전자외상매출채권은 구매기업의 거래은행(발행은행)이 지급보증을 한 것으로서 만기에 구매기업이 전자외상매출채권 발행금액을 결제하지 못하는 미결제(부도)가 발생하는 경우에 발행은행이 대지급을 해준다. 이 경우 판매기업의 입장에서 보면 미결제 위험이 없는 채권이며 판매기업의 거래은행

175) 판매기업으로부터 재화 및 용역을 구매하고 전자외상매출채권을 발행하는 기업을 말한다.

176) 구매기업에게 재화 및 용역을 제공하고 전자외상매출채권으로 결제받는 기업을 말한다.

177) 전자식채권이란 채무자가 특정한 채권자에 대하여 금전채무의 변제를 약속한 채권으로서 서면상으로 채무부담의 의사표시를 하지 않고 전자문서에 한 전자적 방식의 채권을 말한다.

(보관은행)으로서도 판매기업에 대하여 안심하고 담보대출을 해줄 수 있게 된다. 이에 반해 무보증전자외상매출채권은 발행은행이 지급보증을 하지 않은 것이므로 미결제가 발생하는 경우 발행은행이 대지급을 해주지 않는다.

2 전자외상매출채권의 업무절차

판매기업으로부터 물품을 납품받은 구매기업은 전자서명을 첨부하여 구매기업의 거래은행 앞으로 전자외상매출채권의 발행을 신청하고 거래은행은 이를 확인한 후 채권을 발행하여 금융결제원에 등록을 요청한다. 금융결제원은 기업별 약정내용(사업자번호 · 채권발행 한도 등)과 함께 구매기업의 거래은행(발행은행)이 전송한 건별 채권발행내역을 전자채권등록원장에 집중하여 등록하는 한편 이를 채권자인 판매기업의 거래은행(보관은행)에 통보한다.

전자외상매출채권의 만기가 도래하게 되면 금융결제원은 동 내역을 구매기업 · 판매기업의 거래은행 앞으로 각 통지하여 채권 결제에 필요한 절차를 거치게 되며 이에 수반되는 은행 간 자금결제는 한국은행에 개설된 당좌예금계정을 통한 은행 간 차액결제 방식을 이용한다.

그림 Ⅳ-1 〈 전자외상매출채권 업무 흐름도〉

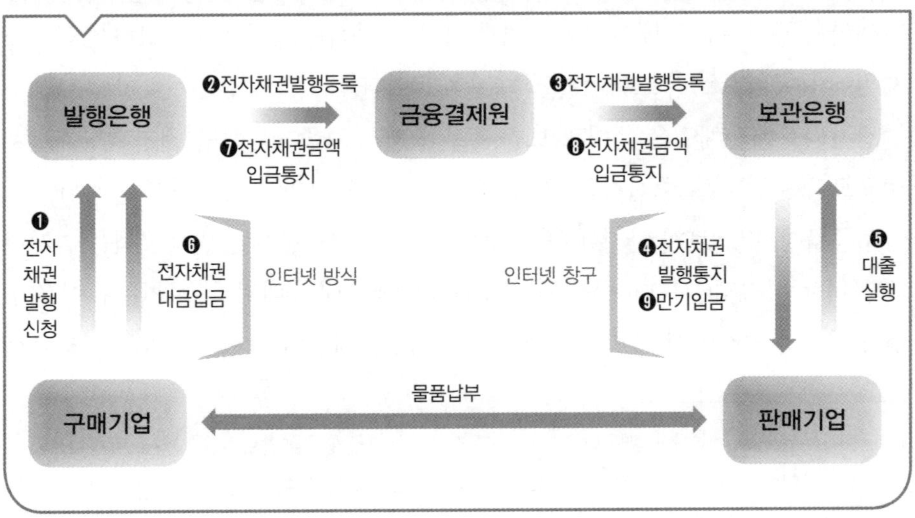

3 전자외상매출채권 담보대출

전자외상매출채권 담보대출은 판매기업이 자금사정이 어려워 만기일 이전에 자금이 필요한 경우에는 발행된 전자외상매출채권을 보관은행에 양도하는 방법으로 담보를 제공하고 보관은행으로부터 대출을 받은 후, 만기에 구매기업이 이 대출금을 보관은행에 상환하는 형태이다.

전자외상매출채권 담보대출의 경우에는 판매기업이 전자외상매출채권을 보관은행 앞으로 양도해야 하는데, 그 방법은 민법상의 지명채권양도 절차에 따른다. 전자금융거래법에서도 전자외상매출채권의 양도를 기본적으로 지명채권양도의 방법에 기해 이루어진다고 규정하고 있다.[178]

이에 따라 전자외상매출채권의 채권자인 판매기업이 보관은행에 전자외상매출채권담보대출을 신청하는 경우, 은행은 담보 확보를 위하여 판매기업으로부터 채권을 양도받는 형식을 취해야 하며, 전자외상매출채권 발행자인 구매기업에게 확정일자를 받은 서면으로 통지를 하거나 승낙을 받은 후에 비로소 판매기업에 대한 대출을 지원한다. 이러한 양도 승낙은 은행 실무적으로 약관에 의한 사전승낙의 방법을 취하고 있다. 즉, 구매기업은 전자외상매출채권을 발행하면서 판매기업의 전자외상매출채권 담보대출을 위한 양도를 사전에 승낙하고 있다.[179]

---

178) 전자금융거래법 20조(전자채권양도의 대항요건)
① 전자채권의 양도는 다음 각 호의 요건을 모두 갖춘 때에 민법 450조 1항의 규정에 따른 대항요건을 갖춘 것으로 본다.
1. 양도인의 채권양도의 통지 또는 채무자의 승낙이 전자서명법 2조 3호의 공인전자서명을 한 전자문서에 의하여 이루어질 것
2. 1호의 규정에 따른 통지 또는 승낙이 기재된 전자문서가 전자채권관리기관에 등록될 것
② 1항의 규정에 따른 통지 또는 승낙이 기재된 전자문서에 전자서명법 20조의 규정에 따른 시점확인이 있고 1항의 요건을 모두 갖춘 때에 민법 450조 2항의 규정에 따른 대항요건을 갖춘 것으로 본다.

179) <예시> 전자방식 외상매출채권 이용약정서(구매기업용) 9조(채권양도계약 및 채권양도통지)
① 협력기업이 은행으로부터 매출채권을 담보로 대출을 받고자 하는 경우 은행에 대하여 현재 가지고 있거나 장래에 발생하는 일체의 매출채권을 은행에 양도하고, 협력기업(판매기업)의 채권양도통지 권한을 은행에 양도하고, 협력기업의 채권양도통지 권한을 은행에 위임한다는 내용의 채권양도계약을 은행과 협력기업 간 체결한다.
② 은행은 채권양도계약 체결 후 채권양도통지서를 확정일자 있는 증서(내용증명우편을 원칙으로 함)로 본인에게 통지하기로 한다.

참고 전자방식 외상매출채권 이용약정서 중 채권양도 내용(구매기업용)

제0조(채권양도계약 및 채권양도통지)

① 협력기업이 은행으로부터 매출채권을 담보로 대출을 받고자 하는 경우 은행에 대하여 현재 가지고 있거나 장래에 발생하는 일체의 매출채권을 은행에 양도하고, 협력기업의 채권양도통지 권한을 은행에 위임한다는 내용의 채권양도계약을 은행과 협력기업 간 체결한다.

② 은행은 채권양도계약 체결 후 채권양도통지서를 확정일자 있는 증서(내용증명우편을 원칙으로 함)로 본인에게 통지하기로 한다.

제3절

계약양수도에 의한 근저당권의 채권자 변경

은행 실무에서 계약양수도에 의한 근저당권의 채권자변경이라 함은, 은행이 다른 은행(금융기관)과 거래 중인 고객을 유치하기 위해 계약양수도 방법에 의하여 다른 은행의 담보물권과 채권을 양도받아 담보권자로서의 지위를 이전받는 것을 말한다. 법원 실무에서는 이를 '근저당권이전'이라 한다. 근저당권의 피담보채권이 확정되기 전이라면 근저당권의 기초가 되는 당사자 사이의 계속적 거래계약상의 채권자의 지위가 이전하면 이에 수반하여 근저당권도 이전하기 때문이다.

1 근저당권의 이전

근저당권은 물권이므로 근저당권자는 자유로이 양도 및 기타의 처분을 할 수 있으나, 민법은 저당권에서 피담보채권을 분리하여 저당권만을 처분하는 것을 제한하고 있다.[180] 이러한 제한은 근저당권에도 그대로 적용된다. 따라서 피담보채권과 분리하여 근저당권만을 양도할 수 없다. 근저당권의 이전은 근저당권의 순위양도와 구별되는 개념이다. 근저당권의 이전은 근저당권과 그 기초가 되는 기본계약상의 채권자 지위를 함께 이전시키는 것을 말하고, 근저당권의 순위양도는 피담보채권과 분리하여 근저당권의 순위만을 이전시키는 것을 말한다. 근저당권의 순위만의 양도는 현행법상 인정되지 않는다.[181]

---

180) 민법 361조(저당권의 처분제한) 저당권은 그 담보한 채권과 분리하여 타인에게 양도하거나 다른 채권의 담보로 하지 못한다.

181) [부동산등기규칙 137조(저당권 이전등기의 신청)] ①저당권의 이전등기를 신청하는 경우에는 저당권이 채권과 같이 이전한다는 뜻을 신청정보의 내용으로 등기소에 제공하여야 한다.
[2000. 5. 31 제정 등기선례6-324] "근저당권의 순위양도와 그에 따른 등기가 가능한지 여부" - 현행 민법과 등기법제에는 근저당권의 순위를 양도하는 제도가 없으므로 근저당권의 순위양도와 그에 따른 등기는 할 수 없다(2000. 5. 31. 등기 3402-383 질의회답).

은행 실무에서 근저당권의 이전(채권자변경)은 주로 다른 금융기관을 거래하는 우량고객을 유치하고자 할 때, 다른 은행의 근저당권에 의하여 담보되는 대출을 그 근저당권의 순위를 그대로 유지하면서 대환하기 위하여 발생한다. 근저당권의 이전은 상속 · 회사합병 등의 포괄승계로 인한 것과 계약양도 · 계약가입 등의 특정승계로 인한 것이 있다. 상속이나 회사의 합병에 의한 근저당권이전은 '법률규정'에 의한 근저당권의 이전이고, 계약양도나 계약가입 등에 의한 근저당권의 이전은 '법률행위(계약)'에 의한 근저당권의 이전이다.

2 근저당권의 기본계약 양도

2-1 근저당권 입법례

근저당권의 "기본계약"을 이해하기 위해서는 우리나라 민법의 근저당권에 대하여 이해가 선행되어야 한다. 우리나라 근저당권 입법에서 영향을 준 입법례는 독일민법과 일본민법이다. 독일민법은 저당권에 의하여 담보할 채권최고액만을 약정하고 구체적인 피담보채권의 확정은 장래에 유보하는 방식이다. 반면에 일본민법은 저당권에 의하여 채무자와 채권자 간의 특정한 계속적 거래관계 또는 일정한 계속적 거래관계(기본계약)로부터 발생하는 채권을 일정한 한도액까지 담보하는 방식이다. 즉 일본민법은 근저당권을 불특정의 채권을 극도액(極度額)의 한도에서 담보하기 위하여 설정되는 저당권이라고 규정하고(제398조의2 제1항), 특정의 계속적 거래계약으로 인하여 생기는 채권 및 채무자와의 일정한 종류의 거래로 인하여 생기는 채권이 근저당권에 의하여 담보될 수 있다고 2단계로 규정하고 있다(제398조의2 제2항). 일본민법은 독일민법과 달리 근저당권의 피담보채권으로 될 수 있는 자격을 제한하고 있다.[182]

다시 말해, 독일민법은 채권최고액 범위 내에서 채권자와 채무자간에 발생하는 어떠한 채권이든지 모두 최고액저당권의 피담보채권으로 할 수 있도록 하고, 일본민법은 근저당권에 있어서는 채권자와 채무자간에 특정 또는 일정한 계속적 거래관계로부터 발생하는 채권만을 근저당권의 피담보채권으로 할 수 있도록 한다.

182) (김재형, 근저당권연구, 48쪽).

우리나라 민법은 근저당권에 관하여 "저당권은 그 담보할 채무의 최고액만을 정하고 채무의 확정을 장래에 보류하여 이를 설정할 수 있다. 이 경우에는 그 확정될 때까지의 채무의 소멸 또는 이전은 저당권에 영향을 미치지 아니한다"라고 규정하고 있어(민법 357조 1항) 그 규정방식으로는 독일민법을 따르고 있다. 그러나 금융기관 담보실무에서는 특정근저당, 한정근저당으로 나누어 기본계약을 당사자 간에 약정하고 그 기본계약으로부터 발생하는 채권을 피담보채권으로 하는 저당권이 근저당권임을 인정하여 일본민법을 따르고 있다.[183]

즉, 우리나라는 근저당권에 관한 민법규정은 독일민법의 최고액저당권을 모범으로 하고, 금융기관의 담보실무는 근저당권을 설정하기 위해서는 당사자 간에 특정·한정·포괄근저당으로 기본계약을 체결해야 하며, 그 기본계약으로 발생하는 채권을 피담보채권으로 하는 저당권을 근저당권으로 다루고 있다.

2-2 근저당권의 기본계약

입법례에서 살펴본 것과 같이 근저당권에 있어서 기본계약은 은행과 같은 금융기관이 사용하는 근저당권설정계약서에 포함되어 있는 특정근저당권, 한정근저당권을 말한다. 저당권은 그에 의하여 담보되는 특정채권에 부종하여 특정채권이 변제되면 저당권도 소멸되지만, 근저당권은 피담보채권으로 될 채권의 발생의 기초가 되는 계속적 법률관계인 기본계약(특정·한정)에 따라 발생한 피담보채권이 변제되더라도 기본계약이 해지되지 않는 한 근저당권은 소멸하지 않는다.

가. 특정근저당

특정근저당은 특정한 여신거래계약에 의하여 발생하는 채권을 담보하기 위하여 설정하는 근저당권으로 특정여신거래계약을 담보하겠다는 합의가 기본계약이다. 특정근저당은 이미 체결되어 있거나 체결할 특정의 거래약정서(예: 2016년 1월 26일 일반자금대출)에 의하여 발생하는 채무를 담보하는 경우에 사용한다.[184]

---

183) 김상용, 근저당의 기본계약의 부종성 인정에 관한 입법의견(법률신문) 참고

184) 특정근저당권은 이미 체결한 피담보채권뿐만 아니라 장래에 체결할 피담보채권도 담보할 수 있으므로, 사전에 여신거래약정서가 없더라도 성립할 수 있고, 근저당권설정계약일자보다 특정한 거래약정서상의 일자가 더 늦어도 상관없다고 보아야 한다. 다만, 근저당권설정계약을 체결하고 설정

기본계약	현재 및 장래의 특정여신거래계약을 담보하겠다는 합의
기본계약서	특정근저당권설정계약서 + 여신거래약정서

나. 한정근저당 및 포괄근저당

한정근저당과 포괄근저당은 미리 약정한 거래유형에 따라 장래에 발생하는 개별여신거래를 담보하겠다는 합의가 기본계약이다.

한정근저당은 이미 체결되어 있거나 체결할 특정한 유형의 여신거래(예: 대출과목 - 일반자금대출, 할인어음 등)로 발생하는 채무를 채권자에게 담보하고자 하는 경우에 사용한다. 그러나 금융감독원은 한정근저당의 담보범위를 축소하고 여신분류표에 의한 피담보채무 지정방식을 도입하여 한정근저당의 피담보채무를 포괄적으로 지정되거나 채무자의 의사에 반하여 보증·신용카드 채무 등을 지정할 수 없도록 하였다(2012년 7월).

금융감독원은 감독규정을 개정하여 여신분류표에 채무자가 실제로 받으려고 하는 대출의 종류를 담보제공자가 직접 표기하고 근저당권 설정계약서에 피담보채무의 종류를 기재해야 하며, 은행이 채무자를 대신하여 근저당권 설정계약서에 피담보채무를 기재하거나 공란으로 둘 수 없도록 하였다. 또한, 은행은 채무자가 받은 여신과 무관한 보증채무·신용카드·신용대출채무나 증서대출·대출거래 등 여신분류표에 표시되지 않은 여신종류는 피담보채무로 지정할 수 없도록 하였다.

포괄근저당권은 채무자가 이미 체결되어 있거나 장래에 체결할 여러 유형의 거래로 발생하는 모든 채무를 채권자에게 담보하고자 하는 경우에 사용하였지만, 2012년 7월 금감원은 「금융소비자 보호를 위한 은행의 근저당 제도 개선」방안으로 포괄근저당은 장기간 지속적인 거래관계 있는 기업에 한해 포괄근저당의 객관적 편리성을 은행이 입증하는 경우로 제한하여 은행권에서는 포괄근저당을 사용하지 않고 있다.

등기를 마친 이후에는 근저당권변경계약서(피담보채무변경용)과 확정일자를 활용하여 피담보채권을 추가하여야 한다.

기본계약	미리 약정한 거래유형에 따라 현재 및 장래의 개별여신거래를 담보하겠다는 합의
기본계약서	한정근저당권설정계약서 (포괄근저당권설정계약서는 현재 은행에서 사용하지 않음)

다. 은행의 근저당권설정 실무

은행실무에서 근저당권설정계약과 기본계약은 근저당권설정계약서에 일괄 기재되어 있기 때문에 동시에 체결된다. 근저당권설정계약은 근저당권설정 당사자인 근저당권자(은행), 채무자 및 근저당권설정자(채무자 또는 제3자)는 근저당권의 피담보채권을 성립시키는 기본계약(특정근저당권, 한정근저당권 중 선택), 근저당권의 채권최고액과 그 범위 내에서 계속적인 거래관계로부터 발생하는 다수의 불특정채권을 담보하기 위한 기한인 결산기(장래지정형·지정형·자동확정형 중 하나를 선택)를 차례대로 약정한다(근저당권설정계약서 제1조). 이후 은행은 근저당권설정자 등의 위임을 받아 등기원인을 「근저당권설정계약」이라고만 등기하기 때문에 근저당권의 피담보채권의 발생원인이 되는 기본계약을 등기부를 통해서 확인할 수 없다.

또한 부동산등기부에는 「근저당권자, 채무자, 채권최고액」만이 등재되며, 「결산기와 기본계약」은 등재되지 않는다(부동산등기법 75조 2항). 그래서 결산기와 기본계약을 변경할 때는 변경등기가 필요 없이 당사자들 간의 합의만으로도 가능하다. 이와 같이 근저당권이 성립하면, 은행과 채무자는 기본계약의 내용에 따라 일반자금대출약정, 어음할인약정 등 피담보채권을 성립시키는 법률행위를 할 수 있다.

판례 **대법원 2021.12.16. 선고 2021다255648 판결**

근저당권을 설정한 후에 근저당설정자와 근저당권자의 합의로 채무의 범위나 채무자를 추가하거나 교체하는 등으로 피담보채무를 변경할 수 있는지 여부(적극)

근저당권은 피담보채무의 최고액만을 정하고 채무의 확정을 장래에 보류하여 설정하는 저당권이다(민법 357조 1항). 근저당권을 설정한 후에 근저당설정자와 근저당권자의 합의로 채무의 범위 또는 채무자를 추가하거나 교체하는 등으로 피담보채무를 변경할 수 있다. 이러한 경우 위와 같이 변경된 채무가 근저당권에 의하여 담보된다(대법원 1993. 3. 12. 선고 92다48567 판결, 대법원 1999. 5. 14. 선고 97다15777, 15784 판결 참조). 후순위저당권자 등 이해관계인은 근저당권의 채권최고액에 해당하는 담보가치가 근저당권에 의하여 이미 파악되어 있는 것을 알고 이해관계를 맺었기 때문에 이러한 변경으로 예측하지 못한 손해를 입었다고 볼 수 없으므로, 피담보채무의 범위 또는 채무자를 변경할 때 이해관계인의 승낙을 받을 필요가 없다. 또한 등기사항의 변경이 있다면 변경등기를 해야 하지만(민법 186조), 등기사항에 속하지 않는 사항은 당사자의 합의만으로 변경의 효력이 발생한다.

〈대법원의 해설, 대법원 판례속보(2021.12.20.)〉

후순위저당권자인 원고는 선순위인 이 사건 근저당권자의 양수인인 피고의 배당액에 대하여 이의를 제기하면서 이 사건 근저당권의 피담보채무에는 근저당권 설정 당시의 대출채무만 포함되는데도 그 이후 추가된 대출채무도 포함시켜 채권최고액 전액을 배당한 잘못이 있다고 주장한 사안이다.

대법원은, 이 사건 근저당권의 설정자와 근저당권자가 근저당권 설정 이후 근저당권설정 변경계약을 통해 피담보채무를 추가하기로 합의하였고, 변경 당시 후순위저당권자인 원고의 승낙을 받을 필요가 없으며, 피담보채무의 범위는 부동산등기법 제48조, 제75조 제2항에서 정한 근저당권의 등기사항에 해당하지 않아 당사자 합의만으로 피담보채무를 추가하는 변경의 효력이 있으므로 추가한 대출채무도 피담보채무에 포함된다고 판단하고, 이와 달리 근저당권 설정 당시의 채무만을 이 사건 근저당권의 피담보채무라고 보아 배당표를 경정한 원심을 파기환송하였다.

2-3 근저당권의 피담보채권 확정

가. 근저당권의 확정

근저당권은 그 담보할 채무의 최고액만을 정하고 피담보채권의 증감변동을 멈추게 하는 채무의 확정을 장래에 유보하여 설정되는 것이다(민법 357조 1항). 그리하여 근저당권에 의하여 담보되는 채권이 소멸하더라도 근저당권은 계속 존속하고 피담보채권의 범위에 속하는 채권이 새로이 발생하면 근저당권에 의하여 담보된다.

근저당권의 피담보채권은 고유특성상 증감, 유동·교체되는 것이지만, 근저당권자가 채무자의 채무불이행시에 경매를 통해 우선변제를 받기 위해서는 유동교체하고 있는 피담보채권이 확정되어야 한다. 이와 같이 근저당권의 피담보채권이 기본계약에서 정한 결산기 또는 기타 확정사유의 발생으로 근저당권 피담보채권의 원본이 더 이상 증감 변동하는 것을 멈추고 그 합계액으로 확정되는 것을「근저당권의 확정」또는「피담보채권의 확정」이라고 한다. 이것은 결국 어느 시점을 기준으로 피담보채권의 범위를 정하는 것이다.

근저당권이 확정되었다는 것은 단순히 담보할 원본채권이 특정되어 새로운 채권이 발생하지 않게 되었다는 것을 의미하여 "보통의 저당권"으로 변환되었다고 말한다. 그러나 이는 "근저당권"이 그 성질을 바꾸어 "저당권"으로 전환되었다는 것은 아니다. 이유는 근저당권이 피담보채권의 확정으로 보통의 저당권으로 전환되었다하더라도 이후 늘어나는 이자 또는 지연이자를 채권최고액범위 내에서만 담보하는 등 근저당권의 성질을 아직 보유하기 때문이다.

나. 근저당권의 확정 효과

근저당권의 피담보채권이 확정되면 채권최고액 범위 내에서 장래의 발생할 수 있는 채권을 담보하던 근저당권이 확정될 때에 존재하는 구체적인 채권을 담보하게 된다. 따라서 근저당권에 있어서 피담보채권의 원본이 확정되면 그 이후 발생하는 근저당권자와 채무자 사이의 새롭게 발생하는 채권은 설사 피담보채권의 범위(특정근저당·한정근저당)에 속하는 채권이라고 할지라도 담보되지 않는다.[185] 다만, 근저당권의 피담보채권이 확정되더라도 잔존 원본채권으로부터 발생하는 이자나 지연손해금채권은 채권최고액의 범위 내에서 근저당권에 의하여 여전히 담보된다.[186] 피담보채권이 확정된다는 것은 원금이 확정된다는 것이지 약정이자 등의 부수채권까지 확정된다는 것은 아니기 때문이다.

근저당권의 피담보채권이 확정된 후에는 근저당권이 보통의 저당권처럼 부종

185) 대법원 1993.3.12. 선고 92다48567 판결

186) 대법원 2007.4.26. 선고 2005다38300 판결, 대법원 1998.10.27. 선고 97다26104·26111 판결

성을 가지게 되어 그 확정된 채무가 변제 등으로 소멸하면 근저당권도 실효된다(피담보채권이 확정되기 전의 근저당권은 실효되지 않는다). 그 결과 근저당권의 확정사유나 확정시기는 근저당권자나 설정자뿐만 아니라 당해 근저당목적물의 후순위담보권자 기타 제3자에게 큰 영향을 미치게 된다. 만약 은행이 근저당권의 피담보채권이 확정된 것을 알지 못하고 계속 대출을 하면 채권회수에 차질이 생기며, 후순위담보권자·물상보증인·일반채권자 등 이해관계인들에게 직접적인 영향을 미친다. 이와 같은 이유로 근저당권의 이해관계인들 사이에서는 근저당권이 구체적으로 어떤 채권을 담보하고 있는지를 둘러싸고 많은 분쟁이 발생한다.

또한 금융감독원은 피담보채무 범위를 특정하지 않은 한정근저당이라 하더라도 대출경위, 담보설정 관행, 근저당권 채권최고액 등을 감안하여 신용대출까지 담보하는 것으로 보기 어려운 경우, 신용대출에는 담보의 효력이 미치지 않는다고 결정하였다.[187]

이와 같은 금융거래환경의 변화로 인하여 근저당권의 피담보채권관련 분쟁은 더욱 높아질 것으로 예상된다.

판례 **대법원 2007.4.26. 선고 2005다38300 판결**

근저당권자의 경매신청 등의 사유로 인하여 근저당권의 피담보채권이 확정되었을 경우, 확정 이후에 새로운 거래관계에서 발생한 원본채권은 그 근저당권에 의하여 담보되지 아니하지만, 확정 전에 발생한 원본채권에 관하여 확정후에 발생하는 이자나 지연손해금 채권은 채권최고액의 범위 내에서 근저당권에 의하여 여전히 담보된다.

다. 근저당권의 확정 사유

근저당권의 확정사유는 근저당권자와 근저당권설정자 등 당사자의 의사에 기하여 확정되는 경우와 당사자의 의사와 무관하게 확정되는 경우로 나눌 수 있다. 당사자의 의사에 기하는 경우의 예로는 정해진 결산기나 확정시기의 도래, 근저당권설정자의 확정청구, 근저당권자의 경매신청 등을 들 수 있다. 당사자의 의사와 무관한 경우의 예로는 근저당권자의 의사와 무관하게 이루어진 경매개시결

187) 금융분쟁조정위원회, "한정근저당이라도 담보대출과 별도로 취급한 신용대출엔 효력없다"고 결정(2013.9.26.)

정, 파산선고, 회생절차개시결정 등이 있다.

1) 기본계약의 종료에 의한 확정

근저당권설정계약에서 정한 근저당권의 존속기간 또는 결산기[188]가 도래한 때에 근저당권의 피담보채권은 확정된다. 민법에는 근저당권의 존속기간 또는 결산기에 관하여는 아무런 규정이 없고, 근저당권은 그 존속기간 또는 결산기가 만료되더라도 피담보채권이 남아 있는 한 소멸되지 않는다.

2) 근저당권설정계약해지 및 확정청구

근저당권설정 이후에 거래관계를 종료하기로 하는 약정이 있는 경우에도 이 약정에 따라 근저당권이 확정된다. 이러한 약정은 명시적이든 묵시적이든 상관없다. 예를 들면 채권자, 채무자, 채무인수인 및 물상보증인 사이에 모든 채무를 면책적으로 인수하기로 하는 채무인수약정을 한 경우, 특별한 사정이 없는 한 당사자들 사이에 근저당권의 기본계약상의 거래관계를 종료하기로 하는 의사의 합치가 있었다고 보아야 할 것이므로 채무인수약정으로 인하여 근저당권의 피담보채무가 확정된다.

채무자가 근저당권에 의하여 담보되는 채무를 전부 변제하고 채권자로부터 새로이 금원을 차용하는 등 거래를 계속할 의사가 없는 경우에는 결산기가 도래되지 않았더라도 근저당권설정자는 계약을 해지하고 근저당권설정등기의 말소를 구할 수 있다.[189]

근저당권의 확정청구는 근저당권이 확정되기 전에 근저당권설정자의 의사에 기하여 거래를 종료시키고 근저당권을 확정시키는 것이다. 근저당권의 설정계약 내지 기본계약이 적법하게 해지 또는 해제되는 경우에 근저당권이 확정된다. 실제 은행실무에서도 근저당권설정자가 채무변제를 조건으로 근저당권의 해지를 요청하면 은행에서도 특별한 사유가 없는 한 이를 수용하고, 근저당권의 피담보채권을 확정·계산하여 대출채권을 회수한 후 근저당권설정을 해지한다. 특히 근저당권설정자가 물상보증인인 경우 또는 제3취득자인 경우에는 피담보채권이

188) 지정형, 자동확정형, 장래지정형

189) 대법원 2001.11.9. 선고 2001다47528 판결

채권최고액을 초과하는 상태에서도 채권최고액을 상환하는 조건을 근저당권의 확정 및 해지를 청구할 수 있다.

판례 **대법원 1974.12.10. 선고 74다998 판결**

근저당권의 물상보증인은 민법 357조에서 말하는 채권의 최고액만을 변제하면 근저당권설정등기의 말소청구를 할 수 있고 채권최고액을 초과하는 부분의 채권액까지 변제할 의무가 있는 것이 아니다.

3) 근저당권자 또는 제3자의 경매신청

가) 근저당권자가 경매를 신청하는 경우

근저당권자가 근저당권을 실행하기 위하여 경매신청을 하면 근저당권이 확정된다(통설). 이유는 근저당권자 스스로 근저당목적물에 대하여 가지는 당해 근저당권이나 별도의 담보권에 기하여 임의경매를 신청한 경우 채무자와 더 이상의 거래관계를 유지하지 아니하겠다는 취지의 의사를 표시한 것이므로, 별도의 해지의 의사표시가 없더라도 근저당권자가 경매를 신청하여 경매개시결정이 되면 경매신청 시에 피담보채권이 확정된다는 것이다.[190] 다만, 근저당권자가 경매신청을 실제로 한 것이 아니고 다만 경매신청을 하려는 태도를 보인 데 그친 것이라면 근저당권은 확정되지 않는다.[191]

경매개시결정이 내려진 이후에는 경매신청이 취하되더라도 확정의 효력에 영향이 없다.[192] 그러나 경매신청이 각하되거나 경매개시결정 전에 신청을 취하하면 피담보채권은 확정되지 아니한다.[193]

---

190) [대법원 1998.10.27. 선고 97다26104,26111 판결] 근저당권자가 피담보채무의 불이행을 이유로 경매신청을 한 경우에는 경매신청 시에 근저당권의 피담보채권액이 확정되고, 그 이후부터 근저당권은 부종성을 가지게 되어 보통의 저당권과 같은 취급을 받게 된다.

191) 대법원 1993.3.12. 선고 92다48567 판결

192) 26) [대법원 2002.11.25. 선고 2001다73022 판결] 근저당권자가 피담보채무의 불이행을 이유로 경매신청을 한 경우에는 경매신청 시에 근저당 채무액이 확정되고, 그 이후부터 근저당권은 부종성을 가지게 되어 보통의 저당권과 같은 취급을 받게 되는바, 위와 같이 경매신청을 하여 경매개시결정이 있은 후에 경매신청이 취하되었다고 하더라도 채무확정의 효과가 번복되는 것은 아니다.

193) 곽윤직(편집대표), 민법주해 제7권, 박영사, 1992, 23면

근저당권자인 은행이 채무자가 연체를 하여 근저당권에 기하여 경매를 신청하여 근저당권이 확정되면 그 이후에 연체이자를 정리하고 정상화 되었더라도 신규로 대출을 지원하더라도 근저당권에 의하여 담보되지 않게 되는 것을 유의해야 한다.

나) 제3자가 당해 부동산에 경매를 신청하는 경우

선순위 또는 후순위담보권자가 담보권 실행을 위한 경매를 신청하거나 근저당권자 이외의 제3자가 집행권원에 기하여 당해부동산에 대하여 경매를 신청한 경우에, 그 부동산에 설정되어 있던 근저당권의 피담보채권이 언제 확정되는지 문제된다. 부동산에 대하여 경매절차가 진행되어 매각이 이루어지면 근저당권은 민사집행법상 말소기준 권리이므로 모두 소멸한다(민사집행법 91조 2항).[194]

이와 같이 근저당목적물의 선순위 또는 후순위담보권자가 임의경매를 신청하거나 제3자가 강제경매를 신청한 경우, 종국적 환가절차가 종료되면 근저당권자의 당해 근저당권도 소멸한다. 따라서 제3자의 경매신청이 있어 경매절차가 진행되면 어느 시점에서든 확정된다고 보아야 한다. 그 시기에 대해서 학설은 경매개시결정시에 확정된다는 견해와 매각대금납입기일에 확정된다는 견해가 있으나, 판례는 거래의 안전을 해치지 아니하는 한도 안에서 선순위근저당권자가 파악한 담보가치를 최대한 활용할 수 있도록 함이 타당하다는 관점에서 근저당권이 소멸하는 시기인 매수인이 매수대금을 완납한 때에 확정된다고 한다.[195]

그러나 1971년에 개정된 일본 민법(398조의20 1항 4호)은 「저당부동산에 대하여 제3자에 의한 경매절차의 개시 또는 체납처분에 의한 압류가 있고 근저당권자가 이를 안 때로부터 2주일을 경과한 때」에 근저당권의 피담보채권이 확정되

---

194) 민사집행법 91조(인수주의와 잉여주의의 선택 등) ①압류채권자의 채권에 우선하는 채권에 관한 부동산의 부담을 매수인에게 인수하게 하거나, 매각대금으로 그 부담을 변제하는 데 부족하지 아니하다는 것이 인정된 경우가 아니면 그 부동산을 매각하지 못한다.
② 매각부동산 위의 모든 저당권은 매각으로 소멸된다.
③ 지상권·지역권·전세권 및 등기된 임차권은 저당권·압류채권·가압류채권에 대항할 수 없는 경우에는 매각으로 소멸된다.
④ 제3항의 경우 외의 지상권·지역권·전세권 및 등기된 임차권은 매수인이 인수한다. 다만, 그중 전세권의 경우에는 전세권자가 제88조에 따라 배당요구를 하면 매각으로 소멸된다.
⑤ 매수인은 유치권자(留置權者)에게 그 유치권(留置權)으로 담보하는 채권을 변제할 책임이 있다.

195) 대법원 1999.9.21. 선고 99다26085 판결

는 것으로 규정하고 있다.

2004년 법무부 민법 개정안(357조의11 1항 4호)은 이와 같은 내용을 반영하여,「근저당권자가 저당부동산에 대한 경매절차의 개시가 있었음을 안 날로부터 2주간이 경과한 때를 확정사유의 하나로 규정하면서 경매절차의 개시가 그 효력을 잃은 때에는 담보할 원본은 확정되지 않는 것으로 본다. 이와 같은 점을 종합할 때 은행 실무에서는 제3자가 경매를 신청한 경우라 하더라도 저당부동산에 대한 경매절차의 개시가 있었음을 알게 되면(경매법원은 근저당권자에게 경매개시결정을 우편으로 통지하고 있음) 신규대출을 취급하지 않는 것이 이와 관련한 법적 분쟁을 사전에 예방할 수 있는 방법이다.

참고 민법 개정안 제357조의11(원본의 확정사유)

① 근저당권이 담보할 원본은 다음 각 호의 경우에 확정된다.

1. 담보할 원본이 더 이상 발생하지 아니하게 된 때
2. 근저당권자가 저당부동산에 대하여 경매 또는 제370조에 의하여 준용되는 제342조에 의한 압류를 신청한 때. 다만 경매절차의 개시 또는 압류가 있는 때에 한한다.
3. 근저당권자가 저당부동산에 대하여 체납처분으로 인한 압류를 한 때
4. <u>근저당권자가 저당부동산에 대한 경매절차의 개시 또는 체납처분으로 인한 압류가 있었음을 안 날부터 2주일이 경과한 때</u>
5. 채무자 또는 근저당권설정자가 파산선고 또는 회사정리절차의 개시결정을 받은 때

② 제1항 제4호의 경매절차의 개시 또는 압류나 제5호의 파산선고 또는 회사정리절차의 개시결정이 그 효력을 잃은 때에는 담보할 원본은 확정되지 아니한 것으로 본다. 그러나 원본이 확정된 것으로 하여 그 근저당권을 취득한 자가 있는 때에는 그러하지 아니하다.

<u>※ 개정안은 1999년 2월 법무부 산하 민법개정특별분과위원회가 출범하여 2004년 민법개정안을 마련하여 국회에 의안으로 부쳤으나, 국회의 회기 만료로 폐기되었다.</u>

참고 일본 민법 제398조의20(근저당권의 원본의 확정사유)

① 다음 각 호의 경우에는 근저당권이 담보하여야 할 원본은 확정된다.
1. 근저당권자가 저당부동산에 대하여 경매나 담보부동산수익집행 또는 제372조에서 준용하는 제304조의 규정에 의한 압류를 신청한 때. 다만, 경매절차나 담보부동산수익집행절차의 개시 또는 압류가 있는 때에 한한다.
2. 근저당권자가 저당부동산에 대하여 체납처분에 의한 압류를 한 때
3. 근저당권자가 저당부동산에 대한 경매절차의 개시 또는 체납처분에 의한 압류가 있는 것을 안 때부터 2주간을 경과한 때
4. 채무자 또는 근저당권설정자가 파산절차개시의 결정을 받은 때

② 전항 제3호의 경매절차 개시나 압류 또는 동항 제4호의 파산절차개시결정의 효력이 소멸된 때에는 담보하여야 할 원본은 확정되지 않은 것으로 본다. 다만, 원본이 확정된 것으로서 그 근저당권 또는 이를 목적으로 하는 권리를 획득한 자가 있는 때에는 그러하지 아니하다.

참고 근질권의 피담보채권 확정시기

근저당권과는 달리 근질권이 설정된 금전채권에 대하여 제3자의 압류로 강제집행절차가 개시된 경우, 근질권자가 위와 같은 강제집행이 개시된 사실을 알게 된 때에 확정된다.
(대법원 2009.10.15. 선고 2009다43621판결)

4) 공동근저당부동산 중 일부에만 경매를 신청하는 경우

주채무자와 물상보증인이 공동으로 근저당권을 설정한 후 먼저 주채무자가 제공한 근저당권이 실행된 경우, 물상보증인의 피담보채무는 언제 확정되는 가에 대해서 대법원은 근저당권자가 물상보증인 소유 토지와 주채무자 소유토지에 공동으로 근저당권을 취득하고 있는 경우에는 그 원인관계도 공통된다. 그러므로 물상보증인의 토지에 대하여 아직 경매신청이 되지 않았더라도 먼저 주채무자의 토지에 대한 경매신청이 된 경우에는 그 때 물상보증인의 근저당권도 확정된다고 한다.

즉, 공동근저당의 목적부동산 중에서 하나에만 경매를 신청하더라도 원인관계가 공통되는 다른 공동근저당권 전체에 대한 피담보채권이 확정된다.[196]

196) [대법원 1996. 3. 8. 선고 95다36596 판결] 채권자가 물상보증인 소유 토지와 공동담보로 주채무자 소유 토지에 1번 근저당권을 취득한 후 이와 별도로 주채무자 소유 토지에 2번 근저당권을 취득한

5) 채무자 · 물상보증인에 대한 파산 또는 회생절차

가) 파산

우리나라는 파산선고를 근저당권의 확정사유로 규정하는 법률규정이 없다. 반면에 일본 민법(398조의20 1항 5호)은 채무자 또는 근저당권설정자가 파산선고를 받은 때 근저당권이 담보해야 할 원본이 확정된다고 규정하고 있다. 파산선고는 재정적 어려움으로 인하여 파탄에 직면하여 회생이 어려운 채무자의 재산을 공정하게 환가·배당하는 것을 목적으로 하는 절차이다. 따라서 채무자에 대하여 파산선고가 내려진 경우 채무자는 거래능력을 읽게 되기 때문에 더 이상 피담보채권이 발생할 가능성은 소멸하므로, 채무자에 대한 파산선고 시에 근저당권은 확정된다고 보아야 한다.[197]

나) 회생절차개시결정

회생절차제도는 재정적 어려움으로 인하여 파산에 직면해 있는 채무자에 대하여 채권자·주주·지분권자 등 이해관계인의 법률관계를 조정하여 채무자 또는 그 사업의 효율적인 회생을 도모하는 것을 목적으로 하는 제도이다.

채무자 또는 물상보증인에 대하여 회생절차가 개시되면 근저당권자는 회생채권자 또는 회생담보권자로서 회생절차에서만 그의 권리를 행사해야 되며, 회생채권 또는 회생담보권에 기한 강제집행은 금지되거나 제한된다. 회생절차개시로 인하여 회사재산에 대한 관리처분권이 관리인에게 전속하므로 회생절차개시의 시점을 기준으로 근저당권의 피담보채권의 범위를 확정시킴으로써 법률관계를 명확하게 할 필요가 있다.

대법원은 근저당권설정자에 대하여 회사정리절차개시결정이 내려진 경우, 그 근저당권의 피담보채무는 회사정리절차개시결정시를 기준으로 확정된다고 한다. 따라서 회생절차개시결정 이후에 근저당권자가 채무자에게 추가여신을 지원

사안에서 물상보증인의 토지에 대하여 아직 경매신청이 되지 않았더라도, 먼저 주채무자의 토지에 대하여 피담보채무의 불이행을 이유로 근저당권이 실행된 이상, 채권자와 물상보증인 사이의 근저당권 설정계약의 원인관계인 어음거래 약정에 기한 거래는 그로써 종료되고 그 경매신청 시에 그 피담보채권이 확정된다.

197) [김재형, 근저당권연구 박영사 2000, 262면.

할 경우 근저당권에 의하여 담보되지 않게 된다.[198]

6) 근저당권 피담보채무의 「면책적 채무인수」약정

근저당권의 채무자가 「면책적 채무인수」를 등기원인으로 채무자변경의 부기등기가 마쳐진 경우, 기본계약상의 거래관계를 종료하기로 하는 의사가 있었다고 볼 수 있으므로 피담보채권은 확정된다.[199]

판례 **대법원 2000.12.26. 선고 2000다56204 판결**

채무가 인수되는 경우에 구 채무자의 채무에 관하여 제3자가 제공한 담보는 채무인수로 인하여 소멸하되 다만 그 제3자(물상보증인)가 채무인수에 동의한 경우에 한하여 소멸하지 아니하고 신 채무자를 위하여 존속하게 되는바, 이 경우 물상보증인이 채무인수에 관하여 하는 동의는 채무인수인을 위하여 새로운 담보를 설정하겠다는 의사표시가 아니라 기존의 담보를 채무인수인을 위하여 계속 유지하겠다는 의사표시에 불과하여 그 동의에 의하여 유지되는 담보는 기존의 담보와 동일한 내용을 갖는 것이므로, 근저당권에 관하여 채무인수를 원인으로 채무자를 교체하는 변경등기(부기등기)가 마쳐진 경우 특별한 사정이 없는 한 그 근저당권은 당초 구 채무자가 부담하고 있다가 신 채무자가 인수하게 된 채무만을 담보하는 것이지, 그 후 신 채무자(채무인수인)가 다른 원인으로 부담하게 된 새로운 채무까지 담보하는 것으로 볼 수는 없다.

7) 대위변제자에 의한 근저당권의 이전등기

제3자가 근저당권의 피담보채권을 대위변제하더라도 근저당권이 확정되지는 않는다. 채권자와 대위변제한 제3자(신용보증기금 등) 사이에 대위변제 시 근저당권 일부 이전의 대위등기를 해주기로 하는 특별한 약정이 있는 때에는 채권자는

---

198) [대법원 2001.6.1.선고 99다66649 판결] 근저당권이 설정된 뒤 채무자 또는 근저당권설정자에 대하여 회사정리절차개시결정이 내려진 경우, 그 근저당권의 피담보채무는 회사정리절차개시결정시점을 기준으로 확정되는 것으로 보아야 하므로, 그 이후 근저당권자가 정리회사 또는 정리회사의 관리인에게 그 사업의 경영을 위하여 추가로 금원을 융통하여 줌으로써 별도의 채권을 취득하였다 하더라도, 그 채권이 위 근저당권에 의하여 담보될 여지는 없다 할 것이다.

199) [대법원 1999.09.03. 선고 98다40657 판결] 물상보증인이 근저당권의 채무자의 계약상의 지위를 인수한 것이 아니라 다만 그 채무만을 면책적으로 인수하고 이를 원인으로 하여 근저당권 변경의 부기등기가 경료된 경우, 특별한 사정이 없는 한 그 변경등기는 당초 채무자가 근저당권자에 대하여 부담하고 있던 것으로서 물상보증인이 인수한 채무만을 그 대상으로 하는 것이지, 그 후 채무를 인수한 물상보증인이 다른 원인으로 근저당권자에 대하여 부담하게 된 새로운 채무까지 담보하는 것으로 볼 수는 없다.

그 약정에 따른 대위등기의 의무가 있다. 이 경우 채권자는 근저당거래를 해지하여 피담보채권을 확정하고 대위변제자에 대하여 근저당권 일부 이전의 대위등기를 해주어야 한다. 은행이 신용보증기금 등에 근저당권을 이전하면 그 근저당권의 피담보채권은 근저당권 이전 시 확정된다.[200]

2-4 근저당권의 기본계약 양도

근저당권의 피담보채권이 확정되기 이전에 근저당권의 개별적 피담보채권이 양도된 경우, 그 채권은 근저당권의 피담보채권에서 제외된다. 그러나 근저당권의 기본계약(피담보채권의 발생의 기초가 되는 계약)상의 채권자지위가 양도된 경우에는 피담보채권의 확정과 상관없이 근저당권이 포괄적으로 이전된다. 이와 같은 효과로 인하여 근저당권의 기본계약 양도는 금융거래 실무상 채권자변경제도의 하나로서 실질상 순위가 보전된다는 측면에서 활용되고 있다.

일본 민법은 근저당권의 이전과 변경에 대하여 그 근거규정을 두고 있으나,[201] 우리나라는 현재 등기예규[202]에서 이를 규정하고 있다.

3 피담보채권 확정 전의 근저당권 이전

근저당권의 피담보채권이 확정되기 전에 기본계약의 일부 또는 전부가 이전된 경우 근저당권도 수반성에 의하여 같이 이전한다. 이 경우 기본계약상의 채권자 지위를 양도하는 계약은 양도인 · 양수인 및 채무자 간의 3면 계약에 의하지만, 근저당권이전등기 신청인은 근저당권의 양도인 및 양수인이 된다. 그러나 근저당권의 피담보채권이 확정되기 전에 그 근저당권자의 지위만을 이전하는 것은 저당권의 부종성의 원칙상 인정될 수 없다. 또한 근저당권에 의하여 담보되는 특정채권만 이전시킬 수도 없다.

근저당권의 피담보채권이 확정되기 전에 근저당권의 기초가 되는 기본계약상

---

200) 대법원 1996. 6. 14. 선고 95다53812 판결

201) 일본 민법 398의12 등

202) 「근저당권에 관한 등기사무처리지침」 2012.6.29. 등기예규 1471호

의 채권자 지위가 제3자에게 전부 또는 일부 양도된 경우, 그 양도인 및 양수인은 '계약 양도'(채권자의 지위가 전부 제3자에게 양도된 경우), '계약의 일부 양도'(채권자의 지위가 일부 제3자에게 양도된 경우) 또는 '계약가입'(양수인이 기본계약에 가입하여 추가로 채권자가 된 경우)을 등기원인으로 하여 근저당권이전등기를 신청할 수 있다.[203)]

'계약의 일부 양도'나 '계약가입'을 원인으로 근저당권의 일부 이전등기가 경료되면 양수인과 양도인 또는 기존 근저당권자와 계약가입자는 당해 근저당권을 준공유하게 된다. 해당 부동산이 경매되어 경매매각대금을 배당할 경우, 당사자 사이에 채권최고액의 배분에 관한 특약이 있으면 그에 따르고, 만일 특약이 없으면 배당시점의 확정채권액을 기준으로 하여 최고액을 배분하는 방법에 의하게 된다. 이는 은행이 보증기관으로부터 대위변제금을 수령하고 근저당권의 일부를 이전한 경우 그 '근저당권일부이전계약서'의 특약에 따라 매각대금을 배분하는 것과 같은 이치이다. 다만, 근저당권의 피담보채권이 확정되기 전에 그 피담보채권이 양도 또는 대위변제된 경우에는 이를 원인으로 하여 근저당권이전등기를 신청할 수는 없다.[204)]

한편, 기본계약상의 채권자 지위의 양도를 원인으로 근저당권이전등기를 신청하는 경우 근저당권설정자가 물상보증인이거나 소유자가 제3취득자인 경우라면 그의 승낙서를 첨부하여야 하는지가 문제가 된다. 종전에는 기본계약의 인적요소를 중시하여 물상보증인의 동의를 요한다고 하였으나, 이렇게 할 경우 근저당권의 수반성에 반하므로 동의를 요하지 않는 것으로 정리되었다.[205)] [206)] 이유는 근저당권은 그 확정 시까지 증감 · 변동되는 개개의 채권을 담보하기보다는 결산기에 잔존하는 채권을 일정한 한도액에서 담보하는 것이기 때문에 근저당권이 확정되기 전에는 기본계약상의 채권자 지위의 양도 없이 개별채권의 양도 또는 대위변제를 원인으로 한 근저당권이전등기를 할 수 없다는 것이다.

---

203) 근저당권에 관한 등기사무처리지침[등기예규 1471호, 시행 2012.6.29.] 1조 4항 1호
204) 근저당권에 관한 등기사무처리지침[등기예규 1471호, 시행 2012.6.29.] 1조 4항 3호
205) 근저당권에 관한 등기사무처리지침[등기예규 제1471호, 시행 2012.6.29.] 1조 4항 2호
206) 대법원 1996. 6. 14. 선고 95다53812 판결.

4 피담보채권 확정 후의 근저당권 이전

근저당권의 피담보채권이 확정되면 그 근저당권은 채권최고액을 한도로 하여 확정채권액을 담보하는 성질을 갖게 된다. 따라서 피담보채권 확정 후에는 저당권과 같이 양도 또는 대위변제 등을 원인으로 근저당권이전등기를 할 수 있으며, 등기원인은 '확정채권양도' 또는 '확정채권대위변제'로 기재한다. 특히 확정채권의 일부양도 또는 일부대위변제의 경우에는 그 금액을 기재하여야 한다. 그리고 근저당권의 피담보채권이 확정된 후에 채권이 모두 변제된 경우 그 근저당권등기는 말소등기가 없어도 무효 또는 실효된 등기이므로 근저당권의 이전등기 자체가 불가능하다.

5 채권양도 규정의 적용

계약양수도에 의한 근저당권의 채권자 변경은 채권양도를 포함하고 있으므로, 채권양도에 관한 규정이 적용된다. 따라서 근저당권으로 담보되는 채권의 양도를 채무자 기타 제3자에게 대항하기 위해서는 근저당권 이전의 등기와 별도로 채권양도의 대항요건을 갖추어야 한다. 근저당권이전의 기초인 채권양도가 대항요건을 구비하지 않고 있는 동안 피담보채권이 이중으로 양도되어 제2의 양수인이 먼저 채권양도의 대항요건을 갖추면 제1의 채권양도는 효력을 상실하여 제1의 양수인은 비록 근저당권의 이전등기를 마쳤더라도 근저당권을 취득할 수 없게 된다.

근저당권으로 담보되는 채권의 양도를 들어 채무자 기타 제3자에게 대항하려면 채무자에게 채권양도의 사실을 통지하거나 채무자의 승낙이 있어야 하고, 채무자 이외의 제3자에 대항하려면 통지 또는 승낙이 확정일자 있는 증서에 의하여야 한다(민법 450조). 채무자는 그 통지를 받을 때까지 양도인에 대하여 생긴 사유로써 양수인에게 대항할 수 있다(민법 451조). 따라서 근저당권으로 담보되는 채권을 양도하고 저당권이전의 등기를 마쳤더라도 채무자에게 채권양도의 사실을 통지하기 전에 채무자가 양도인에게 변제한 경우에는 채권은 소멸하고 근저당권도 소멸한다.

6 은행실무 처리절차

은행 실무적으로 계약양수도에 의한 채권자 변경이 필요한 이유는 다른 금융기관 담보물에 제3자의 후순위근저당권 등이 존재하여 추가근저당권 설정을 통해서는 담보활용이 곤란할 때 사용된다.[207] 근저당권의 채권자 변경방법은 채권을 양수하는 은행이 계약양수인으로서 개별채권계약과 함께 근저당권설정계약서상 채권자의 지위를 함께 이전받는 계약양도방법으로 한다.

양도은행, 양수은행 및 채무자가 계약당사자로 양수도계약을 체결하며, 여신서류 외에 '채권양도약정서'(계약양도용)와 '근저당권이전계약서'(계약양도용)를 계약양도인으로부터 기명 · 날인을 받고 계약양도인과 채무자(담보제공자 포함)가 이미 체결한 근저당권설정계약서(변경 · 추가계약서 포함) 원본과 여신거래약정서 원본을 수령한다.

근저당권 이전등기는 채권자만 변경하면 되기 때문에 계약양도를 원인으로 하는 부기등기 형식으로 하고, 근저당권설정자가 물상보증인이거나 담보물소유자가 제3자로 변경된 경우에도 그의 승낙서를 첨부할 필요는 없다. 근저당권의 양도대상인 여신의 상환기일 및 여신금액은 양도 전 여신과 동일하게 신규여신으로 약정한 후 실행하되, 양도대상 여신과 신규여신이 일대일로 대응되도록 하여 채권의 동일성이 유지되도록 한다.

---

207) 이 제도는 모든 은행에서 이용하는 것은 아니며, 은행 내부 여신정책상 이를 허용하지 않는 은행도 있다.

판례 **대법원 2005.06.10. 선고 2002다15412 판결**

[1] 저당권은 피담보채권과 분리하여 양도하지 못하는 것이어서 저당권부 채권의 양도는 언제나 저당권의 양도와 채권양도가 결합되어 행해지므로 저당권부 채권의 양도는 민법 186조의 부동산물권변동에 관한 규정과 민법 449조 내지 452조의 채권양도에 관한 규정에 의해 규율되므로 저당권의 양도에 있어서도 물권변동의 일반원칙에 따라 저당권을 이전할 것을 목적으로 하는 물권적 합의와 등기가 있어야 저당권이 이전된다고 할 것이나, 이때의 물권적 합의는 저당권의 양도 양수받는 당사자 사이에 있으면 족하고 그 외에 그 채무자나 물상보증인 사이에까지 있어야 하는 것은 아니라 할 것이고, 단지 채무자에게 채권양도의 통지나 이에 대한 채무자의 승낙이 있으면 채권양도를 가지고 채무자에게 대항할 수 있게 되는 것이다.

[2] 근저당권이전의 부기등기가 기존의 주등기인 근저당권설정등기에 종속되어 주등기와 일체를 이룬 경우에는 부기등기만의 말소를 따로 인정할 아무런 실익이 없지만, 근저당권의 이전원인만이 무효로 되거나 취소 또는 해제된 경우, 즉 근저당권의 주등기 자체는 유효한 것을 전제로 이와는 별도로 근저당권이전의 부기등기에 한하여 무효사유가 있다는 이유로 부기등기만의 효력을 다투는 경우에는 그 부기등기의 말소를 소구할 필요가 있으므로 예외적으로 소의 이익이 있다.

참고 **금융기관 상호간의 채권양도계약에 의한 근저당권이전등기**

제정 1999.11.23 [등기선례 제6-340호, 시행]

「금융산업의구조개선에관한법률」에 의한 금융감독위원회의 계약이전결정에 따른 근저당권이전이 아니라, 금융기관 상호 간의 채권양도계약에 의하여 부실금융기관 명의의 근저당권을 인수금융기관 명의로 근저당권이전등기를 신청하기 위하여는, 등기원인을 증명하는 서면인 인수금융기관과 부실금융기관이 작성한 채권양도계약서(이 경우 양도대상인 근저당권이 특정되어 표시되어야 할 것임)와 등기의무자의 권리에 관한 등기필증을 첨부하여야 하며, 이때 등기부상 등기원인의 표시는 확정채권양도가 된다.(1999. 11. 23. 등기 3402-1066 질의회답)

참고 **채권양도계약의 해제로 인한 근저당권이전등기의 말소가부**

제정 1999.09.20 [등기선례 제6-373호, 시행]

채권양도를 원인으로 한 근저당권이전등기가 경료된 후에 그 양도계약을 해제하였다면 이해관계 있는 제3자가 없는 경우에 한하여 근저당권이전등기의 말소등기를 신청할 수 있을 것이며, 등록세는 지방세법 131조 1항 8호의 규정에 의하여야 할 것이다. (1999. 9. 20. 등기 3402-906 질의회답)

제4절

부실채권의 매각

1 부실채권의 개념

부실채권은 여신거래로 인하여 발생한 대출채권, 지급보증, 기타 이에 준하는 채권 중 채무자의 변제를 기대할 수 없어, 은행에서 회수조치나 관리방법을 강구할 필요가 있는 채권을 말한다.

2 부실채권에 대한 금융감독원의 분류

은행업감독규정에 의하면 은행은 정기적으로 채무자의 채무상환능력과 금융거래내용 등을 감안하여 은행의 채권을 정상, 요주의, 고정, 회수의문, 추정손실의 5단계로 분류하고 이 중 '회수의문 또는 추정손실'로 분류된 채권은 조기에 상각하여 자산의 건전성을 확보하여야 한다.[208] 즉, 부실채권은 은행의 자산건전성 분류상 '고정'이하로 분류된 채권으로, '회수의문'은 거래처에 대한 총채권 중 손실발생이 예상되나 현재 그 손실액을 확정할 수 없는 담보부족채권을 말하며, '추정손실'은 거래처에 대한 총채권 중 회수불능이 확실하여 손비처리가 불가피하다고 판단되는 채권을 말한다.

① 정상 단계(Normal) : 정상은 신용상태가 양호한 거래처에 대한 대출금으로 연체기간이 1개월 미만의 단기 연체인 경우를 말한다.

② 요주의 단계(Precautionary) : 연체기간이 3개월 미만으로 지금 당장은 원리금 회수에 문제가 없을 것으로 예상되나 향후 신용상태가 악화될 가능성이 있어 세심한 주의

208) 은행업감독규정 제27조

나 관리가 필요한 상태를 말한다.

③ 고정 단계(Substandard) : 연체기간이 3개월 이상으로 대출을 받은 고객의 신용상태가 이미 악화되어 채권회수에 상당한 위험이 발생한 것으로 판단하는 단계이다.

④ 회수의문 단계(Doubtful) : 연체기간이 3개월 이상, 1년 미만으로 고객의 채무상환 능력이 현저히 악화되어 채권회수에 심각한 위험이 발생한 대출로 회수예상금액을 초과하는 대출 상태이다.

⑤ 추정손실 단계(Estimated Loss) : 연체기간이 1년 이상으로 고객의 상환능력이 심각하게 나빠져 손실처리가 불가피한 채권을 말한다. 회수예상금액을 초과하는 부분을 말한다.

3 부실채권의 종류

은행에서 부실채권이란 3개월 이상 원리금 상환이 이루어지지 않고 회수가 불확실한 대출채권으로 채권관리 주체에 따라 특별채권과 일반채권으로 분류되며, 담보 유 · 무에 따라 담보부채권과 무담보부채권으로 나누어진다.

3-1 특별채권(Special Loan)

특별채권은「채무자 회생 및 파산에 관한 법률」에 따라 법원의 채무자회생절차를 밟고 있는 기업에 대한 대출채권을 말한다. 특별채권은 법원에 의하여 재산보전처분이 내려진 상태이기 때문에 법원의 결정이 있어야 처분할 수 있다. 특별채권은 담보부특별채권과 무담보부특별채권으로 구분된다.

3-2 일반채권(Regular Loan)

특별채권이 아닌 부실채권을 일반채권이라고 하며, 일반채권은 법적으로 처분제한이 없기 때문에 채권자가 임의대로 처분이 가능하다.

일반채권 중 담보부채권은 금융기관의 매각대상 대출채권 중 특별채권에 해당하지 않는 채권으로 유효담보가액에 해당하는 채권을 말하고, 무담보부채권은 금융기관이 채무자에게 처음부터 신용으로 대출을 하였거나, 저당권 등을 실행하였음에도 남아 있는 미회수 채권 등을 말한다.

4 부실채권(NPL)의 매각

1997년 외환위기 이후 금융기관이 보유하고 있는 부실채권의 신속한 정리와 부실징후기업의 효율적인 처리 등 금융산업의 구조조정을 위해 1998.9.16.「자산유동화에 관한 법률」이 제정되었는데, 이 법이 제정되기 전에는 금융기관이 보유하고 있는 부실채권을 매각하는 방법이 없었으나 이 법이 제정되면서 금융기관의 부실채권을 매각할 수 있는 길이 열리게 되었다.[209]

금융당국이 은행에 부실채권을 조기에 정리하도록 권고하고 있으며, 은행은 국제결제은행(BIS) 자기자본비율[210] 권고기준(바젤Ⅲ)을 맞추기 위해 대규모로 부실채권을 매각할 수밖에 없는 상황이어서, 은행은 부실채권을 보통 대출금액보다 훨씬 낮은 가격에 매각하거나 회계상 손실로 처리한다.

은행에서 부실채권을 매각하는 것 중에서 부동산 담보부부실채권을 매각하는 것을 '부실채권(NPL, Non Performing Loan)매각'이라고 한다. 은행은 부실채권을 일반적으로 한국자산관리공사(KAMCO), 연합자산관리주식회사(UAMCO) 및 자산유동화회사(SPC) 등에 할인하여 매각을 하고 이렇게 매각된 채권은 자산관리회사(AMC, Asset Management Company)에 재매각된다. 또한 AMC는 다시 중개업체로서 부실채권을 대부업법(3조 2항 2호)에서 인정한 자에게 판매한다.[211]

---

209) 백재승·윤동진·양진용, 자산유동화의 구조가 주식가치에 미치는 영향에 관한 연구, 한국증권학회(2013)

210) [BIS 자기자본비율 = 자기자본/위험가중자산 × 100] 자기자본은 은행의 총자산 중 부채를 뺀 부분이며, 위험가중자산은 총자산에 자산의 위험정도에 따라 각각의 위험가중치를 곱한 후 이를 합산한 것이다. 위험가중치는 현금이나 국채, 통안증권 등의 경우 위험이 전혀 없으므로 0%, 기타 공공기관 발행 채권은 10%, 국내 은행 또는 OECD가입국 은행 관련 채권 등은 20%, 주택담보대출 등은 50%, 기타 대출금과 주식에는 100%를 부여한다. BIS 자기자본비율은 이와 같은 특성으로 인해 은행의 자산운용에서 위험가중치가 높은 자산이 많이 포함될수록 낮아지며, 안전자산의 비중이 높아질수록 높아진다. 따라서 동 비율이 높은 은행일수록 더 건전한 은행임을 의미한다. 우리나라의 경우 1995년 말 동 비율을 8% 이상으로 유지하도록 의무화하였으며, 2008년부터는 신용 및 시장위험만 반영하는 기존 제도에서 운영위험도 반영한 새로운 자기자본규제 제도로 변경하여 시행하고 있다.

211) 2016.7.25.시행된 대부업법에 따라 등록한 대부업자, 여신금융기관 등 대통령령으로 정한 자가 아닌 자에게 대부계약에 따른 채권을 양도해서는 안 되기 때문에 개인의 NPL매입은 금지된다. 따라

채권의 매수자 입장에서 부실채권(NPL)매각이 일반경매와 가장 큰 차이점은 해당 부동산의 근저당권의 피담보채권(대출채권)을 미리 매입한 후에 경매시장을 통하여 낙찰을 받는다는 점이다. 대출채권을 미리 구입한다고 하여도 목적달성은 경매시장을 통해서 이루어진다는 점에서 부실채권(NPL)매각은 경매를 기본으로 하고 있다.

〈금융기관의 부실채권 매각흐름도〉

부실채권(고정이하) 발생 → 부실채권매각결정 → 부실채권분류작업 및 자산실사 진행 → 매각주관사 선정 → 입찰 → 낙찰자 선정 → 채권매각대금 입금 → 부실채권매각절차 종료

4-1 부실채권(NPL) 1차 시장(은행 부실채권 → 기관투자자)

'부실채권(NPL) 1차 시장'이라 함은 은행 등 금융기관에서 발생한 부실채권의 1차 거래가 이루어지는 시장을 말한다. 은행은 담보물의 경매기간이 길어지면 그 기간 동안 대손충당금을 계속 쌓아야 되고 자기자본비율이 하락하므로, 은행은 약간의 손실을 감수하더라도 시간의 기회비용을 줄이고 재무건전성 지표를 보전할 수 있는 전략으로 부실채권(NPL) 매각을 적극 활용하고 있다.

은행은 담보여신을 개별로 매각하는 것이 아니라 5백 억 ~ 2천억 원 규모의 여러 개의 채권을 묶어서(Polling) 매각하기 때문에 자금력이 있는 금융기관, 기관투자가, 유동화전문회사들이 참여할 수밖에 없었다.[212)]

1차 시장에서의 채권매각방식은 기관투자자 등에게 직접매각하는 '직접매각방식'과 기관투자자 등이 주도하여 설립한 자산유동화회사(SPC)에 매각하는 '간

서 2016.7.25. 이후 대부업자 또는 여신금융기관으로부터 대출채권(NPL)을 양수할 수 있는 자격이 있는 자는 대부업법 시행령에 따라 대부채권 매입추심을 업으로 하려고 금융위원회에 등록한 자본금 3억 원의 대부업자, 금융회사, 매입채권 추심업자, 공공기관(한국자산관리공사·예금보험공사·주택금융공사), 정리금융기관(예금자보호법에 따라 부실금융기관의 영업양수 및 정리업무를 수행하는 기관) 등에 한정된다. 이 법률규정을 위반하여 채권을 양도한 자는 3년 이하의 징역 또는 3천만원 이하의 벌금에 처하도록 되어 있다.

212) 국내기관으로는 연합자산관리 · 우리F&I · 자산운용사 · 저축은행 · 자산관리회사 등이 있고, 국외기관으로는 Loan Star · GE Capital · 신세이뱅크 등이 있다.

접매각방식'이 있다.[213)] 이 경우에 「자산유동화에 관한 법률」의 적용을 받게 된다.

참고 「자산유동화에 관한 법률」의 특례 규정

○ **진정양도(true sale)에 관한 규정**

「자산유동화에 관한 법률」 13조의 조건을 충족하는 한 유동화의 도구(vehicle)가 매우 간단하게 자산보유자(Originator)의 도산으로부터 절연된(Bankruptcy Remote) 법률관계를 인정받을 수 있게 하였다. 즉, 유동화자산에 대한 완전한 소유권을 유동화회사 등에 이전시킴으로써 유동화자산의 보유로 인한 이익과 위험을 유동화회사에 전적으로 귀속시키는 것이다.

제13조(양도의 방식) 유동화자산의 양도는 자산유동화계획에 따라 다음 각호의 방식에 의하여야 한다. 이 경우 이를 담보권의 설정으로 보지 아니한다.

1. 매매 또는 교환에 의할 것.
2. 유동화자산에 대한 수익권 및 처분권은 양수인이 가질 것. 이 경우 양수인이 당해 자산을 처분하는 때에 양도인이 이를 우선적으로 매수할 수 있는 권리를 가지는 경우에도 수익권 및 처분권은 양수인이 가진 것으로 본다.
3. 양도인은 유동화자산에 대한 반환청구권을 가지지 아니하고, 양수인은 유동화자산에 대한 대가의 반환청구권을 가지지 아니할 것.
4. 양수인이 양도된 자산에 관한 위험을 인수할 것. 다만, 당해 유동화자산에 대하여 양도인이 일정기간 그 위험을 부담하거나 하자담보책임(채권의 양도인이 채무자의 자력을 담보한 경우에는 이를 포함한다)을 지는 경우에는 그러하지 아니하다.

○ **채권양도의 대항요건 완화**

제6조(자산양도 등의 등록)

① 자산보유자 또는 유동화전문회사등은 자산유동화계획에 따른 유동화자산(유동화자산을 제3자가 점유하고 있는 경우 그 제3자에 대한 반환청구권을 포함한다. 이하 이 조에서 같다)의 양도 · 신탁 또는 반환이 있는 경우 다음 각 호의 구분에 따라 그 사실을 금융위원회에 지체 없이 등록하여야 한다.

1. 자산보유자: 자산유동화계획에 따라 유동화자산을 유동화전문회사등에 양도하거나 신탁업자에게 신탁한 경우
2. 유동화전문회사등: 자산유동화계획에 따라 유동화자산을 다른 유동화전문회사등에 양도하거나 그 양도한 유동화자산을 반환받은 경우

---

213) 과거 은행들이 사용한 부실채권정리방법은 자회사로 유동화전문회사(SPC)를 설립하고 자회사에게 은행의 부실채권을 매각하고 자회사는 자산유동화증권(ABS)를 발행하여 매입대금을 은행에 지급하는 방법이었다. 즉, 자산유동화(ABS) 방식으로 대출채권을 양도하는 것도 매각거래로 인정되어 매도자(은행)의 장부에서 부실채권을 제거하는 것이 가능하였다. 그러나 2011년부터 의무적으로 시행된 국제회계기준(IFRS)에서는 특수목적회사 등에 매각한 부실채권에 대한 매각거래가 인정되지 않고 재무제표에 다시 부실채권이 계상되어 은행들은 이 방법을 사용할 수 없게 되어, 국제입찰 등을 통해서 부실채권을 매각하게 되었다.

제7조(채권양도의 대항요건에 관한 특례)

① 자산유동화계획에 따른 채권의 양도 · 신탁 또는 반환은 양도인(위탁자를 포함한다. 이하 같다) 또는 양수인(수탁자를 포함한다. 이하 같다)이 채무자에게 통지하거나 채무자가 승낙하지 아니하면 채무자에게 대항하지 못한다. 다만, 양도인 또는 양수인이 당해 채무자에게 다음 각호의 1에 해당하는 주소로 2회 이상 내용증명우편으로 채권양도(채권의 신탁 또는 반환을 포함한다. 이하 이 조에서 같다)의 통지를 발송하였으나 소재불명 등으로 반송된 때에는 채무자의 주소지를 주된 보급지역으로 하는 2개 이상의 일간신문(전국을 보급지역으로 하는 일간신문이 1개 이상 포함되어야 한다)에 채권양도사실을 공고함으로써 그 공고일에 채무자에 대한 채권양도의 통지를 한 것으로 본다.

1. 당해 저당권의 등기부 또는 등록부에 기재되어 있는 채무자의 주소(등기부 또는 등록부에 기재되어 있는 주소가 채무자의 최후 주소가 아닌 경우 양도인 또는 양수인이 채무자의 최후 주소를 알고 있는 때에는 그 최후 주소를 말한다)
2. 당해 저당권의 등기부 또는 등록부에 채무자의 주소가 기재되어 있지 아니하거나 등기부 또는 등록부가 없는 경우로서 양도인 또는 양수인이 채무자의 최후 주소를 알고 있는 때에는 그 최후 주소

② 자산유동화계획에 따라 행하는 채권의 양도 · 신탁 또는 반환에 관하여 6조 1항의 규정에 의한등록을 한때에는 당해유동화자산인 채권의 채무자(유동화자산에 대한 반환청구권의 양도인 경우 그 유동화자산을 점유하고 있는 제3자를 포함한다. 이하 같다) 외의 제3자에 대하여는 당해 채권의 양도에 관하여 6조 1항의 규정에 의한 등록이 있은 때에 민법 450조 2항의 규정에 의한 대항요건을 갖춘 것으로 본다.

○근저당권의 피담보채권의 확정

제7조의2(근저당권에 의하여 담보된 채권의 확정) 자산유동화계획에 의하여 양도 또는 신탁하고자 하는 유동화자산이 근저당권에 의하여 담보된 채권인 경우에는 자산보유자가 채무자에게 근저당권에 의하여 담보된 채권의 금액을 정하여 추가로 채권을 발생시키지 아니하고 그 채권의 전부를 양도 또는 신탁하겠다는 의사를 기재한 통지서를 내용증명우편으로 발송한 때에는 통지서를 발송한 날의 다음날에 당해채권은 확정된 것으로 본다. 다만, 채무자가 10일 이내에 이의를 제기한 때에는 그러하지 아니하다.

○저당권 등의 취득에 관한 특례

제8조(저당권 등의 취득에 관한 특례)

① 자산유동화계획에 따라 양도 또는 신탁한 채권이 질권 또는 저당권에 의하여 담보된 채권인 경우 유동화전문회사등은 6조 1항의 규정에 의한 등록이 있은 때에 그 질권 또는 저당권을 취득한다.

② 한국자산관리공사 또는 한국토지주택공사가 금융기관의 부실자산정리, 부실징후기업의 자구계획지원 및 기업의 구조조정을 위하여 취득한 부동산을 자산유동화계획에 따라 유동화전문회사 등에 양도 또는 신탁한 경우 유동화전문회사 등은 6조 1항의 규정에 의한 등록이 있은 때에 그 부동산에 대한 소유권을 취득한다.

4-2 부실채권(NPL) 2차 시장(기관투자자 → 대부업법에서 정한 투자자)

'부실채권(NPL) 2차 시장'은 기관투자자가 매입한 부실채권(NPL) 중 투자자가 필요한 채권을 1개씩 재매각이 이루어지는 채권거래시장을 말한다. 2차 시장은 수의계약 형태로 이루어지며 민법상 '채권양도방식'으로 채권양도가 이루어진다. 2차 시장에서 채권양도 시 투자자가 매입하는 것은 부동산이 아니라 근저당권으로 담보하고 있는 부실채권이다.

제2차 부실채권거래시장에서 유동화전문회사 등이 부실채권을 매각하는 방식에는 론세일방식, 채무인수방식, 사후정산부방식 등이 있다.

과거 론세일방식이 많이 이용됐으나 2016년 7월 여신금융기관의 대부업자 아닌 자에 대한 양도를 제한하는 규정(대부업의 등록 및 금융이용자 보호에 관한 법률 9조 3항)이 신설되어 순수 개인의 참여가 사실상 제한되었고, 현재는 사후정산부방식을 많이 이용하고 있다.

구분	주요 내용	매수인의 지위
론세일방식	· 유동화전문회사로부터 근저당권의 피담보채권을 양수한 자가 채권자의 지위에서 직접 경매에 참여하여 경매 목적부동산의 소유권을 취득	채권자
채무인수방식	· 채권양수인이 직접 경매에 참여하여 매수인이 된 후, 경매법원에 채무인수에 관한 채권자의 승낙서(민사집행법 143조)를 제출하여 대금 납부에 갈음한 후, 경매목적 부동산의 소유권을 취득	채무자
사후정산부방식	· 유동화전문회사와 매수인이 부실채권의 매매가격과 입찰예정가격을 약정한 후 입찰에 참여하여 경매 부동산의 소유권을 취득하고, 배당기일 종료 후 부실채권 매매가격과 배당금과의 차액을 정산	-

가. 론세일방식

'론세일방식'은 근저당권과 피담보채권인 부실채권을 원리금기준으로 할인하여 매입하는 것이다. 매입방법은 채권양수도계약과 대금지급으로 이루어지며, 민법의 지명채권양도 절차에 따라 채권양도기관(유동화회사 등)이 채무자에게 내용

증명우편으로 채권양도통지를 하여야 하고, 근저당권도 이전하여야 한다.[214)]

즉, 론세일방식은 투자자가 할인된 가격에 주로 1순위 근저당권을 매입하는 방식이다. 싼가격에 근저당권을 사서 매각이 되면 배당금에서 채권최고액에 해당하는 배당금을 수령하여 수익을 내는 것이다. 이 방식은 근저당권 채권을 담보(질권설정)[215)] 로 미리 대출을 받아 활용할 수 있는데, 경매에서 높은 가격에 매각이 될수록 배당금이 많아져 수익이 높아지는 구조이다.

참고 론세일방식 절차

① 유동화전문회사(부실채권매각) → ② 부실채권 양수인(근저당권이전등기 및 경매법원에 채권자변경신고) → ③ 경매절차 참가 → ④ 부실채권 양수인 매수(경락자금 대출) 또는 제3자 매수(부실채권 양수인 배당금 수령)

나. 채무인수방식

NPL 매입방식 중 '채무인수방식'은 유동화전 문회사로부터 채권을 양수받은 양수인이 근저당권을 이전받거나 채권자를 변경하는 대신에 근저당권의 피담보채무의 동일성을 유지하면서 이전받는 방식이다. 즉, 채무인수방식은 채권양도기관이 채무자를 교체하는 방법으로 채권을 회수하는 것이다. 세부적인 진행방식은 채권양수인이 부실채권을 할인매입하여 근저당권자로 경매에 참가하여 배당을 받는 방법으로 진행되는 론세일방식과 다르다. 채무인수방식은 채권양수인이 경매절차에 참가하여 매수하고 부동산의 소유권을 취득한 다음 채권양도기관

214) 근저당권의 채권자 명의변경 흐름도 : ○○은행(부실채권보유은행) → ○○유동화전문유한회사(부실채권투자기관) → 홍길동(론세일방식으로 부실채권을 매입한 자)

215) (근저당권의 피담보채권에 대한 질권설정) 질권이란 채권자가 그의 채권의 담보로서 채무자 또는 제3자로부터 받은 물건 또는 재산권을 채무변제가 있을 때까지 유치함으로써 채무변제를 간접적으로 강제하는 동시에 채무의 변제가 없을 때에는 그 목적물로부터 우선적으로 변제받는 권리이다. 근저당권으로 담보되는 채권에 질권을 설정하는 경우에는 부동산등기부의 근저당권등기에 질권이 설정되어 있음을 등기할 수 있으며, 질권등기를 하면 질권의 효력이 저당권에도 미치게 된다. 만일 질권설정자(채무자)가 채무이행을 하지 않는 경우 질권자는 질권에 기해 압류 및 전부 및 추심명령을 얻어 저당권을 행사할 수 있다. 근저당권에 대한 질권을 설정할 때에는 채권액·변제기·이자 등을 표시한다.

과 정산하는 방식이다.

'채무인수방식'은 채권양수인이 경매절차에서 매수하는 것을 성립요건으로 하는 계약이다.[216] 채무인수방식은 부실채권을 인수해서 경매물건을 경매절차에서 매수하여 소유권을 취득하고 매매를 통해 수익을 발생시키는 방식으로, 채권양수인이 부실채권을 먼저 매입하지 않고 해당 경매사건의 최고가 신고인이 되는 조건으로 NPL의 채무를 인수한 후 채권양수인이 경매절차에서 매수한 경우에 민사집행법에 따라 부실채권양도인의 채무인수 승낙서를 받아 대금의 지급에 갈음하여 채무를 인수한다(민사집행법 143조 1항 · 3항).[217] 채권양수인인 매수인은 매각대금 대신에 채권양도기관이 발행한「채무인수 승낙서」를 법원에 제출하고 법원에서 채무인수를 승낙한 경우, 채권양수인은 부동산소유권을 취득한다. 다만, 인수한 채무와 관계된 근저당권은 말소되지 않는다. 매수인인 채권양수인이 채무인수승낙서로 경매대금을 지급하였기 때문에 경매절차가 종료되더라도 근저당권은 말소되지 않고, 채권양수인이 채권양수대금을 채권양도기관에 지급하고 채권양도기관으로부터 근저당권말소서류와 위임장 등을 받아 직접 근저당권 말소등기를 하여야 한다. 따라서 매수인인 채무인수인(채권양수인)이 소유권을 취득한 후 채권양도기관에게 채권양수대금을 정산하지 못하면 근저당권변경(채무자변경)으로 채무자가 된다.[218]

---

216) 경매입찰일에 채권양수인은 반드시 입찰에 참가하여 최고가신고인이 되어야 계약의 효력이 발생한다. 입찰참가금액은 채권매각금액 이상으로 해야 하며, 통상 계약서 단서조항으로 최저경매입찰가를 규정한다.

217) 민사집행법 143조(특별한 지급방법)
① 매수인은 매각조건에 따라 부동산의 부담을 인수하는 외에 배당표의 실시에 관하여 매각대금의 한도에서 관계채권자의 승낙이 있으면 대금의 지급에 갈음하여 채무를 인수할 수 있다.
② 채권자가 매수인인 경우에는 매각결정기일이 끝날 때까지 법원에 신고하고 배당받아야 할 금액을 제외한 대금을 배당기일에 낼 수 있다.
③ 1항 및 2항의 경우에 매수인이 인수한 채무나 배당받아야 할 금액에 대하여 이의가 제기된 때에는 매수인은 배당기일이 끝날 때까지 이에 해당하는 대금을 내야 한다.

218) 통상 채권양도인기관은 채무인수계약을 할 때 소유권이전등기 이후 근저당권변경(채무자변경)을 이행하겠다는 각서 및 등기서류 등을 미리 받아 놓는다.

참고 채무인수방식 절차(채무자 변경계약)

① 유동화전문회사와 채권양수인 간 가격협상 → ② 채무인수계약(유동화회사로부터 부실채무 인수) → ③ 경매절차에서 부동산 매수 → ④ 채권양수인은 유동화전문회사로부터 채무인수승낙서를 받아 법원에 채무인수 허가신청서를 제출하고 법원이 승낙하면 부동산 소유권을 취득 → ⑤ 채권양수인은 소유권이전등기 후 금융기관으로부터 경락자금대출을 받아 유동화회사와 대금정산

다. 사후정산부방식

사후정산부방식은 유동화전문회사와 채권양수인 간에 양도채권의 담보부동산 경매절차에서 최저 매수신고가격을 정하여 채권양수인이 그 금액 이상으로 매수신고를 하겠다는 조건부계약을 체결한 후, 매수하고 배당기일에 양도인인 유동화회사가 배당금을 수령하여 계약금액과의 차액을 채권양수인에게 돌려주는 방식이다.

채권양수인은 채권매각금액 이상으로 입찰에 참가하여 최고가신고인이 된 후 경매대금을 납부하고 부동산소유권을 취득한다. 채권양도기관은 배당기일에 근저당권자로서 배당을 받은 후 채권양수인과 채권양도대금을 정산한다. 통상 사후정산방식은 채권양수인이 고가로 입찰을 하여 매수한 후, 채권양도기관이 배당받은 금액 중 일부를 채권양수인에게 다시 돌려주는 방법으로 정산한다.

사후정산부방식은 론세일방식과 달리 통상 매매대금의 10%에 해당하는 계약금만 있으면 부실채권을 매입할 수 있어 초기 자금부담이 적고, 근저당권이전등기·채권자변경신고·채권양도통지 등을 하지 않아도 되어서 절차가 간단하고 비용을 절약할 수 있는 장점이 있다.

참고 사후정산부방식 절차

절 차	주요 내용
① 가격협상 및 채권매입의향서 제출	- 유동화전문회사와 채권양수인 간 가격협상 · 채권매입의향서 제출 - 채권매입의향서에는 매입희망가격 · 양도계약방식 · 대금결제시기 · 선순위채권 인수 여부 등을 기재
② 계약체결 (입찰참여 약정)	- 매매계약체결(경매절차에서의 입찰 가격 합의) - 계약금 지급(매매대금의 10%)
③ 매수인 입찰참여	- 당사자 간 합의한 입찰가격 이상으로 매수신고
④ 매수인 대금납부	- 경매법원에 매각대금 납부 및 경매부동산의 소유권 취득
⑤ 배당금수령 · 사후정산	- 유동화회사가 배당기일에 배당금을 수령한 후 부실채권 양수인과 최종 정산

4-3 부실채권(NPL) 3차 시장(투자자 → 법원경매시장)

'부실채권(NPL) 3차 시장'은 기관투자자(자산유동화전문유한회사 등)로부터 채권을 매입한 대부업자 등 투자자가 법원경매시장을 통하여 부실채권에 대한 3차 거래가 이루어지는 시장이다. 제3자가 법원경매를 통하여 매수한 대금에서 투자금을 회수하는 '투자자배당시장'과 투자자가 매입한 채권을 이용하여 부동산을 직접 매수하는 '투자자유입시장'으로 나누어진다. 투자자의 배당가격 또는 매각금액과 채권매입가격의 차액만큼 처분이득을 보게 되는 경우, 이는 과세대상 소득에 해당되지 않는다.[219] 그러나 개인이 민법상 채권양도의 방식으로 외형상으로는 부실채권을 매수하였으나, 실질에 있어 당해 거래가 금전소비대차에 해당되는 것이면 발생한 이익은 이자소득에 해당되어 과세대상이 된다.[220]

---

219) [서울고등법원 2007.8.28. 선고 2007누4256 판결] 부실채권매매를 업으로 하지 아니하는 개인이 민법상 채권양도의 방식으로 부실채권을 매수하였다가 매각함에 따라 발생한 처분이익은 과세 대상 소득에 해당되지 아니함

220) 국세청 질의회신(소득세과-815, 2010.07.16.), 국세법령정보시스템(taxinfo.go.kr)

참고 NPL시장 흐름도

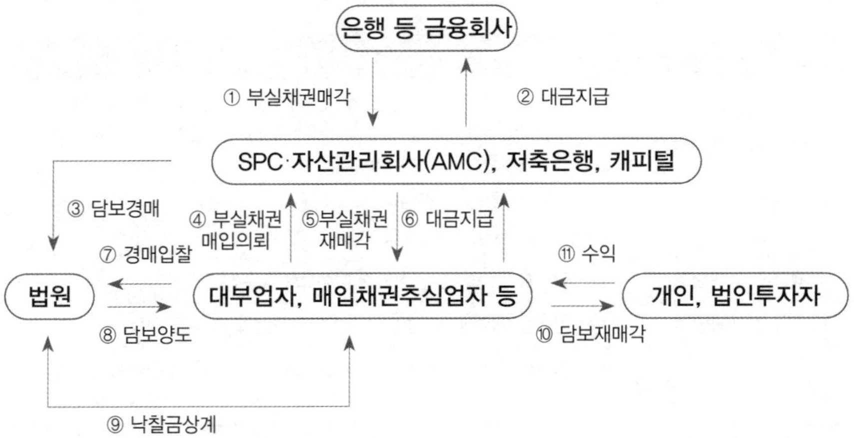

5 NPL채권 관련 부동산담보취득 시 유의사항

대부업법(「대부업 등의 등록 및 금융이용자보호에 관한 법률」) 개정으로 NPL채권의 거래대상이 대부업자 및 여신금융기관의 NPL채권(담보·신용 포함) 거래대상을 금융당국의 관리·감독을 받는 자인 여신금융기관·매입추심업자로 등록한 대부업자·공공기관(KAMCO·예금보험공사·주택금융공사)·부실금융기관의 정리금융회사로 제한하였다. 이는 불법 사채업자에 의한 NPL채권 유통을 차단하고 신용정보집중기관을 통해 채권정보를 체계적으로 관리하기 위함이다.

이와 같은 대부업법 개정으로 주요 NPL채권회수방안이었던 론세일방식은 현실적으로 거래기회가 상실되었으나, 채무인수방식 및 사후정산부방식은 계속 이용되고 있다.

법원의 경매물건이 특별한 요인 없이 고가에 매각된 후 경락자금대출을 상담하는 경우, NPL 채권시장의 구조를 이해하지 못하면 실질 담보가치 대비 과다한 대출이 취급되어 부실화될 가능성이 높으므로, 경락자금대출 심사 시 유동화전문회사가 경매물건의 채권자 변동내역에 나타나고 시세 대비 고가로 매각된 때에는 유동화회사와 매수자 사이에 체결한 금액을 파악하여 심사하여야 한다. 예를 들어 경락자금대출 신청자가 부실채권 매입금액이 7억 원인 부동산을 12억 원에 낙찰받았다고 해서 12억 원을 기준으로 경락자금대출금액을 산정한다면 5억 원의 과다 대출이 실행될 위험이 있다.

따라서 유동화회사가 채권자인 경매사건의 NPL 경락자금대출 취급을 검토할 때는 이면계약(사후정산부방식 등) 존재 여부를 조사하고 이면계약이 확인되면 계약금액을 기준으로 경락자금대출금액을 산출해야 한다. 만약 확인되지 않으면 경매결과를 그대로 받아들이기보다 인근 유사물건의 경매사례와 함께 예상감정가격을 조사하는 등 매각금액의 적정성 여부를 검토해야 한다. 특히 경매정보 사이트 및 공부상에 근저당권부질권설정 내역이 확인되고 질권설정와 낙찰자가 같으면 경매결과의 인위적 조작 가능성을 추가로 점검하여야 한다.

5-1 NPL 채무인수방식 사례

NPL 채무인수방식은 채무의 동일성을 유지하면서 그 채무를 그대로 양수인에게 이전하는 것을 목적으로 경매에서 직접 매수하는 조건부 계약으로, 채무인수승낙서를 제출(채무자변경등기)하여 채권매수자가 소유권이전등기를 받은 후, 은행으로부터 경락자금대출을 받아 채권양도기관에 채권양도 잔금을 정산한 후 근저당권을 말소하게 된다.

사례를 살펴보면, ㈜A는 은행에 공장저당권 840백만 원을 설정하고 7억 원을 대출받은 후 부실화되어 경매진행 중에 공장저당권이 유동화회사에 매각되었다. 1회차(최저매각가격 10억 원) 유찰되어 현재 2회차(최저매각가격 7억 원)가 진행 중이다. B는 유동화회사로부터 NPL채권을 채무인수방식으로 650백만 원에 매입한 후 800백만 원에 낙찰(경매참가 시 입찰보증금 70백만 원 납부)을 받았다. B는 대금납부기일에 입찰보증금 70백만 원을 제외한 730백만 원을 법원에 납부해야 하나, 유동화회사의 채무인수승낙으로 인하여 추가로 납부하는 금액이 없이 소유권이전을 받게 되고 유동화회사는 입찰보증금 70백만 원을 배당기일에 배당을 받게 된다. 이후 B는 은행에서 경락자금대출(통상 매각금액의 80~90%, 640~720백만 원)을 받아 유동화회사에 580백만 원을 지급하여 정산을 마친다. 실제로 B는 자기자금 없이 100% 대출을 활용할 수 있으므로 채무인수방식의 경우에는 과다대출의 위험이 상존하게 된다.

따라서 경매절차에서 매각대금을 채권자의 채무인수승낙서로 대신하는 경매사건에서 은행이 경락자금대출을 취급할 경우에는 매수인과 채권양도기관 간의 채무양수도계약 내용을 확인하고 실소요자금 이내로 대출취급을 하여야 한다. 특히 법원문건접수현황을 조회하여 채무인수승낙서의 제출 등이 있는 경우, 매수인과 유동화회사 간의 채무양수도계약 내용을 확인하고 지역별·용도별 평균낙찰가율을 상회하면 NPL채권계약으로 과대대출이 지원되지 않도록 각별히 유의하여야 한다.

5-2 NPL 사후정산부방식 사례

사후정산부방식은 유동화전문회사와 채권양수인이 NPL계약을 체결하고 사전에 최저입찰가격을 정하여 그 금액 이상으로 입찰에 참여하겠다는 조건부 채권양수도계약을 체결하고, 배당절차 종결 후 계약초과 배당금은 입찰자에게 반환하는 방식이다. 즉, 「입찰참가이행조건부 채권양수도방식」으로 볼 수 있다.

사례를 살펴보면, 관련 부동산은 공장이며 경매감정금액 1,000백만 원이고, 유동화전문유한회사의 근저당권설정액은 800백만 원이었다. 이를 ㈜A가 유동화전문유한회사와 650백만 원(계약금 65백만 원)에 채권양수도계약을 체결하였다.

㈜A는 2차 경매기일에 800백만 원에 낙찰받았으며(최저매각가격 700백만 원), 자기자금 73백만 원과 은행의 경락자금대출 657백만 원으로 대금을 납부하였다. 유동화전문유한회사는 배당기일에 800백만원을 배당받은 후, ㈜A에게 215백만 원을 정산해 주었다.

결국, ㈜A는 자기자금 없이 은행 자금(657백만 원)으로만 부동산을 취득할 수 있으므로, 경매부동산의 가치(650백만 원)보다 높게 낙찰받았으나(800백만 원), 은행은 경매낙찰가격을 기준으로 대출을 지원하여 향후 손실 발생의 원인을 만들었다.

(정산 내역)

<table>
<tr><th colspan="3">지 출</th><th colspan="2">수 입</th></tr>
<tr><td colspan="2">채권양도 계약금(10%)</td><td>65,000,000</td><td rowspan="4">유동화배당금 정산액</td><td rowspan="4">215,000,000
[산출근기]
배당금액(800,000,000) – 채권매각액(650,000,000) + 계약금(65,000,000)</td></tr>
<tr><td colspan="2">입찰보증금
(최저매각가격 700백만 원의 10%)</td><td>70,000,000</td></tr>
<tr><td rowspan="2">대금납부</td><td>자기자금</td><td>73,000,000</td></tr>
<tr><td>경락대출</td><td>657,000,000</td></tr>
<tr><td colspan="2" rowspan="2">지출액(a)</td><td rowspan="2">865,000,000</td><td>수입액(b)</td><td>215,000,000</td></tr>
<tr><td>총지출액(a–b)</td><td>650,000,000</td></tr>
</table>

5-3 NPL 대위변제 방식 사례

대위변제란 여신을 제공받은 주된 채무자가 아닌 제3자가 주된 채무자의 채무를 변제하는 것을 말한다. 대위변제는 채무자의 동의를 얻어서 변제하는 임의대위(민법 480조, 469조2항)와 연대채무자·보증인·연대보증인·물상보증인·저당부동산을 취득한 제3취득자·저당부동산의 후순위담보권자 등과 같이 채무자를 대신하여 변제하지 않으면 채권자로부터 자기가 집행을 받거나 자기의 권리를 상실하는 지위에 있어 변제할 정당한 이익이 인정되는 법정대위가 있다(민법 481조).

대위변제방식으로 NPL을 매수하기 위해서는 매수자가 임의대위자격(채무자의 동의 등)을 취득하거나 법정대위 요건(후순위근저당권 채권 중 일부 양수, 경매부동산을 매수하여 제3취득자가 되는 등)을 갖추어 변제할 정당한 이익이 있는 자가 되어야 한다. 우선 채권매수인이 유동화회사에 대위변제한 후 근저당권의 이전등기(확정채권대위변제에 기한 근저당권이전)를 받은 후 근저당권부질권대출을 받아 NPL 채권매수금을 지급하는 방법이다.

사례를 살펴보면, ㈜A는 은행에 공장저당권 840백만 원을 설정하고 7억 원을 대출받은 후 부실화되어 경매진행 중에 공장저당권이 유동화회사에 매각되었다. 1회차(최저매각가격 10억 원) 유찰되어 현재 2회차(최저매각가격 7억 원)가 진행 중이다. B는 유동화회사로부터 NPL채권을 대위변제방식으로 650백만 원에 매입한다. B는 NPL채권의 근저당권을 담보로 저축은행으로부터 대출받은

468백만 원[221]과 자기자금 182백만 원으로 매매대금을 우선 지급하였다. 이후 B는 800백만 원에 해당 부동산을 매수하였고 대금은 은행으로부터 지원받은 경락자금대출 657백만 원(730백만 원 × 90%)과 자기자금 143백만 원(입찰보증금 70백만 원 포함)으로 정리했다.

이 경우 B가 지급한 자기자금의 총액은 325백만 원(NPL매매관련 182백만 원 + 경락대금지급관련 143백만 원)이지만, 1순위 근저당권자이므로 배당기일에 근저당권에 질권을 설정한 저축은행 468백만 원을 제외한 나머지 332백만 원을 배당받게 되어,[222] 결국 자기자금 없이 부동산을 취득할 수 있게 된다. 이와 같은 점을 감안하여 경락자금대출을 지원할 때에는 최근 부동산 등기사항전부증명서를 통하여 근저당권의 이전, 근저당권부질권설정의 유무를 확인하여 과다대출이 지원되지 않도록 유의하여야 한다.

---

221) NPL매매대금 650백만 원에서 계약금 65백만 원을 제외한 금액의 70~80%를 제2금융권에서 대출받을 수 있다.

222) 이해를 돕기 위해서 기타 경매비용·선순위채권은 없는 것으로 산정하였다.

제 5 장

도산절차

KOREA BANKING INSTITUTE

현재 우리나라의 도산절차를 규율하는 법은「채무자 회생 및 파산에 관한 법률[224]」을 중심으로「기업구조조정촉진법」,「금융산업구조개선에 관한 법률」로 구성되어 있다. 이와 같은 도산법에서 규정하고 있는 도산절차에는 채무를 제때에 변제하지 못하게 된 채무자의 재산을 모두 팔아서 모든 채권자들에게 나누어 주는 파산 혹은 청산절차와 채무자가 채무의 전부 또는 일부를 여러 번에 걸쳐 나누어 변제하게 하는 회생절차가 있다.

도산절차는 기본적으로 채권추심절차이다. 채권자는 도산법이 정하는 방식에 따라 추심을 하게 된다. 민사집행법의 채권추심절차와 비교할 때 도산법의 채권추심은 집단적 채권추심절차이며, 채권자 전체의 이익을 극대화하는 것을 목적으로 하며, 추심과 동시에 채무자의 이익을 도모한다는 특징이 있다.

민사집행법에 의한 강제집행은 채무자의 회생이라는 관점에서 볼 때 비효율적인 제도이다. 강제집행을 통해서 채무자의 재산이 모두 환가되면 채무자의 정상적인 경제활동은 불가능하게 된다. 그러나 도산절차는 채무자가 제대로 변제를 하지 못하는 상황에서 최적의 해결책을 도모한다. 즉, 도산법은 채권자를 위한 집단적 추심절차로서 기능하는 동시에 채무자의 부를 증대하여 회생을 목표로 하는 법이다. 또한 도산법은 그 목적인 추심액의 극대화, 공평한 추심, 그리고 채무자의 회생을 위해 절차에 대한 상세한 규정을 두는 동시에 실체법상의 권리나 의무를 창설하기도 하고 제한하기도 한다.

도산절차는 크게 파산절차와 회생절차로 구분될 수 있다. 파산절차는 채무자의 재산을 환가하여 채무를 변제하고 잔존채무를 정리하는 절차이다. 기업채무자인 경우 파산절차를 거치게 되면 기업이 해체되는 결과를 가져온다. 회생절차는 기업 채무자의 경우에는 기업활동을 계속하면서 채무를 변제하게 되는 절차이고, 개인 채무자인 경우에는 소득창출 활동을 계속하면서 채무를 변제하게 하는 절차이다.

---

224)「채무자 회생 및 파산에 관한 법률(채무자회생법)」은 파산 위기에 처한 기업과 개인채무자들의 신속한 회생을 돕기 위해 기존의 파산법 · 화의법 · 회사정리법을 한데 묶어 만든 것으로 이를 통합도산법이라고도 하며, 2006년 4월부터 시행되었다.

참고 도산절차의 주요개념

○ **파산재단**

⊙ 도산법에서는 파산재단과 개인회생재단이라는 용어를 사용하고 있다. 파산이 선고되면 그 시점에서 채무자의 모든 재산이 파산재단을 구성하는데, 일부 재산(압류금지재산과 면제재산)은 파산재단 구성에서 제외된다.

○ **도산절차의 기관**

⊙ 도산절차에서는 각 절차별로 여러 가지 기관이 참여하는데 그 용어가 다양하다. 먼저 법원이 주요 기관이 된다. 법원이 주체가 되는 경우는 판사가 행위자가 된다. 판사가 아닌 경우에는 법원사무관등으로 표시한다.

⊙ 채무자 재산에 대한 관리처분권을 갖는 자를 '관리인'(회생절차 개시신청시부터 개시결정시까지 관리처분권을 가지는 자를 '보전관리인'이라 한다). 파산절차에서는 '파산관재인'이라 부르는데, 개인회생절차에서는 기존의 채무자가 관리처분권을 가지므로 별도의 기관을 두지 않는다.

⊙ 도산절차에서는 채무자를 보통 '채무자'라고 부르지만 파산절차에서는 파산선고 전 · 후를 나누어 '파산선고 받은 채무자'라고 부르기도 한다. 파산자라는 용어는 사용하지 않는다.

⊙ 도산절차가 집단적 채권추심절차이므로 채권자나 이해관계인이 모여 의사결정을 하게 된다. 그러한 기관을 회생절차에서는 '관계인집회', 파산절차에서는 '채권자집회'라고 부른다.

○ **채권**

⊙ 무담보채권은 각 절차의 이름에 '채권'을 붙여 부른다. 즉 회생채권, 파산채권, 개인회생채권은 모두 무담보채권을 이르는 말이다. 담보부채권은 회생절차에서는 '회생담보권'이라고 부르는데 파산절차나 개인회생절차에서는 담보부채권이 적용대상이 아니므로 별도의 이름을 갖고 있지 않다. 대신 별제권(절차에서 꺼내 올 수 있는 권리)이 인정되므로 별제권 있는 채권이라고 부른다. 결국 파산절차나 개인회생절차에서 별제권 있는 채권이란 담보부채권을 가리키는 말이다.

⊙ 도산절차에서는 채권으로 인정되지만 절차에서 정한 대로 변제되는 것이 아니고 별도로 다른 채권에 우선하여 변제되는 특수한 채권이 있는데 이러한 채권을 회생절차에서는 '공익채권', 파산절차에서는'재단채권', 개인회생절차에서는 '개인회생재단채권'이라고 한다.

○ **표와 목록**

⊙ 도산절차에서 권리자에 대한 '표'와 '목록'이 작성되는데 각기 의미가 다르다. 회생절차에서 관리인은 회생채권자목록, 회생담보권자목록, 주주 · 지분권자목록을 작성하여 법원에 제출한다. 이 목록은 이해관계인이 열람할 수 있다. 법원사무관등은 이 목록에 기재되었거나 신고 된 회생채권, 회생담보권, 주주 · 출자지분으로 회생채권자표, 회생담보권자

표, 주주 · 지분권자표를 작성한다. 이 표에는 채권조사결과가 기재되고 확정된 회생채권 및 회생담보권을 회생채권자표 및 회생담보권자표에 기재한 때에는 그 기재는 회생채권자 · 회생담보권자 · 주주 · 지분권자 전원에 대하여 확정판결과 동일한 효력이 있다. 이해관계인은 이 표에 대해 이의를 제출할 수 있다.

⊙ 파산절차에서는 목록의 작성이 없다. 채권자가 채권신고를 하면 법원사무관등이 신고된 채권을 근거로 파산채권자표를 작성한다. 파산관재인이 채권을 조사한 결과와 이의 내용을 이 표에 기재한다.

⊙ 개인회생절차에서는 신청인이 신청할 때 개인회생채권자목록을 제출하여야 한다. 개인회생절차에는 채권신고절차가 없으므로, 이 목록에 기재된 내용에 대해 이의를 제출한다. 이의절차를 거쳐 채권이 확정되면 법원사무관등은 개인회생채권자표를 작성한다. 확정된 개인회생채권을 개인회생채권자표에 기재한 경우 그 기재는 개인회생채권자 전원에 대하여 확정판결과 동일한 효력이 있다.

제1절

개인회생절차

2004.9.23.부터 시행되고 있는 개인회생제도(個人回生制度)는, 재정적 어려움으로 인하여 파탄에 직면하고 있는 개인채무자로서 장래 계속적으로 또는 반복하여 수입을 얻을 가능성이 있는 자에 대하여 채권자 등 이해관계인의 법률관계를 조정함으로써 채무자의 효율적 회생과 채권자의 이익을 도모하기 위하여 마련된 절차이다.

채무자에게 회생의 기회를 주는 방법은 변제할 수 없는 기존의 채무를 면제하여 주는 것이다. 그래서 개인회생제도는 장래 일정한 기간의 수입으로 채무의 일부를 변제하고 나머지 채무는 면책하는 제도이다.

참고 개인회생절차 흐름도

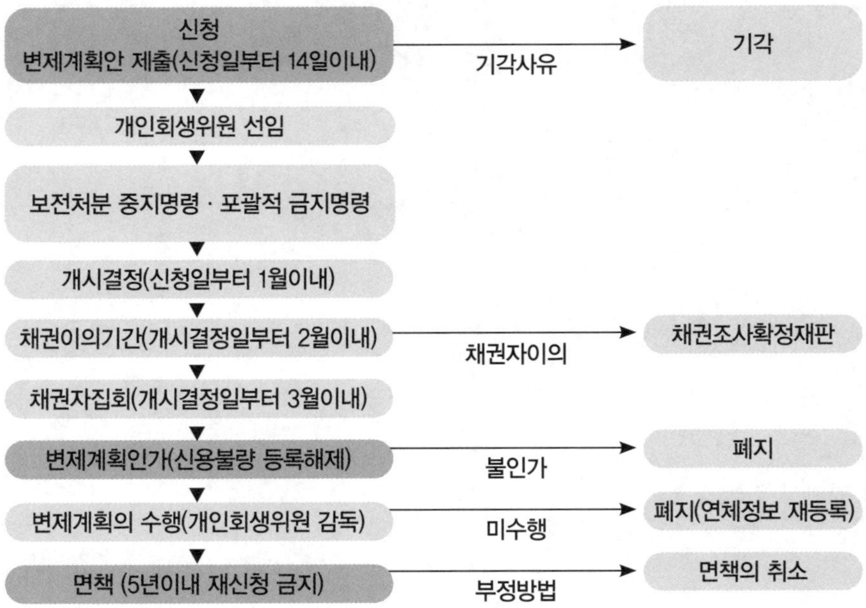

출처: 대한민국 법원 전자민원센터

참고 개인회생절차의 대체적인 개요

① 개인회생절차개시의 신청에 대하여 법원은 절차개시 여부를 결정한다.
② 원칙적으로 절차개시의 신청일로부터 14일 이내에 채무자는 변제계획안을 제출한다.
③ 절차개시결정이 내려지더라도 원칙적으로 채무자가 그대로 자신의 재산 등을 관리하고 처분할 권한을 가지고, 또한 채무자 스스로가 채권자목록을 작성하여 제출한다.
④ 제출된 변제계획안이 인가된다.
⑤ 변제계획이 수행되고, 채무자가 변제계획에 따른 변제를 완료하면 잔존채무는 면책된다.

1 신청권자

개인회생절차는 개인 채무자만 이용할 수 있어서, 법인인 회사나 재단 등은 개인회생절차의 신청권이 없다. 개인회생절차는 개인채무자만이 신청할 수 있지만, 모든 개인이 신청할 수 있는 것은 아니고 급여소득이나 영업소득자인 개인만 신청할 수 있다.

1-1 재정적 파탄

개인회생절차는 파산의 원인이 있거나 그러한 사실이 생길 염려가 있는 개인 채무자가 신청할 수 있다. 따라서 채무를 갚지 못하고 있는 경우뿐만 아니라 그럴 염려가 있는 경우에도 신청할 수 있다.

1-2 채무액수의 제한

개인회생절차는 채무의 규모가 큰 경우에는 신청할 수 없다. 개인회생절차는 채무가 많지 않은 채무자를 신속하게 회생시키기 위해 고안된 제도이기 때문이다. 따라서 채무가 많은 경우에는 회생절차나 파산절차 등 다른 제도를 이용해야 한다. 유치권 · 질권 · 저당권 · 양도담보권 · 가등기담보권 · 동산채권담보권 · 전세권 또는 우선특권으로 담보된 개인회생채무는 15억 원, 그 밖의 무담보개인회생채무는 10억 원을 넘지 않아야 한다(채무자 회생 및 파산에 관한 법률[225] 579조 1호).

1-3 급여소득자 또는 영업소득자

가. 급여소득자

급여소득자란 급여 · 연금 그 밖에 이와 유사한 정기적이고 확실한 수입을 얻을 가능성이 있는 개인 채무자를 말한다. 따라서 아르바이트, 파트타임, 비정규직, 일용직 등 그 고용형태나 소득신고 여부를 불문하고 정기적이고 확실한 수입을 얻을 가능성이 있는 사람은 모두 신청자격이 있다.

나. 영업소득자

영업소득자란 부동산임대소득 · 사업소득 · 농업소득 · 임업소득 그 밖에 이와 유사한 수입을 장래에 계속적으로 또는 반복하여 얻을 가능성이 있는 개인 채무자를 말한다. 따라서 의사, 변호사, 세무사 등 자격증을 가지고 자유업에 종사하는 자들뿐만 아니라 점포운영자, 농업, 수산업, 임업 등에 종사하는 자들도 포함된다.

다. 이중소득자

채무자가 급여소득을 얻는 이외에도 동시에 개인사업을 통하여 소득을 발생시키는 경우, 급여소득과 자신이 하고 있는 사업을 통한 영업소득을 전부 소득으로 보아 합산하여 개인회생절차를 이용할 수 있다.

2 관할법원

개인이 회생절차를 이용할 경우 신청할 법원은 채무자의 주민등록등본에 기재된 주소지를 관할하는 지방법원본원이다. 다만, 채무자의 주소지 관할법원이 없는 경우에는 채무자 재산의 소재지를 관할하는 지방법원본원에 할 수 있다.

---

225) 이하 "채무자회생법"이라 한다.

주채무자 및 그 보증인, 채무자 및 그와 함께 동일한 채무를 부담하는 자 또는 부부 관계의 어느 하나에 해당하는 사람에 대한 회생사건 · 파산사건 또는 개인회생사건이 계속되는 경우에는, 회생사건 등이 계속되고 있는 그 지방법원본원에 제기할 수 있다.

3 회생절차의 신청

개인회생절차의 신청은 채무자의 성명 · 주민등록번호 및 주소, 신청의 취지 및 원인, 채무자의 재산 및 채무를 기재한 서면으로 하여야 하고, 개인회생채권자 목록, 재산목록, 채무자의 수입 및 지출에 관한 목록, 급여소득자 또는 영업소득자임을 증명하는 자료, 진술서, 신청일 전 10년 이내에 회생사건 · 화의사건 · 파산사건 또는 개인회생사건을 신청한 사실이 있는 때에는 그 관련서류 등을 첨부하여야 한다.

추가로 채무자는 변제계획안을 작성하여 법원에 제출하여야 한다. 원칙적으로 채무자는 변제계획안을 개인회생절차개시의 신청일로부터 14일 이내에 변제계획안을 제출하면 되지만 법원은 절차의 신속한 진행을 위해 신청서를 제출할 때 변제계획안을 제출하도록 하고 있다. 변제계획안에 대해서는 뒤에서 자세히 살펴보도록 한다.

3-1 회생위원의 선임

법원은 이해관계인의 신청에 의하거나 직권으로 회생위원을 선임할 수 있다. 회생위원은 법원의 감독을 받아 채무자의 재산 및 소득에 대한 조사, 부인권 행사명령의 신청 및 그 절차 참가, 그 밖에 법령 또는 법원이 정하는 업무를 수행한다. 채무자는 법원의 명령 또는 회생위원의 요청이 있는 경우에는 재산 및 소득, 변제계획 그 밖의 필요한 사항에 관하여 설명하여야 한다.

4 보전처분

개인회생절차를 성공적으로 진행하기 위해서는 모든 채권자를 위해 채무자의 재산을 잘 보전할 필요가 있다. 채무자가 개인회생절차의 개시를 신청하고 개시 여부를 결정하기까지 시간이 걸리므로 채무자의 재산이 임의적인 변제나 담보제공, 재산의 처분, 자금의 차입 등을 통하여 분산되는 것을 방지하기 위하여 법원은 개시 결정 전에 이해관계인의 신청이나 직권으로 개인회생 재단에 대하여 가압류, 가처분 또는 그 밖에 필요한 보전처분을 할 수 있다. 법원은 그 후 상황의 변동에 따라 보전처분의 내용을 변경하거나 취소할 수 있다. 즉, 보전처분은 채권자·담보권자 등 제3자에 대하여 강제적인 권리실현행위를 금지함으로써 채무자의 재산보전을 도모하는 중지명령과 달리 보전처분은 채무자 자신에 대하여 일정한 행위를 제한함으로써 재산의 산일을 방지하여 채무자회생 및 이해관계인의 공평을 도모하는 제도이다.

법원은 개인회생절차 개시결정 전에 채권자나 채무자의 신청 또는 직권으로 개인회생재단에 관하여 가압류 · 가처분 그 밖의 필요한 보전처분을 할 수 있다(채무자회생법 592조 1항). 보전처분이 있게 되면 채무자의 재산이 동결되는 효과가 있다. 즉 채무자는 보전처분결정 이후에 도래하는 어음이나 수표에 대한 부도책임을 지지 아니하며, 채무자가 임의로 변제를 하거나 채권자가 변제를 받아 갈 수도 없다. 법원은 가압류 · 가처분 그 밖의 보전처분의 신청이 있는 경우에는 특별한 사정이 없는 한 지체 없이 그에 관한 결정을 하여야 한다(개인회생사건 처리지침 예규 4조의2). 법원은 보전처분 결정을 변경하거나 취소할 수 있다(채무자회생법 592조 2항).

4-1 보전처분의 대상 및 시기

보전처분은 채무자의 재산에 대하여 가압류, 가처분 또는 그밖에 필요한 보전처분을 할 수 있다. 보전처분은 개인회생절차개시결정 전에 한하여 발할 수 있다(채무자회생법 592조 1항).

법원은 보전처분의 신청이 있는 경우 특별한 사정이 없는 한 지체 없이 그에 관한 결정을 하여야 한다.

4-2 보전처분의 효력

채무자가 보전처분에 반하여 한 행위는 상대방이 악의인 경우 개인회생절차와의 관계에서 무효이다. 다만, 법원의 허가를 받은 경우에는 보전처분에 반하는 행위도 할 수 있다. 개인회생절차의 신청이 기각되면 보전처분의 효력은 당연히 실효된다. 법원은 보전처분을 발령한 후 상황의 변동에 따라 보전처분의 내용을 변경하거나 취소할 수 있다.

5 중지명령 · 금지명령

이해관계인의 신청이나 법원의 직권으로 중지·금지명령을 발할 수 있다. 개인회생절차개시의 신청이 있는 경우 법원은 채무자의 회생에 필요하다고 인정하는 때에는 이해관계인의 신청에 의하거나 직권으로 개인회생절차의 개시신청에 대한 결정시까지, 중지명령·금지명령을 발할 수 있다.

중지명령이나 금지명령은 채무자나 채무자의 재산에 대한 법적 절차나 추심행위를 막는 채권자에 대한 법원의 명령이다. 중지명령은 이미 진행하고 있는 절차를 중지시키는 것이고, 금지명령은 새로이 시작하려는 절차를 금지하는 것이다. 중지명령이나 금지명령은 개인회생절차 개시신청과 동시에 신청할 수 있고 각 채권자에 대해 개별적으로 하여야 한다.

5-1 중지명령 · 금지명령 대상

중지명령은 이미 행하여지고 있는 개별적인 절차나 행위를 그 대상으로 하고, 금지명령은 채무자의 특정재산에 대하여 장래에 행하여질 가능성이 있는 절차나 행위를 그 대상으로 한다.

법원은 개인회생절차개시의 신청이 있는 경우, 채무자의 회생에 필요하다고 인정하는 때에는 이해관계인의 신청에 의하거나 직권으로 개인회생절차의 개시신청에 대한 결정 시까지 ① 채무자에 대한 회생절차 또는 파산절차, ② 개인회생채권에 기하여 채무자의 업무 및 재산에 대하여 한 강제집행 · 가압류 또는 가처분, ③ 채무자의 업무 및 재산에 대한 담보권의 설정 또는 담보권의 실행 등을 위한 경매, ④ 개인회생채권을 변제받거나 변제를 요구하는 일체의 행위, ⑤ 국세징수법 또는 지방세기본법에 의한 체납처분, 국세징수의 예에 의한 체납처분 또는 조세채무담보를 위해 제공된 물건의 처분 등 절차의 중지 또는 금지를 명할 수 있다(채무자회생법 593조 1항).

5-2 중지명령 · 금지명령의 효력

법원에서 중지를 명한 경우에는 명령의 대상인 절차가 현재의 상태에서 더 이상 진행할 수 없고 중단된다. 중지는 진행중인 절차를 중단시키는 효력밖에 없으므로 새로이 동일한 절차를 신청하는 것은 제한을 받지 않는다. 그러나 금지를 명한 경우에는 금지명령의 대상인 절차를 새롭게 신청하거나 행위를 하는 것이 금지된다. 중지·금지명령에 반하여 진행된 절차는 무효이다.

중지명령이나 금지명령은 개인회생절차의 개시신청에 대한 결정 시까지 효력이 있다. 개인회생절차개시의 신청이 기각되면 중지된 절차는 다시 진행한다. 법원은 상당한 이유가 있을 때 중지명령이나 금지명령을 취소하거나 변경할 수 있다. 이 경우 법원은 담보를 제공하게 할 수 있다.

국세징수법 또는 지방세기본법에 의한 체납처분, 국세징수의 예에 의한 체납처분 또는 조세채무담보를 위하여 제공된 물건의 처분의 중지기간 중에는 시효는 진행되지 않고, 개인회생절차개시의 신청이 기각되면 중지된 절차는 속행된다.

채무자가 일단 보전처분이나 중지명령을 받아 일시적으로 위기를 넘긴 다음 임의로 개인회생절차를 취하하는 절차 악용을 방지하기 위하여 채무자가 보전처분, 중지명령을 받은 후에는 법원의 허가를 받아야 개인회생절차개시신청을 취하할 수 있다(채무자회생법 594조). 개인회생절차개시신청과 동시에 중지·금지명령을 신청하고 개인회생절차개시신청을 취하한 경우 개인회생절차는 바로 종결되기 때문에 중지·금지명령도 별도의 판단 없이 실효된다.

5-3 포괄적 금지명령제도

채무자회생법은 포괄적 금지명령제도를 개인회생절차에도 준용하고 있다(채무자회생법 593조 5항, 45조 내지 47조 준용). 이는 법원이 하나의 결정으로 모든 개인회생채권자 또는 개인회생담보권자에 대하여 강제집행 등의 금지를 명할 수 있도록 함으로써 효율적인 개인회생절차의 진행을 도모하려는 것이다. 따라서 법원은 중지명령에 의하여서는 개인회생절차의 목적을 충분히 달성하지 못할 우려가 있다고 인정할 만한 특별한 사정이 있는 때에는 개인회생절차개시신청에 대한 결정이 있을 때까지 모든 개인회생채권에 기한 강제집행, 가압류, 가처분 또는 담보권 실행을 위한 경매절차의 금지를 명할 수 있다.

6 개시신청에 대한 재판

법원은 신청일로부터 1월 이내에 개인회생절차를 개시할지 여부를 결정해야 한다. 개시하기로 결정한 경우에는 개시결정을 내리고 그렇지 않은 경우에는 개시신청 기각결정을 내린다(채무자회생법 596조 1항).

6-1 기각사유

채무자가 신청권자의 자격을 갖추지 아니한 때, 채무자가 재산목록 등 법에서 정하는 서류[226]를 제출하지 아니하거나 허위로 작성하여 제출하거나 또는 법원이 정한 제출기한을 준수하지 아니한 때, 채무자가 절차의 비용을 납부하지 아니한 때, 채무자가 변제계획안의 제출기한을 준수하지 아니한 때, 채무자가 신청일 전 5년 이내에 면책을 받은 사실이 있는 때, 개인회생절차에 의함이 채권자 일반의 이익에 적합하지 아니한 때, 그 밖에 신청이 성실하지 아니하거나 상당한 이유 없이 절차를 지연시키는 때 법원은 개인회생절차개시의 신청을 기각할 수 있다.

6-2 개시결정

법원이 기각사유가 없다고 하여 개시결정을 한 경우 그 개시결정의 효력은 그 결정 시부터 효력이 발생하며, 법원은 개인회생절차개시결정과 동시에 개인회생채권에 관한 이의기간(개인회생절차 개시결정일부터 2주 이상 2월 이하)과 개인회생채권자집회의 기일(기일과 이의기간의 말일 사이에는 2주 이상 1월 이하의 기간이 있어야 한다)을 정하여야 한다(채무자회생법 596조 2항).

6-3 공고 및 송달

법원은 개인회생절차개시결정을 한 때에는 지체없이 개인회생절차개시결정을 한 사실, 이의기간, 개인회생채권자가 이의기간 안에 자신 또는 다른 개인회생채권자의 채권내용에 관하여 개인회생채권조사확정재판을 신청할 수 있다는 뜻,

226) 「채무자 회생 및 파산에 관한 법률」 589조 2항 각호의 서류

개인회생채권자집회의 기일을 공고하여 일반인이 알게 한다(채무자회생법 597조 1항). 공고는 대법원 홈페이지에 개시하는 방법으로 한다. 또한 법원은 채무자, 알고 있는 개인회생채권자, 개인회생절차가 개시된 채무자의 재산을 소지하고 있거나 채무자에게 채무를 부담하는 자에게 공고내용을 기재한 서면, 개인회생채권자목록 그리고 변제계획안을 송달한다(채무자회생법 597조 2항).

6-4 개시결정의 효력

개인회생절차의 개시결정이 있게 되면 채무자의 재산과 관련하여 몇 가지 법적 효과가 발생한다.

개인회생절차개시결정이 내려져도 회생절차나 파산절차와 달리 채무자는 여전히 개인회생재단을 관리하고 처분할 권한을 가진다. 다만 인가된 변제계획에서 다르게 정한 때에는 그러하지 아니하다(채무자회생법 580조 2항).

가. 개인회생 재단의 성립

개인회생절차에서는 채무자의 재산으로 채무를 갚는 데 사용할 재산의 집합을 '개인회생재단'이라고 한다. 개인회생재단은 모든 채권자를 위하여 사용해야 할 재산을 총칭하는 것이다. 개시결정이 이루어지면 개인회생절차개시결정 당시 채무자가 가진 모든 재산과 채무자가 개인회생절차개시결정 전에 생긴 원인으로 장래에 행사할 청구권 및 개인회생절차진행 중에 채무자가 취득한 재산 및 소득은 개인회생재단을 구성하게 된다. 다만, 압류금지 재산[227]과 법원이 면제한 재산[228]은 개인회생재단에 편입되지 않는다. 면제재산이란 법원의 결정에 의하여 개인회생재단에서 제외되는 재산을 말한다. 면제재산제도는 임차보증금 중 일정액을 제외시켜 채무자의 주거안정을 도모하고 인간다운 최저한도의 생계비를 보장

227) 압류할 수 없는 재산은 물건으로는 채무자와 동거친족의 가구, 의복 등 생활필수품, 식료품, 농기구, 사료, 종자, 직업에 필요한 도구 등이고(민사집행법 195조), 채권으로는 법령에 규정된 부양료 및 유족부조료, 채무자가 구호사업이나 제3자의 도움으로 계속 받는 수입, 병사의 급료 등이다(민사집행법 246조)

228) 법원이 면제할 수 있는 재산은 주택임대차보호법 8조에서 우선변제를 보장한 보증금 중 일정액과 채무자 및 그 피부양자의 생활에 필요한 6월간의 생계비에 사용할 특정한 재산이다(채무자회생법 580조 3항, 383조 준용).

하기 위함이다. 인가된 변제계획에서 다르게 정한 때를 제외하고는 채무자가 개인회생재단을 관리하고 처분할 권한을 가진다.

나. 다른 절차의 중지 또는 금지

개인회생절차개시의 결정이 있으면 채무자에 대한 회생절차 또는 파산절차, 개인회생채권에 기하여 개인회생재단에 속하는 재산에 대하여 강제집행 · 가압류 또는 가처분, 개인회생채권을 변제받거나 변제를 요구하는 일체의 행위(소송행위 제외) 국세징수법 또는 지방세법에 의한 체납처분 또는 조세채무담보를 위하여 제공된 물건의 처분은 계속 진행하지 못하거나 새로 시작하지 못한다. 즉, 중지명령과 같은 효과가 자동으로 발생하는 것이다. 이 효과는 개인회생절차가 폐지될 때까지 지속된다. 그러나 채권자목록에 기재되지 않은 채권은 이에 구속되지 않으므로 그런 채권자는 강제집행도 할 수 있고 변제도 요구할 수 있다(채무자회생법 600조 1항).

다. 부인권의 인정

채무자가 개인회생절차 신청 직전에 특정한 채권자에게 변제를 하거나 재산을 빼돌리게 되면 전체 채권자에게 돌아갈 재산이 줄어든다. 이러한 것을 방지하기 위해서 일정한 경우 채무자의 변제, 담보제공, 자산처분 등을 취소할 수 있다. 이를 '부인권'이라 한다. 부인권은 채무자가 행사하며, 법원은 채권자 또는 회생위원의 신청에 의하거나 직권으로 채무자에게 부인권의 행사를 명할 수 있다. 예컨대 채무변제를 여러 채권자 중 일부에 대하여만 행한 경우 불평등변제로서 다른 채권자를 해하거나 채권자의 이익을 해하는 행위로 간주된다. 또 채권자가 채무자가 신용불량상태에 있음을 알면서 개인회생절차 신청 전에 채무자로부터 채권을 변제받은 경우 변제행위가 부인될 수 있다. 개인회생절차개시결정이 있은 날부터 1년이 경과된 때에나 부인의 대상이 되는 행위를 한 날부터 5년이 경과된 때에는 부인권을 행사할 수 없다(채무자회생법 584조).

1) 행사주체 및 행사방법

부인권의 행사주체는 채무자이다. 그러나 채무자는 부인권의 행사를 주저할 가능성이 있어 법원은 채권자 또는 회생위원의 신청에 의하거나 직권으로 채무자에게 부인권의 행사를 명할 수 있다.

부인권은 개인회생사건이 계속되고 있는 법원에 소송을 제기하거나, 부인의 청구 또는 항변에 의하여 행사한다. 부인권은 수익자(채무자의 처분행위로 이익을 취득한 자) 또는 전득자(수익자로부터 다시 처분행위 목적물의 전부 또는 일부를 다시 취득한 자) 중 어느 일방 또는 쌍방을 상대로 하여 행사할 수 있다. 부인권은 개인회생절차의 목적을 실현하기 위해서 개인회생절차가 진행중임을 전제로한 권리이므로 개인회생절차가 폐지된 경우에는 부인권을 행사할 수 없다.

2) 행사의 효과

부인권의 행사는 개인회생재단을 원상으로 회복시킨다. 부인권 행사의 효과는 물권적으로 발생하고, 부인권 행사에 의하여 일탈되었던 재산은 상대방의 행위를 기다리지 않고 당연히 채무자에게 복귀한다. 다만, 그 효과는 채무자와 상대방 사이에서만 생기고 제3자에 대해서는 효력이 미치지 않는다.

라. 환취권의 인정

채무자가 사용하고 있던 재산 중에는 채무자의 소유가 아닌 다른 사람의 재산도 있을 수 있다. 이 경우에는 개인회생절차가 개시되어도 원래 소유자는 자신의 재산을 개인회생재단에서 가져올 수 있다. 이를 환취권이라고 한다(채무자회생법 585조, 407조 내지 410조 준용).

환취권은 특정재산이 개인회생재단에 속하지 않는 것을 전제로 이를 환취하는 권리인 반면, 개인회생재단에 속하는 것을 전제로 그 재산으로 우선적으로 피담보채권을 변제받는 권리인 별제권과 다르다. 개인회생절차개시결정은 채무자에 속하지 아니하는 재산을 개인회생재단으로부터 환취하는 권리에 영향을 미치지 않는다(채무자회생법 585조, 407조).

환취권은 개인회생재단에 대하여 관리처분권을 갖는 채무자에 대하여 재판상 또는 재판외의 방법에 의하여 행사한다. 소송 또는 항변에 의하여도 주장할 수 있다.

마. 별제권의 인정

별제권이란 개인회생절차상 개인회생재단에 속하는 재산상에 설정되어 있는 유치권, 질권, 저당권, 「동산·채권 등의 담보에 관한 법률」에 따른 담보권, 전세권 또는 우선특권을 말한다(채무자회생법 586조, 411조).

개인회생절차는 원칙적으로 담보채권자에게는 영향을 미치지 않는다. 담보채권자는 개시신청 시부터 변제계획 인가 시까지 담보권을 실행하는 것이 금지될 뿐이다. 개인회생절차에는 파산절차상의 별제권이 준용되므로(채무자회생법 586조, 411조 내지 415조 준용), 담보권자는 별제권자로서 개인회생절차의 변제계획에 의하지 아니하고 별도로 변제를 받을 수 있다. 별제권이 인정되는 것은 채권 중에서 담보물에 의해 담보되는 금액만큼이다. 임차인의 보증금우선변제권도 파산절차에서 별제권의 하나로 규정하고 있으므로, 개인회생절차에서도 임차인의 우선변제권은 인정된다. 따라서 채무자가 법원에 개인회생절차개시신청을 하더라도 담보권을 가진 은행 등 금융회사는 별제권을 가지므로 담보권 행사에는 지장이 없다.

채무자의 개인회생절차개시신청으로 법원의 중지 · 금지명령이 있는 경우, 은행은 이자를 수취할 수 없다. 따라서 별제권이 적용되는 담보대출은 연체가 발생할 수 있고 법원의 개인회생절차개시결정 시에 기한부채권(모든 대출금)은 변제기가 도래한 것으로 간주되므로 개인회생절차상 채무조정대상이 아닌 대출금을 상환하지 않을 경우 은행은 경매실행 등 법적 절차를 진행할 수 있게 된다. 이에 금융감독원은 개인회생신청자가 법원에 채권자목록을 제출하기 위해서 금융기관에서 부채증명서를 발급받을 때, 담보대출을 취급하는 전 금융기관을 대상으로 '별제권' 관련 불이익 내용을 기재한 '개인회생용 부채증명 신청서'서식을 도입하고 발급신청 시 안내하도록 하고 있다.

〈별제권의 내용과 효과〉

○ 별제권의 내용 : 유치권, 질권, 저당권 전세권 등을 가진 자는 그 목적인 재산에 관하여 별제권을 가진다(채무자회생법 411조, 586조).

○ 별제권의 행사 : 별제권은 개인회생절차에 의하지 아니하고 행사한다(채무자회생법 412조, 586조).

바. 상계권행사 및 금지

개인회생채권자가 개인회생절차개시결정 당시 채무자에 대하여 채무를 부담하는 때에는 개인회생절차에 의하지 아니하고 상계를 할 수 있다(채무자회생법 587조, 416조). 상계권행사는 개인회생절차가 계속되는 동안 언제라도 가능하다.

1) 자동채권

개인회생절차개시결정 당시 기한미도래의 기한부채권, 해제조건부채권, 금액이 불확정한 금전채권, 외국통화로 된 금전채권, 금액 또는 존속기간이 불확정한 정기금 채권 등도 모두 자동채권이 될 수 있다(채무자회생법 587조, 417조, 426조).

민법에 의해 상계를 하려면 동일 당사자 사이의 채권의 대립이 있어야 하고, 자동채권과 수동채권의 목적이 동종이어야 하며, 양 채권의 변제기가 도래하고 있어야 하지만, 개인회생절차에서는 상계요건을 완화하여 기한미도래의 채권이라도 개인회생절차개시결정시에 기한이 도래한 것으로 보고 상계가 가능하다.

2) 수동채권

수동채권이 기한부채권, 조건부채권, 또는 장래의 청구권인 경우 개인회생채권자는 스스로 기한의 이익 또는 조건성취의 기회를 포기하여 상계할 수 있다(채무자회생법 417조).

3) 상계의 금지

채권자와 채무자가 서로 이행기에 있는 채권·채무를 갖고 있는 경우 채권자는 이를 상계할 수 있는데, 채무자회생법은 채권의 상계권행사로 채권자평등의 원칙에 현저히 반하거나 개인회생재단의 감소를 가져와 채권자들의 이익을 해할 우려가 있는 다음의 상계를 금지하고 있다.

① 개인회생채권자가 개인회생개시결정 후에 개인회생재단에 대하여 채무를 부담한 때, ② 개인회생채권자가 지급정지 또는 개인회생절차의 신청이 있었음을 알고 채무자에 대하여 채무를 부담한 때, ③ 개인회생절차개시결정을 받은 채무자의 채무자가 개인회생절차개시결정 이후에 타인의 개인회생채권을 취득한 때, ④ 채무자에 대하여 채무를 부담하는 자가 개인회생절차개시결정 후 개인회생채권을 취득한 때에는 채권자가 상계할 수 없다(채무자회생법 587조, 416조 내지 422조 준용).

상계의 금지규정은 강행규정이므로 이에 위반하여 한 상계는 무효이다.

참고 개인회생신청 이후 입금된 예금에 대해 원칙적으로 상계권 행사 불가

(해설) 채권자가 채무자의 개인회생신청 사실을 알고서 채무자에 대하여 채무를 부담하면 상계할 수 없다(상계금지규정 '②'에 해당). 따라서 차주가 은행에 개인회생신청 사실을 알린 이후에 차주의 예금계좌에 예금이 입금되면, 은행이 채무자의 개인회생신청 사실을 알고서 채무자에 대하여 채무를 부담하는 때에 해당하여 상계가 금지된다.

사. 시효의 중단

개시결정의 효력으로 처분을 할 수 없거나 중지된 기간 중에 시효는 진행하지 아니한다.

7 개인회생채권

개인회생채권이란 채무자에 대하여 개인회생절차 개시결정 전의 원인으로 생긴 재산상의 청구권을 말한다(채무자회생법 581조 1항). 개인회생채권에는 각종 담보권에 의해 담보된 담보부개인회생채권과 담보되지 않은 무담보개인회생채권이 모두 포함된다. 그러나 담보부개인회생채권은 별제권이 있어 담보물의 가액만큼 변제계획과 무관하게 담보권을 행사할 수 있기 때문에 개인회생절차에서는 채무가 조정되지 않는다.

7-1 개인회생채권의 요건

가. 채무자에 대한 인적 청구권일 것

채무자의 일반재산이 책임재산이 되는 채권적 청구권을 인적 청구권이라고 하며 인적 청구권은 개인회생채권이 된다. 반면에 특정재산이 책임을 지는 담보물권 자체는 개인회생채권이 되지 않는다. 별제권처럼 담보물권과 채권적 청구권을 동시에 가지고 있는 경우에는 별제권의 행사에 의하여 변제받을 수 없는 부족액에 한하여 개인회생채권이 된다.

나. 재산상의 청구권일 것

개인회생채권은 재산상의 청구권이어야 한다. 개인회생채권이 반드시 금전채권일 필요는 없고 금전으로 평가될 수 있는 청구권이면 된다(채무자회생법 581조2항, 426조).

다. 개인회생절차개시결정 전의 원인으로 생긴 것일 것

채권 발생의 원인이 개인회생절차개시결정 전의 원인에 기한 것인 한 그 내용이 구체적으로 확정되지 아니하였거나 변제기가 개인회생절차개시결정 후에 도래하더라도 상관없다. 다만, 개인회생절차개시결정 후에 생긴 채권이라도 예외적으로 개인회생절차개시결정 후의 이자 등은 개인회생채권이다.

7-2 개인회생재단채권

개인회생재단채권이란 개인회생절차의 수행에 필요한 비용을 지출하기 위하여 인정된 채무자에 대한 청구권(채권)을 말한다. ①개인회생재단채권은 회생위원의 보수 및 비용의 청구권, ②원천징수하는 조세 등, ③채무자의 근로자의 임금·퇴직금 및 재해보상금, ④채무자가 개인회생절차 개시신청 후 개시결정 전에 법원의 허가를 받아 행한 자금의 차입, 자재의 구입 그 밖에 채무자의 사업을 계속하는데 불가결한 행위로 인하여 생긴 청구권 등과 같이 개인회생절차를 위한 공익적 성격에서 지출된 비용이다.

개인회생재단채권은 개인회생채권과 달리 개인회생절차에 의하지 아니하고 채무자가 수시로 변제할 수 있다. 개인회생재단채권은 별제권에 의하여 담보된 재산을 제외한 채무자의 일반재산으로부터 개인회생채권보다 우선하여 변제를 받는다. 변제개획에는 개인회생재단채권의 전액의 변제에 관한 사항을 정하여야 한다.

8 개인회생채권의 신고 · 확정

8-1 개인회생채권신고

개인회생 절차에서는 절차를 간이화하기 위하여 채권자들의 채권신고 절차를 두지 않고 채무자의 신고에 의존하고 있다. 채무자는 신청서와 함께 채권자의 성명 및 주소와 채권의 원인 및 금액이 기재된 '개인회생채권자목록'을 제출하여야 한다. 다만, 채무자가 채권자를 고의로 누락시키는 것을 방지하기 위하여 법은 변제계획 인가 후에 면책결정을 불허할 수 있고, 면책이 된 뒤에 이러한 사실이 밝혀지면 면책을 취소할 수 있도록 하고 있다. 면책결정이 된다 하더라도 비신고채권은 비면책채권으로 취급하고 있다.

8-2 개인회생채권자목록

채권자목록에는 신청인이 지고 있는 모든 채무를 담보부채무와 무담보부채무로 구분하여 기재해야 한다. 다른 사람을 위해 보증을 서서 지게 된 채무도 포함된다. 담보가 제공된 채무는 담보물의 가치 범위 안에서만 담보부채무로 인정되고 나머지는 무담보부채무가 된다. 담보물의 가치는 담보물의 환가예정액인 감정가격으로 결정한다. 채권자목록에 기재하지 않은 채무에 대해서는 채무조정도 없고, 채권자가 언제든지 권리행사를 할 수 있다. 만일 악의로 기재하지 않은 채무가 있는 경우에는 면책을 받지 못할 수 있다. 채권자목록에 기재된 채권에 대해서 이의가 있는 사람은 개인회생채권 조사확정재판을 신청할 수 있다.

8-3 개인회생채권의 확정절차

개인회생채권자목록(채무액)은 해당하는 채권자에게 송달되는데, 채권자가 채권자목록의 기재가 잘못되어 있는 것을 발견하거나 송달된 목록 중 채무액에 이의가 있는 경우, 채권자는 법원에 이의제기를 할 수 있다. 이의가 있는 개인회생채권자는 이의기간 안에 신청인 또는 다른 채권자를 상대로 개인회생채권조사확정재판을 신청할 수 있다.

일단 개인회생채권자목록에 기재된 채권자가 이의 기간 안에 개인회생채권 조사확정재판을 신청하지 아니하거나, 개인회생채권 조사확정재판 신청이 각하된 경우 개인회생채권은 개인회생채권자목록의 기재대로 확정된다. 확정된 채권은 개인회생채권자 전원에 대하여 확정판결과 동일한 효력이 있다.

자신의 채권이 채권목록의 기재에 누락되었거나 그 내용에 대하여 이의가 있는 채권자는 이의 기간 안에 서면으로 개인회생채권 조사확정재판을 신청하여야 하고 그에 대하여 불복이 있는 경우는 개인회생채권 조사확정재판에 대한 이의의 소를 제기하여야 한다.

9 변제계획

9-1 변제계획안의 제출

변제계획안은 채무자만이 신청할 수 있고, 개인회생절차 개시신청일로부터 14일 이내에 제출하여야 한다. 다만 법원은 상당한 이유가 있다고 인정하는 때에는 그 기간을 연장할 수 있다(채무자회생법 610조 1항).

9-2 변제계획안의 내용

변제계획안에 필요적 기재사항은 ① 채무변제에 제공되는 재산 및 소득에 관한 사항, ② 개인회생재단채권 및 일반의 우선권 있는 개인회생채권의 전액의 변제에 관한 사항, ③ 개인회생채권자목록에 기재된 개인회생채권의 전부 또는 일부의 변제에 관한 사항이다.

변제계획은 변제계획인가일로부터 1월 이내에 변제를 개시하여 정기적으로 변제하는 내용을 포함하여야 하고 그것이 어려운 경우에는 법원의 허가를 받아야 하며, 변제계획에서 정하는 변제기간은 변제개시일부터 3년을 초과하여서는 아니 된다. 다만, 특별한 사정이 있는 때에는 변제개시일부터 5년을 초과하지 아니하는 범위에서 변제기간을 정할 수 있다(채무자회생법 611조 5항).

개인회생채권자는 개인회생채권자집회에서 변제계획에 관하여 이의를 진술할 수 있다(채무자회생법 614조 1항). 이러한 이의진술이 채권자가 개인회생절차에 대해 자신의 의견을 낼 수 있는 유일한 기회이다. 왜냐하면 일반 회생절차와 달리 변제계획안에 대해 채권자가 찬반 투표를 하지 않기 때문이다. 대법원 규칙은 변제계획에 대해 이의를 제기하는 채권자가 인가요건을 충족하지 못하였음을 입증하도록 규정하고 있다(채무자회생규칙 90조 3항).

9-3 개인회생채권자집회

개인회생채권자집회는 채무자가 제출한 변제계획안에 대하여 어떤 결의를 하는 집회가 아니다. 법원은 개인회생채권자들이 직접 채무자로부터 설명을 듣고 결의에 부치지 아니한 채 변제계획안에 대한 이의 여부를 진술하게 하고 집회를 종결한다. 결국 개인회생채권자 집회는 변제계획안의 인가 여부를 간이·신속하게 결정하기 위하여 마련된 제도이다.

개인회생채권자집회기일에는 채무자도 의무적으로 참여해야 한다. 법원은 채무자가 정당한 사유 없이 출석 또는 설명하지 않거나 허위로 한 경우, 직권으로 개인회생절차 폐지 결정을 할 수 있다(채무자회생법 620조 2항 2호). 채권자는 개인회생채권자집회에서 변제계획에 관한 이의를 진술할 수 있다(채무자회생법 613조 5항).

9-4 변제계획의 인부 결정

법원은 채무자가 제출한 변제계획안에 대하여 개인회생채권자 또는 회생위원이 이의를 진술하지 아니하고 인가요건이 충족된 때에는 변제계획안에 대하여 인가결정을 하여야 한다. 변제계획의 인가요건이 갖추어진 경우 변제계획에 대한 법원의 인가는 재량이 아니라 의무적인 것이다. 인가요건을 갖추지 못한 경우에는 변제계획불인가결정을 한다.

9-5 인가결정의 효력

변제계획은 인가 결정이 있은 때부터 효력이 생긴다. 변제계획인가결정이 있는 때에는 변제계획 또는 변제계획인가결정에서 다르게 정하지 않는 한 개인회생재단에 속하는 모든 재산은 채무자에게 귀속된다. 변제계획인가결정이 있는 때에는 변제계획 또는 변제계획인가결정에서 다르게 정하지 않는 한 개인회생절차 개시결정에 의하여 중지된 회생절차 및 파산절차와 개인회생채권에 기한 강제집행 · 가압류 또는 가처분은 그 효력을 잃는다.

그러나 담보권실행을 위한 경매절차는 인가결정에 의하여 효력이 상실되는 것이 아니라 오히려 변제계획인가의 효력에 의하여 속행할 수 있게 된다(채무자회생법 600조2항). 또한 개인회생절차 개시결정으로 중지된 국세징수법 또는 지방세징수법에 의한 체납처분, 국세징수의 예에 의한 체납처분 또는 조세채무담보를 위하여 제공된 물건의 처분은 인가결정이 있더라도 실효되지 않는다.

9-6 개인회생채권의 변제

변제계획이 인가되는 경우, 채무자는 인가된 변제계획에 따라 개인회생채권자에게 변제할 금원을 회생위원에게 임치해야 한다(채무자회생법 617조 1항). 즉, 채무자는 변제계획대로 회생위원의 예금계좌에 3~5년간 정해진 대로 입금하여 변제계획을 수행해야 한다. 개인회생채권자는 임치된 금원을 변제계획에 따라 회생위원으로부터 지급받게 된다(채무자회생법 617조 2항).

채무자는 변제계획에 의하지 아니하고는 개인회생채권자목록에 기재된 개인회생채권을 변제하거나 변제받는 등 이를 소멸하게 하는 행위를 하지 못한다(채무자회생법582조).

10 면책

법원은 채무자가 변제계획에 따른 변제를 완료한 때에는 면책 결정을 하여야 한다(채무자회생법 624조 1항). 여기서 면책이란 채무 자체는 존속하지만, 채무자에 대하여 이행을 강제할 수 없다는 의미이다. 따라서 면책된 채권은 통상의 채권이 가지는 소제기 권능을 상실하게 된다.

회생절차의 경우는 회생계획안이 인가되면 인가의 효력에 기하여 채무자가 면책되나 개인회생절차의 경우는 일정한 요건이 충족된 경우에 한하여 면책결정을 받아야 비로소 면책된다. 그러나 채무자가 채권자목록에 기재하지 않은 채무는 채무자가 고의로 기재하지 않았든지 과실로 기재하지 않았든지 상관없이 항상 면책되지 않는다. 이는 파산절차에서는 모든 채권이 채권자목록에 기재되었는지를 묻지 않고 파산결정에 구속되지만 개인회생절차에서는 채무자가 신고한 채무만이 개인회생절차에 구속되기 때문이다.

법원은 채무자가 변제계획에 따른 변제를 완료한 때에는 당사자의 신청에 의하거나 직권으로 면책의 결정을 하여야 한다. 법원은 채무자가 변제계획에 따른 변제를 완료하지 못한 경우에도 채무자가 책임질 수 없는 사유로 변제를 완료하지 못한 경우 등에는 이해관계인의 의견을 들은 후 면책의 결정을 할 수 있다.

10-1 면책불허가결정

법원은 필요적 또는 임의의 면책 사유가 있는 경우에도 면책결정 당시까지 채무자에 의하여 악의로 개인회생채권자목록에 기재되지 아니한 개인회생채권이 있거나, 채무자가 이 법에서 정해진 채무자의 의무를 이행하지 아니한 경우는 면책을 불허가 할 수 있다.

10-2 면책허가결정의 효력

면책허가를 받은 채무자는 변제계획에 따라 변제한 것을 제외하고 개인회생채권자에 대한 채무에 관하여 그 책임이 면제된다. 변제계획에 의한 권리의 변경은 면책허가결정이 확정되어야 비로소 효력이 발생하고 사건도 종결되는 것이다.

면책은 채무자의 보증인 그 밖에 채무자와 더불어 채무를 부담하는 자에 대하여 가지는 권리와 개인회생채권자를 위하여 제공한 담보에는 영향을 미치지 아니한다(채무자회생법 625조 3항). 따라서 채무자가 변제계획의 인가를 받거나 면책결정을 받은 경우에도 보증인, 연대채무자 및 물상보증인은 원래의 채무에 따라 보증책임 또는 담보책임을 부담한다.

10-3 면책의 취소

법원은 채무자가 기망 그 밖의 부정한 방법으로 면책을 받은 때에는 이해관계인의 신청에 의하거나 직권으로 면책을 취소할 수 있다(채무자회생법 626조). 이러한 취소신청은 면책결정의 확정일부터 1년 이내에 제기하여야 한다. 법원은 채무자에 대한 면책취소 여부를 결정할 때 면책취소사유의 내용과 그 경중, 채무자가 개인회생절차에 이르게 된 경우, 채무자의 경제적 회생 가능성 등 여러 사정을 고려하여 합목적적 재량에 따라 판단한다(대법원 2015.4.24. 자 2015마74 결정).

11 개인회생절차와 은행실무

개인회생절차는 재정적 어려움에 있는 개인채무자 중 장래 계속적으로 수입을 얻을 가능성 있는 자에 대하여 채권자의 법률관계를 조정하여 채무자를 회생시키는 위한 제도이기 때문에 은행의 대출채권관리에 있어서 통상의 경우와 다르다.

가. 연체독촉 금지

채무자회생법에 따른 보전처분 및 담보권실행 중지·금지 명령이 송달된 이후에는 채권추심이 불가능해지므로 은행은 연체독촉행위를 해서는 안 된다. 다만 보증인에 대한 독촉은 가능하다.

나. 보증인에 대한 추심

채무자회생법은 채무자의 보증인 그 밖에 채무자와 더불어 채무를 부담하는 자에 대하여 가지는 권리와 담보에 영향을 미치지 않는 것으로 보아 추심행위를 인정하고 있다(채무자회생법 567조, 625조3항).

다. 사후관리

개인회생 및 파산의 경우는 당연 기한이익상실사유에 해당하고 계속거래를 전제로 하고 있지 않으므로 은행은 담보대출 여부와 상관없이 즉시 사후관리에 들어간다(은행여신거래기본약관 7조1항3호). 다만, 법원의 개인회생절차개시결정 또는 중지·금지명령이 있는 경우 채무자의 재산에 가압류 등 채권보전조치를 할 수 없다.

개인회생을 신청한 채무자가 보증서 관련 대출이 있는 경우 보증기금 등의 보증약관에 따라 통지기한 내에 보증사고 통지를 하여야 한다. 통상 보증기금들의 거래약관에 의하면 채무자에 대한 회생절차개시의 신청이 있을 때를 사고통지 시기로 명시하고 있다.

라. 예금과 대출의 상계

은행은 채무자의 개인회생절차 신청일 이전에 입금된 금원과 대출금을 상계하는 것은 가능하다. 그러나 개인회생절차개시결정 이후에 입금된 예금 또는 법원으로부터 보전처분이나 금지명령 이후 입금된 예금과는 상계할 수 없다.

마. 신용정보관리

채무자의 연체정보는 개인회생 변제계획이 인가되면 삭제되며, 주의거래처 및 관리거래처에 적용되는 여신취급상의 제한은 적용되지 않는다.

바. 면책처리

채무관계자가 법원으로부터 받은 면책결정문을 은행에 제출하는 경우, 은행은 대법원 홈페이지(www.scourt.go.kr)에서 법원의 면책결정문의 진위 여부를 확인한 후 채무감면처리를 진행한다.

제2절

회생절차

1 회생절차의 개요

회생절차[229]는 재정적 어려움으로 인하여 파탄에 직면해 있는 채무자에 대하여 채권자 · 주주 · 지분권자 등 이해관계인의 법률관계를 조정하여 채무자 또는 그 사업의 효율적인 회생을 도모하거나, 회생이 어려운 채무자의 재산을 공정하게 환가 · 배당하는 것을 목적으로 한다(채무자회생법 1조). 회생절차의 가장 큰 특징은 기존의 경영권을 최대한 보장해 준다는 점에 있다. 법원은 기업의 부실경영에 중대한 책임이 있을 경우 등에는 기존 경영자를 배제하고 제3자 관리인을 정하지만 그렇지 않다면 일반적으로 기존 경영자가 관리인으로 선임된다(채무자회생법 74조).

1-1 회생절자 적용대상

회생절차 적용대상은 재정적 어려움으로 파탄에 직면해 있는 채무자이다(채무자회생법 1조)[230] 회생절차는 채무자 등 일정한 자가 법원에 신청함에 따라 개시되며, 법인뿐만 아니라 개인도 회생절차 개시신청을 할 수 있고, 영업자뿐만 아니라 비영업자도 회생절차 개시신청을 할 수 있다.

---

229) 실무에서는 회생절차는 통상 개인회생절차에 대한 대응하는 의미에서 '기업회생절차' 또는 '법정관리'라고 부르고 있다.

230) 제1조(목적) 이 법은 재정적 어려움으로 인하여 파탄에 직면해 있는 채무자에 대하여 채권자·주주·지분권자 등 이해관계인의 법률관계를 조정하여 채무자 또는 그 사업의 효율적인 회생을 도모하거나, 회생이 어려운 채무자의 재산을 공정하게 환가·배당하는 것을 목적으로 한다.

1-2 회생절차의 기본원리

가. 기업의 효율적 회생

채무자회생법에서 규정하는 회생절차는 회생이 가능한 기업이 신속하고 효율적으로 회생할 수 있도록 지원하기 위한 것이다. 그리고 소규모 기업(담보 및 무담보 채무의 총액 50억 원 이하)에 대해서는 특별히 간이한 절차를 마련하고 있다(채무자회생법 293조의2~293조의8).

나. 기업의 신속한 퇴출

회생절차는 회생이 불가능한 기업에 대해서는 개시신청에 대한 기각, 회생절차의 폐지, 회생계획 불인가 등을 통하여 신속하게 퇴출시킨다. 즉, 경제성(수익성)이 없는 기업은 회생의 대상이 아니다.

다. 공정 · 형평성 보장

회생절차는 채무자가 재산을 임의적으로 처분하거나 채권자가 개별적으로 강제집행절차를 취하지 못하도록 하고, 모든 이해관계인에게 회생계획에 의하여 공정·형평성을 보장한다. 이는 동종의 권리자들 사이에는 회생계획의 조건을 평등하게 하여야 한다는 것을 의미한다(대법원 2016.5.25. 자 2014마1427 결정).

또한 채권 간에도 담보가 있는 채권과 없는 채권으로 구분하여 변제의 방법을 다르게 한다.

라. 채무자의 지배구조 변경

회생절차에서 기존 주주는 주식병합 등에 의해 출자지분이 감소하며, 채권자는 탕감하는 채권만큼 신주를 발행받는다. 이 과정에서 상당한 채권액을 출자전환받은 채권자가 지배주주가 되어 경영권이 채권자로 이전되는 현상이 발생한다.

2 회생절차의 진행절차

그림 V-3 회생절차 흐름도

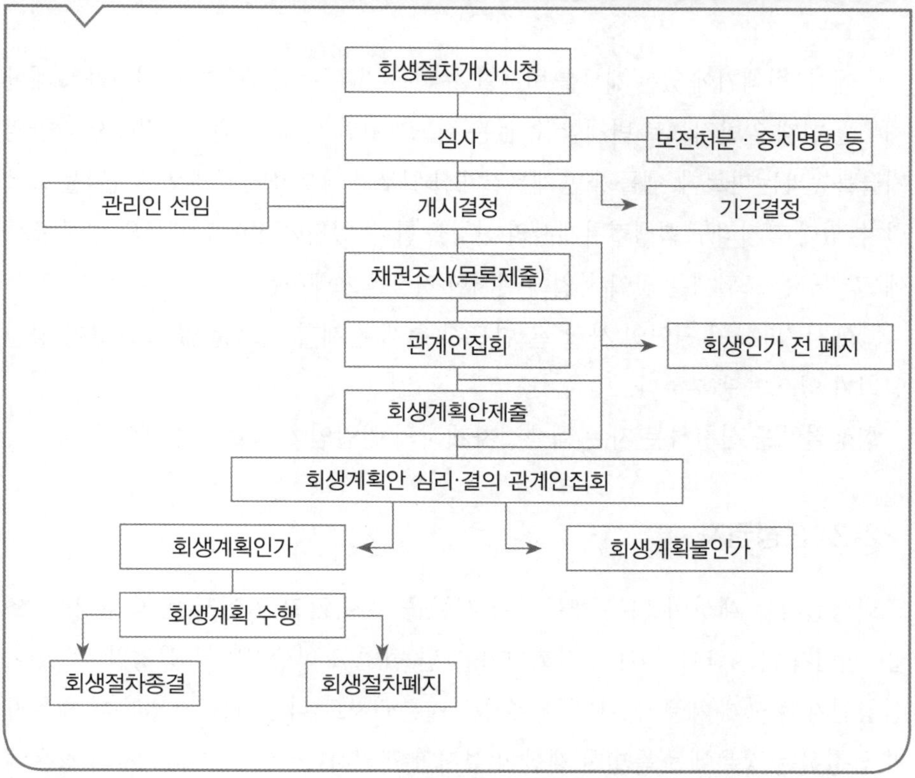

2-1 회생절차개시의 신청

기업이 회생절차를 신청할 수 있는 요건을 갖추었을 때, 법원에 회생절차개시신청을 한다. 채무자가 개시의 신청을 하면, 법원은 이를 심사하여 적법 요건을 갖추었을 때 개시결정을 내리고, 그 효과로서 그 이후의 절차는 자동으로 진행된다.

채무자회생법은 회생절차개시결정과 동시에 정하여야 할 사항을 규정하고 있고(채무자회생법 50조), 소정의 요건을 갖추면 채무자회생법에서 규정한 절차에 맞추어 진행하게 된다.

채무자회생법은 회생절차개시신청 사유로 두 가지를 규정하고 있다.

채무자는 ① 사업의 계속에 현저한 지장을 초래하지 아니하고는 변제기에 있는 채무를 변제할 수 없는 경우나 ② 채무자에게 파산의 원인인 사실이 생길 염려가 있는 경우에 법원에 서면으로 회생절차개시의 신청을 할 수 있다(채무자회생법 34조 1항, 36조).

①에서 "변제기에 있는 채무를 변제할 수 없는 경우"는 채무자가 변제기가 도래한 채무를 현재 일반적으로 변제할 수 없는 정도까지일 필요는 없다는 점에서 파산의 지급불능과는 다르다. 예를 들면 채무자재산 일부를 처분하면 쉽게 변제자금을 조달할 수 있다 할지라도 회생절차개시의 신청을 할 수 있지만 적어도 채무의 변제 때문에 그 자금을 조달하는 것이 사업에 현저한 지장을 초래하는 경우이어야 한다.[231]

②에서 "파산의 원인인 사실"은 반드시 현재 존재할 필요는 없고 그것이 생길 염려가 있으면 충분하다.

회생절차를 신청하는 자는 회생절차개시의 원인인 사실을 소명해야 한다.

2-2 신청권자

회생절차는 대상이 되는 채무자에 제한을 두지 않고 있어서 비법인(개인 · 조합 · 법인격 없는 단체 등)과 주식회사가 아닌 법인도 회생절차를 신청할 수 있다. 신청권자는 크게 채무자, 채권자, 주주 · 지분권자로 나누어볼 수 있는데 채무자가 신청하는 경우에는 특별한 제한이 없지만 채권자나 주주 · 지분권자의 경우에는 일정한 제한이 있다.

채무자가 주식회사나 유한회사의 경우에는 자본의 10분의 1 이상에 해당하는 채권을 가지는 채권자 또는 자본의 10분의 1 이상에 해당하는 주식 · 출자지분을 가진 주주 · 지분권자가 회생절차를 신청할 수 있다(채무자회생법 34조 2항 1호). 채무자가 주식회사나 유한회사가 아니어서 '자본'을 기준으로 할 수 없는 경우에는 5천만 원 이상의 금액에 해당하는 채권을 가진 채권자 또는 출자총액의 10분의 1 이상의 출자지분을 가진 지분권자가 회생절차를 신청할 수 있다(채무자회생법 34조 2항 2호).

채무자가 아닌 채권자 또는 주주 · 지분권자가 회생절차개시의 신청을 한 때에

---

231) 전병서, 도산법, 484면

는 법원은 채무자에게 경영 및 재산상태에 관한 자료를 제출할 것을 명할 수 있고(채무자회생법 34조 3항), 신청인은 자신의 채권액 또는 출자지분을 소명하여야 한다.

2-3 신청서 제출 및 비용의 예납

회생절차개시의 신청을 하는 때에는 신청인은 회생절차의 비용을 미리 납부하여야 하는데(채무자회생법 39조 1항), 이 비용은 사건의 대소 등을 고려하여 법원이 정하며, 채무자 외의 자가 신청을 하는 때에는 회생절차개시 후의 비용에 관하여 채무자의 재산에서 지급할 수 있는 금액도 고려한다(채무자회생법 39조 2항). 법원은 회생절차의 비용을 미리 납부하지 아니한 경우에는 회생절차개시의 신청을 기각한다(채무자회생법 42조 1호).

2-4 신청의 취하

회생절차개시 신청을 한 자는 개시결정이 있기 전에 그 신청을 취하할 수 있다(채무자회생법 48조 1항)[232]. 그러나 채무자가 보전처분, 보전관리명령, 중지명령, 금지명령을 받은 후에는 법원의 허가를 받아야 신청을 취하할 수 있다(채무자회생법 48조 2항).

---

232) 제48조(회생절차개시신청 등의 취하의 제한) ①회생절차개시의 신청을 한 자는 회생절차개시결정 전에 한하여 그 신청을 취하할 수 있다.
②다음 각호의 결정이 있은 후에는 법원의 허가를 받지 아니하면 회생절차개시신청 및 보전처분신청을 취하할 수 없다.
1. 제43조제1항의 규정에 의한 보전처분
2. 제43조제3항의 규정에 의한 보전관리명령
3. 제44조제1항의 규정에 의한 중지명령
4. 제45조제1항의 규정에 의한 포괄적 금지명령

3 개시신청에 대한 재판

3-1 심문

회생절차의 개시신청이 있으면 법원은 회사의 대표자를 심문하여야 한다. 그러나 채무자 또는 그 대표자가 외국에 거주하여 채무자에 대한 심문이 절차를 현저히 지체시킬 우려가 있는 때와 채무자 또는 그 대표자의 소재를 알 수 없는 때에는 심문을 하지 아니할 수 있다(채무자회생법 41조).

3-2 개시신청 기각사유

법원은 '회생절차개시신청이 성실하지 아니하거나', '그 밖에 회생절차에 의함이 채권자 일반의 이익에 적합하지 아니한 경우'에는 회생절차개시의 신청을 기각하여야 한다. 이 경우 관리위원회(법원의 지휘를 받아 기업회생 절차 진행을 돕기 위하여 법원에 설치된 기구)의 의견을 들어야 한다(채무자회생법 42조).

파산선고를 받지 아니한 채무자에 대하여 회생계획인가 전 회생절차개시신청의 기각결정이 확정된 경우 법원은 그 채무자에게 파산의 원인이 되는 사실이 있다고 인정하는 때에는 채무자 또는 관리인의 신청에 의하거나 직권으로 파산을 선고할 수 있다(채무자회생법 6조 2항 1호).

3-3 채무자 재산의 보전

회생절차의 개시신청이 있는 때로부터 개시결정이 있는 때까지 채무자의 재산은 채권자의 권리행사에 노출되어 있다. 회생절차가 성공적으로 이루어지기 위해서는 채무자의 재산보전이 필요하다.

가. 가압류 · 가처분 그 밖의 보전처분

법원은 회생절차개시의 신청이 있는 때에는 이해관계인의 '신청'에 의하거나 '직권'으로 회생절차개시신청에 대한 결정이 있을 때까지 채무자의 업무 및 재산에 관하여 가압류 · 가처분 그 밖에 필요한 보전처분을 명할 수 있다. 이해관계인이 위 보전처분을 신청한 때에는 법원은 신청일부터 7일 이내에 보전처분 여부를 결정하여야 하며(채무자회생법 43조 1항 · 2항), 실무상 통상 신청일로부터 2~3일 이내에 이루어지며, 신청 당일 보전처분결정이 내려지는 경우도 있다. 법원의 결정에 대하여는 즉시항고를 할 수 있으며, 즉시항고는 집행정지의 효력이 없다(채무자회생법 43조 6항 · 7항).

나. 보전관리명령

법원은 보전처분 외에 필요하다고 인정하는 때에는 관리위원회의 의견을 들어 1인 또는 여러 명의 보전관리인에 의한 관리를 명할 수 있다(채무자회생법 43조 3항). 이 경우 법원은 보전관리인을 선임하여야 한다. 여기서 보전관리인은 회생절차개시신청 후 절차개시결정 전까지만 존속하며, 절차개시결정과 동시에 선임된 관리인이 보전관리인이 수행하던 임무를 수행한다.

다. 파산 · 강제집행 · 소송 절차 등의 중지명령

법원은 회생절차개시의 '신청'이 있는 경우 필요하다고 인정하는 때에는 이해관계인의 신청에 의하거나 직권으로 회생절차개시의 신청에 대한 결정이 있을 때까지 다음에 해당하는 절차의 중지를 명할 수 있다(채무자회생법 44조).

① 채무자에 대한 파산절차
② 회생채권 또는 회생담보권에 기한 강제집행, 가압류, 가처분 또는 담보권실행을 위한 경매절차로서 채무자의 재산에 대하여 이미 행하여지고 있는 것(다만, 그 절차의 신청인인 회생채권자 또는 회생담보권자에게 부당한 손해를 끼칠 염려가 있는 때에는 절차의 중지를 명할 수 없다)
③ 채무자의 재산에 관한 소송절차
④ 채무자의 재산에 관하여 행정청에 계속되어 있는 절차
⑤ 국세징수법 또는 지방세기본법에 의한 체납처분, 국세징수의 예에 의한 체납처분 또는 조세채무담보를 위하여 제공된 물건의 처분

법원이 중지명령을 하면 명령대상 절차는 동결되어 더 진행할 수 없다. 법원은

중지명령을 변경하거나 취소할 수 있다(채무자회생법 44조3항). 중지명령과 보전처분은 모두 회생절차개시결정이 있기 전에 채무자재산을 보전하기 위함이다. 중지명령은 주로 채무자의 채권자, 담보권자 등 제3자에 대하여 강제적인 권리실현행위를 금지하지만, 보전처분은 주로 채무자에게 일정한 행위를 제한한다는 점에서 차이가 있다.

라. 회생채권 또는 회생담보권에 기한 강제집행 등의 포괄적 금지명령

채무자재산이 여러 건이고 채권자가 여러 명이라면 채권자의 강제집행(강제집행, 가압류, 가처분 또는 담보권실행을 위한 경매절차)의 신청이 빈발하면, 개별적인 중지명령만으로는 충분히 대처할 수 없어서 포괄적 금지명령제도가 도입되었다.

법원은 회생절차개시의 신청이 있는 경우 '중지명령'에 의해서는 회생절차의 목적을 충분히 달성하지 못할 우려가 있다고 인정할 만한 '특별한 사정'이 있는 때에는 이해관계인의 신청에 의하거나 직권으로 회생절차개시의 신청에 대한 결정이 있을 때까지 모든 회생채권자 및 회생담보권자에 대하여 회생채권 또는 회생담보권에 기한 '강제집행 등의 금지'를 명할 수 있다(채무자회생법 45조 1항). 이러한 포괄적 금지명령을 할 수 있는 경우는 채무자의 주요한 재산에 관하여 위 보전처분 또는 보전관리명령이 이미 행하여 졌거나 포괄적 금지명령과 동시에 위 보전처분 또는 보전관리명령을 행하는 경우에 한한다(채무자회생법 45조 2항).

포괄적 금지명령이 있는 때에는 채무자의 재산에 대하여 이미 행하여진 회생채권 또는 회생담보권에 기한 강제집행 등은 중지된다(채무자회생법 45조 3항).

포괄적 금지명령에 반하여 이루어진 회생채권 등에 기한 강제집행이나 보전처분은 무효이다.[233] 법원은 포괄적 금지명령을 변경하거나 취소할 수 있다(채무자회생법 45조 4항).

마. 취소명령

법원은 채무자의 회생을 위하여 특히 필요하다고 인정하는 때에는 중지된 강

---

233) 포괄적 금지명령에 반하여 이루어진 회생채권에 기한 보전처분이나 강제집행은 무효이고, 회생절차폐지결정에는 소급효가 없으므로, 이와 같이 무효인 보전처분이나 강제집행 등은 사후적으로 회생절차폐지결정이 확정되더라도 여전히 무효이다(대법원 2016. 6. 21. 자 2016마5082 결정).

제집행 등의 취소를 명할 수 있다(채무자회생법 44조 4항). 채무자는 법원에 취소명령을 신청할 수 있다. 법원의 취소명령으로 종전의 강제집행 등은 소급하여 그 효력을 잃는다. 다만, 강제집행을 취소하기 위해서는 먼저 중지명령에 의하여 그 절차가 중지되어 있을 것이 필요하고, 해당 강제집행 등의 절차를 중지시키지 아니한 채, 바로 취소명령을 하는 것은 허용되지 않는다.

3-4 채권자협의회의 구성

회생절차에서 채권자는 개별적 권리행사가 금지되는 반면 기존경영자는 관리인이 되므로, 채권자들의 지위를 강화하기 위하여 채무자회생법은 채권자협의회 제도를 도입하였다.

관리위원회(관리위원회가 설치되지 아니한 때에는 법원을 말한다)는 회생절차개시신청이 있은 후 채무자의 주요채권자를 구성원으로 하는 10인 이내의 채권자협의회를 구성하여야 한다. 다만, 채무자가 개인 또는 중소기업기본법에 의한 중소기업자인 때에는 채권자협의회를 구성하지 아니할 수 있다(채무자회생법 20조 1항 · 2항).

채권자협의회는 다양한 채권자 의사를 체계적으로 수렴·전달하기 위하여 주요 채권자로 협의회를 구성하여 채권자의 의견전달 및 채권자에 대한 정보전달의 창구로 활용할 수 있도록 한 것이다. 주요 역할은 채권자 사이의 의견을 조정하여 회생절차에 관한 의견제시, 관리인 및 보전관리인 선임 또는 해임에 관한 의견제시 이외에 법인인 채무자의 감사 선임에 대한 의견제시권과 회생계획인가 후 회사 경영상태에 관한 실사청구권 등을 행사하여 관리인을 견제하는 것이다(채무자회생법 21조 3항).

법원은 채권자협의회의 요청이 있는 경우로서 상당한 이유가 있는 때에는 채무자가 아닌 제3자를 관리인으로 선임해야 한다(채무자회생법 74조 2항 2호).

참고 관리위원회(채무자회생법 15조~17조)

회생법원은 과중한 업무를 경감하여 회생사건을 적정 · 신속하게 진행하기 위하여 회생법원에 전문지식을 갖춘 관리위원회를 둔다. 관리위원회는 위원장 1인을 포함하여 3인 이상 15인 이내에서 관리위원으로 구성된다. 관리위원은 변호사 또는 공인회계사의 자격이 있는 자, 은행법에 의한 은행 · 예금보험공사 · 한국자산관리공사에서 15년 이상 근무한 경력이 있는 자 등 중에서 회생법원장이 위촉하거나 해촉한다. 임기는 3년이다.

4 회생절차개시결정

적법한 신청권자로부터 회생절차개시신청이 있고 신청인이 주장하는 회생절차개시원인이 존재하며 회생절차개시신청기각사유가 존재하지 않으면 법원은 회생절차개시결정을 하여야 한다.

법원은 채무자의 회생절차개시의 신청일부터 1월 이내에 회생절차개시 여부를 결정한다. 회생절차개시결정은 그 결정 시부터 효력이 생기므로, 회생절차개시결정서에는 결정의 연 · 월 · 일 · 시를 기재하여야 한다(채무자회생법 49조). 실무상 통상 2주 이내에 개시결정이 내려진다.

4-1 회생신청 기각사유

법원은 다음 사유가 있으면 회생절차개시 신청을 기각하여야 한다(필수적 기각사유).

① 회생절차 비용을 미리 납부하지 아니한 경우

② 회생절차개시신청이 성실하지 아니한 경우[234)]

③ 그 밖에 회생절차에 의함이 채권자 일반의 이익에 적합하지 아니한 경우, 관리위원회의 의견을 듣고 회생절차개시신청을 기각한다(채무자회생법 42조).

---

234) 예: 채무자가 회생절차의 진행에 대한 실질적 의사가 없이 중지명령 등 회생절차에 따른 부수적 효과만을 목적으로 개시신청을 하는 경우

판례 **대법원 2009. 12. 24. 자 2009마1137 결정**

회생절차의 폐지결정이 확정되거나 회생계획에 대한 불인가결정이 확정되어 채무자에 대한 회생절차가 종료되었음에도 불구하고 그 채무자가 새로운 회생절차개시의 신청을 한 경우, 그 신청이 채무자 회생 및 파산에 관한 법률 제42조 제2호에 정한 '회생절차 개시신청이 성실하지 아니한 경우' 또는 같은 조 제3호에 정한 '그 밖에 회생절차에 의함이 채권자 일반의 이익에 적합하지 아니한 경우'에 해당하여 회생절차 개시신청의 기각사유가 존재하는지 여부를 판단함에 있어서는, 종전 회생절차의 종료 시점과 새로운 회생절차 개시신청 사이의 기간, 종전 회생절차의 폐지사유가 소멸하거나 종전 회생계획에 대한 불인가사유가 소멸하는 등 그 사이에 사정변경이 발생하였는지 여부, 채무자의 영업상황이나 재정상황, 채권자들의 의사 등의 여러 사정을 고려하여야 한다.

4-2 회생절차개시의 공고와 송달

법원은 회생절차개시의 결정을 한 때에는 지체 없이 회생절차개시에 관한 일정한 사항을 공고하고, 채무자 등에게 송달한다(채무자회생법 51조). 채무자가 주식회사인 경우에는 채무자의 업무를 감독하는 행정청, 법무부장관과 금융위원회에 통지하여야 한다(채무자회생법 52조).

4-3 회생절차개시결정에 대한 즉시항고

회생절차개시신청에 관한 재판에 대해 즉시항고를 할 수 있다. 즉, 개시신청을 인용하는 재판이나 기각하는 재판에 대해 즉시항고를 할 수 있음을 말한다. 이러한 즉시항고는 집행정지의 효력이 없으므로 개시된 회생절차가 즉시항고로 그 집행이 정지되지는 않는다. 항고법원은 즉시항고가 이유 있다고 인정하는 때에는 원심법원의 결정을 취소하고 사건을 원심법원에 환송하여야 한다(채무자회생법 53조).

5 회생절차개시결정의 효과

회생절차의 개시결정이 있으면 채무자는 채무자의 재산으로부터 분리된다. 채무자 재산에 대한 관리처분권이 관리인에게 전속하기 때문이다. 또 채무자와 관련된 채권자의 행위나 다른 절차가 제한된다. 이는 회생절차의 효과적인 수행을 위함이다.

5-1 채무자 행위의 제한

회생절차가 개시되면 절차가 종료될 때까지 채무자는 회생절차에 의하지 아니하고는 채무자의 재산과 관련이 있는 행위를 할 수 없다. 제한되는 행위는 자본 또는 출자액의 감소, 신주나 사채의 발행, 자본 또는 출자액의 증가, 지분권자의 가입, 합병 · 분할 · 분할합병, 주식의 포괄적 교환, 주식의 포괄적 이전, 해산, 회사의 조직변경이나 계속, 이익이나 이자의 배당 등이다(채무자회생법 55조). 채무자가 회생절차개시 이후 채무자의 재산에 관하여 법률행위를 한 때에는 회생절차와의 관계에서는 그 효력을 주장하지 못한다. 채무자가 회생절차개시가 있는 날에 행한 법률행위는 회생절차개시 이후에 한 것으로 추정한다(채무자회생법 64조).

5-2 채무자와 관련된 다른 절차의 중지 · 금지

회생절차의 개시결정이 있으면, 채무자와 관련된 다른 절차가 중지되거나 금지된다. 회생절차는 집행절차나 다른 도산절차보다 우선하므로 회생절차가 개시되면 파산절차나 강제집행 등은 금지되거나 중지된다(채무자회생법 58조). 회생절차가 개시되면 채무자의 재산에 대한 소송절차는 중단되고, 회생법원은 회생절차개시 당시 채무자의 재산에 관한 소송이 다른 법원에 계속되어 있는 때에는 결정으로써 그 이송을 청구할 수 있다. 다만, 중지되는 것은 채무자의 재산에 대한 소송이며, 채무자의 재산이 아닌 제3자의 재산에 대한 소송은 채무자와 관련이 있더라도 중지되지 않는다.[235)]

5-3 채무자의 재산에 대한 관리처분권이 관리인에게 전속

회생절차개시결정 전에는 채무자가 그 재산에 관한 관리처분권을 보유하므로 채무자의 행위는 부인의 대상이 될 수 있는 경우 등을 제외하고는 원칙적으로 유

---

235) 대법원 1967.12.26. 선고 67마1127 결정; 대법원 1984.11.15. 선고 84그75 결정

효하다. 그러나 회생절차개시결정 이후에는 법원에 의하여 선임된 관리인이 채무자재산 관리권을 전속하여 갖게 되어 채무자가 채무자의 재산에 관하여 법률행위를 하여도 회생절차에 있어서 그 효력을 주장하지 못한다(채무자회생법 64조 1항).

회생절차의 개시결정이 있으면, 채무자의 재산에 대한 관리처분권이 관리인에게 전속되지만 이익의 충돌이 있을 가능성이 높은 ① 채무자의 영업 또는 재산을 양수하는 행위, ② 채무자에 대하여 자기의 영업 또는 재산을 양도하는 행위, ③ 그 밖에 자기 또는 제3자를 위하여 채무자와 거래하는 행위에 대해서는 법원의 허가를 받아야 한다. 또한 법원은 법원의 허가를 받아야 하는 행위를 지정할 수 있다. 법원의 허가를 받아야 하는 행위를 하면서 법원의 허가를 받지 아니하면 그 행위는 무효가 된다. 다만, 선의의 제3자에게 대항하지 못한다.

5-4 변제 등의 금지

회생절차가 개시된 후에는 회생채권에 관하여 채무자회생법이 규정하는 경우와 회생계획에 따르지 아니하고는 변제하거나 변제받는 등 이를 소멸하게 하는 행위를 하지 못한다. 따라서 관리인은 법원의 허가를 받은 경우 등을 제외하고, 회생계획에서 규정한 바에 따르지 않고 회생채권 및 회생담보권에 관하여 변제하는 등 채권을 소멸하게 하는 행위를 할 수 없다(채무자회생법 131조, 141조 2항). 이에 위반하여 행한 특정한 채권자 등에 대하여 개별적 변제 등의 만족을 주는 행위는 무효이다.

이와 같이 회생채권 및 회생담보권 등을 소멸하게 하는 변제 등을 금지하지 않으면 채무자의 적극재산이 감소되어 채무자의 효율적인 회생이 어려워지고, 일부 회생채권자에게만 회생계획에 의하지 않고 먼저 변제하면 회생채권자 사이의 공평을 해할 수 있기 때문에 회생채권자 등의 개별적 권리행사가 금지된다. 금지되는 행위는 채무자의 변제뿐만 아니라 채권자가 행하는 강제적 추심행위를 포함한 채무를 소멸시키는 모든 행위이다. 여기에는 대물변제·경개·상계도 포함된다.

5-5 회생절차개시 후의 채무자에 대한 변제는 무효

채무자는 재산으로부터 분리되고 채무자의 재산에 대한 관리처분권이 관리인에게 전속되기 때문에 관리인이 아닌 채무자에게 변제하는 것은 옳지 않다.

그래서 법은 회생절차개시 이후 그 사실을 알지 못하고 이행한 채무자에 대한 변제는 회생절차와의 관계에서도 효력을 주장할 수 있지만, 회생절차개시 이후 그 사실을 알고 한 채무자에 대한 변제는 채무자의 재산이 받은 이익의 한도에서만 회생절차와의 관계에서 효력을 주장할 수 있도록 한다(채무자회생법 67조).

5-6 회생절차개시 후의 권리취득은 회생절차에서 권리주장 불가

회생절차개시 이후 회생채권 또는 회생담보권에 관하여 채무자의 재산에 대한 권리를 채무자의 행위에 의하지 아니하고 취득한 때에도 회생절차의 관계에 있어서는 그 효력을 주장하지 못한다(채무자회생법 65조). 예를 들면 근저당권자가 회생절차개시 후에 회생채권을 양도받았다고 하여도 그 회생채권이 피담보채권의 범위에 포함된다는 것을 주장할 수 없다는 것이다. 회생절차개시가 있은 날에 위와 같은 권리취득을 한 경우에는 회생절차개시 이후에 한 것으로 추정된다(채무자회생법 65조 2항). 또한 부동산 또는 선박에 관하여 회생절차개시 전에 생긴 등기원인으로 회생절차개시 후에 한 등기 및 가등기(등록 및 가등록 포함)는 회생절차와의 관계에 있어서는 그 효력을 주장하지 못한다. 다만, 등기권자가 회생절차개시의 사실을 알지 못하고 한 본등기는 그러하지 아니하다(채무자회생법 66조).

5-7 상계의 제한

상계는 채권자와 채무자가 서로 동종의 채권 · 채무를 가지는 경우에 그 채권과 채무를 대등액에 관하여 소멸하게 하는 일방적 의사표시를 말한다(민법 492조). 파산절차에서는 파산채권인 자동채권은 파산선고 시에 변제기가 도래된 것으로 간주되고(채무자회생법 425조), 파산절차 진행 중에도 파산절차에 의하지 않고 상계할 수 있으며(채무자회생법 416조), 파산채권이 파산선고 시에 해제조건부

채권인 경우뿐만 아니라 비금전채권인 경우에도 상계가 인정된다(채무자회생법 417조). 또한 상계에 대한 의사표시의 시기에 관하여도 제한이 없다.

이에 반하여 회생절차의 경우에는 파산절차에 비하여 상계에 상당한 제한을 가하고 있다. 즉 회생절차가 개시된 후에는 회생채권 또는 회생담보권은 회생계획에 의하지 않고 변제 등 이를 소멸시키는 행위를 할 수 없으므로 관리인 측의 상계는 원칙적으로 허용되지 않는다. 다만 법원의 허가가 있는 경우에는 그 범위 내에서 가능하다. 또한 자동채권에 관하여 변제기가 도래하여야만 상계 적격을 갖는다는 점, 상계의 의사표시도 채권신고기간 만료일까지 하지 않으면 안 되는 점 등 파산절차와 비교할 때 상계가 제한을 받고 있다(채무자회생법 144조 1항).

이와 같이 회생절차에서 상계를 제한하는 것은 상계를 하게 되면 채무자의 채무도 줄지만 재산도 줄기 때문에 채무자 재산의 보전이라는 목표에 따라 상계를 제한하는 것이다. 우선, 관리인은 원칙적으로 상계를 하지 못한다. 관리인이 상계를 하면 상대방은 다른 채권자보다 먼저 변제받은 결과가 되기 때문이다. 그러나 상대방(예: 은행 등)은 채무자에 대한 채권(자동채권)과 채무(수동채권)가 모두 채권신고기간만료 전에 상계할 수 있게 된 때에는 채권신고기간 안에 한하여 회생절차에 의하지 아니하고 상계할 수 있다(채무자회생법 144조). 즉 자동채권은 채권신고기간 만료 전에 변제기에 있어야 하나 수동채권은 권리자가 기한의 이익을 포기하고 상계를 할 수 있다. 상계의 의사표시를 채권신고기간 안에 하도록 한정한 것은 채무자의 채권과 채무를 확정해야 하기 때문이다. 상계의 의사표시는 관리인에 대해 해야 한다.

또한 채무자회생법은 회생절차에서 상계가 금지되는 경우를 다음과 같이 열거하고 있다(채무자회생법 145조). ① 회생절차 개시 후에 부담한 채무를 수동채권으로 하는 상계(1호), ② 위기상태에 있음을 알면서 부담한 채무를 수동채권으로 하는 상계(2호),[236] ③ 타인의 회생채권 또는 회생담보권을 회생절차 개시 후에 취득한 경우의 상계(3호),[237] ④ 위기상태에 있음을 알면서 취득한 채권을 자동채권

236) 회생채권자 또는 회생담보권자가 채무자의 위기상태, 즉 지급정지, 회생절차 개시의 신청 또는 파산의 신청이 있음을 알면서 채무자에 대하여 채무를 부담한 때에는 이를 수동채권으로 하는 상계는 허용되지 않는다.

237) 회생절차가 개시된 채무자의 채무자가 회생절차 개시에 의하여 실가치가 하락한 타인의 회생채권 또는 회생담보권을 염가로 취득하고 이를 자동채권으로 하여 자기가 부담하고 있는 채무와의 상계

으로 하는 상계(4호)

은행도 이와 같은 법률규정을 반영하여 실무상으로 다음의 경우에는 채무자의 예금과 대출채권과의 상계를 금지하고 있다. ① 회생절차개시 후에 입금된 예금과의 상계, ② 회생절차 신청 · 파산신청 등 위기상태 이후에 입금된 예금과의 상계, ③회생절차개시 후에 취득한 타인의 대출채권에 대한 상계, ④ 회생절차 신청 · 파산신청 등 위기상태에 있음을 알면서 취득한 대출채권에 대한 상계

6 관리인 제도

6-1 관리인의 선임

법원은 회생절차개시결정과 동시에 관리위원회와 채권자협의회의 의견을 들어 관리인을 선임하여야 한다(채무자회생법 50조 1항). 채무자의 재정적 파탄 원인이 부실 경영처럼 채무자 등에게 중대한 책임이 없다면 기존경영자인 채무자(채무자가 개인인 경우), 채무자의 대표자(채무자가 개인이 아닌 경우)를 관리인으로 선임한다(채무자회생법 74조 2항)

법인도 관리인이 될 수 있다. 이 경우 그 법인은 이사 중에서 관리인의 직무를 행할 자를 지명하고 법원에 신고하여야 한다(채무자회생법 74조 6항).

법원은 기존에 채무자의 사업이나 영업을 주도한 사람을 관리인으로 선임하는 것이 원칙이고, 채무자회생법에서 정한 예외적인 경우에만 제3자를 관리인으로 선임하여야 한다(채무자회생법 74조 2항). 제3자가 관리인으로 선임되는 경우는 ① 채무자의 재정적 파탄의 원인이 개인인 채무자, 개인이 아닌 채무자의 이사, 채무자의 지배인이 행한 재산의 유용 또는 은닉이나 그에게 중대한 책임이 있는 부실경영에 기인하는 때, ② 채권자협의회의 요청이 있는 경우로서 상당한 이유가 있는 때, ③ 그 밖에 채무자의 회생이 필요한 때이다. 따라서 기존의 경영자가 경영권을 유지하는 것이 원칙이고 제3자가 관리인에 임명되는 것은 예외다.

를 허용한다면 그 채무자에게 부당한 이익을 주고 회생절차가 개시된 채무자의 재산이 증가되지 않기 때문에 상계는 허용하지 않는다.

채무자가 개인 · 중소기업 그 밖에 대법원규칙이 정하는 자[238]는 관리인을 선임하지 아니할 수 있다(채무자회생법 74조 3항). 관리인을 선임하지 않는 자가 개인인 경우는 채무자 자신이, 개인이 아닌 경우에는 채무자의 대표자를 관리인으로 본다(채무자회생법 74조 4항).[239]

6-2 관리인의 권한과 직무집행

관리인은 취임 후 즉시 채무자의 업무와 재산의 관리에 착수하여야 한다(채무자회생법 89조). 만약, 관리인이 선임되지 않았으면 개인 또는 법인 채무자의 대표자를 관리인으로 보므로(채무자회생법 74조 4항), 개인 또는 법인 채무자의 대표자는 즉시 채무자의 업무와 재산(적극재산·소극재산)관리에 착수하여야 한다.

관리인은 채무자 업무의 수행과 재산의 관리 및 처분에 대한 권한을 독점하며, 채무자의 재산에 관한 소송에서는 관리인이 당사자가 된다. 관리인은 법원의 감독을 받으며, 선량한 관리자의 주의로써 직무를 수행하여야 한다.

관리인은 개인인 채무자나 그 법정대리인, 개인이 아닌 채무자의 이사 · 감사 · 청산인 및 이에 준하는 자, 채무자의 지배인 또는 피용자에게 채무자의 업무와 재산의 상태에 관한 보고를 요구할 수 있으며, 채무자의 장부 · 서류 · 금전 그 밖의 물건을 검사할 수 있고, 감정인을 선임하여 감정하게 할 수 있다(채무자회생법 79조).

7 채무자 재산의 조사 및 확보

7-1 채무자 재산상황의 조사

관리인은 취임 후 지체 없이 채무자에게 속하는 모든 재산에 대하여 회생절차

238) 대법원규칙(51조)에서 정하는 채무자는 '비영리법인, 합명회사, 합자회사, 상장법인, 코스닥상장법인, 재정적 부실의 정도가 중대하지 아니하고 일시적인 현금 유동성의 악화로 회생절차를 신청한 채무자, 일정한 수준의 기술력, 영업력 및 시장점유율을 보유하고 있어 조기회생이 가능한 채무자, 주요 채권자 사이에 회생계획안의 주요 내용에 관하여 합의가 이루어진 채무자, 자금력 있는 제3자나 구 주주의 출자를 통하여 회생을 계획하고 있다고 인정되는 채무자, 그 밖에 관리인을 선임하지 않는 것이 채무자의 회생에 필요하거나 도움이 된다고 법원이 인정한 채무자'이다.

239) 실무에서는 관리인의 역할을 하는 채무자를 '채무자관리인'이라고 부른다.

개시 당시의 가액을 평가하여야 하고, 회생절차개시 당시 채무자의 재산목록 및 대차대조표를 작성하여 법원에 제출하여야 한다(채무자회생법 91조).

관리인은 ① 채무자가 회생절차의 개시에 이르게 된 사정, ② 채무자의 업무 및 재산에 관한 사항, ③ 법인인 채무자의 이사등(법인인 채무자의 발기인·이사·감사·검사인 또는 청산인)의 재산에 대한 보전처분을 필요로 하는 사정의 유무, ④ 법인인 채무자의 이사등에 대한 손해배상청구권의 존부와 그 내용을 확정하기 위한 조사확정재판을 필요로 하는 사정의 유무, ⑤ 그 밖에 채무자의 회생에 관하여 필요한 사항을 조사하여 관리인 보고를 위한 관계인집회의 기일 전까지 법원, 관리위원회 및 관계인집회에 보고하여야 한다.

7-2 부인권

관리인은 채무자의 재산을 보전하기 위하여 채무자가 행한 일정한 행위를 부인하여 채무자의 재산으로 원상회복시킬 수 있다(채무자회생법 100조). 그 행위는 다음과 같다.

첫째, 채무자가 회생채권자 또는 회생담보권자를 해하는 것을 알고 한 행위이다. 다만, 이로 인하여 이익을 받은 자가 그 행위 당시 회생채권자 또는 회생담보권자를 해하는 사실을 알지 못한 경우에는 그러하지 아니하다. 채권자를 해하는 행위란 채무자의 재산을 부당하게 감소시키는 행위나 채권자 사이의 평등을 해하는 행위를 말한다. 회생절차의 신청을 준비하면서 담보를 제공한 경우나 부도직전 특정채권에 변제하는 것 등이 전형적인 예이다.

둘째, 채무자가 지급의 정지, 회생절차개시의 신청 또는 파산의 신청이 있은 후에 한 회생채권자 또는 회생담보권자를 해하는 행위와 담보의 제공 또는 채무의 소멸에 관한 행위이다. 다만, 이로 인하여 이익을 받은 자가 그 행위 당시 지급의 정지 등이 있는 것 또는 회생채권자나 회생담보권자를 해하는 사실을 알고 있은 때에 한한다. 원래 변제기에 채무를 변제하는 것은 적법한 것이나 지급의 정지(부도 · 당좌거래정지처분 등), 회생절차개시의 신청, 파산의 신청 등 채무자가 제대로 변제할 수 없는 상황이 된 경우에는 채권자 간의 형평을 깨뜨리고 편파적인 변제를 하는 결과가 되므로 이를 부인할 수 있도록 한 것이다.

셋째, 채무자가 지급의 정지 등이 있은 후 또는 그 전 60일 이내에 한 담보의 제공 또는 채무의 소멸에 관한 행위로서 채무자의 의무에 속하지 아니하거나 그 방법이나 시기가 채무자의 의무에 속하지 아니한 것을 말한다. 다만, 채권자가 그 행위 당시 채무자가 다른 회생채권자 또는 회생담보권자와의 평등을 해하게 되는 것을 알지 못한 경우(그 행위가 지급의 정지 등이 있은 후에 행한 것인 때에는 지급의 정지 등이 있은 것도 알지 못한 경우에 한한다)에는 그러하지 아니하다.

넷째, 채무자가 지급의 정지 등이 있은 후 또는 그 전 6월 이내에 한 무상행위 및 이와 동일시할 수 있는 유상행위이다. 무상행위 및 이와 동일시할 수 있는 유상행위에는 증여, 유증, 채무면제, 권리포기, 청구의 포기, 인낙, 소송상 화해 등이 포함된다. 무상행위의 전형적인 예로는 계열회사에 대한 지급보증이나 물상보증을 들 수 있다.

7-3 쌍방미이행 쌍무계약

쌍무계약이란 쌍방 상호 대등한 대가관계에 있는 채무를 부담하는 계약으로서, 쌍방의 채무 사이에는 성립, 이행, 존속상 법률적 · 경제적으로 견련성을 갖고 있어서 서로 담보로서 기능한 것이다.[240] 예를 들어 아파트 수분양자가 중도금과 잔금 납부를 지연할 때에는 소정의 가산금을 납부하고, 분양자가 입주예정기일에 입주를 시키지 못할 때에는 소정의 지체상금을 지급하기로 하는 내용의 아파트 분양계약은 쌍무계약에 해당한다.[241]

회생절차개시 당시에 쌍무계약에서 채무자는 이행을 완료하였으나 상대방이 이행을 완료하지 않은 경우에는 관리인은 상대방에 대해 이행청구권을 갖는다. 반대로 채무자는 이행을 완료하지 않았으나 상대방은 이행을 완료한 경우 상대방의 채권은 회생채권이 된다. 그런데 당사자 모두 이행을 완료하지 아니한 경우에는 관리인이 그 계약을 해제 · 해지하거나 이행을 청구할 수 있다(채무자회생법 119조 1항). 관리인이 회생절차에 유리한 선택을 할 수 있는 권리를 특별히 인정한 것이다. 다만, 회생계획안 심리를 위한 관계인집회가 끝난 후 또는 회생계획안

---

240) 대법원 1994.1.11. 선고 92다56865 판결; 대법원 2000.4.11. 선고99다60559 판결; 대법원 2002.5.28. 선고 2001다68068 판결; 대법원 2003.5.16. 선고 2000다54659 판결

241) 대법원 2002.5.28. 선고 2001다68068 판결

을 서면결의에 부치는 결정이 있은 후에는 계약을 해제 또는 해지할 수 없다.

관리인이 선택권을 갖고 있으므로 상대방은 관리인이 계약의 해제나 계약이행의 청구를 선택하기 전에 임의로 계약을 이행하거나 관리인에게 계약의 이행을 청구하거나 해제할 수 없다.[242] 다만, 상대방은 관리인에게 계약의 해제나 해지 또는 그 이행의 여부를 확답할 것을 최고할 수 있고, 관리인이 최고를 받은 후 30일 이내에 확답하지 않은 경우에는 관리인은 해제권 또는 해지권을 포기한 것으로 본다. 즉 이행을 선택한 것이 된다.

관리인이 해제 또는 해지를 선택한 경우에는 상대방의 손해배상청구권은 회생채권이 된다. 이 경우 채무자가 받은 반대급부가 채무자의 재산 중에 현존하는 때에는 상대방은 그 반환을 청구할 수 있고, 현존하지 아니하는 때에는 상대방은 그 가액의 상환에 관하여 공익채권자로서 그 권리를 행사할 수 있다(채무자회생법 121조). 관리인이 이행을 선택하면 상대방이 채무자에 대하여 가지는 채권은 공익채권이 된다(채무자회생법 179조 1항 7호).

그러나 쌍방미이행 쌍무계약에 해당하더라도 이를 적용하는 것이 오히려 해당계약의 특성을 저해하고 기본권을 침해하는 등 문제가 발생할 수 있다. 그 대표적인 것이 단체협약, 주택·상가임대차계약, 지급결제제도 등이다. 이러한 계약에는 채무자회생법상 계약이행 선택권 규정이 적용되지 않고 해당 계약에 관한 본래의 법률인 노동법, 주택·상가임대차보호법 등이 적용된다(채무자회생법 119조, 124조, 120조).

7-4 환취권

회생절차는 채무자의 효율적인 회생이 주목적이므로 담보권을 가진 채권자도 그 권리를 집행할 수 없도록 하는 등 권리의 행사에 많은 제약을 두고 있어서 채무자가 점유하는 타인의 소유에 속하는 재산에 대하여도 어떠한 제약이 있지 않을까 하는 생각을 할 수 있다.

그러나 채무자회생법은 회생절차를 신청한 채무자가 생산을 위하여 타인으로부터 임차한 기계 등은 타인의 재산이기 때문에 채무자에게 속하지 아니하는 재

---

242) 대법원 1992.2.28. 선고 91다30149 판결

산을 채무자로부터 환취할 수 있도록 하고 있다(70조). 따라서 환취권은 회생채권이나 회생담보권과는 달리 회생절차에 의하지 않고 행사할 수 있으며, 재원이 부족하면 채권액의 비율에 따른 변제를 받는 데 그치는 공익채권(210조)에 비해서도 당해 재산을 그대로 채무자로부터 환취할 수 있다는 점에서 더 강력한 보호를 받는다.

환취권의 행사 시기에는 제한이 없으며, 환취권은 채무자 소속의 재산에 관한 것이기 때문에 관리인을 상대방으로 하여 행사한다. 그러나 행사의 방법에 관해서는 반드시 회생절차에 의할 필요가 없으며, 소송 또는 소송 외의 적절한 방법을 이용하면 된다.

8 채권자협의회

채무자가 개인 또는 중소기업자인 때를 제외하고, 관리위원회(또는 법원)는 회생절차개시신청이 있은 후 채무자의 주요 채권자를 구성원으로 하는 채권자협의회를 10인 이내로 구성하여야 한다(채무자회생법 20조 1항). 채권자협의회의 목적은 다양한 부류의 채권자 의사를 체계적으로 수렴·전달하기 위한 창구로 활용하기 위해서이다.

채권자협의회는 회생절차에 관한 의견의 제시, 관리인 및 보전관리인의 선임 또는 해임에 관한 의견의 제시 이외에 법인인 채무자의 감사 선임에 대한 의견의 제시권과 회생계획인가 후 회사의 경영상태에 관한 실사청구권을 갖고 있어 관리인을 견제할 수 있다. 또한 법원은 채권자협의회의 활동에 필요한 비용을 채무자에게 부담시킬 수 있다는 규정을 두어 채권자협의회가 적극적으로 관여할 수 있도록 하였다.

9 회생채권 및 회생담보권

채무자가 자신 또는 제3자의 명의로 회생계획에 의하지 않고 일부 회생채권자·회생담보권자·주주·지분권자에게 특별한 이익을 주는 행위는 무효로 한다(채무자회생법 219조). 이는 특정한 회생채권자 등과 이면합의를 하거나 친분이 있는 회생채권자 등에 대한 편파적 우대 등을 금지하려는 것이 그 취지이다.

법원은 채권자들로부터 회생채권 등 신고를 받아 회생기업이 변제하여야 할 전체 채무 를 집계하고 채권 · 채무를 확정한다.

9-1 회생채권

회생채권이란 채무자에 대하여 회생절차개시 전의 원인에 의하여 생긴 재산상의 청구권으로 공익채권이 아닌 것을 말한다. 회생절차개시 당시 채무자의 재산상에 존재하는 유치권·질권·저당권·양도담보권·가등기담보권·동산채권담보법에 따른 담보권·전세권 또는 우선특권으로 담보된 범위의 채권은 회생담보권으로 인정되므로(채무자회생법 141조 1항), 회생채권에 해당하지 아니한다.

회생채권에는 채무자에 대하여 회생절차개시 전의 원인으로 생긴 재산상의 청구권, 회생절차개시 후의 이자, 회생절차개시 후의 불이행으로 인한 손해배상금 및 위약금, 회생절차참가의 비용이 포함된다(채무자회생법 118조). 회생절차개시 전의 원인으로 생긴 재산상의 청구권이란 의사표시 등 채권발생의 원인이 회생절차개시 전의 원인에 기해 생긴 재산상의 청구권을 말하는 것으로, 채권발생의 원인이 정리절차개시 전의 원인에 기한 것인 한 그 내용이 구체적으로 확정되지 아니하였거나 변제기가 회생절차개시 후에 도래하거나 비금전채권이더라도 상관없다.

회생절차가 개시되면 원칙적으로 회생채권을 회생계획과 다르게 임의로 변제하거나 변제받는 등 채권이 소멸하는 행위가 허용되지 않는다. 따라서 회생채권자는 개별적으로 회생채권을 행사할 수 없으나, 회생채권으로 회생절차에 참가할 수는 있다(채무자회생법 133조 1항).

다만, 중소기업자인 회생채권자가 소액채권을 변제받지 아니하면 사업의 계속에 지장을 초래할 우려가 있는 때에는 법원은 회생계획인가결정 전이라도 관리인·보전관리인 또는 채무자가 신청하면 그 전부 또는 일부의 변제를 허가할 수 있다(채무자회생법 132조 1항).

9-2 회생담보권

회생절차개시 전의 원인으로 생긴 채무자 또는 제3자에 대한 재산상의 청구권으로서 회생절차개시 당시 채무자의 재산상에 존재하는 유치권, 질권, 저당권, 양도담보권,[243] 가등기담보권, 동산 · 채권담보권, 전세권 또는 우선특권으로 담보된 범위 것을 회생담보권이라 한다(채무자회생법 141조). 따라서 제3자를 위해서 채무자가 담보를 제공한 경우는 그 채권은 회생담보권이 되지만, 채무자의 재산이 아닌 제3자의 재산으로 담보된 채권은 회생담보권이 아니다. 보증도 담보의 기능을 하지만 채무자가 보증한 제3자의 채무나 제3자가 채무자를 위하여 보증한 채무의 채권자는 회생담보권자가 되지 않는다. 회생절차 개시 이후에 발생한 채권은 채무자의 재산으로 담보가 되어도 회생담보권은 아니다.

회생담보권은 법문의 표현대로 '담보된 범위 내'로 국한되기 때문에 명목상 담보가 되었더라도 실제로 담보가 미치는 범위 내에서만 회생담보권으로 인정되고, 나머지 담보되지 않는 범위의 채권은 회생채권이 된다.

신탁을 통해 담보가 설정되면 회생담보권으로 보지 않는다. 채무자가 담보로 제공할 재산을 수탁자에게 신탁하고 신탁을 원인으로 한 소유권이전등기를 경료하면 해당 재산은 제3자의 재산이 되어 회생절차에서 벗어난다. 즉, 수탁자는 신탁자의 채권자를 위한 물상보증인이 되고 채권자가 신탁재산에 대해 갖는 저당권은 채무자의 이외의 자가 회생채권자 또는 회생담보권자를 위하여 제공한 담보(채무자회생법 250조 2항 2호)에 해당되어 회생계획의 영향을 받지 않게 된다.[244]

---

243) 채무자가 수취한 제3자 발행의 어음을 금융기관에 배서양도하고 대출을 받은 어음담보대출의 경우도 양도담보로 보아 회생담보권으로 본다(서울지방법원 2003.8.14. 선고 200가합72014 판결).

244) 대법원 2001.7.13. 선고 2001다9267 판결; 대법원 2002.12.26. 선고 2002다49484 판결; 대법원 2003.5.30. 선고 2003다18685 판결

판례 **대법원 2013. 3. 28. 선고 2010다63836 판결**

집합채권양도담보는 담보권설정자가 가지는 현존 및 장래 발생할 다수의 채권을 일괄하여 담보목적으로 하는 양도담보를 말한다.
갑이 은행으로부터 대출을 받으면서 갑의 국민건강보험공단에 대한 향후 의료비 등 채권을 담보목적물로 한 채권양도담보계약을 체결하였는데, 은행이 담보목적물 중 일부인 그 당시 현존 의료비 등 채권에 대하여 담보권을 실행하여 공단으로부터 채권 일부를 회수한 후 갑에 대하여 회생절차가 개시된 사안에서, 은행이 피담보채권인 대출금채권 전액의 만족을 얻지 아니한 이상, 담보권실행 후 발생하는 의료비 등 채권에 대해서도 담보권을 실행할 수 있고, 담보권실행으로 인하여 그 후 발생하는 의료비 등 채권에 대하여 담보권의 효력이 미치지 아니하게 되는 것은 아니지만, 담보권실행 후 갑에 대한 회생절차개시 당시까지 담보목적물인 채권이 남아 있지 아니하였고, 회생절차개시 후에 의료비 등 채권이 추가로 발생하였더라도 그러한 채권에 대해서는 더 이상 담보권의 효력이 미치지 아니하기 때문에, 은행의 잔존 대출금채권은 담보목적물이 존재하지 아니하는 회생채권이다.

가. 회생담보권자와 물상대위권

회생담보권자는 회생계획에 따라서만 변제를 받을 뿐 회생계획에 의하지 아니한 권리행사는 금지된다. 그런데 회생담보권자에게 제공된 건물이 화재로 소실하는 경우 채무자는 화재보험금이나 손해배상청구권을 갖게 되는데 이러한 담보의 변형물에 대하여 판례는 압류는 할 수 있되 추심은 하지 못한다는 취지의 판결을 하고 있다.[245]

나. 근저당권의 원본 확정

제1순위 근저당권의 채권최고액이 1억 원인데 실제 채권액은 5천만 원인 경우 채무자에 대한 회생절차가 개시되면 회생담보권은 5천만 원으로 고정되는지(확정설) 아니면 1억 원까지는 회생담보권으로 인정되는지(불확정설)가 문제인데, 실무는 확정설에 따른다.[246]

---

245) 대법원 2004.4.23. 선고 2003다6781 판결

246) 대법원 2001. 6.1. 선고 99다66649 판결

판례 **대법원 2001. 6. 1. 선고 99다66649 판결**

근저당권이 설정된 뒤 채무자 또는 근저당권설정자에 대하여 회사정리절차개시결정이 내려진 경우, 그 근저당권의 피담보채무는 회사정리절차개시결정시점을 기준으로 확정되는 것으로 보아야 하므로, 그 이후 근저당권자가 정리회사 또는 정리회사의 관리인에게 그 사업의 경영을 위하여 추가로 금원을 융통하여 줌으로써 별도의 채권을 취득하였다 하더라도, 그 채권이 위 근저당권에 의하여 담보될 여지는 없다 할 것이다.

다. 회생담보권 행사

회생담보권으로 인정되기 위해서는 저당권 등 담보권은 등기와 그 밖의 효력요건을 갖추어야 하고, 권리질권은 확정일자 있는 통지·승낙과 같은 제3자에 대한 대항요건을 갖춰야 한다. 만일 채무자에 대한 대항요건을 갖추지 않은 담보권에 의하여 담보되는 채권을 회생담보권으로 신고하면 관리인이나 다른 회생채권자 등은 채권조사기간 내에 또는 특별조사기일에서 이의를 제기할 수 있다.

회생절차에서 담보권은 관계인으로 신고하여 절차에 참가해야 회생계획에 따라 변제를 받을 수 있다. 채권액 중 담보권의 목적가액(선순위 담보권으로 담보된 채권액을 공제한 금액)을 초과하는 부분은 회생채권자로서 회생절차에 참가할 수 있다(채무자회생법 141조 4항).

9-3 주주 · 지분권자의 권리

주식회사의 주주나 다른 법인의 지분권자는 그가 가진 주식이나 출자지분으로 회생절차에 참가한다(채무자회생법 146조 1항). 주주 · 지분권자는 채권조사기간 중 이의하거나, 회생계획안을 작성하여 제출하거나, 관계인집회에서 의견을 진술하거나 의결권을 행사한다. 그러나 회생절차 개시 당시 채무자의 부채총액이 자산총액을 초과하는 때에는 주주 · 지분권자는 의결권을 가지지 아니한다(채무자회생법 146조 3항).

9-4 회생채권 등 신고 및 회생채권 등의 조사 · 확정

채무자의 회생을 목적으로 하는 회생절차에서는 집단적 채무재조정을 주된 내용으로 하는 회생계획이 핵심이 된다. 이를 위해서는 채권의 규모를 정확히 파악하는 것이 중요하기 때문에 채무자회생법은 회생채권자, 회생담보권자, 주주·지분권자가 채권 등을 신고하도록 하고 있고, 관리인으로 하여금 회생채권자 등의 신고에 앞서 회생채권자 등의 목록을 작성하여 법원에 제출하도록 하는 회생채권자 등의 목록제출제도를 두고 있다(채무자회생법 147조).

회생절차에서 채권확정은 '관리인의 목록제출 → 채권자의 채권신고 → 법원사무관의 표 작성 → 관리인의 조사 → 관리인 또는 이해관계인의 이의 → 조사확정재판 → 조사확정재판에 대한 이의의 소 → 표 수정'의 순서로 진행된다.

가. 관리인의 목록제출

법원은 채권자 등의 채권신고의 번거로움을 줄이고 미신고채권의 실권을 방지하고 회생채권자 등의 신고절차를 가능한 한 축소하여 회생절차를 간이·신속하게 진행하기 위하여 관리인에게 회생채권자의 목록, 회생담보권자의 목록과 주주·지분권자의 목록을 작성하여 법원이 정하는 기간(법원이 회생절차를 개시할 때 기간을 정하는데, 원칙적으로 회생절차개시결정일로부터 2주 이상 2월 이하이어야 한다, 채무자회생법 50조 1항 2호) 안에 제출하도록 한다. 관리인이 작성한 목록에 기재된 회생채권·회생담보권·주식 또는 출자지분은 신고된 것으로 본다(채무자회생법 151조). 따라서 회생채권자 등이 별도로 신고를 하지 않아도 된다. 만약 관리인이 목록에 기재를 누락한 경우에는 회생채권자 등은 별도로 채권신고 등을 하여야 한다.

관리인이 작성하여 제출하는 회생채권자의 목록에는 회생채권자의 성명과 주소, 회생채권의 내용과 원인, 의결권의 액수, 일반의 우선권 있는 채권이 있는 때에는 그 뜻을 기재하고, 회생담보권자의 목록에는 회생담보권자의 성명 및 주소, 회생담보권의 내용 및 원인, 담보권의 목적 및 그 가액, 회생절차가 개시된 채무자 이외의 자가 채무자인 때에는 그 성명 및 주소, 의결권의 액수를 기재한다. 주주 · 지분권자의 목록에는 주주 · 지분권자의 성명 및 주소 그리고 주식 또는 출자지분의 종류 및 수를 기재한다.

관리인이 회생채권자 등의 목록을 작성하여 법원에 제출하면 시효중단의 효과가 있다(채무자회생법 32조 1호). 관리인이 회생채권자 등의 목록을 작성하여 제출하는 것은 권리의 존재를 인정하는 승인으로 볼 수 있기 때문이다.

나. 채권자의 채권신고

회생절차에 참가하고자 하는 회생채권자·회생담보권자·주주 또는 출자지분권자는 신고기간(원칙적으로 목록제출기간의 말일부터 1주 이상 1월 이하, 채무자회생법 50조 1항 3호) 안에 법원에 그 권리를 신고하고 증거서류 또는 그 등본이나 초본을 제출하여야 한다(채무자회생법 148조 내지 150조). 회생채권자 등이 회생절차상 인정되는 의결권, 이의권 등의 권능을 행사하기 위해서는 회생채권의 신고가 필요하다. 이는 민사집행절차에서 배당요구와 같은 것으로 채권신고를 해야 회생절차에 참가하여 변제받을 수 있다. 만약 채권신고를 하지 않았는데 회생계획이 인가되면 채권이 실효될 수도 있다.

목록의 제출이나 회생절차참가는 시효중단의 효력이 있다(채무자회생법 32조 1호). 회생절차에 참가하는 것은 실질적으로 채권자가 권리행사를 하는 것이기 때문이다. 회생절차참가로 인정되는 시효중단의 효력은 채무자의 채무를 주채무로 하는 보증채무에도 미치는 것이고, 그 효력은 참가라는 권리행사가 계속되는 한 그대로 유지된다.[247] 한편 채권자가 그 책임을 질 수 없는 사유로 신고기간 안에 신고를 하지 못한 때는 그 사유가 끝난 후 1월 이내에 그 신고를 보완할 수 있다(채무자회생법 152조 1항).

다. 법원사무관의 회생채권자표 등 작성

법원사무관등은 목록에 기재되어 있거나 신고된 회생채권, 회생담보권, 주주 · 지분권에 대하여 회생채권자표, 회생담보권자표, 주주 · 지분권자표를 작성하여야 한다(채무자회생법 158조).

라. 회생채권 등의 조사

채권조사는 신고되거나 채권자목록에 기재된 회생채권·회생담보권에 대하여

---

247) 대법원 1994.1.14. 선고 93다47431 판결; 대법원 1994.3.8. 선고 93다49567 판결; 대법원 1998.11.10. 선고 98다42141 판결

그 존재 여부, 내용과 원인, 의결권액 등의 진위를 검토하여 확정하는 과정이다. 조사하는 방법은 목록에 기재되어 있는지 또는 신고기간 내에 신고가 되었는지에 따라 다르다.

관리인, 채무자, 목록에 기재되거나 신고된 회생채권자 · 회생담보권자 · 주주 · 지분권자는 조사기간 안에 목록에 기재되거나 신고된 회생채권 및 회생담보권에 관하여 서면으로 법원에 이의를 제출할 수 있다(채무자회생법 161조). 신고기간 후에 신고된 회생채권과 회생담보권의 조사를 위해서는 특별조사기일을 지정한다(채무자회생법 162조).

마. 관리인 또는 이해관계인의 이의

1) 이의가 없는 경우

신고된 회생채권에 이의가 없으면 채권은 신고한 내용대로 확정된다(채무자회생법 166조1항). 법원사무관등은 회생채권과 회생담보권에 관한 조사결과를 회생채권자표와 회생담보권자표에 기재하여야 한다. 채무자가 제출한 이의도 마찬가지이다(채무자회생법 167조1항). 확정된 회생채권 등에 관한 회생채권자표와 회생담보권자표의 기재는 회생채권자, 회생담보권자와 주주·지분권자 전원에 대하여 확정판결과 동일한 효력이 있다(채무자회생법 168조). 또한 회생절차가 종료된 경우에는 회생채권자표 또는 회생담보권자표의 기재는 집행권원의 효력이 있다.

2) 이의가 있는 경우

관리인·회생채권자·회생담보권자·주주·지분권자가 목록에 기재되거나 신고된 회생채권·회생담보권에 이의를 한 경우, 그 회생채권 또는 회생담보권을 보유한 권리자는 이의가 제출된 사항의 확정을 위하여 이의자 전원을 상대방으로 하여 법원에 채권조사확정재판을 신청할 수 있다(채무자회생법 170조).

3) 채권조사확정재판

채권조사확정재판은 채권자목록에 기재되거나 신고된 회생채권·회생담보권

등에 관하여 관리인 등이 이의를 한 때에 그 회생채권 등을 보유한 권리자가 그 권리의 확정을 위하여 이의자 전원을 상대방으로 하여 법원에 신청하는 재판을 말한다. 조사기간의 말일 또는 특별조사기일로부터 1월 이내에 신청하여야 한다. 변론을 거치지 않는 간이·신속한 결정절차이다.

4) 조사확정재판에 대한 이의의 소

조사확정재판에 대하여 불복하는 자는 그 결정서의 송달을 받은 날부터 1월 이내에 이의의 소를 제기할 수 있다. 소를 제기하는 자가 이의채권을 보유하는 권리자인 때에는 이의자 전원을 피고로 하고, 이의자인 때에는 그 회생채권자 또는 회생담보권자를 피고로 하여야 한다(채무자회생법 171조).

9-5 공익채권과 공익담보권

가. 공익채권

공익채권(Common Benefit Claim)이라 함은 회생절차의 수행에 필요한 비용을 지출하기 위하여 인정된 채무자에 대한 청구권으로 회생채권, 회생담보권에 대응하는 개념이다. 공익채권은 채무자회생법과[248] 기타 규정에서 명시적으로 규

248) 채무자회생법 179조(공익채권이 되는 청구권)
① 다음 각호의 어느 하나에 해당하는 청구권은 공익채권으로 한다.
1. 회생채권자, 회생담보권자와 주주 · 지분권자의 공동의 이익을 위하여 한 재판상 비용청구권
2. 회생절차개시 후의 채무자의 업무 및 재산의 관리와 처분에 관한 비용청구권
3. 회생계획의 수행을 위한 비용청구권. 다만, 회생절차종료 후에 생긴 것을 제외한다.
4. 30조 및 31조의 규정에 의한 비용 · 보수 · 보상금 및 특별보상금청구권
5. 채무자의 업무 및 재산에 관하여 관리인이 회생절차개시 후에 한 자금의 차입 그 밖의 행위로 인하여 생긴 청구권
6. 사무관리 또는 부당이득으로 인하여 회생절차개시 이후 채무자에 대하여 생긴 청구권
7. 119조 1항의 규정에 의하여 관리인이 채무의 이행을 하는 때에 상대방이 갖는 청구권
8. 계속적 공급의무를 부담하는 쌍무계약의 상대방이 회생절차개시신청 후 회생절차개시 전까지 한 공급으로 생긴 청구권
8의2. 회생절차개시신청 전 20일 이내에 채무자가 계속적이고 정상적인 영업활동으로 공급받은 물건에 대한 대금청구권
9. 다음 각목의 조세로서 회생절차개시 당시 아직 납부기한이 도래하지 아니한 것
가. 원천징수하는 조세. 다만, 「법인세법」 제67조(소득처분)의 규정에 의하여 대표자에게 귀속된 것으로 보는 상여에 대한 조세는 원천징수된 것에 한한다.

정된 것에 한정되고, 원칙적으로 주로 회생절차개시 후의 원인에 기하여 생긴 청구권을 말하는 것이지만, 예외적으로 근로자의 임금, 퇴직금, 재해보상금 채권과 같이 회생절차개시 전의 원인에 기하여 생긴 청구권이라도 형평의 관념이나 사회 정책적 이유 등으로 공익채권으로 되는 것이 있다. 이와 같은 공익채권은 회생채권이나 회생담보권과 달리 회생계획에 따라 변제할 필요가 없고, 채무자에게 변제할 재원이 있으면 언제든지 변제할 수 있는 채권이다(채무자회생법 180조 1항). 채무자회생법은 공익채권은 회생채권과 회생담보권에 우선하여 변제한다고 규정하고 있지만(채무자회생법 180조 2항), 일반재산으로부터 변제받을 때 우선한다는 의미이지 회생담보권이 설정된 특정재산으로부터 변제를 받을 때 우선한다는 뜻은 아니다.[249] 회생계획에서 공익채권의 변제에 대한 합리적인 규정을 정해야만 하지만, 공익채권의 변제기를 유예하거나 감면하는 규정을 두어도 해당 공익채권자가 동의하지 않는 한 권리변경의 효력이 없다.

나. 공익채권 행사

공익채권을 가지는 자는 언제든지 관리인에게 직접 청구할 수 있고, 만약 관리인이 이에 응하지 아니하면 공익채권자는 소를 제기하고 강제집행, 가압류를 할 수 있다. 채무자의 재산이 공익채권 전액을 변제하기에 부족한 경우에는 채권액의 비율에 따라서 변제되는 것이 원칙이지만, 채무자가 회생절차개시 전에 법원의 허가를 얻어 차입한 공익채권이나 관리인이 법원의 허가를 얻어 차입한 공익채권은 다른 공익채권에 우선하여 변제하게 된다(채무자회생법 180조 7항). 회생절차가 파

나. 부가가치세 · 개별소비세 및 주세
다. 본세의 부과징수의 예에 따라 부과징수하는 교육세 및 농어촌특별세
라. 특별징수의무자가 징수하여 납부하여야 하는 지방세
10. 채무자의 근로자의 임금 · 퇴직금 및 재해보상금
11. 회생절차개시 전의 원인으로 생긴 채무자의 근로자의 임치금 및 신원보증금의 반환청구권
12. 채무자 또는 보전관리인이 회생절차개시신청 후 그 개시 전에 법원의 허가를 받아 행한 자금의 차입, 자재의 구입 그 밖에 채무자의 사업을 계속하는 데에 불가결한 행위로 인하여 생긴 청구권
13. 제21조제3항의 규정에 의하여 법원이 결정한 채권자협의회의 활동에 필요한 비용
14. 채무자 및 그 부양을 받는 자의 부양료
15. 제1호부터 제8호까지, 제8호의2, 제9호부터 제14호까지에 규정된 것 외의 것으로서 채무자를 위하여 지출하여야 하는 부득이한 비용

② 1항 5호 및 12호에 따른 자금의 차입을 허가함에 있어 법원은 이해관계인의 의견을 들어야 한다.

249) 대법원 1993.4.9. 선고 92다56216 판결

산절차로 이행한 경우에는 공익채권은 재단채권이 된다. 회생절차가 목적을 달성하여 종료한 경우는 관리인은 공익채권을 변제하거나 공탁하여 청산하여야 한다.

다. 공익담보권

공익담보권이란 채무자의 재산 위에 설정된 유치권, 질권, 저당권, 전세권 및 우선특권에 의하여 담보되는 공익채권을 말한다. 공익담보권은 약정에 의해서도 발생하고 법률의 규정에 의해서도 발생할 수 있다. 관리인은 신규자금의 차입 등으로 발생하는 공익채권에 관하여 법원의 허가를 받아 저당권이나 질권을 설정하는 등 담보를 제공함으로써 공익담보권을 설정할 수 있다. 공익채권은 회생채권과 회생담보권에 우선한다. 이는 채무자의 일반재산으로부터 변제를 받을 때 우선한다는 의미이지, 회생담보권이 설정된 특정재산의 경매매득금으로부터도 우선변제를 받는다는 의미는 아니다. 회생담보권이 설정된 부동산 위에 공익담보권이 추가로 설정되었다면 회생담보권이 우선한다. 채무자의 재산이 공익채권의 총액을 변제하기에 부족한 것이 명백한 경우에는 채권액의 비율에 따라 변제된다.

9-6 개시후기타채권

'개시후기타채권'은 회생절차 개시 후의 원인에 기하여 생긴 청구권이므로 회생채권도 아니고, 공익채권도 아니며, 회생절차 밖에 위치하는 채권을 뜻한다. 개시후기타채권은 실제 발생할 가능성은 희박하나, 이에 해당하는 것으로는 환어음 등의 지급인 또는 예비지급인이 발행인 또는 배서인인 채무자에 대하여 회생절차가 개시된 것을 알고서 인수 또는 지급을 한 경우에 생기는 자금관계에 기한 채권, 관리인이 선임된 이후에 채무자 회사의 대표이사 등이 조직법적, 사단법적 행위를 함으로써 발생하는 청구권 중 채무자 회사를 위하여 지출하여야 하는 부득이한 비용이라고 인정되지 않는 것을 들 수 있다. 개시후기타채권은 회생계획에 의하여 인정된 회생담보권 및 회생채권의 전부가 변제되기 전까지는 변제받을 수도 없고 강제집행을 할 수도 없다(채무자회생법 181조).

10 관계인집회

관계인집회는 법원이 관리인, 회생채권자·회생담보권자[250]·주주·지분권자 등 이해관계인들을 일정한 기일에 소집하여 채무자가 회생절차개시에 이르게 된 사정과 채무자의 업무 및 재산에 관한 사항 등에 관하여 관리인의 보고를 받고, 회생절차에 관한 기본적 사항에 관하여 의견을 듣고, 회생계획안을 심리하고 결의하기 위하여 개최하는 집회를 말한다(채무자회생법 98조, 99조).

관계인집회는 회생절차에서 최고의 의결기관이며 회의체이다. 기관으로서의 관계인집회는 회생채권자, 회생담보권자, 주주 · 지분권자로 구성되며 회의체로서의 관계인집회는 법원이 지휘한다(채무자회생법 184조). 확정된 회생채권자와 회생담보권자는 그 확정된 액이나 수에 따라 의결권을 행사하고 이의가 없는 의결권을 가진 주주 · 지분권자는 목록에 기재되었거나 신고한 수에 따라 의결권을 행사한다. 이의 있는 권리에 관하여는 의결권을 행사하게 할 것인지 여부와 의결권을 행사하게 할 액 또는 수는 법원이 결정한다(채무자회생법 188조 2항). 관계인집회에서 의결권을 행사할 수 없는 자는 ① 회생계획으로 권리에 영향을 받지 아니하는 자, ② 벌금 · 과료 · 형사소송비용 · 추징금 · 과태료의 청구권자 · 조세징수권자, ③ 회생절차개시 후의 이자, 회생절차개시 후의 불이행으로 인한 손해배상금 및 위약금, 회생절차참가의 비용에 대한 청구권자, ④ 법원이 이의 있는 권리임을 이유로 의결권을 행사하지 못하게 한 자, ⑤ 부당한 이익을 얻을 목적으로 권리를 취득하여 의결권을 행사할 수 없는 자, ⑥ 미리 권리보호조항을 두어 보호한 자이다(채무자회생법 191조).

회생계획안을 서면결의에 부치는 경우를 제외하고 관계인집회는 3회에 걸쳐 개최된다. 법원은 필요하다고 인정할 때 이해관계인의 신청이나 직권으로 관계인집회를 병합할 수 있다(채무자회생법 39조의2 4호).

관계인집회는 ① 관리인 보고를 위한 관계인집회, ② 회생계획안 심리를 위한 관계인집회 및 ③ 회생계획안의 결의를 위한 관계인집회로 구분된다.

---

250) 회생절차에서 담보권자는 관계인집회 구성원으로 되는데, 파산절차에서 담보권자는 관계인집회 구성원이 되지 못한다. 이유는 파산절차에서는 담보권은 별제권으로 절대적으로 보장되기 때문에 담보권자를 채권자집회의 구성원으로 할 필요가 없다. 그러나, 회생절차에서는 담보권자도 다른 채권자나 주주·지분권자와 함께 그 권리관계가 조정될 수 있어 관계인집회 구성원으로 한다.

10-1 관리인 보고를 위한 관계인집회

관리인 보고를 위한 관계인집회는 관리인에게 회생절차의 개시에 이르게 된 사정 등을 보고하도록 법원이 필요하다고 인정할 때 재량으로 소집할 수 있다(채무자회생법 98조 1항). 소집의 필요성이 인정되지 않아 관계인집회를 개최하지 않으면 관리인이 대체절차를 개최하게 하는 등 필요한 조치를 한 뒤, 지체 없이 그 결과를 법원에 보고하도록 하고 있다(채무자회생법 98조 2항).

가. 채무자의 업무 및 재산상황 등에 관한 보고

관리인 보고를 위한 관계인집회에서는 회생절차개시와 관련된 사항을 정리하고 회생절차를 계속 진행할 것인지를 결정하는데, 관리인은 회사가 회생절차에 이르게 된 사정을 설명하고 채권신고액에 대하여 보고하며, 법원이 선정한 조사위원(회계법인)이 회생회사에 대한 실사결과를 보고한다.

나. 법원의 의견청취

법원은 관리인 보고를 위한 관계인집회에서 ① 관리인 · 조사위원, ② 채무자, ③ 회생채권 등 목록(채무자회생법 147조 1항)에 기재되어 있거나 신고한 회생채권자 · 회생담보권자 · 주주 · 지분권자로부터 관리인 및 조사위원의 선임, 채무자의 업무 및 재산의 관리, 회생절차를 계속 진행함이 적정한지의 여부 등에 관한 의견을 들어야 한다(채무자회생법 99조).

10-2 회생계획안

가. 회생계획안

회생계획은 채무자 또는 그 사업의 효율적인 회생을 위한 계획으로써, 채권자 등 이해관계인의 법률관계의 조정에 관한 사항, 구체적으로 채권자 등 이해관계인의 권리변경 및 변제방법, 채무자의 조직변경 등에 관한 기본적인 사항을 정한 것으로 회생절차 진행의 기본규범이 된다.

회생계획안은 이와 같은 회생계획을 문서로 만든 것으로서 관계인집회의 심리와 결의의 대상이며, 법원의 인가결정을 받으면 회생계획의 효력이 발생한다.

회생계획안의 작성은 관리인의 핵심적인 업무 중 하나이고 합리적인 회생계획안의 작성은 회생절차의 목적 달성 여부를 좌우하므로, 관리인은 회생채권자 등의 법률관계를 합리적으로 조정하고 채무자를 회생시킬 수 있는 회생계획안을 법원에 제출하여야 한다.

나. 회생계획안의 작성 및 제출

회생계획은 채무자의 회생을 도모하기 위해서 이해관계인의 권리를 변경하고, 각종 채무의 변제방법 등을 정한 계획이다. 회생계획안이 회생계획이 되기 위해서는 ①회생계획안의 제출, ②회생채권자 등 이해관계인의 회생계획안의 결의, ③법원의 회생계획 인가를 거쳐야 한다.

관리인은 법원의 회생계획안 제출명령에 따라 회생계획안을 작성하여 제출하여야 한다(채무자회생법 220조 1항). 또한 채무자나 목록에 기재되어 있거나 신고한 회생채권자·회생담보권자·주주·지분권자도 회생계획안을 작성하여 법원에 제출할 수 있다(채무자회생법 221조). 관리인은 반드시 회생계획안을 작성·제출하여야 하지만, 채무자나 목록에 기재되어 있거나 신고한 회생채권자 등은 회생계획안의 필수적 작성·제출의무자는 아니다. 관리인은 법원이 정한 기간 안에 회생계획안을 작성할 수 없는 때에는 그 기간 안에 그 사실을 법원에 보고하여야 한다.

회생계획안의 제출권자는 법원이 정한 기간 내에 회생계획안을 제출하여야 한다. 법원은 회생절차개시결정과 동시에 회생계획안의 제출기간을 정하여야 한다. 이 경우 제출기간은 회생채권 등의 조사기간 말일로부터 4개월 이하여야 한다(채무자회생법 50조 1항 4호). 법원은 이해관계인의 신청이나 직권으로 제출기간을 2개월 이내에서 연장할 수 있다.

다. 청산 또는 영업양도 등을 내용으로 하는 회생계획안

법원은 채무자의 사업을 '청산할 때의 가치'가 채무자의 사업을 계속할 때의 가치보다 크다고 인정하는 때에는 관리인, 채무자, 목록에 기재되어 있거나 신고한 회생채권자 · 회생담보권자 · 주주 · 지분권자의 신청에 의하여 청산(영업의 전부 또는 일부의 양도, 물적 분할을 포함한다)을 내용으로 하는 회생계획안의 작성을 허가할 수 있다. 다만, 채권자 일반의 이익을 해하는 때에는 그러하지 아니하다(채무자회생법 222조 1항).

또한 회생계획안 제출명령이 있은 후 채무자의 사업을 청산할 때의 가치가 채무자의 사업을 계속할 때의 가치보다 크다는 것이 명백하게 밝혀진 때에는 법원은 회생계획인가결정 전까지 관리인의 신청에 의하거나 직권으로 회생절차폐지의 결정을 할 수 있다(채무자회생법 286조 2항).

라. 서면결의결정

법원은 회생계획안이 제출된 때에 상당하다고 인정하는 때에는 회생계획안을 '서면에 의한 결의'에 부치는 취지의 결정을 할 수 있다. 이 경우 법원은 그 뜻을 공고하여야 한다(채무자회생법 240조 1항).

마. 회생계획안의 사전제출

채무자 부채의 2분의 1 이상에 해당하는 채권을 가진 채권자 또는 이러한 채권자의 동의를 얻은 채무자는 회생절차개시의 신청이 있은 때부터 회생절차 개시 전까지 회생계획안을 작성하여 법원에 제출할 수 있다(채무자회생법 223조 1항).

법원이 회생절차개시결정과 동시에 정한 제출기간 내에 제출하는 일반적인 회생계획안과 달리 회생절차개시 전에 제출하는 사전계획안은 회생절차를 통하여 사적 도산절차(자율협약, 기촉법에 의한 공동관리절차 및 관리절차)와 회생절차를 접목함으로써 회생절차를 더 신속하게 진행할 수 있다.

바. 회생계획안의 내용

회생계획에는 필수적 기재사항으로 ①회생채권자·회생담보권자·주주·지분권자의 권리의 전부 또는 일부의 변경에 관한 사항, ②공익채권의 변제에 관한 사항, ③채무의 변제자금의 조달방법에 관한 사항, ④회생계획에서 예상된 액을 넘는 수익금의 용도에 관한 사항, ⑤알고 있는 개시 후 기타채권이 있는 때에는 그 내용에 관한 사항을 정하여야 한다(채무자회생법 193조 1항).

임의적 기재사항으로 ①영업이나 재산의 양도·출자나 임대·경영의 위임에 관한 사항, ②정관의 변경에 관한 사항, ③이사·대표이사의 변경에 관한 사항, ④자본의 감소에 관한 사항, ⑤신주나 사채의 발행에 관한 사항, ⑥주식의 포괄적 교환 및 이전, 합병, 분할, 분할합병에 관한 사항, ⑦해산에 관한 사항, ⑧신회사의 설립에 관한 사항, ⑨그 밖에 회생을 위하여 필요한 사항을 정할 수 있다(채무자회생법 193조 2항).

10-3 회생담보권

가. 회생담보권

회생담보권이란 회생채권이나 회생절차개시 전의 원인으로 생긴 채무자 이외의 자에 대한 재산상의 청구권으로서 회생절차개시 당시 채무자의 재산에 존재하는 유치권, 질권, 저당권, 양도담보권, 가등기담보권, 동산 · 채권 등의 담보에 관한 법률에 따른 담보권, 전세권 또는 우선특권에 의하여 담보된 범위의 것을 말한다(채무자회생법 141조 1항).

회생담보권으로 되기 위해서는 개시결정 당시에 담보권에 관하여 등기, 인도와 같은 물권변동의 성립 · 효력요건은 물론이고 권리질권의 설정에 있어서는 확정일자 있는 통지 · 승낙과 같은 제3자에 대한 대항요건도 갖추고 있어야 한다.

회생담보권의 피담보채권은 회생절차개시 전의 원인으로 생긴 것이어야 한다. 회생담보권의 피담보채권은 회생채권인 것이 보통이나, 회생절차개시 전에 제3자의 채무를 위하여 채무자가 물적담보를 제공하였으면 그 담보권자가 회생담보권자이다.

나. 회생절차개시결정 이후 회생담보권자의 지위

1) 담보권실행을 위한 경매의 금지 · 중지

회생절차개시결정이 있는 때에는 회생담보권에 기한 담보권실행을 위한 경매를 할 수 없고, 채무자의 재산에 대하여 이미 행한 회생담보권에 기한 담보권실행을 위한 경매는 중지된다(채무자회생법 58조 2항). 다만 법원은 회생에 지장이 없다고 인정하는 때에는 속행을 명할 수 있다. 속행명령에 의하여 담보권이 실행된 경우라도 회생절차에 의하지 아니한 변제는 금지되므로 배당받을 수 없다.

2) 회생계획에 따르지 아니한 변제금지

회생담보권에 관하여는 회생계획에 규정된 바에 따르지 아니하고는 변제하거나 변제받는 등 이를 소멸하게 하는 행위를 하지 못한다(채무자회생법 141조 2항, 131조).

3) 회생절차 참가

회생담보권자는 회생절차에 참가할 수 있다(채무자회생법 141조 3항). 회생담보권은 피담보채권 중에서 담보목적물의 가액을 한도로 하므로 피담보채권의 채권액이 담보목적물의 가액을 초과할 때는 그 초과분에 대해서는 회생채권자로서 회생절차에 참가할 수 있다. 회생담보권자는 담보목적물 가액과 피담보채권액 중 적은 금액을 기준으로 이에 비례하여 의결권을 갖게 된다.

다. 회생계획인가결정 이후 회생담보권자의 지위

1) 우선적 변제

회생담보권은 회생계획에서 최우선 순위가 부여되고, 이 점을 고려하여 회생계획에서 다른 권리자와의 사이에 공정하고 형평에 맞는 차등을 두어야 한다(채무자회생법 217조 1항). 회생채권자에 대하여 회생담보권자보다 유리한 조건으로 변제하는 내용의 회생계획은 인가될 수 없다(채무자회생법 243조 1항 2호).

2) 면책 및 담보권 소멸

회생계획인가결정이 있는 때에는 회생계획이나 채무자회생법의 규정에 따라 인정된 권리를 제외하고는 채무자는 모든 회생담보권에 관하여 그 책임을 면한다. 회생계획에서 인정되지 않은 채무자의 재산에 대한 담보권은 책임만이 소멸하는 것이 아니라 그 권리 자체가 소멸한다(채무자회생법 251조).

따라서 회생담보권자는 회생계획안을 작성함에 있어 담보권의 존속 조항을 포함시키는지 주의할 필요가 있다. 실무에서는 대부분은 담보권의 존속 조항을 두고 있는데, 이 경우에도 존속되는 담보권의 피담보채권은 권리변경 후의 회생담보권에 한하고, 회생담보권으로 인정되지 않았거나 회생담보권 금액을 초과하는 부분의 피담보채권을 담보하는 담보권은 회생계획인가결정으로 소멸한다.

10-4 회생계획안심리 및 결의를 위한 관계인 집회

가. 회생계획안심리를 위한 관계인집회

회생계획안의 제출이 있는 때에는 법원은 그 회생계획안을 심리하기 위하여 기일을 정하여 관계인집회를 소집한다. 다만, 서면결의에 부치는 때에는 그러하지 아니하다(채무자회생법 224조 1항). 회생계획안의 제출자로부터 회생계획안에 대한 설명을 들은 후 법원은 관리인, 채무자, 목록에 기재되어 있거나 신고한 회생채권자 · 회생담보권자 · 주주 · 지분권자로부터 회생계획안에 대한 의견을 들어야 한다(채무자회생법 225조). 법원은 회생계획안에 관하여 '채무자의 근로자의 과반수로 조직된 노동조합(노동조합이 없는 때에는 채무자의 근로자의 과반수를 대표하는 자)'의 의견을 들어야 한다(채무자회생법 227조). 법원은 필요하다고 인정하는 때에는 채무자의 업무를 감독하는 행정청, 법무부장관, 금융위원회 그 밖의 행정기관에 대하여 회생계획안에 대한 의견의 진술을 요구할 수 있으며, 행정청의 허가 · 인가 · 면허 그 밖의 처분을 요하는 사항을 정하는 회생계획안에 관하여는 법원은 그 사항에 관하여 그 행정청의 의견을 들어야 한다(채무자회생법 226조).

나. 회생계획안의 결의를 위한 관계인집회

회생계획안 심리를 위한 관계인집회의 심리를 거친 회생계획안에 관하여 수정명령을 하지 아니하는 때에는 법원은 회생계획안에 관하여 결의를 하기 위하여

기일을 정하여 관계인집회를 소집한다(채무자회생법 232조 1항). 통상 회생계획안 심리를 위한 관계인집회와 회생계획안 결의를 위한 관계인집회는 같은 날 연달아 개최된다. 회생을 위하여 채무를 부담하거나 담보를 제공하는 자는 기일에 출석하여 그 뜻을 진술하여야 한다(채무자회생법 233조 1항). 다만, 채무자회생법 240조의 규정에 의한 서면결의에 부치는 때에는 그 채무를 부담하거나 그 담보를 제공하는 자의 동의를 얻어 회생계획안에 그 내용을 정함으로써 진술에 갈음한다(채무자회생법 233조 3항).

다. 회생계획안의 결의

회생계획안이 작성되어 제출되면 관계인집회에서 각 채권자 및 주주 · 지분권자 조별로 투표를 하여 가결여부를 결정한다. 가결을 위해서는 회생채권자 조에서는 의결권 총액의 3분의 2 이상의 동의, 회생담보권자 조에서는 의결권 총액의 4분의 3 이상의 동의, 주주 · 지분권자 조에서는 의결권 총수의 2분의 1 이상의 동의가 필요하다(채무자회생법 237조). 다만, 청산형 회생계획에 대해서는 회생담보권자의 의결권 총액의 5분의 4 이상의 동의가 필요하다.

회생계획안에 대한 결의에는 관계인집회에서의 결의와 아울러 서면결의도 가능하다(채무자회생법 240조). 따라서 법원은 상당하다고 인정하는 때에는 서면결의를 결정할 수 있다.

법원이 서면결의를 결정한 때에는 관리인이나 채권자 등 이해관계인에 대하여 회생계획안의 사본 또는 그 요지를 송달하고, 의결권자에 대하여는 회생계획안에 동의하는지 여부와 인가여부에 관한 의견, 회생계획안이 가결되지 아니한 경우 속행기일의 지정에 동의하는지 여부를 법원이 정한 회신기간 안에 서면으로 회신하여야 한다는 뜻을 기재한 서면을 송달하여야 한다. 이 경우, 회신기간은 서면결의를 결정한 날로부터 2월 이내이어야 한다. 회생계획안을 송달한 때에는 회생계획안심리를 위한 관계인집회가 완료가 된 것으로 본다.

회신기간 안에 회생계획안에 동의한다는 뜻을 서면으로 회신하여 법원에 도달한 의결권자의 동의가 가결요건을 충족하는 때에는 그 회생계획안은 가결된 것으로 본다. 서면결의로 가결되지 아니한 회생계획안에 대하여 속행기일이 지정된 때에는 속행기일에 관계인집회에서 결의에 부쳐야 하고 다시 서면결의에 부칠 수는 없다.

10-5 회생계획안의 인가와 수행

가. 회생계획안의 인가

이해관계인에 의하여 가결된 회생계획안에 대하여 법원은 직권으로 인가 요건과 적절성을 조사하여야 한다. 법원은 다음의 요건을 구비하고 있는 경우에 한하여 회생계획인가의 결정을 할 수 있다(채무자회생법 243조 1항). 다만 회생절차가 법률의 규정에 위반하는 경우에도 그 위반의 정도, 채무자의 현황 기타 모든 사정을 고려하여 계획을 인가하지 않는 것이 부적당하다고 인정될 때에는 법원은 회생계획인가 결정을 할 수 있다(채무자회생법 243조 2항).

① 회생절차 또는 회생계획이 법률의 규정에 적합할 것.

절차의 하자는 중대해서 공정성에 문제가 있는 정도에 이르러야 불인가 사유가 된다. 예를 들어 일부 회생채권자에게 회생계획안이 송달되지 아니하고 결의가 이루어졌으나 가결요건을 훨씬 상회하는 비율로 가결된 경우나,[251] 회생담보권의 양수인이 신고명의 변경을 하지 아니하고 양도인 명의로 의결권을 행사한 경우는[252] 불인가 사유가 있다고 보지 않는다.

② 회생계획이 공정하고 형평에 맞아야 하며 수행이 가능할 것.

공정·형평성이란 채무자회생법에서 정하는 권리의 순위를 고려하여 권리의 종류가 다른 권리자들 간에는 계획의 조건에 공정하고 균형에 맞는 차등을 두어야 하고, 권리의 종류가 같은 권리자들 간에는 조건을 평등하게 해야 함을 의미한다. 수행가능성은 채무자가 회생계획에 따른 채무변제계획을 모두 이행하고 다시 회생절차에 들어오지 않을 수 있는 건전한 재무상태를 구비하게 될 가능성을 의미한다.[253]

이 요건은 회생계획내용의 법률적합성을 말하는 것으로 회생계획이 법률규정에 적합할 것을 요구하며, 수행가능성이 없는 회생계획은 자원의 배분을 왜곡하고 법절

---

251) 대법원 1992.6.15. 자 92그10 결정

252) 대법원 2005.3.10. 자 2002그32 결정

253) 대법원 2016.5.25. 2014마1427 결정

차를 남용하는 것이 되기 때문이다.

③ 회생계획에 대한 결의를 성실 · 공정한 방법으로 하였을 것.

불성실·불공정한 결의란 계획안의 가부를 결정하기 위한 의결권 행사의 의사표시를 하는 과정에서 본인 이외의 제3자로부터 위법·부당한 영향이 작용하는 경우를 말한다.[254)]

이 요건은 절차의 하자도 없고 회생계획의 내용이 법률을 위반하지도 않았지만, 공정 · 형평이라는 법의 일반원리에 반하면 안 된다는 취지로 해석된다.

④ 회생계획에 의한 변제방법이 채무자의 사업을 청산할 때 각 채권자에게 변제하는 것보다 불리하지 아니하게 변제하는 내용일 것. 다만 채권자가 동의한 경우에는 그러하지 아니하다.

이 요건은 청산가치 보장에 대한 요건이다. 회생계획에 의한 변제방법이 채무자의 사업을 청산할 때 각 채권자에게 변제하는 것보다 불리하지 아니하게 변제하는 내용이어야 한다는 것이다.

⑤ 합병 또는 분할합병을 내용으로 한 회생계획에 관하여는 다른 회사의 주주총회 또는 사원총회의 합병계약서 또는 분할합병계약서의 승인결의가 있었을 것.

다만, 그 회사가 주주총회 또는 사원총회의 승인결의를 요하지 아니하는 경우를 제외한다.

⑥ 회생계획에서 행정청의 허가 · 인가 · 면허 그 밖의 처분을 요하는 사항이 채무자회생법(226조 2항)의 규정에 의한 행정청의 의견과 중요한 점에서 차이가 없을 것.

⑦ 주식의 포괄적 교환을 내용으로 하는 회생계획에 관하여는 다른 회사의 주주총회의 주식의 포괄적 교환계약서의 승인결의가 있을 것.

다만, 그 회사가 상법 360조의9(간이주식교환) 및 360조의10(소규모 주식교환)의 규정에 의하여 주식의 포괄적 교환을 하는 경우를 제외한다.

나. 법원의 인가결정

관계인집회에서 회생계획안을 가결한 때에는 법원은 그 기일에 또는 즉시로 선고한 기일에 회생계획의 인가 여부에 관하여 결정을 하여야 한다(채무자회생법

---

254) 대법원 2005.3.10. 2002그32 결정

242조 1항).

회생계획안이 가결되면 회생절차의 근본규범으로서 회생계획이 성립하지만, 그 효력은 법원의 인가결정이 있은 때부터 발생한다(채무자회생법 246조). 따라서 회생계획안의 가결은 회생계획의 성립요건이고, 인가결정은 효력발생요건이다.

회생계획의 인가 여부를 결정하는 기일에는 관리인, 조사위원, 채무자, 목록에 기재되어 있거나 신고한 회생채권자·회생담보권자·주주·지분권자, 회생을 위하여 채무를 부담하거나 담보를 제공한 자나 채무자의 업무를 감독하는 행정청·법무부장관 및 금융위원회는 회생계획의 인가 여부에 관하여 의견을 진술할 수 있다(채무자회생법 242조 2항).

다. 회생계획안의 배제 및 불인가

1) 회생계획안의 배제

회생계획안의 배제란 법원이 일정한 경우에 회생계획안을 관계인집회의 심리 또는 결의에 부치지 아니하는 것을 말한다. 회생계획안의 배제는 회생계획안 제출 후 회생계획안 결의를 위한 관계인집회가 열릴 때까지 언제라도 할 수 있다. 법원의 회생계획안 배제결정에 대하여는 불복할 수 없다(채무자회생법 13조).

법원은 다음의 경우에 회생계획안을 배제할 수 있다(채무자회생법 231조).

① 회생계획안이 법률의 규정에 위반한 경우(1호)

② 회생계획안이 공정하지 아니하거나 형평에 맞지 아니한 경우(2호)

③ 회생계획안의 수행이 불가능한 경우(3호). 예컨대 영업이익, 자금차입, 자산매각대금을 회생채권의 변제재원으로 하는 회생계획안인데, 영업이익의 발생가능성, 자금차입의 가능성, 자산의 매각가능성이 종전의 영업, 법률적 제한, 거래계의 현실 등에 비추어 현저히 낮은 경우를 말한다.

2) 회생계획안의 불인가

회생절차개시의 중대한 책임이 있거나 해악을 끼친 채무자의 경영자나 그 특수관계인 등이 회생절차를 남용하여 정당한 채권자 등의 희생을 바탕으로 채무를 감면받은 후 다시 정상화된 기업을 인수하여 경영권을 회복하는 것을 방지하기 위하여 일정한 경우(채무자회생법 231조의2 1항 각 호의 요건을 모두 충족하는 경우)[255] 회생계획을 불인가하도록 하고 있다(채무자회생법 243조의2).

3) 형사처벌(사기회생죄)

회생계획안의 배제 또는 회생계획안의 불인가를 면탈할 목적으로 거짓의 정보를 제공하거나 거짓의 자료를 제출하여 회생계획인가의 결정이 확정된 경우, 해당 정보를 제공하거나 해당 자료를 제출한 자는 10년 이하의 징역 또는 1억 원 이하의 벌금에 처한다(채무자회생법 643조).

라. 즉시항고

회생계획의 인가 여부의 결정에 대하여는 즉시항고를 할 수 있다(채무자회생법 247조 1항). 다만, 즉시항고권자는 그 재판에 대하여 법률상 이해관계를 가진 자를 말한다. 예를 들면 회생계획인가결정의 효력을 받을 지위에 있는 사람으로서 그 효력발생 여부에 따라 자기의 이익이 침해되는 자이다. 따라서 목록에 기재되지 아니하거나 신고하지 아니한 회생채권자·회생담보권자·주주·지분권자는 즉

---

255) 제231조의2(회생계획안의 배제에 대한 특칙)

① 회생계획안이 제57조 각 호의 어느 하나에 해당하는 행위를 내용으로 하는 경우로서 다음 각 호의 요건을 모두 충족하는 경우에는 법원은 회생계획안을 관계인집회의 심리 또는 결의에 부치지 아니할 수 있다.

1. 다음 각 목의 어느 하나에 해당하는 자의 중대한 책임이 있는 행위로 인하여 회생절차개시의 원인이 발생하였다고 인정될 것
  가. 회사인 채무자의 이사(상법 제401조의2제1항에 따라 이사로 보는 자를 포함한다)나 해당 이사와 제101조제1항에 따른 특수관계에 있는 자
  나. 회사인 채무자의 감사
  다. 회사인 채무자의 지배인
2. 제57조 각 호의 어느 하나에 해당하는 행위를 하려는 자가 다음 각 목의 어느 하나의 경우에 해당할 것
  가. 제1호에 해당하는 자의 자금제공, 담보제공이나 채무보증 등을 통하여 제57조 각 호의 어느 하나에 해당하는 행위를 하는 데에 필요한 자금을 마련한 경우
  나. 현재 및 과거의 거래관계, 지분소유관계 및 자금제공관계 등을 고려할 때 제1호에 해당하는 자와 채무자의 경영권 인수 등 사업 운영에 관하여 경제적 이해관계를 같이하는 것으로 인정되는 경우
  다. 제1호에 해당하는 자와 배우자, 직계혈족 등 대통령령으로 정하는 특수관계에 있는 경우

시항고를 할 수 없다.

즉시항고를 하더라도 집행정지의 효력은 없다(채무자회생법 247조 3항). 즉 인가결정에 대한 즉시항고는 변제계획의 수행에 영향을 미치지 않으므로 이를 저지하기 위해서는 수행정지 등의 가처분을 신청하여야 한다.

10-6 회생계획의 인가의 효과 및 주관적 범위

가. 회생계획 인가의 효과

1) 권리의 변경

회생계획인가의 결정이 있는 때에는 회생채권자 · 회생담보권자 · 주주 · 지분권자의 권리는 회생계획에 따라 변경된다(채무자회생법 252조 1항). 즉, 변제기 유예, 채무감면, 주식소각, 출자전환 등의 효력이 발생한다. 이 효력은 확정적이어서 추후 회생절차가 폐지되더라도 그대로 유효하다. 이해관계인 중 공익채권자는 회생계획과는 무관하므로 공익채권자의 권리에는 변경이 없다.

2) 회생채권 등의 면책 등

회생계획인가의 결정이 있는 때에는 회생계획이나 이 법의 규정에 의하여 인정된 권리를 제외하고는 채무자는 모든 회생채권과 회생담보권에 관하여 그 책임을 면하며, 주주 · 지분권자의 권리와 채무자의 재산상에 있던 모든 담보권은 소멸한다. 여기서 책임을 면한다는 것은 채무자체는 존속하지만 채무자에 대하여 이행을 강제할 수 없다는 의미이다. 다만, 회생절차개시 전의 벌금 · 과료 · 형사소송비용 · 추징금 및 과태료의 청구권은 면책되지 않는다(채무자회생법 251조). 회생계획에 의하여 인정된 주주 · 지분권자의 권리는 주식 또는 출자지분의 신고를 하지 아니한 주주 · 지분권자에 대하여도 인정된다(채무자회생법 254조).

판례 **대법원 2017. 5. 23. 2016마1256 결정**

회생계획인가의 결정이 있는 때에는 회생채권자 등의 권리는 회생계획에 따라 변경되고, 회생계획이나 채무자회생법의 규정에 의하여 인정된 권리를 제외하고는 모든 회생채권과 회생담보권에 관하여 면책의 효력이 발생한다(채무자회생법 251조, 252조). 회생계획인가결정 후 회생절차종결결정이 있더라도, 채무자는 회생계획에서 정한 대로 채무를 변제하는 등 회생계획을 계속하여 수행할 의무를 부담하고, 회생절차가 종결된 후에 회생채권 등의 확정소송을 통하여 채권자의 권리가 확정되면 소송의 결과를 회생채권자표 등에 기재하여(채무자회생법 175조), 미확정 회생채권 등에 대한 회생계획의 규정에 따라 처리하면 된다.

그리고 회생절차개시결정이 있는 때에는 회생채권 또는 회생담보권에 기한 강제집행 등은 할 수 없고, 채무자의 재산에 대하여 이미 행한 회생채권 또는 회생담보권에 기한 강제집행은 중지되며(채무자회생법 58조), 회생계획의 인가결정이 되면 중지된 강제집행은 효력을 잃는다(채무자회생법 256조 1항).

따라서 회생채권에 관하여 회생절차개시 이전부터 회생채권 또는 회생담보권에 관하여 집행권원이 있었다 하더라도, 회생계획인가결정이 있은 후에는 채무자회생법 252조에 의하여 모든 권리가 변경 · 확정되고 종전의 회생채권 또는 회생담보권에 관한 집행권원에 의하여 강제집행 등은 할 수 없으며, 회생채권자표와 회생담보권자표의 기재만이 집행권원이 된다.

3) 확정판결과 동일한 효력

회생계획인가의 결정이 확정된 때에는 법원사무관등은 회생계획에서 인정된 권리를 회생채권자표, 회생담보권자표와 주주 · 지분권자표에 기재한다(채무자회생법 249조). 회생채권 또는 회생담보권에 기하여 회생계획에 의하여 인정된 권리에 관한 회생채권자표 또는 회생담보권자표의 기재는 회생계획인가의 결정이 확정된 때에 채무자, 회생채권자 · 회생담보권자 · 주주 · 지분권자, 회생을 위하여 채무를 부담하거나 또는 담보를 제공하는 자, 신회사(합병 또는 분할합병으로 설립되는 신회사를 제외한다)에 대하여 확정판결과 동일한 효력이 있다(채무자회생법 255조 1항). 회생채권 또는 회생담보권에 기하여 회생계획에 의하여 인정된 권리로서 금전의 지급 그 밖의 이행의 청구를 내용으로 하는 권리를 가진 자는 회생절차종결 후 채무자와 회생을 위하여 채무를 부담한 자에 대하여 회생채권자표 또는 회생담보권자표에 의하여 강제집행을 할 수 있다(채무자회생법 255조 2항).

4) 중지 중인 절차의 실효

회생계획인가의 결정이 있은 때에는 회생절차개시결정에 의하여 중지한(채무자회생법 58조 2항) 파산절차, 강제집행, 가압류, 가처분, 담보권실행 등을 위한 경매절차는 그 효력을 잃는다. 다만, 회생에 지장이 없다고 인정되어 속행된 절차 또는 처분(채무자회생법 58조 5항)은 그러하지 아니한다(채무자회생법 256조 1항). 회생계획인가의 결정에 의하여 효력을 잃은 파산절차에서의 재단채권(채무자회생법 473조 2호 · 9호에 해당하는 것을 제외)은 공익채권으로 한다(채무자회생법 256조 2항).

나. 인가결정의 효력이 미치는 주관적 범위

인가된 회생계획의 효력이 미치는 것은 채무자와 회생채권자 · 회생담보권자 사이의 법률관계에 국한된다는 점에 유의하여야 한다. 회생채권자 · 회생담보권자가 제3자와 갖는 법률관계는 그것이 채무자와 관련이 있는 것이라도 아무런 영향을 받지 않는다. 예를 들어 채무자가 신탁자로서 자신의 채무담보를 위하여 수탁자로 하여금 신탁부동산상에 근저당권설정등기를 경료하도록 한 후 신탁자에 대한 회생절차가 개시된 경우, 채권자가 수탁자에 대하여 가지는 신탁부동산에 대한 담보권이나 그 피담보채권은 회생절차나 회생계획에 아무런 영향을 받지 않는다.[256]

이러한 원리는 보증인에게도 적용된다. 회생채권자나 회생담보권자의 권리가 회생계획에 따라 변경된다 하더라도 회생채권자나 회생담보권자를 위한 보증인에 대한 권리, 채무자와 함께 채무를 부담하는 자에 대한 권리, 채무자 외의 자가 회생채권자나 회생담보권자를 위하여 제공한 담보는 영향을 받지 않는다(채무자회생법 250조 2항). 따라서 회생계획에 따라 주채무자의 권리가 감면되더라도 보증인이나 물상보증인의 채무에는 변화가 없다. 심지어는 주채권이 신고기간 중 신고를 해태하여 실권되더라도 보증인이나 물상보증인의 채무에는 영향이 없다.[257] 원래 보증채무는 부종성이 있어 주채무가 감면되면 같이 감면되는 것이 원

256) 대법원 2003.5.30. 선고 2003다18685 판결

257) 대법원 1990.6.26. 선고 88다카4499 판결; 대법원 2001.6.12. 선고 99다1949 판결; 대법원 2003.5.30. 선고 2003다18685 판결

칙이나(민법 430조), 채무자회생법은 명시적으로 그 예외를 인정한 것이다.

그러나 기술보증기금법(37조의3), 신용보증기금법(30조의3), 중소기업진흥에 관한 법률(74조의2)은 재정적 어려움에 빠진 중소기업의 실효성 있는 회생과 함께 대표자 등의 재기를 도모하려는 취지에서 채권자가 위 기금, 중소기업진흥공단인 경우에는 중소기업의 회생계획인가결정을 받는 시점에 주채무가 감경 또는 면제될 경우 연대보증채무도 동일한 비율로 감경 또는 면제한다.

다. 회생채권자표 등에의 기재와 그 효력

회생계획인가결정이 확정된 때에는 법원사무관등은 회생계획에서 인정된 권리를 회생채권자표 또는 회생담보권자표와 주주지분권자표에 기재하여야 한다. 이는 이후 회생계획의 수행과정에서 기준이 되는 변경된 권리내용을 명확히 하기 위한 것이다.

회생계획에 관하여 인정된 권리에 관한 회생채권자표와 회생담보권자표의 기재는 회생계획인가의 결정이 확정된 때에 채무자, 회생채권자, 회생담보권자, 채무자의 주주·지분권자, 회생을 위하여 채무를 부담하거나 담보를 제공하는 자에 대하여 확정판결과 동일한 효력이 있다.

10-7 회생계획의 수행

회생계획은 인가의 결정이 있은 때부터 효력이 생긴다(채무자회생법 246조). 인가 여부의 결정에 대해서는 즉시항고할 수 있다. 다만, 목록에 기재되지 아니하거나 신고하지 아니한 회생채권자 · 회생담보권자 · 주주 · 지분권자는 즉시항고를 할 수 없다(채무자회생법 247조 1항).

회생계획이 인가되면 관리인은 회생계획을 수행한다. 법원은 관리인이 회생계획을 제대로 수행하지 못하거나 회생절차의 종결 또는 폐지 여부의 판단을 위하여 필요한 경우, 회생계획의 변경을 위하여 직권 또는 채권자협의회의 신청에 의하여 조사위원으로 하여금 채무자의 재산 및 영업상태를 실사하게 할 수 있다(채무자회생법 259조).

관리인의 직무수행은 공정하고 형평에 맞아야 하므로 관리인은 법원과 관리위원회의 감독을 받는다(채무자회생법 81조 1항,17조 1항 2호). 관리인이 재산의 처분, 재산의 양수, 자금의 차입, 회생절차개시 당시 쌍방미이행 쌍무계약에 있어서 계약의 해제·해지, 소의 제기, 화해 또는 중재계약, 권리의 포기, 공익채권 또는 환취권의 승인, 그 밖에 법원이 지정하는 행위를 하고자 하는 때에 법원의 허가를 받도록 할 수 있다(채무자회생법 61조 1항). 법원의 허가 대상인 행위를 허가받지 않으면 무효이다. 다만, 선의의 제3자에게 대항하지 못한다(채무자회생법 61조 3항).

회생계획에 의하여 신회사를 설립하는 때에는 관리인이 발기인 또는 설립위원의 직무를 행하며(채무자회생법 257조 2항), 관리위원회는 매년 회생계획이 적정하게 수행되고 있는지의 여부에 관하여 평가하고 그 평가결과를 법원에 제출하여야 한다(채무자회생법 257조 3항).

판례 **대법원 2018. 5. 30. 선고 2018다203722, 203739 판결**

회생계획은 법률행위의 해석 방법에 따라 해석하여야 한다. 회생계획 문언의 객관적 의미를 합리적으로 해석하되, 그 문언의 객관적인 의미가 명확하지 않은 경우에는 문언의 형식과 내용, 회생계획안 작성 경위, 회생절차 이해관계인들의 진정한 의사 등을 종합적으로 고려하여 사회정의와 형평의 이념에 맞도록 논리와 경험의 법칙, 사회일반의 상식과 거래의 통념에 따라 합리적으로 해석하여야 한다.

10-8 회생계획의 변경

회생계획인가의 결정이 있은 후 회생계획 인가 시 예상하지 못한 상황이 발생하거나 M&A를 위해서 새로운 사항이 규정될 필요가 있는 경우 등 부득이한 사유로 회생계획에서 정한 사항을 변경할 필요가 생긴 때에는 회생절차가 종결되기 전에 한하여 법원은 관리인, 채무자 또는 목록에 기재되어 있거나 신고한 회생채권자 · 회생담보권자 · 주주 · 지분권자의 신청에 의하여 회생계획을 변경할 수 있다(채무자회생법 282조 1항). 회생계획 변경절차는 신청권자의 신청으로 시작하여 형식적 요건을 갖추지 못했으면 변경불허가결정을 받게 된다. 변경요건과 인가요건을 갖춘 경우에는 관계인집회의 결의나 서면결의를 거쳐 인가한다.[258] 그러나 이러한 경우 변경계획안으로 인해 불리한 영향을 받지 않는 권리자는 절차에 참가하지 않는다. 가결된 변경계획안에 대해서 법원은 인가의 요건을 살펴 인가 여부를 정하게 된다.

11 회생절차의 종료

회생절차가 종료되는 경우는 회생절차개시결정의 취소, 회생계획불인가결정, 회생계획 인가결정에 대한 항고법원의 취소결정, 법원의 종결결정, 법원의 폐지결정 등이 있는 경우이다. 종결결정은 회생계획이 성공적으로 수행된 경우에 회생절차를 종료하는 것이고 회생절차의 폐지는 회생절차가 제대로 진행되지 못해서 종료하는 것이다.

회생절차가 파산절차보다 채권자와 채무자 모두에게 이익이 되기 위해서는 절차의 진행이 신속하게 이루어져야 한다. 그러므로 회생의 가망이 없는 경우에는 조기에 폐지나 불인가결정을 하고 회생의 가망이 있는 경우에는 새로운 주인을 찾아 조기에 종결결정을 해야 한다는 공통의 인식이 형성되어 있다.

11-1 회생절차의 종결

법원은 회생계획에 따른 변제가 시작되면 관리인 또는 목록에 기재되어 있거나 신고한 회생채권자 또는 회생담보권자의 신청에 의하거나 직권으로 회생절차 종결의 결정을 한다. 다만, 회생계획의 수행에 지장이 있다고 인정되는 때에는 그렇지 않다(채무자회생법 283조 1항).

종결결정에 의하여 관리인의 의무는 소멸하고, 채무자는 법원의 감독에서 벗어난다. 회생절차가 종결되면 회생채권자는 기한이 도래한 회생채권에 대하여 개별적으로 소구하거나 강제집행을 할 수 있다. 채무자는 회생계획에서 정한대로 채무를 변제하는 등 회생계획을 수행할 의무를 부담한다.

---

258) 대법원 2005.6.15. 자 2004그84 결정

11-2 회생절차의 폐지

회생절차의 폐지는 회생절차가 개시된 뒤에 그 실효를 거두지 못하고 도중에 그 절차를 끝내는 것을 말한다. 회생절차개시결정의 취소와 달리 회생절차의 폐지는 원칙적으로 기존에 발생한 효과를 소급하여 소멸시키지는 않는다. 예를 들어 회생계획인가 후에 회생절차가 폐지되는 경우 그동안 회생계획 수행이나 법률규정에 의하여 생긴 효력에 영향을 미치지는 않는다(채무자회생법 288조 4항).

회생계획이 폐지되는 경우는 청산가치가 계속기업의 가치보다 큰 것이 명백한 경우, 회생계획안의 제출이 없거나 심리 또는 결의에 부칠 만한 것이 못 되는 경우, 가결이 되지 않는 경우, 인가된 회생계획을 수행할 수 없는 것이 명백한 경우 등이다(채무자회생법 285조 내지 288조).

회생계획을 수행할 가능성이 없다는 것은 채무자가 회생계획에서 예정하고 있는 사업계획, 자산매각계획, 증자계획, 신규자금 차입계획 등 자금수지계획의 중요부분을 이행하지 못하거나 이행할 가능성이 없어 앞으로 회생할 가능성이 없다고 판단되는 경우를 말한다.

12 소액영업소득자에 대한 간이회생절차

중소기업 등의 회생절차 접근성을 높이기 위하여 채무자회생법을 개정(2015.7.1.시행)하여 소액영업소득자에 대한 간이회생절차가 신설되었다. 「소액영업소득자」란 회생절차개시신청 당시 회생채권 및 회생담보권의 총액이 50억 원 이하의 범위에서 대통령령으로 정하는 금액(현재 채무자회생법시행령 15조의3에 따르면 50억 원) 이하인 채무를 부담하는 영업소득자를 말한다(채무자회생법 293조의2 2호). 또한「영업소득자」란 부동산임대소득·사업소득·농업소득·임업소득, 그 밖에 이와 유사한 수입을 장래에 계속 또는 반복하여 얻을 가능성이 있는 채무자를 말한다(채무자회생법 293조의2 1호).

소액영업소득자는 법원에 간이회생절차개시의 신청을 할 수 있다. 다만, 개인인 소액영업소득자가 신청일 전 5년 이내에 개인회생절차 또는 파산절차에 의한 면책을 받은 사실이 있는 경우에는 신청할 수 없다(채무자회생법 293조의4 1항). 법원은 소액영업소득자인 채무자가 사업의 계속에 현저한 지장을 초래하지 아니하고는 변제기에 있는 채무를 변제할 수 없는 경우 또는 채무자에게 파산의 원인인 사실이 생길 염려가 있는 경우에 간이회생절차개시의 결정을 하여야 한다. 다만, 회생절차개시신청의 기각 사유[259]와 개인인 소액영업소득자가 신청일 전 5년 이내에 개인회생절차 또는 파산절차에 의한 면책을 받은 사실이 없어야 한다(채무자회생법 293조의5 1항).

간이회생절차에서는 일반 회생절차와 달리 원칙적으로 관리인을 선임하지 않을 수 있다. 관리인을 선임하지 아니한 경우에는 채무자(개인이 아닌 경우에는 그 대표자)를 관리인으로 본다.

간이회생절차의 관계인집회에서는 ①의결권을 행사할 수 있는 회생채권자의 의결권 총액의 3분의 2 이상에 해당하는 의결권을 가진 자의 동의가 있을 것, ②의결권을 행사할 수 있는 회생채권자의 의결권 총액의 2분의 1을 초과하는 의결권을 가진 자의 동의 및 의결권자의 과반수의 동의가 있을 것 중 어느 하나를 충족하는 경우에는 회생계획안에 관하여 회생채권자의 조에서 가결된 것으로 본다(채무자회생법 293조의8). 다만, 회생담보권자의 의결권 총액의 4분의 3 이상의 동의는 받아야 한다.

13 은행에서의 업무처리

가. 회생절차신청 예방

회생절차는 재정적 어려움으로 파탄에 직면한 개인 또는 법인에 대하여 사업을 계속할 때의 가치가 사업을 청산할 때의 가치보다 크다고 인정되는 때에 법원의 감독 아래 채권자, 주주, 지분권자 등 이해관계인의 법률관계를 조정하여 채무자 또는 사업을 회생시키는 제도이다.

---

259) 제42조(회생절차개시신청의 기각사유) 다음 각호의 어느 하나에 해당하는 경우 법원은 회생절차개시의 신청을 기각하여야 한다. 이 경우 관리위원회의 의견을 들어야 한다.
1. 회생절차의 비용을 미리 납부하지 아니한 경우
2. 회생절차개시신청이 성실하지 아니한 경우
3. 그 밖에 회생절차에 의함이 채권자 일반의 이익에 적합하지 아니한 경우

채무자가 회생절차를 통해 일정부분 채무감면 또는 출자전환이 가능하고 신용대출의 경우 원금 일부감면·이자면제 등의 효과가 있지만, 부도기업이라는 인식과 대외신용도 하락으로 금융기관 등으로부터 추가차입이 곤란해져 영업이 위축된다.

채무자가 회생절차를 신청하는 경우 신청접수등록 익일부터 신용등급이 D등급으로 하락하여 부실차주와 같이 대손충당금과 연체실적이 반영되기 때문에 은행은 이를 사전에 방지하기 위해서 노력하고 있으며 부득이한 경우 워크아웃을 신청하도록 유도하고 있다. 채무자가 회생절차를 신청할 것으로 예상되는 사전징후로는 운전자금이 부족하거나 빈번하게 연체하는 업체, 매출·수익성이 떨어지고 차입금 규모가 과다한 업체, 거래업체의 부실 등으로 유동성이 악화된 업체 등이 있다.

나. 회생절차신청 시 실무처리

은행실무에서 거래기업이 회생절차개시신청을 한 경우, 은행은 회생절차에서 제약을 받지 않는 예금과 대출의 상계, 신용보증기금 등에 신용보증사고보고, 주채무자를 제외한 연대보증인에 대한 재산조사 및 채권보전조치, 제3자 담보물에 대한 경매에 착수하고 계속 진행한다.

채무자의 보증인·물상보증인 등은 보전처분 명령이나 포괄적 금지명령과 아무런 상관이 없다. 따라서 보증인·물상보증인 등에 대해서는 언제든지 주채무자에게 채무의 이행을 청구할 수 있고, 강제집행 등의 금지 효력은 채무자의 재산에 한하므로, 경매 등 강제집행·가압류·가처분 등을 실시할 수 있다.

회생계획안 인가에 따라 회생채권의 액수나 변제기가 변경되어도 변경 전 본래의 보증채무에 대해서도 청구·집행할 수 있다. 따라서 보증인·물상보증인에 대해서는 채무자의 회생절차와 상관없이 보증채무에 대해 사후관리절차를 진행하여야 한다.

또한 은행은 회생절차개시신청 기업의 정상화를 위하여 필요한 경우 직원을 파견한다. 회생절차와 관련하여 절차진행 · 보전처분결정 · 개시결정 동의 여부 등에 관한 법원의 의견조회가 있는 경우에 은행은 여러 상황을 종합적으로 검토하여 동의 여부를 결정한다.

법원으로부터 회생계획안 심리 및 결의와 관련하여 집회기일지정 등 의견조회가 있는 경우, 은행은 회생계획안에 대해 채권현황, 담보물현황, 가동 여부, 회사 대표자 및 근로자 대표 면담, 주요채권단 의견, 갱생가능성, 경제성 등을 조사하여 동의 여부를 결정한다.

다. 회생계획인가 폐지신청

채무자가 회생절차를 신청하고 법원으로부터 인가결정통보가 온 경우에는 채권재조정 등록을 통해 상환기일에 따른 원리금을 수령하게 된다. 채무자는 변제대상 채무를 10년 이내에 전액 변제하는 회생계획안을 마련하여 이행하게 되나 회생계획안대로 채무를 변제하지 못할 경우에는 법원에 회생계획인가 폐지를 신청하게 된다. 따라서 회생절차 인가를 받은 기업이 가동중단 등으로 정상화 가능성이 희박하다고 판단될 경우에는 채무자회생법에 의거 회생절차 폐지신청을 하고 회생절차가 폐지되었을 때에는 담보권 실행 등 법적절차를 착수한다.

제3절

파산절차

파산이란 채무자가 그 채무에 대해 완제 불능이 되었을 때 채무자의 재산을 공정하게 환가, 배당하여 채권자 전체의 이익을 극대화하고 채무자에게는 그 채무를 면책하게 하여 재기의 기회를 부여하기 위하여 만들어진 제도이다. 따라서 채권자의 개별적인 권리행사는 금지되고 채권자는 파산절차에 의하여만 권리를 행사하여야 한다(채무자회생법 424조).

다른 한편, 채무자의 재산은 파산재단으로 모아져서 파산관재인에 의하여 관리 · 환가되어 총채권자들에게 공평하게 분배된다. 채무자는 파산절차의 개시에 의하여 파산자가 되지만 다수의 채권자에 대한 개별적인 대응을 면하게 되고, 파산재단은 파산선고 당시의 파산자의 재산으로 구성되므로(채무자회생법 382조), 파산선고 후에 새로 취득한 재산을 재기의 자금으로 활용할 수 있게 된다. 나아가 파산절차 종료 후에는 변제하지 아니한 채무를 면할 수 있는 면책제도가 있어 개인파산자는 재출발할 수 있다.

그림 V-4 〈파산절차도〉

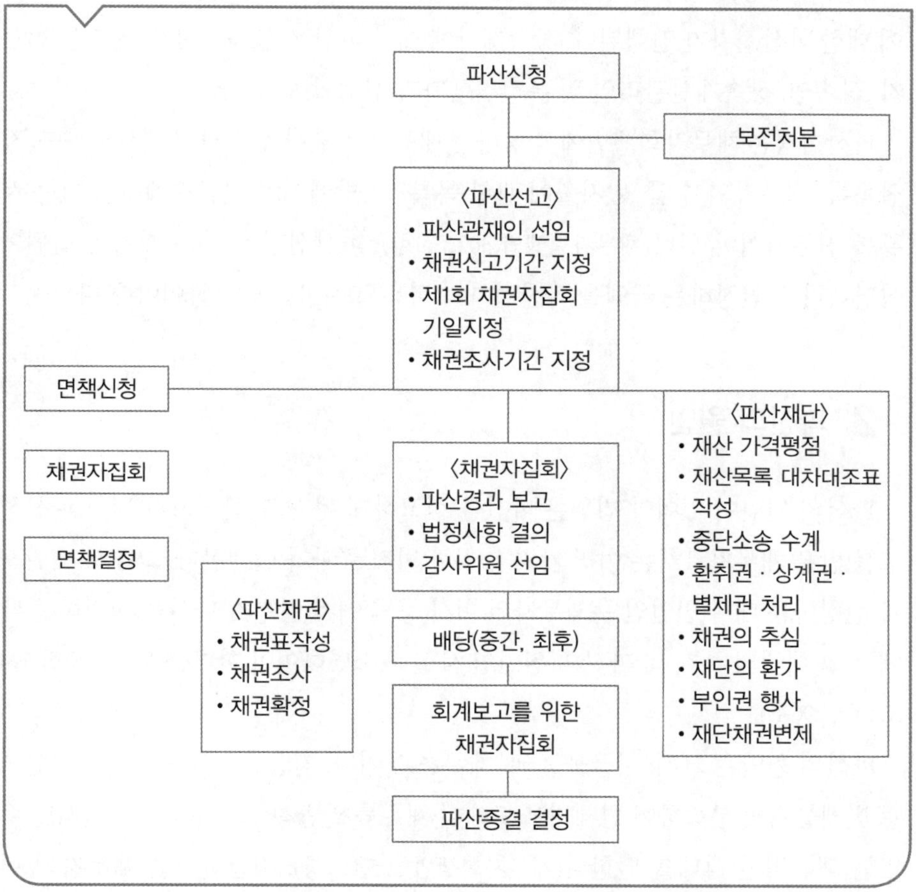

1 파산신청

파산선고는 신청에 의하여 이루어지는 것이 원칙이다. 파산은 채권자 또는 채무자가 신청할 수 있다(채무자회생법 294조 1항). 채무자가 자연인 즉 사람일 때에는 그가 사망할 때까지 언제든지 파산선고를 신청할 수 있고, 법인은 해산 전은 물론 해산 후라도 잔여재산의 인도 및 분배가 종료하지 않은 동안에는 파산신청을 할 수 있다. 채무자가 일반 법인인 경우에는 이사, 합명회사 또는 합자회사인 경우에는 무한책임사원, 주식회사 또는 유한회사인 경우에는 이사, 그리고 청산인도 파산신청을 할 수 있다(채무자회생법 295조).

파산의 대상이 채무자가 아니고 상속재산일 수도 있다. 이 경우에는 상속재산에 대한 파산절차가 진행된다. 상속재산에 대한 파산은 상속채권자, 유증을 받은 자, 상속인, 상속재산관리인 및 유언집행자가 신청할 수 있다.

파산신청은 채무자회생법에서 정하는 내용을 기재한 신청서에 채권자목록, 재산목록, 채무자의 수입 및 지출에 관한 목록, 그 밖에 대법원규칙에서 정하는 서류를 첨부하여야 한다(채무자회생법 302조 1항). 파산신청을 하는 때에는 법원이 상당하다고 인정하는 금액을 파산절차의 비용으로 미리 납부하여야 한다.

2 파산의 원인

파산의 원인이 있어야 법원은 파산을 선고하게 된다. 파산선고가 되면 파산선고를 받은 채무자로서는 여러 가지 불리한 법적 효과가 발생한다. 그래서 채권자가 신청하는 때나 법인인 준채무자의 이사 등 중에서 일부가 파산을 신청하는 때에는 그 채권의 존재 및 파산의 원인인 사실을 소명하여야 한다(채무자회생법 294조 2항, 296조).

파산의 원인은 크게 '지급불능'과 '채무초과'이다. 지급불능은 보통파산원인으로 변제능력이 부족하여 변제기에 도래한 채무를 일반적 · 계속적으로 변제할 수 없는 객관적인 상태를 말한다(채무자회생법 305조 1항). 지급불능은 채무자의 변제능력에 대한 객관적인 판단이므로 이를 입증하기란 쉽지 않다. 그래서 채무자회생법은 지급불능을 추정하게 하는 지급정지를 인정하고 있다. 자금부족에 의한 어음의 부도나 지급의 거절, 폐점, 폐업, 채무자의 소재불명 등이 지급정지의 예이다. 채무자가 지급을 정지한 때에는 지급불능으로 추정되므로(채무자회생법 305조 2항), 채권자가 채무자의 지급정지를 입증하면 채무자가 지급불능이 아닌 것을 입증하지 않는 한 파산선고가 가능하다.

채무초과는 대차대조표를 기준으로 채무의 총액이 자산의 총액을 초과하는 것을 말한다. 채무초과는 법인의 경우에 파산원인이 된다(채무자회생법 306조). 법인의 경우에는 지급불능 외에 채무초과도 파산원인으로 인정되므로 채권자 등이 파산을 신청하는 경우에는 채무자의 채무초과를 입증하는 것이 더 용이할 수 있다.

3 보전처분

파산절차에서도 회생절차에서와 같이 이해관계인의 신청 또는 직권으로 파산선고 전에 보전처분이 인정된다. 이러한 보전처분을 인정하는 것은 채무자의 도망, 재산은닉이나 훼손, 편파변제, 재산양도 등을 방지하여 채권자를 보호하고 동시에 일부 채권자의 변제 강요 등으로부터 채무자를 보호하기 위함이다. 파산절차에서 인정되는 보전처분은 파산재단이 될 채무자의 각 재산(동산 · 부동산)에 대한 가압류, 처분금지가처분, 변제금지 또는 차재금지가처분, 채무자의 상업장부를 집행관에게 보관시키는 가처분, 채권자에 의해 진행되는 개별적인 강제집행의 정지 등을 들 수 있다. 그러나 담보권의 실행중지는 할 수 없다. 파산절차에서 담보권자의 권리행사는 제한을 받지 않기 때문이다.

4 파산선고

채권자 또는 채무자의 신청이 있고 채무자가 지급불능 또는 채무초과의 상태에 있다고 인정되면 법원은 파산을 선고한다. 파산은 선고한 때부터 효력이 발생하기 때문에 파산결정서에는 파산선고의 연 · 월 · 일 · 시를 기재하여야 한다. 법원은 파산선고와 동시에 파산관재인, 채권신고의 기간, 제1회 채권자집회기일, 채권조사기일을 결정하여야 한다. 그러나 법원은 파산신청인이 절차의 비용을 미리 납부하지 아니한 때, 법원의 회생절차 또는 개인회생절차가 계속되어 있고 그 절차에 의함이 채권자 일반의 이익에 부합하는 때, 채무자에게 파산원인이 존재하지 아니한 때, 신청인이 소재불명인 때, 그 밖에 신청이 성실하지 아니한 때에는 파산신청을 기각할 수 있다(채무자회생법 309조 1항).

개인에 대한 파산선고 결정이 확정되면 파산자의 신원증명업무를 관장하는 본적지 시 · 구 · 읍 · 면장에게 파산선고 사실이 통지되고 신원증명서에 기재된다. 법인에 대한 파산이 선고되면 법인의 본점, 지점 소재지 등기소에 파산선고 기입등기를 촉탁하고, 파산관재인 선임등기를 촉탁한다.

채무자회생법은 파산선고 시 결정하는 기간 및 기일에 대해서 다음과 같이 정하고 있다. ① 채권신고 기간은 파산선고를 한 날부터 2주 이상 3월 이하, ② 제1

회 채권자집회의 기일은 파산선고를 한 날부터 4월 이내, ③ 채권조사의 기일과 채권신고기간의 말일과의 사이에는 1주 이상 1월 이하의 기간

그림 V-3 〈파산채권신고 및 채권조사〉

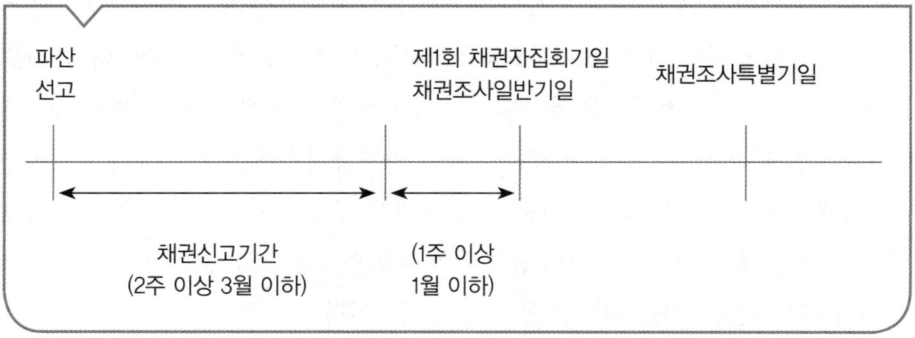

5 파산선고의 효력

파산이 선고되면 일어나는 가장 두드러진 현상은 파산선고를 받은 채무자와 그 채무자의 재산이 분리되는 것이다. 파산법은 '파산재단'이라는 개념을 이용하여 파산선고를 받은 채무자의 재산을 통일적으로 파악하고 이 파산재단의 관리처분권을 파산선고를 받은 채무자로부터 파산관재인이라는 제3자에게 이전한다.

파산재단은 파산선고 당시 채무자의 재산으로 구성되는데 여기서 압류가 금지된 재산과 법원이 면제해준 재산은 제외되고, 관리처분권을 채무자가 계속 갖는다. 다만, 파산선고를 받은 채무자가 파산선고 후에 취득한 재산에 대해서는 파산선고를 받은 채무자가 관리처분권을 갖는다.

파산선고가 있으면 파산채권자가 파산재단의 재산에 대하여 행한 강제집행, 가압류, 가처분은 파산재단에 대하여는 효력을 잃는다(채무자회생법 348조 1항). 따라서 파산관재인은 효력을 상실한 강제집행이나 보전처분에 구애됨이 없이 파산재단의 재산을 자유로이 관리하고 처분할 수 있다. 다만, 실무에서는 집행처분의 외관을 없애기 위하여 집행기관에 대하여 취소원인을 파산선고결정등본으로

소명하여 강제집행이나 가압류, 가처분의 집행취소를 신청한다.

개인(자연인)이 파산선고를 받았더라도 사법상의 권리능력, 행위능력이나 소송능력에 제한을 받지는 않는다. 그러나 복권될 때까지는 파산선고를 받은 자연인은 후견인(민법 937조 3호), 후견감독인(민법 940조의7), 유언집행자(민법 1098조), 수탁자(신탁법10조)가 될 수 없다.

6 파산재단

파산재단은 원칙적으로 파산선고 당시에 채무자가 가진 모든 재산으로 구성되며, 채무자가 파산선고 전의 원인으로 장래 행사할 청구권도 파산재단에 속한다(채무자회생법 382조). 이때, 파산재단에 대응하는 개념이 자유재산이다.

자유재산은 파산자의 재산 중에 파산재단에 속하지 아니한 재산으로, 파산자가 자유롭게 관리 · 처분할 수 있는 재산이다. 구체적으로는 ① 압류금지재산(물건 · 채권 포함)[260], ② 면제재산[261], ③ 파산선고 후에 파산자가 취득한 재산이다. 자유재산은 파산절차 중에는 파산채권의 집행대상이 되지 않는다.

6-1 부인권

파산절차에서 파산관재인은 파산재단을 위하여 채무자가 행한 일정한 행위를 부인할 수 있다(채무자회생법 391조 이하). 파산선고가 있더라도 이미 파산자의 재산이 빼돌려지거나 어느 한 채권자에게만 담보권이 설정되어 있어서 다른 채권자들이 공평한 분배를 받을 수 없게 되었다면 이러한 파산자의 행위를 부인하여 그 일탈된 재산을 다시 회복하여 파산재단으로 하여 파산채권자에게 공평한 분배가 되도록 하는 권리가 부인권이다.

---

260) 채무자회생법 383조 1항의 압류할 수 없는 재산을 말하며, 이는 민사집행법 195조에 규정된 압류할 수 없는 물건과 민사집행법 246조의 압류금지채권을 말한다. 이러한 압류금지물건을 파산재단에서 제외하는 것은 최소한의 인간다운 생활을 하게 하기 위한 것이다.

261) 면제재산에는 두 가지가 있다. 하나는 대통령령으로 정하는 소액보증금이고 다른 하나는 6개월간의 생활비이다. 구체적인 면제재산은 법원이 결정한다. 법원은 개인인 채무자의 신청에 의하여 일정한 재산을 파산재단에서 면제할 수 있다(채무자회생법 383조 1항).

가. 부인의 요건

부인권을 행사하기 위한 일반적인 요건은 ① 파산선고 전의 파산자의 법률행위가 재산관계에 변동을 미칠 수 있는 것이어야 하고, ② 파산채권자를 해하는 것이어야 하며, ③ 수익자가 있어야 한다. 다만, 파산선고가 있은 날로부터 1년 전에 한 행위는 지급정지 사실을 안 것을 이유로 하여서는 부인권을 행사할 수 없도록 되어 있다(채무자회생법 404조).

나. 부인의 종류

1) 고의부인(채무자회생법 391조 1호)

파산자가 파산채권자를 해함을 알고 한 행위를 부인하는 것이다. 다만 이익을 받을 자가 그 행위 당시에 파산채권자를 해하게 되는 사실을 알지 못할 때에는 부인권을 행사할 수 없다.

2) 위기부인(채무자회생법 391조 2호 · 3호)

위기부인은 지급의 정지 또는 파산신청 등의 위기신호가 있게 된 후에 한 파산자의 행위를 부인하는 것이다.

첫째, 파산자가 지급정지 또는 파산신청이 있은 후에 담보의 제공, 채무소멸에 관한 행위 기타 파산채권자를 해하는 행위를 한 경우(2호), 다만 이익을 받은 자가 그 행위 당시에 지급정지나 파산신청이 있는 것을 알지 못한 때에는 부인권을 행사할 수 없다.

둘째, 파산자가 지급정지나 파산신청이 있은 후 또는 그 전 '60일' 내에 한 담보의 제공 또는 채무소멸에 관한 행위로서 파산자의 사무에 속하지 아니하거나 그 방법 또는 시기가 파산자의 의무에 속하지 아니 하는 것(3호). 다만 채권자가 행위 당시에 지급정지나 파산신청이 있는 것 또는 파산채권자를 해하게 되는 사실을 알지 못한 때에는 부인권을 행사할 수 없다.

3) 무상부인(채무자회생법 391조 4호)

파산자가 지급정지 또는 파산신청이 있은 후 또는 그 전 6월 내에 한 무상행위 및 이와 동일시할 수 있는 유상행위를 부인하는 것이다. 이처럼 무상행위가 재산 상태가 위기에 처해 있는 시기에 이루어진 경우 채권자가 해를 입을 것은 명백하고, 상대방도 어떠한 대가 없이 이익을 얻고 있는 것이므로 파산자의 의사나 수익자의 인식에 관계없이 부인할 수 있는 것으로 하고 있다.

다. 부인권의 행사

부인권은 파산재단 소속의 권리이므로 파산관재인이 이를 행사한다. 그 행사의 방법은 소송을 제기하거나 제기된 소송에서 항변함으로써 이를 행하여야 한다(채무자회생법 396조 1항). 그리고 부인권행사의 활성화를 위하여 채권자 등의 신청이 있는 경우 또는 신청이 없더라도 필요하다고 판단되는 경우, 법원은 직권으로 파산관재인에게 부인권행사를 명할 수 있도록 하였다(채무자회생법 396조 2항). 부인권은 파산선고가 있은 날부터 2년간 또는 행위를 한 날로부터 10년이 경과하면 행사할 수 없게 된다(채무자회생법 405조).

라. 부인권행사의 효과

부인권행사의 결과 부인된 행위는 파산재단과의 관계에서 그 효력을 잃고, 파산재단은 그 행위가 있기 이전의 상태로 복귀한다. 즉, 파산자가 증여한 재산은 다시 파산재단의 소유로 돌아오고, 설정된 저당권은 소멸하게 된다. 파산자의 행위가 부인된 경우에는 파산자가 그 행위를 하면서 상대방으로부터 받은 금원이나 대가가 파산재단 중에 있는 때에는 상대방은 그 반환을 청구할 수 있다(채무자회생법 398조). 파산자의 행위가 부인된 경우에 상대방이 그 받은 재산 등을 반환하거나(그 받은 재산을 처분하여 상환할 수 없어) 그 가액을 상환하였을 때에는 상대방의 파산자에 대한 채권은 원상으로 회복하게 된다(채무자회생법 399조). 부인권은 파산자와 직접 거래한 자뿐 아니라 전득자에 대하여도 행사할 수 있다(채무자회생법 403조).

6-2 환취권

파산선고로 형성되는 파산재단은 선고 당시 채무자에게 속한 재산으로 구성된다. 따라서 파산선고를 받은 채무자가 점유하고 있는 재산일지라도 채무자의 소유가 아니면 파산재단에 속하지 아니하고 실제 소유자에게 속한다. 실제 소유자는 채무자의 점유로 인하여 파산재단에 속한 것과 같은 외관을 갖는 재산을 가져올 권리가 있다. 이를 환취권이라고 한다(채무자회생법 407조).

채무자 혹은 파산관재인이 파산선고 전에 환취권의 목적인 재산(제3자가 소유권을 갖는 재산)을 양도한 때에는 환취권자는 반대급부의 이행청구권의 이전을 청구할 수 있다. 이러한 양도로 인하여 파산관재인이 반대급부의 이행을 받은 때에는 환취권자는 파산관재인에게 반대급부로 받은 재산의 반환을 청구할 수 있다.

6-3 별제권

저당권 등 담보권자는 파산절차로부터 분리되어 파산절차에 따르지 아니하고 담보권을 행사하여 우선적으로 변제를 받을 수 있다(채무자회생법 411조). 이러한 권리를 별제권이라고 한다. 별제권을 갖는 자는 파산재단에 속한 재산에 유치권, 질권, 저당권, 동산·채권 담보권 또는 전세권을 가진 자이고, 별제권의 대상은 그러한 담보권이 설정된 당해 재산이다. 별제권자의 피담보채권이 파산자에 대한 채권인 경우에 별제권자는 우선 별제권을 행사하여야 하고, 그에 의하여 채권 전액의 만족을 얻을 수 없는 경우에는 부족액에 관하여 파산채권자로서 권리를 행사할 수 있다. 물론 채권자는 별제권의 행사를 포기하고 파산채권자로서 권리를 행사할 수 있다(채무자회생법 413조).

또한 파산재단에 속하지 아니하는 채무자의 재산에 질권 또는 저당권, 동산·채권 담보권을 가진 자는 그 권리의 행사에 의하여 변제를 받을 수 없는 채권액에 한하여 파산채권자로서 그 권리를 행사할 수 있다(채무자회생법 414조). 이러한 권리를 가진 자를 '준별제권자'라고 한다.

주택임대차보호법 및 상가건물임대차보호법의 적용을 받는 임차인에게도 별제권이 인정된다. 즉 주택임대차보호법이나 상가건물임대차보호법상 대항요건을 갖추고 확정일자를 받은 임차인은 파산재단에 속하는 주택(대지포함)의 환가

대금에서 후순위권리자, 그 밖의 채권자보다 우선하여 보증금을 변제받을 권리가 있다(채무자회생법 415조).

파산절차에서도 근로자가 행사하는 근로자의 최종 3개월분의 임금·재해보상금 및 최종 3년분의 퇴직금 채권에 대하여 최우선변제권을 인정한다(채무자회생법 415조의2).

6-4 파산절차상의 상계권

상계권이란 파산자에 대하여 채무를 부담하는 채권자가 파산채권과 그 채무를 파산절차에 의하지 않고 상계하는 권리이다. 파산채권자는 파산절차에 의하지 아니하고 상계권을 행사할 수 있다(채무자회생법 416조). 상계권의 행사는 파산절차가 진행 중인 동안에도 가능하고, 파산관재인에 대하여 재판상 또는 재판 외에서의 의사표시로도 할 수 있다.

그러나 상계권행사를 무조건 허용하면 파산자의 채무자가 파산 후 또는 파산에 빠질 염려가 있는 시기에 실제가치가 하락된 파산채권을 취득하여 안전하게 파산재단에 대한 채무를 면할 기회를 주고 파산재단을 더욱 감소시킬 염려가 있으므로 법은 이의 남용을 막기 위하여 일정한 제한규정을 두고 있다(채무자회생법, 422조). 파산채권자가 파산선고 후에 파산재단에 대하여 채무를 부담한 때, 파산채권자가 지급정지 또는 파산신청이 있었음을 알고 채무자에 대해 채무를 부담한 때, 파산채무자의 채무자가 파산선고 후에 타인의 파산채권을 취득한 때, 파산채무자의 채무자가 지급정지 또는 파산신청이 있었음을 알고 파산채권을 취득한 때에는 상계를 할 수 없다.

7 파산절차의 기관

7-1 파산관재인

파산사건의 구체적 절차를 수행하기 위하여 필수적이고 가장 중요한 기관이 파산관재인이다. 파산선고와 동시에 선임되고 법원(감사위원이 설치되어 있는 경우에는 감사위원)의 감독을 받으며 파산재단을 관리하고 처분할 권한을 가진다.

파산관재인은 취임 직후 압류금지물건 이외의 재산을 점유관리하고, 필요한 경우 봉인을 하게 하며, 채무자로부터 장부, 등기권리증 등을 인도받아 검토하고, 재산목록 및 대차대조표를 작성한다. 채무자로부터의 설명, 채권자와의 협의, 채무자의 우편물 관리 등을 통하여 파산관재 업무에 필요한 정보를 얻는다. 또 점유관리에 의하여 재단의 현상을 파악한 후 즉시 환가에 착수한다.

파산관재인은 법원의 감독을 받아 파산재단을 관리하고 환가 · 배당하는 업무를 수행하는데 법인도 파산관재인이 될 수 있다. 법인이 파산관재인이 되는 경우에는 그 법인은 이사 중에서 파산관재인의 직무를 행할 자를 지명하고 법원에 신고하여야 한다. 파산관재인은 원칙적으로 1인이나 필요한 경우 여러 명의 파산관재인을 선임할 수 있다. 일반적으로 변호사를 파산관재인으로 선임하는데 이는 파산관재인의 업무가 법적인 문제와 관련이 많기 때문이다.

파산관재인은 정당한 사유가 있는 경우에 법원의 허가를 얻어 사임할 수 있다(채무자회생법 363조). 또 법원은 채권자집회의 결의나 감사위원의 신청에 의하여 또는 직권으로 파산관재인을 해임할 수 있다. 파산관재인은 선관주의의무를 지는데 이에 위반하여 이해관계인에게 손해를 끼친 경우에는 손해를 배상할 책임이 있다(채무자회생법 361조).

7-2 채권자집회

채권자집회는 파산채권자로 구성되며 파산절차상 주요 사항을 의결하는 기능을 수행한다. 제1회 채권자집회에서는 파산재단의 상황, 부채 상황, 배당의 전망 등에 관하여 파산채권자에게 정보를 제공하고, 필요한 사항을 결의할 수 있다. 이때 결의할 수 있는 사항으로는 영업의 폐지 또는 계속 그리고 고가품의 보관방법 등이다(채무자회생법 489조).

파산채권자는 확정채권액에 따라 의결권을 행사하므로 채권액을 확정하는 것이 중요하다. 통상 제1회 채권자집회 기일과 채권조사기일이 같은 날 병합하여 실시되므로, 먼저 채권을 조사하여 파산채권자의 채권액을 확정한 후 채권자집회를 실시하여 법정결의를 한다. 채권자집회의 결의를 위해서는 의결권을 가지는 출석 파산채권자의 총채권액의 2분의 1을 초과하는 채권을 가진 자의 동의가 있어야 한다. 채권자집회의 결의에 관하여 특별한 이해관계를 가진 자는 그 의결권을 행사할 수 없다(채무자회생법 370조).

채권자집회는 회의체 기관이므로 결의로서 의사결정을 하며 결의는 다수결 원칙에 의해 이루어진다. 따라서 소수 채권자의 이익이 침해되는 결의를 할 가능성을 배제할 수 없다. 그래서 채권자집회의 결의가 파산채권자 일반의 이익에 반하는 때에는 법원은 파산관재인, 감사위원 또는 파산채권자의 신청에 의하거나 직권으로 그 결의의 집행을 금지할 수 있다(채무자회생법 375조).

7-3 감사위원

감사위원은 파산관재인의 직무집행을 감사하는 기관이다(채무자회생법 379조 1항). 실무에서는 금융기관의 파산사건 외에는 감사위원을 선임하는 경우가 별로 없다. 감사위원의 설치여부는 제1회 채권자집회에서 채권자의 의견을 듣고 필요한 경우 감사위원을 선임한다. 감사위원의 선임결의는 법원의 허가를 받아야 한다. 채권자집회는 언제든지 결의로 감사위원을 해임할 수 있고, 법원도 상당한 이유가 있는 경우에는 이해관계인의 신청에 의해 감사위원을 해임할 수 있다(채무자회생법 380조).

8 파산채권과 재단채권

채권자가 파산선고를 받은 채무자에 대해 갖는 청구권은 크게 파산채권과 재단채권으로 나눌 수 있다. 양자는 권리의 인정방법과 행사방법이 다르다. 파산채권은 반드시 파산절차에 의하여 행사하여야 한다(채무자회생법 424조). 그러나 재단채권은 파산절차에 의하지 아니하고 수시로 변제하고 파산채권보다 먼저 변제한다(채무자회생법 475조, 476조).

8-1 파산채권

채무자에 대하여 파산선고 전의 원인으로 생긴 재산상의 청구권은 파산채권으로 한다(채무자회생법 423조). 파산채권은 원칙적으로 파산재단으로부터 공평하게 배당을 받을 권리이지만, 파산채권 중에는 다른 일반 파산채권보다 우선하여 변제받을 권리가 있는 '우선권이 있는 파산채권'이 있고(채무자회생법 441조), 다른 일반 파산채권보다 후순위인 '후순위 파산채권'이 있다(채무자회생법 446조).

8-2 재단채권

재단채권이란 파산채권에 우선하여 파산절차에 의하지 아니하고 파산재단으로부터 수시로 변제받을 수 있는 채권이다. 원칙적으로 파산선고 후에 파산채권자의 공동이익을 위하여 생긴 채권이 이에 해당하나, 그 이외의 채권으로 공평의 관점이나 공익적 요청에 기하여 재단채권으로 하고 있는 것이 있다. 예를 들면 파산선고 후에 파산절차를 수행하기 위하여 그 절차의 개시로부터 절차의 종결에 이르기까지 파산의 신청, 파산선고의 공고 등 재판의 비용, 파산재단의 점유, 관리, 환가 등을 하는 데 들어간 비용에 대한 채권 등이다. 재단채권은 법률에 명시적인 규정이 있는 경우에만 인정되는데 일반재단채권(채무자회생법 473조)과 특별재단채권(채무자회생법 474조, 337조 2항, 347조 2항, 398조, 469조)으로 나눌 수 있다.

재단채권자가 그 권리를 행사함에 있어서는 채권의 신고, 조사 및 배당 등의 파산절차를 거치지 아니하고 즉시로 파산관재인에게 그 변제를 청구할 수 있고, 또 파산관재인은 파산채권자의 배당에 앞서서 수시로 이를 변제할 수 있다(채무자회생법 475조).

9 채권신고

파산선고를 받은 채무자에 대해 채권을 갖고 있다고 하여 파산선고와 동시에 자동적으로 파산채권자가 되는 것이 아니다. 채권신고를 하여 파산채권자로 시인되어야 비로소 법률상 파산채권자로서 인정되어 채권자집회에서의 의결권, 채권조사기일에서의 이의권, 배당청구권, 파산폐지에 대한 동의권을 갖게 되며, 당해 채권에 관하여 시효가 중단된다. 반면에 신고를 하지 아니한 채권자는 개별적으로 권리행사를 할 수 없으며(채무자회생법 424조), 면책의 효력(채무자회생법

566조)이 미쳐 더 이상 채무자에게 이행을 청구할 수 없다.

파산채권은 파산채권자의 채권신고, 법원사무관등의 파산채권자표 작성, 파산채권자표 및 신고한 서류의 비치, 채권조사기일에 신고한 채권에 대한 조사, 채권의 확정, 조사결과의 파산채권자표 기재의 과정을 합쳐서 확정된다.

채권신고는 파산선고 시 법원이 정한 채권신고기간 내에 하는 것이 원칙이다. 신고기간 경과 후에도 채권신고를 할 수 있는데 일반조사기일 후에 신고를 하면 법원은 채권조사특별기일을 지정하여 채권조사를 하게 된다. 채권신고 후에 채권양도나 대위 등에 의하여 채권의 이전이 있는 경우에는 법원에 파산채권의 명의인변경 신고를 해야 한다.[262]

10 채권조사

채권조사는 장래 배당의 기초가 될 채권을 확정하는 절차이다. 채권조사기일 내에 신고된 채권 및 그 이후 신고된 것이라도 채권조사기일에서 함께 조사하는데 이의가 없는 채권은 모두 채권조사의 일반기일에 조사하고, 일반기일 이후 신고된 채권은 특별기일을 정하여 조사한다.

조사기일에서 파산관재인 또는 채권자가 이의를 하면 채권은 확정되지 않고 별도의 확정절차를 거쳐야 하지만, 이의를 하지 않으면 채권은 즉시 확정되고 파산채권자표에 그 결과가 기재됨으로써 파산채권자 전원에 대하여 확정판결과 동일한 효력을 가진다. 확정된 파산채권을 가진 채권자는 그 확정액에 따라서 채권자집회에서 의결권을 행사할 수 있고, 배당을 받을 수 있는 자격을 취득한다.

11 파산재단의 관리 및 환가

파산관재인은 파산재단의 관리에 대한 전권을 갖고 있으므로, 취임 후 즉시 파산재단의 관리에 착수하여야 한다(채무자회생법 479조). 파산관재인은 법원의 허가를

262) 채권양도를 파산관재인에 대해 대항하기 위해서는 채무자의 역할을 하는 파산관재인에 대한 통지나 파산관재인의 승낙 등 대항요건을 구비해야 한다.

받아 채무자의 영업을 계속할 수 있다(채무자회생법 486조). 파산관재인이 파산재단을 관리 · 환가하면서 동산 · 부동산 · 무체재산권의 임의매각 · 채권 및 유가증권의 양도 · 상품의 일괄매각, 영업의 양도, 자금의 차입 또는 파산재단에 부담을 주는 계약의 체결 등을 하는 경우 법원의 허가를 받아야 한다(채무자회생법 492조).

파산관재인은 파산재단의 현상을 파악한 후 즉시 파산재단에 소속된 재산의 환가에 착수하여야 한다. 파산관재인이 파산재단에 속하는 재산의 가액을 평가할 때는 채무자를 참여하게 할 수 있다. 환가는 일반적으로 임의매각의 방법에 의한다. 동산은 분실 또는 가격하락의 우려가 많으므로 담보권자와 협의하여 임의매각을 시도하여야 한다. 민사집행법에서 환가방법을 정한 권리의 환가는 민사집행법에 따른다. 다만 법원의 허가가 있는 경우에는 영업양도 등 다른 방법으로 환가할 수 있다(채무자회생법 496조).

12 파산재단의 배당

배당이라 함은 파산관재인이 환가한 파산재산을 법정의 절차를 거쳐 각 파산채권자에게 비례적으로 평등하게 변제하는 것을 말한다. 파산절차에서 가장 핵심적인 절차는 배당이다. 파산자에게 얽혀 있는 많은 채권자들을 어떻게 조화롭고 공평하게 배당하느냐가 중요한 관건이다.

일반의 채권조사가 종료되면 파산채권의 대부분이 확정되므로 파산재산의 환가도 할 수 있다. 따라서 일반의 채권조사가 종료된 후에는 파산관재인이 배당을 하는데, 파산관재인은 배당함에 적당한 금전이 있다고 인정하는 때마다 지체 없이 배당하여야 한다(채무자회생법 505조). 그리고 파산관재인이 배당을 할 때 감사위원이 있을 경우에는 그의 동의를 받아야 하고, 감사위원이 없을 때에는 법원의 허가를 받아야 한다(채무자회생법 506조).

배당은 파산재산의 환가가 완료될 때까지 수회에 걸쳐 실행하게 되는데, 환가완료 전에 수시로 행하여지는 것을 중간배당이라고 하고, 환가완료 후에 행하여지는 최후의 1회 배당을 최후배당이라고 한다. 그리고 최후배당을 통지한 후에 새로이 배당할 수 있는 상당한 재산이 발견되었을 때에는 다시 배당을 하게 되는데, 이를 추가배당이라 한다.

13 파산의 종료

13-1 파산의 종결

최후배당을 실시한 후에는 파산관재인은 임무가 종료하였으므로 채권자집회에 계산의 보고를 하여야 한다. 파산자, 파산채권자 또는 후임의 파산관재인이 채권자집회에서 계산에 대하여 이의를 진술하지 아니한 때에는 이를 승인한 것으로 본다(채무자회생법 365조). 계산의 보고를 위한 채권자집회가 종결된 때에는 법원은 파산종결의 결정을 하고 그 주문 및 이유의 요령을 공고하여야 한다(채무자회생법 530조).

13-2 파산의 폐지

종결은 절차가 소기의 성과를 거두고 끝나는 것을 의미하고, 폐지는 그렇지 못하고 끝나는 경우이다. 절차비용이 없는 경우와 채권자의 동의가 있는 경우에 폐지를 한다. 전자의 경우 법인은 소멸하지만 후자의 경우에는 존속한다. 선고와 동시에 폐지결정이 되면 그것으로 파산절차는 종료한다.

14 간이파산

채권자집회 없이 제1회 기일에 배당을 하는 등 비용과 시간을 절감할 수 있는 간편한 파산절차를 간이파산이라고 한다. 간이파산절차는 파산재단에 속하는 재산액이 5억 원 미만인 경우에 이용할 수 있다. 파산재단에 속하는 재산의 금액이 5억 원 미만이라고 인정하는 때에는 법원은 파산선고와 동시에 간이파산의 결정을 하여야 한다(채무자회생법 549조 1항). 또 파산절차 중 파산재단에 속하는 재산액이 5억 원 미만임이 발견된 때에는 법원은 이해관계인의 신청에 의하거나 직권으로 간이파산의 결정을 할 수 있다(채무자회생법 550조 1항).

간이파산절차의 경우에는 원칙적으로 제1회 채권자집회의 기일과 채권조사의 기일을 병합하여야 하고, 감사위원을 두지 아니한다. 간이파산절차에서는 제1회 채권자집회의 결의를 제외하고는 법원의 결정으로 채권자집회의 결의에 갈음한다. 간이파산절차에서 배당은 1회로 하며, 이 배당이 최후의 배당이 된다(채무자회생법 555조).

15 면책

파산절차상 면책이란, 자연인 파산자에 대하여 파산절차에 의하여 배당되지 아니한 잔여 채무에 대하여 변제책임을 면하는 것을 말한다(채무자회생법 566조). 면책을 신청할 수 있는 자는 파산자이며, 또 자연인에 한한다. 법인은 파산선고로 해산되고 소멸하므로 신청을 할 수 없다. 파산자가 무능력자인 경우에는 그 법정대리인이 그를 대리하여 신청할 수 있다.

파산자는 파산신청일부터 파산선고가 확정된 날 이후 1개월 이내에 언제든지 파산법원에 대하여 면책 신청을 할 수 있다(채무자회생법 556조 1항). 면책 신청은 서면으로 신청할 수 있으며 법원은 비용의 예납을 명할 수 있다. 파산자는 면책 신청과 동시에 채권자 목록을 법원에 제출하여야 한다. 법원은 면책의 허부를 결정하기 위하여 기일을 정하여 파산자를 심문할 수 있다.

15-1 면책결정

채무자회생법은 일정한 면책불허가사유가 있는 경우를 제외하고는 "면책을 허가하여야 한다"고 규정하여 면책을 파산선고를 받은 채무자의 권리로 인식하고 있다(채무자회생법 564조 1항). 또한 면책불허가사유가 있는 경우라도 파산에 이르게 된 경위, 그 밖의 사정을 고려하여 상당하다고 인정되는 경우에는 면책을 허가할 수 있다.채무자회생법에서 규정한 면책불허가사유는 다음과 같다.

가. 채무자가 채무자회생법상 사기파산죄, 과태파산죄, 구인불응죄, 파산증뢰죄 또는 설명의무위반죄에 해당하는 행위가 있다고 인정하는 때[263)]

나. 채무자가 파산선고 전 1년 이내에 파산의 원인인 사실이 있음에도 불구하고 그 사실이 없는 것으로 믿게 하기 위하여 그 사실을 속이거나 감추고 신용거래로 재산을

---

263) 채무자회생법 650조, 651조, 653조, 656조, 658조

취득한 사실이 있는 때

다. 채무자가 허위의 채권자목록 그 밖의 신청서류를 제출하거나 법원에 대하여 그 재산 상태에 관하여 허위의 진술을 한 때

라. 채무자가 면책의 신청 전에 파산절차에서 면책을 받은 경우에는 면책허가결정의 확정일부터 7년이 경과되지 아니한 때, 개인회생절차에서 면책을 받은 경우에는 면책 확정일부터 5년이 경과되지 아니한 때

마. 채무자가 채무자회생법에서 정하는 채무자의 의무를 위반한 때

바. 채무자가 과다한 낭비 · 도박 그 밖의 사행행위를 하여 현저히 재산을 감소시키거나 과대한 채무를 부담한 사실이 있는 때

15-2 면책의 효력

면책결정은 확정되어야 효력이 생긴다(채무자회생법 565조). 면책을 받은 채무자는 파산절차에 의한 배당을 제외하고는 파산채권자에 대한 채무의 전부에 관하여 그 책임이 면제된다(채무자회생법 566조). 그러나 다음의 청구권에 대하여는 책임이 면제되지 않는다.

가. 조세

나. 벌금 · 과료 · 형사소송비용 · 추징금 및 과태료

다. 채무자가 고의로 가한 불법행위로 인한 손해배상

라. 채무자가 중대한 과실로 타인의 생명 또는 신체를 침해한 불법행위로 인하여 발생한 손해배상

마. 채무자의 근로자의 임금 · 퇴직금 및 재해보상금

바. 채무자의 근로자의 임치금 및 신원보증금

사. 채무자가 악의로 채권자목록에 기재하지 아니한 청구권. 다만, 채권자가 파산선고가 있음을 안 때에는 그러하지 아니하다.

아. 채무자가 양육자 또는 부양의무자로서 부담하여야 하는 비용

그런데 면책의 효과는 파산선고를 받은 채무자에게만 미친다. 면책은 파산채

권자가 채무자의 보증인 그 밖에 채무자와 더불어 채무를 부담하는 자에 대하여 가지는 권리와 파산채권자를 위하여 제공한 담보에 영향을 미치지 아니한다(채무자회생법 567조). 따라서 파산선고를 받은 채무자가 면책을 받았더라도 그의 보증인의 채무는 변경되지 않으며 민법에서 인정하는 보증채무의 부종성 또한 인정하지 않는다.

15-3 복권

파산선고를 받으면 법률에 의하여 공법 또는 사법적인 자격이 제한된다. 파산선고를 받은 채무자가 이러한 자격제한에서 벗어나 원상회복되는 것이 복권이다. 복권에는 당연복권과 신청에 의한 복권 두 가지가 있다.

당연복권이 인정되는 경우는 ① 파산선고를 받은 채무자에 대해 면책결정이 확정될 때, ② 동의폐지에 의한 파산폐지결정이 확정된 때, ③ 파산선고를 받은 채무자가 파산선고 후 사기파산으로 유죄의 확정판결을 받음이 없이 10년을 경과한 때이다.

신청에 의한 복권은 당연복권이 안 되는 채무자가 활용할 수 있다. 즉 파산선고를 받은 채무자가 변제, 그 밖의 방법으로 파산채권자에 대한 채무의 전부에 관하여 그 책임을 면한 때에는 파산법원에 복권을 신청할 수 있다. 파산선고를 받은 채무자가 채무 전부에 관해 책임을 면한 사실을 증명하면 파산법원은 복권을 선고하여야 한다(채무자회생법 575조). 복권결정에 대하여는 즉시항고를 할 수 있다. 복권의 결정은 확정된 후부터 효력이 발생한다(채무자회생법 578조).

제4절

기업개선작업(Workout)

1 기업개선작업의 의의

기업개선작업(Workout[264])은 부실화 정도가 심하지 않아서 재무차원의 구조조정이 수행될 경우 회생가능성이 큰 것으로 판단되는 기업들을 대상으로 해당 기업의 채권금융기관 등이 협상을 통해 대상기업의 재무구조의 개선방안을 마련해 나가는 일련의 과정을 말한다.

기업개선작업은 금융기관 간의 자율적인 협약(MOU)에 따라 기업이 부담 가능한 채무 범위를 초과하는 금액에 대해 다양한 형태의 채무조정을 하게 된다. 기업개선작업의 목적은 기업의 퇴출이 아니라 회생을 목표로 기업의 재무구조를 건실화 시키는 것으로 회생가능기업의 기업개선작업방안(Workout Plan)[265]을 채권금융기관과 기업 등 이해관계자가 협상을 통해 마련하는 과정으로 기업개선작업은 기업이 완전 부실화되기 전 단계에서 이해당사자가 자율협약에 따라 기업회생을 추진하는 제도이며, 많은 시간과 비용이 소요되고 기업의 회생가능성도 낮은 회생절차(법정관리) 등 법적 절차에 의한 방식보다 효율성이 앞선다.

2 기업개선작업제도 추진배경

1997년 우리나라 외환위기로 인하여 많은 기업의 부실화가 금융기관 부실로 이어져 국가경제가 전체적으로 심각한 위기에 직면하게 되었다. 이에 따라 1998

264) 워크아웃은 미국 GE사의 잭 웰치 회장에 의해 대중화된 용어로 구조조정을 통한 경쟁력 강화의 의미로 사용되었다.

265) 기업개선을 위한 채무조정의 구체적인 수단으로는 대출원리금 상환유예 · 이자감면 · 채무면제 · 대출금 출자전환 · 신규자금지원 등이 있다. 기업개선기업은 자산매각 · 한계계열사 정리 · 인력감축 · 핵심사업정비 등 자구 노력을 해야 한다.

년 6월 25일 국내 210개 금융기관들이 상호간의 이해를 합리적으로 조정하고 공조체제를 유지하기 위해 '기업구조조정협약'을 체결하였고, 이 협약을 근거로 하여 본격적인 기업개선작업을 추진하게 되었으며, 그 후 기업구조조정 촉진법[266], '채권은행협약' 등 기업개선작업을 효율적으로 추진하기 위한 관련 제도가 제정 또는 정비되고 있다.

표 V-1 〈 기업구조조정제도 개요 〉

구 분	협약(법률) 명칭	적용대상	비고
워크아웃지원	기업구조조정 촉진법	모든 기업 적용 (총여신제한없음)	2023.12.26 개정
	채권은행협약	금융기관 총여신 30억 원 이상 500억 원 미만 기업 적용	
	여신업무취급세칙 (체인지업 관리)	워크아웃 업무 처리를 위한 내규	
건설사지원	대주단협의회 운영협약	정상적인 중견 이상 건설사의 일시적 어려움을 해소	
	PF대주단협의회 운영협약	PF사업의 경영정상화 지원	
중소기업지원	Fast-Track프로그램 지침	일시적 유동성 중소기업에 대한 지원	
회생절차지원	채무자회생법	회생, 파산 절차를 통합하여 운영	

표 V-2 〈기업개선작업과 회생절차와의 비교〉

구분	기업개선작업	회생절차
구조조정 주체	주채권은행 등	법원
경영권	유지가능	법원 관리인에게 위임 (구 경영자가 관리인에 선임)
채권자구성	금융채권자	모든 채권자
구조조정기간	상환계획에 따른 원금상환 유예기간은 제한 없음	원칙 10년 이내 M&A를 통한 신속한 구조조정 진행

266) 기업구조조정 촉진법은 한시적으로 유지되는 법으로 2023년 12월 26일부터 3년 동안 효력을 가지고 있다.

3 기업개선작업절차

'기업개선작업절차'란 기업구조조정 촉진법의 적용을 받는 금융기관들이 부실징후기업의 부실을 정리하여 정상화하기 위해 채권행사를 중지하고 변제기유예, 원금 및 이자의 감면, 출자전환 등의 조치를 취하는 것을 말한다. 부실징후기업이란 주채권은행이 신용위험평가를 통하여 통상적인 자금차입 외에 외부로부터의 추가적인 자금유입 없이는 금융채권자에 대한 차입금 상환 등 정상적인 채무이행이 어려운 상태에 있다고 인정한 기업을 말한다. 기업개선작업절차는 모든 채권자에게 적용되는 것은 아니지만 채권자의 다수를 차지하는 금융기관이 권리행사를 유예하고 채무조정을 한다는 의미에서 독립된 도산절차의 하나이다.

표 V-3 〈기업개선작업의 구분〉

부실징후기업 (경영정상화 판단)	경영정상화 가능	채권단에 의한 관리	– 기업구조조정 촉진법 – 채권은행 자율협약 – 단독관리
		법원에 의한 관리	– 채무자회생법 : 회생절차
	경영정상화 불가능	법원에 의한 관리	– 채무자회생법 : 파산절차

표 V-4 〈신용위험평가(기본평가, 세부평가) 기준(자료: 금융위원회)〉

구분	주요내용
기본평가기준	– 최근 3개년 연속 영업활동 현금흐름이 (–)인 기업 – 최근 3개년 연속 이자보상배율 1.0미만인 기업 – 자산건전성분류기준에 따른 평가 결과 "요주의"이하 기업 – 신용도가 급격히 악화된 기업 등
세부평가기준	– 산업위험: 업종별 향후 3년간 경기변동 민감도, 성장전망 등 – 영업위험: 시장지위, 시장점유율, 업계 순위 등 – 경영위험: 소유 · 지배구조, 경영진의 도덕적 해이 여부 등 – 재무위험: 단기차입금 비중, 매출액 추세, 재무 융통성 등 – 현금흐름: 이자보상계수, 부채상환계수 등

3-1 적용대상과 기관

일반적으로 채무자회생법은 채권자와 채무자를 동시에 수범자로 하는데 반해,

기업구조조정 촉진법은 원칙적으로 채권금융기관을 수범자로 하고 채무자에게는 반사적인 효력이 미친다. 기업구조조정 촉진법은 기업에 신용을 공여한[267] 채권금융기관을 수범자로 한다. 여기서 채권금융기관이란 은행(한국산업은행 · 한국수출입은행 · 중소기업은행을 포함한다), 증권회사, 자산운용회사, 보험회사, 신탁회사, 여신전문금융회사, 상호저축은행, 종합금융회사, 한국자산관리공사를 포함하는 개념으로 사실상 우리나라에서 여신을 제공할 수 있는 모든 금융기관이 망라되어 있다.

3-2 금융채권자 조정위원회

부실징후기업의 효율적인 정리와 채권금융기관 간의 자율적인 협의에도 불구하고 해소되지 않는 이견조정 등을 위하여 금융채권자 조정위원회를 둔다. 조정위원회는 7인의 위원으로 구성한다. 위원장 및 위원의 임기는 2년으로 하고 1회에 한하여 연임할 수 있다. 조정위원회 위원이 금융채권 및 부실징후기업과 관련이 있는 경우 조정위원회의 업무에서 배제된다(기업구조조정 촉진법 29조).

4 기업개선작업절차의 진행순서

부실징후기업선정 통보(주채권은행) + 개시신청(부실징후기업) → 주채권은행의 제1차 협의회소집통보 · 채권행사유예요구 → 제1차 협의회 의결(공동관리절차 개시) → 기업개선계획(경영정상화계획)에 대한 협의회 의결(다수결) → 채권단과 채무자 간에 기업개선이행약정 체결 → 약정의 이행 · 점검 → 공동관리절차 종결

4-1 적용대상 기업

가. 적용대상 기업의 신용공여 금액

267) 신용공여는 대출뿐만 아니라 어음 및 채권 매입, 시설대여, 지급보증, 지급보증에 따른 대지급금의 지급, 기업의 지급불능 시 거래 상대방에 손실을 초래할 수 있는 직접적·간접적 금융거래, 이와 같은 거래를 한 것은 아니나 실질적으로 그에 해당하는 결과를 가져올 수 있는 거래 등을 포괄하도록 넓게 정의되고 있다(기업구조조정 촉진법 2조 8호).

기업구조조정촉진법(이하 '기촉법'이라 한다)의 적용대상 기업이란 상법에 따른 회사와 그밖에 영리활동을 하는 자라고 넓게 정의하고 있다(기촉법 2조 6호). 기촉법 시행령은 채권은행의 거래기업에 대한 신용공여액이 50억 원 미만인 경우 신용위험평가를 하지 아니할 수 있다고 규정하고(4조 2항 3호) 신용위험평가를 하지 않으면 적용대상기업에서 제외된다. 따라서 현행 기촉법 적용대상 기업은 신용공여액 50억 원 이상의 기업이다.

나. 부실징후기업의 정의

기촉법상 기업구조조정은 부실징후기업에 대하여 시행되는데, '부실징후기업'이란 주채권은행이 신용위험평가를 통하여 통상적인 자금차입 외에 외부로부터의 추가적인 자금유입 없이는 금융채권자에 대한 차입금 상환 등 정상적인 채무이행이 어려운 상태에 있다고 인정한 기업을 말한다(기촉법 2조 7호).

다. 부실징후의 판단

주채권은행 또는 금융채권자협의회는 신용공여를 받은 기업에 대해 신용위험을 상시 평가하여 '부실징후기업'인지를 판단해야 한다. 이를 위해 채권금융기관은 신용공여를 받고자 하는 기업에 대하여 「주식회사의 외부감사에 관한 법률」에 따른 직전 2개 사업연도의 감사보고서를 제출하도록 요구할 수 있고 이 자료를 근거로 하여 부실징후가 있는지를 판단한다. 부실징후기업 여부를 판단하는 기준은 외부로부터의 자금지원 또는 별도의 차입(정상적인 금융거래에서 발생하는 차입을 제외한다) 없이는 금융기관으로부터의 '차입금의 상환이 어려운가'이다.

주채권은행이 부실징후가 있다고 판단하면 부실징후기업으로부터 사업계획서 등을 받아 경영정상화의 가능성이 있는지를 판단하고 법이 규정한 조치를 취해야 한다. 경영정상화 가능성의 판단과 관련하여 부실징후기업에 대해서는 그 기업과 협의하여 선임한 회계법인 등 외부전문기관으로부터 자산부채실사 및 계속기업으로서의 존속능력평가 등을 받도록 요구할 수 있고, 이러한 요구를 정당한 사유 없이 이행하지 아니하는 경우에는 당해 기업에 대한 공동관리절차를 중단할 수 있다(기촉법 19조).

부실징후기업에 대해 채권금융기관이 취해야 하는 조치는 다음 세 가지 중 하나이다.

첫째, 경영정상화 가능성이 있다고 판단하는 경우에는 지체 없이 금융채권자협의회에 의한 채권금융기관 공동관리, 채권은행협의회에 의한 채권은행 공동관리, 채무자회생법의 회생절차 신청 중 하나의 조치를 취해야 한다.

둘째, 경영정상화 가능성이 없다고 판단하는 하는 경우에는 당해 기업에 대해 해산이나 청산을 요구하거나 채무자회생법의 파산절차를 신청하도록 해야 한다. 다만, 해산이나 청산 또는 파산에 필요한 비용이 채권금융기관이 얻는 이익을 초과한다고 판단되거나 다른 방법에 의한 채권회수가 가능하다고 판단되는 경우에는 그러하지 아니하다.

셋째, 채권금융기관은 정상화 여부의 판단과 무관하게 채무자회생법의 회생절차를 신청할 수 있다.

4-2 소액금융채권자의 배제

주채권은행은 신속하고 원활한 공동관리절차의 진행을 위하여 필요한 경우, 금융업을 영위하지 아니하는 금융채권자, 금융채권자의 목록에 기재된 총 금융채권액의 100분의 1 미만인 소액금융채권자(소액금융채권자가 둘 이상인 경우에는 그 금융채권의 합계액이 금융채권자의 목록에 기재된 총 금융채권액의 100분의 5를 초과하지 아니하는 소액금융채권자에 한정) 등을 배제할 수 있다(기촉법 9조5항). 또한 협의회 의결로 배제될 금융채권자를 선정할 수 있다(기촉법 23조 1항 3호). 다만, 주채권은행이 배제하려는 금융채권자가 협의회에 참여를 원하는 경우 주채권은행은 해당 금융채권자를 협의회에서 배제할 수 없다(기촉법 9조 6항).

4-3 공동관리절차의 개시

가. 공동관리절차의 개시

금융채권자는 부실징후기업으로부터 공동관리절차의 신청이 있는 때에는 자구계획서, 금융채권자의 수 및 금융채권의 규모 등을 평가하여 기업개선의 가능성이 있다고 판단하는 경우 금융채권자협의회의 의결을 거쳐 공동관리절차를 개시할 수 있다(기촉법 8조 1항). 또한 필요한 경우 주채권은행을 통하여 해당 기업이 제출한 자료의 보완을 요청할 수 있다(기촉법 8조 2항).

나. 공동관리절차 개시를 위한 제1차 협의회 소집

주채권은행은 부실징후기업으로부터 공동관리절차의 신청을 받은 날부터 14일 이내에 공동관리절차의 개시 여부를 결정하기 위한 협의회(제1차 협의회)의 소집을 통보하여야 한다. 다만, 주채권은행 관리절차를 통하여 해당 기업의 부실징후가 해소될 수 있다고 판단하는 경우 및 공동관리절차를 통하여도 해당 기업의 부실징후가 해소될 수 없다고 판단하는 경우는 제1차 협의회의 소집을 통보하지 아니할 수 있다(기촉법 9조 1항).

제1차 협의회에서 금융채권자는 공동관리절차에 참여할 금융채권자의 구성, 공동관리절차의 개시, 부실징후기업에 대한 채권행사유예 여부 및 유예기간의 결정, 그 밖에 공동관리절차의 개시를 위하여 필요한 사항을 의결할 수 있다(기촉법 11조 1항).

다. 채권행사의 유예

주채권은행은 제1차 협의회를 소집하면서 금융채권자에게 제1차 협의회의 종료 시까지 해당 기업에 대한 금융채권의 행사(상계, 담보권 행사, 추가 담보취득을 포함하며, 시효중단을 위한 어음교환 회부는 제외한다)를 유예하도록 요구할 수 있다(기촉법 9조 3항).

채권행사 유예대상 채권의 범위는 기업 또는 타인에 대한 신용공여로 해당 기업에 대하여 행사할 수 있는 채권(기촉법 2조 1호)과 대출·어음 및 채권 매입·시설대여·지급보증·지급보증에 따른 대지급금의 지급·기업의 지급불능 시 거래상대방에 손실을 초래할 수 있는 직접적·간접적 금융거래 등(기촉법 2조 8호)이다.

금융채권의 행사유예를 받은 금융채권자가 금융채권을 행사한 때에는 공동관리절차의 개시 후 지체 없이 원상을 회복하여야 하며, 주채권은행은 협의회의 의결에 따라 해당 금융채권자에게 원상회복의 이행을 요청할 수 있다(기촉법 9조 4항).

유예기간은 공동관리절차 개시일로부터 1개월(자산부채의 실사가 필요한 경우에는 3개월)을 초과하지 아니하는 범위로 하되, 1회에 한정하여 1개월의 범위에서 협의회의 의결을 거쳐 연장할 수 있다(기촉법 11조 2항).

기업개선약정에서 주채무자인 기업에 대한 채권의 상환청구를 유예하기로 하더라도 연대보증인에 대한 연대보증채권의 변제기는 변경되지 않기 때문에 채권금융기관은 그 연대보증채권을 자동채권으로 한 상계를 할 수 있다. 관련 법적분쟁에서 대법원은 기업개선약정에서 대출금 등 채권의 상환청구를 유예하기로 한 것은 채권의 현실적인 추심을 유예하기로 한 것일 뿐 변제기를 연장한다는 의미로 볼 수 없다고 판단하여, 연대보증인의 보증채무는 이미 변제기에 이르렀다는 이유로 그에 대한 연대보증채권을 자동채권으로 한 상계가 적법하다고 본 것은 옳다고 판단하였다. 이는 보증채무의 부종성이 여전히 적용되는 것을 전제로 주채무의 변경이 없었기 때문에 보증채무도 변경되지 아니하였고, 따라서 연대보증채권을 자동채권으로 한 상계가 적법하다는 취지이다(대법원 2002.11.26. 선고 2002다41091 판결).

4-4 금융채권자협의회

금융채권자협의회는 채무자 기업에 대한 신용위험평가를 통해 부실징후기업을 선정한 뒤, 해당 기업의 워크아웃개시 신청에 따라 외부 전문가의 실사결과를 토대로 기존채무상환유예 및 신규자금지원 등을 결정한다. 또한 주채권은행은 채권자들을 대표하여 해당 기업과 경영개선약정을 체결하고 그 경과를 모니터링함으로써 추후의 채무재조정 등의 의사결정에 반영한다.

금융채권자협의회는 신용위험 상시 평가결과 부실징후기업 발생 시 부실징후기업의 원활한 기업개선을 도모하기 위하여 해당 기업의 금융채권자로 구성된다(기촉법 22조). 주채권은행은 협의회의 소집 및 운영을 주관하며, 협의회가 의결한 사항에 관하여 협의회를 대표한다.

가. 금융채권자협의회 업무

금융채권자협의회는 공동관리절차의 개시, 연장, 중단 및 종료(기촉법 23조 1항 1호), 채권행사유예기간의 결정, 연장 및 중단(2호), 기업개선계획의 수립 및 변경(4호), 기업개선계획을 담은 약정의 체결(5호), 약정 이행실적에 대한 점검 및 조치(6호), 해당 기업의 경영정상화 가능성에 대한 점검·평가 및 조치(7호), 채무조정 또는 신규 신용공여 계획의 수립(8호) 등을 의결한다. 협의회가 심의·의결하는 경우 사전에 해당 기업의 경영인 및 주주·노동조합 등 동의가 필요한 이해관계인에게 구두 또는 서면으로 의견을 개진할 기회를 부여하여야 한다.

나. 금융채권자협의회 의결

금융채권자협의회는 서면으로 의결할 수 있다(기촉법 24조 1항). 협의회는 법이나 협의회의결에 다른 정함이 있는 경우를 제외하고 협의회 총금융채권액 중 4분의 3이상의 금융채권액을 보유한 금융채권자의 찬성으로 의결한다. 다만, 단일 금융채권자가 보유한 금융채권액이 협의회 총금융채권액의 4분의 3 이상인 경우에는 해당 금융채권자를 포함하여 협의회를 구성하는 총 금융채권자 수의 5분의 2 이상의 찬성으로 의결한다. 또한 협의회는 그 의결로 구체적인 사안의 범위를 정하여 의결방법을 다르게 정할 수 있다.

다. 금융채권자협의회 의결권 산정

주채권은행으로부터 제1차 협의회의 소집을 통보받은 금융채권자는 통보받은 날부터 5일 이내에 주채권은행에게 소집통보일 직전일을 기준으로 해당 기업에 대한 금융채권의 내용과 금액을 신고하여야 한다(기촉법 26조 1항). 금융채권자는 신고된 금융채권액에 비례하여 협의회에서 의결권을 행사하며, 금융채권의 존재 여부 등에 다툼이 있으면, 확정될 때까지 그 의결권 행사를 제한할 수 있다. 신고기간이 경과한 후에 금융채권액을 신고하는 자는 그 금액이 확정된 날부터 의결권을 행사할 수 있으며, 그 확정일 전 협의회의 의결에 대하여 대항할 수 없다.

4-5 금융채권의 양도

제1차 협의회 소집을 통보받은 금융채권자가 해당 기업에 대하여 보유하고 있는 금융채권(공동관리절차에서 출자전환된 주식을 포함한다)을 제3자에게 양도한 경우 양도인은 그 사실을 지체 없이 주채권은행에게 통보하여야 한다. 이 경우 양수인은 협의회 의결로 달리 정하지 아니하는 한 양도인의 지위를 승계한다(기촉법 9조 7항).

금융채권의 양도 전에 기촉법 및 협의회의 의결에 따라 양도인에게 발생한 의무는 양도인이 부담한다. 다만, 협의회는 양도인과 양수인이 함께 요청하는 경우 그 의결로 양도인의 의무를 양수인이 승계하도록 할 수 있다(기촉법 9조 8항)

4-6 기업개선계획

주채권은행은 공동관리기업에 대한 외부전문기관의 자산부채실사 결과 등을 고려하여 공동관리기업의 기업개선을 위한 계획(기업개선계획)을 작성하여 협의회에 제출하여야 한다. 이 경우 주채권은행은 사전에 해당 기업과 협의해야 하며, 기업개선계획에는 해당 기업의 부실에 책임 있는 자 간의 공평한 손실분담 방안이 포함되어야 한다(기촉법 13조). 여기서 '부실에 상당한 책임이 있는 자'는 해당 기업의 이사 등이 의무 위반 등으로 법적인 손해배상책임을 발생시킨 자이다. '손실분담 방안' 중에는 해당기업이 이러한 손해배상책임이 있는 자에게 책임을 추궁하는 소송을 하는 것도 포함될 수 있다.

금융채권자협의회는 주채권은행이 제출한 기업개선계획을 의결하여야 하며, 의결한 날로부터 1개월 이내에 채무재조정 및 신규자금 지원계획을 수립하고 공동관리절차를 지속할 것인지 여부 및 언제까지 지속해 나갈 것인지를 결정하고, 공동관리기업과 기업개선계획의 이행을 위한 약정을 체결해야 한다(기촉법 14조). 이에 따라 해당 기업은 채권단의 채무재조정 및 신규자금지원을 받는 대가로 자구계획을 수립하고 인건비 등 고정비 절감, 주요자산의 매각을 통한 채무상환계획을 이행하여야 한다. 금융채권자협의회는 해당 약정의 이행 여부를 모니터링하고 그 결과를 추후의 채무재조정 기타 채권단의 의사결정에 반영한다(기촉법 15조).

4-7 채무재조정

기업개선계획의 약정에는 채권금융기관과 채무자가 정한 목표 수준, 채무기업이 내부적으로 해야 할 개선작업 그리고 채권금융기관이 지원할 내용 등이 담겨 있어야 한다(기촉법 13조). 이 가운데서 특별히 중요한 것은 채무재조정이다. 부실징후의 원인은 여러 가지가 있을 수 있지만 부실징후기업의 경영이 정상화되기 위해서는 채무의 재조정(상환기일 연장, 원리금 감면, 대출금의 출자전환 등)이 필수적이다. 기업구조조정 촉진법이 정의하고 있는 '부실징후' 자체가 채무의 정상적인 상환이 어렵다는 것을 의미하기 때문이다. 채권재조정[268]에 관한 협의회의 의결은 채권금융기관의 담보채권 총액 중 4분의 3 이상의 담보채권을 보유한 채권금융기관이 찬성하여야 그 효력이 있다(기촉법 17조 2항).[269]

판례 **대법원 2004. 12. 23. 선고 2004다46601 판결**

「채권금융기관들과 주채무자인 기업 사이에 주채무를 축소 · 감경하는 내용의 기업개선작업약정이 체결된 경우 보증채무의 효력 범위」

채권금융기관들과 재무적 곤경에 처한 주채무자인 기업 사이에 기업의 경영정상화를 도모하고 채권금융기관들의 자산 건전성을 제고하기 위하여 일부 채권을 포기하거나 채무를 면제하는 등 채무조건을 완화하여 주채무를 축소 · 감경하는 내용의 기업개선작업약정을 체결한 경우, 이를 규율하는 기업구조조정촉진법에서 보증채무의 부종성에 관한 예외규정을 두고 있지 아니할 뿐만 아니라, 기업개선작업약정은 법원의 관여 없이 일부 채권자들인 채권금융기관들과 기업 사이의 사적 합의에 의하여 이루어지고 그러한 합의의 내용에 따른 효력을 갖는 것으로서, 법원의 관여하에 전체 채권자들을 대상으로 하여 진행되고 법에서 정해진 바에 따른 효력을 갖는 화의법상의 화의와 동일시할 수 없어 여기에 보증채무의 부종성에 대한 예외를 정한 화의법 제61조, 파산법 제298조 제2항의 규정이 유추적용된다고 할 수도 없으므로, 보증인으로서는 원래의 채무 전액에 대하여 보증채무를 부담한다는 의사표시를 하거나 채권금융기관들과 사이에 그러한 내용의 약정을 하는 등의 특별한 사정이 없는 한, 보증채무의 부종성에 의하여 기업개선작업약정에 의하여 축소 · 감경된 주채무의 내용에 따라 보증채무를 부담한다.

268) '채무의 재조정'은 채무자의 입장이며, 이를 채권금융기관에서 보면 '채권재조정'이다.

269) 금융채권자협의회가 결의하기 요건으로 신용공여액을 기준으로 4분의 3 이상의 찬성을 규정하고 있고, 채권재조정(채무재조정)에 대한 결의는 담보채권 중 4분의 3 이상의 담보채권을 보유한 채권금융기관이 찬성하여야 그 효력이 있다. 따라서 채무재조정이 이루어지려면 총신용공여액의 4분의 3 이상을 보유한 채권금융기관과 총담보채권의 4분의 3 이상을 보유한 채권금융기관이 모두 찬성해야 그 효력이 있다.

4-8 신규 신용공여

기업개선계획은 이러한 채무재조정과 아울러 경영정상화에 필요한 신규 신용공여의무를 채권금융기관에 부과할 수 있다. 채무재조정이나 신규 신용공여는 각 채권금융기관의 권리의 순위를 고려하여 공정하고 형평에 맞게 이루어져야 한다(기촉법 18조 4항). 신규 신용공여 금액은 금융채권자협의회 의결로 달리 정하지 않는 한 신고된 금융채권액에 비례하여 정한다(기촉법 18조 1항). 한편 채권금융기관이 행한 신규 신용공여는 법정담보권 다음으로 다른 채권금융기관의 채권에 우선하여 변제받을 권리를 가진다(기업구조조정 촉진법 18조 3항). 이는 채권금융기관 사이에서는 무담보채권에 대한 우선권을 인정한 것인데, 이 규정의 효력은 채권금융기관 외의 다른 일반채권자에게 미치지 않으므로 신규 신용공여로 인한 채권이 우선권이 있다고 하여도 그것은 금융기관채권자가 갖는 일반채권에 대한 상대적 효력만 갖는다. 즉 채권금융기관 외의 다른 채권자들은 변제기유예 없이 변제기가 되면 변제를 받게 되므로 채권금융기관이 갖는 신규 신용공여로 인한 우선권 있는 채권에 아무 영향을 받지 않는다.

4-9 기업개선계획의 이행점검

주채권은행은 약정된 기업개선계획 이행실적을 분기별(공동관리기업이 중소기업기본법 2조에 따른 중소기업인 경우에는 금융채권자협의회가 정하는 시기별)로 점검하여 그 결과를 금융채권자 협의회에 보고해야 하고, 기업개선계획의 진행상황을 연 1회 이상 조정위원회 홈페이지에 공개해야 한다.

주채권은행은 기업개선계획의 이행점검을 위하여 필요한 업무 또는 재산에 관한 보고, 자료의 제출, 관계자의 출석 및 진술 등을 공동관리기업에 요청할 수 있으며, 요청받은 기업은 정당한 사유가 없으면 이에 따라야 한다(기촉법 15조 3항).

4-10 공동관리절차의 평가 및 공개

금융채권자협의회가 공동관리기업과 약정을 체결한 날부터 3년이 경과하는 날까지 공동관리절차가 종료되지 아니한 경우 주채권은행은 기촉법 시행령에서 정하는 경영평가위원회[270]를 구성하여 공동관리절차의 효율성, 해당 기업의 기업개선 가능성, 공동관리절차의 지속 필요성 등을 평가하고 그 결과를 금융채권자협의회에 보고하여야 한다. 다만 공동관리기업이 중소기업인 경우에는 주채권은행이 금융채권자 협의회의 의결에 따라 공동관리절차의 평가시기를 달리 정할 수 있다(기촉법 16조 1항).

5 채권금융기관의 권리와 의무

기업구조조정 촉진법은 기업개선작업 절차가 기본적으로 당사자 간의 합의라는 점을 반영하여 채권금융기관에게 성실한 이행의무를 부과하고 이를 위반한 채권자에게는 손해배상책임을 부여하고 있다.

5-1 금융채권자의 이행의무

금융채권자는 금융채권자협의회의 의결을 성실히 이행하여야 하고 협의회는 금융채권자에게 의결 사항의 이행을 요구할 수 있다. 기본적으로 협의회 의결은 다수결 원칙상 다수 채권금융기관이 제안한 합의안에 소수 채권금융기관이 강제적으로 따라야 하는 결과를 가져온다.

---

270) 제10조(경영평가위원회의 구성 등) ① 법 제16조제1항에 따른 경영평가위원회(이하 "경영평가위원회"라 한다)는 다음 각 호의 사람으로 구성한다.
1. 조정위원회의 위원장이 조정위원회 위원 중에서 지명하는 사람 1명
2. 「자본시장과 금융투자업에 관한 법률 시행령」 제176조의5제8항제2호 또는 제3호에 따른 외부평가기관에 근무한 경험이 있는 사람 중 기업구조조정에 관한 전문성이 있는 사람으로서 조정위원회의 위원장이 위촉하는 사람 1명
3. 변호사, 공인회계사 또는 세무사 자격을 가진 사람 중 기업구조조정에 관한 전문성이 있는 사람으로서 조정위원회의 위원장이 위촉하는 사람 1명
4. 「자본시장과 금융투자업에 관한 법률」 제159조제1항에 따른 사업보고서 제출대상법인에 근무한 경험이 있는 사람 중 기업구조조정에 관한 전문성이 있는 사람으로서 조정위원회의 위원장이 위촉하는 사람 1명
5. 기업구조조정에 관한 전문성이 있는 사람 중 조정위원회의 의결을 거쳐 조정위원회의 위원장이 위촉하는 사람 1명

② 경영평가위원회의 위원장은 위원 중에서 호선(互選)한다.

③ 이 영에서 정한 사항 외에 경영평가위원회의 구성 및 운영에 필요한 세부 사항은 경영평가위원회가 정한다.

금융채권자협의회는 금융채권자의 의결사항 불이행에 대한 손해배상 예정액과 위약금을 의결로 정할 수 있다. 또한 금융채권자가 협의회의 의결사항 또는 기업개선계획의 이행을 위한 약정을 이행하지 아니하여 다른 금융채권자에게 손해를 발생시킨 경우, 다른 금융채권자가 받은 손해의 범위에서 연대하여 손해를 배상할 책임이 있다(기촉법 28조). 다만, 위약금은 손해배상액의 예정으로 추정되며 또한 손해배상의 예정액이 부당히 과다한 경우에는 법원은 적당히 감액할 수 있다(민법 398조 4항, 2항). 따라서 어느 경우든 실손해가 발생하지 아니하면 위약금이나 손해배상예정액을 요구하기는 어려울 것이다.

5-2 반대채권자의 매수청구권

공동관리절차의 개시, 기업개선계획의 수립 및 변경, 채무조정, 신규신용공여, 공동관리절차의 연장, 그 밖에 금융채권자협의회의 의결로 정하는 사항에 관한 협의회의 의결에 반대한 금융채권자는 협의회의 의결일부터 7일 이내(매수청구기간)에 주채권은행에 대하여 채권의 종류와 수를 기재한 서면으로 자기의 금융채권 전부를 매수하도록 청구할 수 있다. 이 경우 채권의 매수를 청구할 수 있는 금융채권자는 협의회의 의결일까지 반대의 의사를 서면으로 표시한 자에 한정하며, 매수청구기간에 채권을 매수하도록 청구하지 아니한 자는 해당 협의회의 의결에 찬성한 것으로 본다(기촉법 27조 1항).

찬성채권자는 매수청구기간이 종료하는 날부터 6개월 이내에 연대하여 해당 채권을 매수하여야 한다. 채권의 매수가액 및 조건은 찬성채권자와 채권의 매수를 청구한 반대채권자가 합의하여 결정한다. 이 경우 매수가액은 반대채권자가 해당 기업의 청산을 통하여 변제받을 수 있는 금액보다 불리하지 않도록 해당 기업의 가치 등을 고려하여 공정한 가액으로 한다(기촉법 27조 3항).

찬성채권자와 채권의 매수를 청구한 반대채권자 간에 매수가액에 합의가 이루어지지 않는 경우, 찬성채권자 또는 채권의 매수를 청구한 반대채권자는 금융채권자조정위원회에 대하여 채권의 매수가액 및 조건에 대한 조정을 신청할 수 있다. 이 경우 조정위원회는 찬성채권자와 채권의 매수를 청구한 반대채권자가 합의하여 선임한 회계전문가가 해당 기업의 가치와 재산상태, 약정의 이행가능성 및 그 밖의 사정을 참작하여 산정한 결과를 고려하여 공정한 가액으로 이를 결정하여야 한다(기촉법 27조 5항).

5-3 채권금융기관 등에 대한 면책 특례

채권금융기관 및 그 임직원이 고의 또는 중대한 과실 없이 이 법에 따라 기업구조조정을 위하여 업무를 적극적으로 처리한 경우에는 그 결과에 대하여 기촉법, 감사원법 또는 은행법 등 금융 관계 법령에 따른 징계·문책 또는 그 요구를 하지 않는 등 그 책임을 면제한다. 다만, 그 업무처리에 있어 기업구조조정의 절차와 관련한 법령을 준수하지 아니한 경우, 필요한 정보를 충분히 수집·검토하지 아니한 경우, 부정한 청탁에 의한 경우, 사적인 이해관계가 있는 경우는 제외한다(기촉법 34조).

5-4 금융위원회의 감독

기업구조조정 촉진법에 따른 기업개선작업 절차는 금융위원회에 의해 감독된다. 사실상 금융위원회가 채권금융기관의 의사결정을 강제한다. 채권금융기관이 정당한 사유 없이 부실징후기업에 대한 관리절차를 개시하지 아니한 때, 주채권은행이 공동관리의 지속여부 및 경영정상화 가능성을 평가하고 보고하지 아니한 때, 채권금융기관이 보유채권을 매각하거나 관리권을 위탁할 때 법에서 정한 인수인의 확약서를 제출하지 아니한 때에 금융위원회는 채권금융기관에 시정조치를 할 수 있다.

하지만 이러한 시정요구를 받은 채권금융기관이 정당한 사유 없이 기간 내에 시정요구를 이행하지 아니한 때에는 금융위원회는 당해 채권금융기관 또는 임직원에 대해 주의 · 경고 · 견책 또는 감봉, 임원의 직무정지, 임원의 직무를 대행하는 관리인의 선임, 영업의 일부 정지 및 기타 위반사항의 시정을 위하여 필요하다고 인정되는 조치를 할 수 있다(기촉법 35조).

KOREA BANKING INSTITUTE

제 6 장

책임재산의 관리

채무자가 채무를 이행하지 않으면, 채권자는 담보물을 처분하고 그럼에도 불구하고 부족한 채무는 채무자의 일반재산에서 채권을 구상하게 된다. 그러므로 채무자의 일반재산은 채권에 대한 최후의 보장이라고 할 수 있다. 이처럼 채무자의 일반재산이 최후에 책임을 진다는 의미에서 그 재산을 책임재산이라고 한다.

채무자의 책임재산은 특정한 채권만을 담보하는 것은 아니고 모든 채권자를 위한 공동담보가 되고, 채무자의 책임재산이 감소하게 되면 채권을 변제받을 가능성도 그만큼 줄어들어 채권자는 채무자의 재산이 감소되지 않게 하여야 한다. 그렇지만 채권은 채무자의 재산을 직접 지배하는 권리가 아니어서, 채권자라고 하더라도 채무자의 재산감소행위를 모두 금지할 수는 없다. 그래서 민법은 채무자가 그의 권리의 실행을 하지 않아 그의 재산을 감소하게 하거나 또는 제3자와 공모하여 고의로 재산을 감소시키는 경우에만 채권자로 하여금 간섭할 수 있게 한다. 전자가 채권자대위권이고, 후자가 채권자취소권이다.

은행은 여신을 취급하면서 담보를 취득하지 않았거나, 담보를 취득했더라도 그 담보가액이 충분하지 않은 경우, 나중에 채무자의 채무불이행이 있으면 채무자의 일반재산에 대한 강제집행을 통해 채권을 회수한다. 이 때 채무자가 자기가 행사해야 할 권리를 행사하지 않아 책임재산을 잃어버리거나 자기의 일반재산을 제3자에게 양도한다거나 담보를 제공하는 등의 사정이 있으면 은행의 채권보전에 중대한 영향을 미치게 된다. 이와 같은 채무자의 재산감소행위를 방지하는 것이 책임재산의 관리이다.

제1절

채권자대위권

1 채권자대위권의 의의

채권자대위권이란[273], 채권자가 자기의 채권을 보전하기 위하여 채무자의 권리를 행사하는 것을 말한다. 채무자가 변제자력이 부족함에도 제3채무자에 대한 채권의 행사를 방치하고 있어 채권자가 변제받을 수 없는 경우에, 채권자가 채무자에 갈음하여 그 채권을 행사함으로써 채무자의 변제자력을 보충하게 하는 데 있고, 그 보충은 모든 채권자를 위한 공동담보로서의 효력을 가진다.

채권자대위권의 예로는 채무초과상태에 있는 채무자가 거래처에 매출채권 등을 보유하고 있음에도 이를 행사하지 않고 있는 경우에 채권자인 은행이 채무자를 대신하여 추심하는 것을 들 수 있다.

2 채권자대위권의 성립요건

가. 채권자측의 요건

1) 피보전채권의 존재

채권자대위권은 채권자의 채권을 보전하기 위한 것이므로, 채권자대위권이 성립하기 위해서는 우선 채권자가 보전할 채권이 존재하여야 한다. 금융거래에서 발생하는 여신은 은행에게 있어서는 피보전권리가 되므로, 은행이 여신을 지원

---

273) 민법 404조(채권자대위권)
① 채권자는 자기의 채권을 보전하기 위하여 채무자의 권리를 행사할 수 있다. 그러나 일신에 전속한 권리는 그러하지 아니하다.
② 채권자는 그 채권의 기한이 도래하기 전에는 법원의 허가 없이 전항의 권리를 행사하지 못한다. 그러나 보전행위는 그러하지 아니하다.

한 경우에는 이 조건을 충족하게 된다.

2) 채권보전의 필요

채권자가 채무자의 권리를 행사하지 않으면 자신의 채권에 대한 완전한 만족을 얻을 수 없게 될 위험이 있기 때문에 채권자가 스스로 자기의 채권을 보전할 필요성이 있어야 한다. 은행의 채무자가 채무상환능력도 없으면서 타인에게 가지고 있는 채권행사를 게을리하는 경우에는 이 조건을 충족하게 된다.

나. 채무자측 요건

1) 채무자의 권리불행사

채무자가 그의 권리를 스스로 행사하지 않는 이유나 고의·과실의 유무는 묻지 않는다. 또한 채무자가 이행지체에 빠져 있어야 하는 것도 아니고 대위권의 행사에 앞서서 채무자에 대하여 그 권리를 스스로 행사할 것을 최고할 필요도 없다.

2) 채무자가 행사할 수 있는 채권의 존재

채권자대위권은 채권자가 채무자의 권리를 행사하는 것이므로 채무자의 채권이 대위권의 객체가 될 수 있는 채권이어야 한다. 따라서 채무자의 일신에 전속한 권리(예: 친권, 부양청구권 등) 및 압류금지채권 등은 대위의 객체가 될 수 없다. 추가적인 내용은「채권자대위권의 객체」에서 살펴보도록 한다.

3 채권자대위권의 객체

3-1 채권자대위권의 목적으로 되는 권리

가. 재산권

채무자의 일반재산을 구성하는 재산권은 그 종류 여하를 묻지 아니하고 채권자대위권의 목적이 될 수 있다. 판례에 의하면 손해배상청구권과 같은 채권적 청구권, 불법점유자에 대한 명도청구 · 방해배제청구와 같은 물권적 청구권, 원인

무효등기의 말소 · 소유권이전등기 · 법정지상권설정등기와 같은 등기청구권, 법률행위의 취소 · 해제 · 해지권, 환매권, 상계권, 대금감액청구권, 공유물분할청구권 등과 같은 형성권도 대위권의 목적으로 할 수 있다. 또한 대위권의 목적인 권리에 동시이행의 항변권이 부착되어 있어도 무방하다.[274] 채권자가 채무자의 소멸시효의 이익을 원용할 수도 있다.[275] 그러나 채무의 면제 · 권리의 포기 등은 채무자에게 일방적으로 불리한 처분행위이므로 채권자대위권의 목적이 될 수 없다.

나. 채권자대위권

채무자가 가지고 있는 채권자대위권을 채권자가 대위행사할 수 있는가에 관하여는 피대위자인 채무자의 의사결정의 자유를 보호하여야 하고 이를 허용하는 것은 법률관계를 지나치게 복잡하게 할 우려가 있다는 이유로 반대하는 견해도 있으나, 판례[276]는 이를 인정하고 있다.

다. 소송 기타 공법상의 권리

대위권의 목적인 재산권의 행사를 위하여 필요한 때에는 그에 관하여 채무자가 가지는 소송 기타 공법상의 권리도 대위행사할 수 있다.

1) 소송법상 권리

대위할 수 있는 소송법상의 권리로는 피대위권리와 관련한 이행의 소 또는 확인의 소 제기, 제3자 이의의 소 제기, 청구이의의 소 제기, 강제집행의 신청, 가압류 · 가처분의 신청, 담보제공한 공탁금에 대한 담보취소신청 등이 있다.

---

274) 대법원 1976. 10. 12. 선고 76다1591 · 1592 판결

275) 대법원 1991. 3. 27. 선고 90다17552 판결

276) [대법원 1988. 9. 27. 선고 87다카279 판결] 법정지상권을 취득한 건물소유자가 법정지상권의 설정등기를 경료함이 없이 건물을 양도하는 경우에는 특별한 사정이 없는 한 건물과 함께 지상권도 양도하기로 하는 채권적 계약이 있었다고 할 것이므로 법정지상권자는 지상권설정등기를 한 후에 건물양수인에게 이의 양도등기절차를 이행하여 줄 의무가 있는 것이고 따라서 건물양수인은 건물양도인을 순차대위하여 토지소유자에 대하여 건물소유자였던 최초의 법정지상권자에의 법정지상권설정등기절차이행을 청구할 수 있다.

2) 공법상의 권리

대위할 수 있는 공법상의 권리로는 소유권이전등기 · 소유권말소등기,[277] 소유권보존등기 · 말소등기, 건물멸실등기,[278] 상속등기[279], 부동산 표시에 관한 등기, 공유물분할등기 등 등기신청에 관한 권리가 있다. 등기신청에 관하여는 부동산등기법상 명문의 규정이 있고(부동산등기법 28조), 판례도 이를 인정하고 있다.[280]

3-2 채권자대위권의 목적으로 되지 않는 권리

채무자의 일신에 전속한 권리는 대위할 수 없다(민법 404조 단서). 대위할 수 없는 일신전속권으로는 부양청구권, 상속의 승인과 포기, 친생부인권, 혼인취소권, 이혼청구권, 이혼에 따른 재산분할청구권,[281] 유류분반환청구권,[282] 친권, 친권자 또는 후견인의 재산관리권, 인격권 등이 있다. 이러한 권리는 일정한 신분관계와 결합된 것으로서 그 권리의 행사에 의하여 간접적으로 재산관계에 영향을 미친다고 하더라도 채권자대위권의 목적이 될 수 없다. 또한, 행정소송은 행정청 또는 그 소속기관으로부터 위법한 처분을 받는 자만이 제기할 수 있고 그 이외의 자는

---

277) 1992. 2. 28. 대법원 등기예규 760호.

278) [2006. 3. 8. 부동산등기과 – 497 질의회답] 건물이 멸실한(없어진) 경우에 등기부상 소유명의인의 채권자는 대위원인을 증명하는 서면과 건축물대장등본 기타 멸실을 증명할 수 있는 서면을 첨부하여 건물멸실등기를 대위신청할 수 있다.

279) 1964. 4. 3. 대법원 등기예규 제55호.

280) [대법원 1964.4.3. 선고 63마54 판결] 상속인 자신이 한정승인 또는 포기를 할 수 있는 기간 내에 상속등기를 한 때에는 상속의 단순승인으로 인정된 경우가 있을 것이나 상속등기가 상속재산에 대한 처분행위라고 볼 수 없으니 만큼 채권자가 상속인을 대위하여 상속등기를 하였다 하여 단순승인의 효력을 발생시킬 수 없고 상속인의 한정승인 또는 포기할 수 있는 권한에는 아무런 영향도 미치는 것이 아니므로 채권자의 대위권행사에 의한 상속등기를 거부할 수 없다. 상속개시 있음을 안 날이라 함은 상속개시의 원인이 되는 사실의 발생을 알고 또 이로써 자기가 상속인이 되었음을 안 날을 말한다.

281) 그러나 협의 또는 재판에 의하여 구체적인 금전채권 또는 급부청구권으로 변화된 권리는 대위의 목적으로 할 수 있다고 한다.

282) [대법원 2010. 5. 27. 선고 2009다93992 판결] 유류분반환청구권은 그 행사 여부가 유류분권리자의 인격적 이익을 위하여 그의 자유로운 의사결정에 전적으로 맡겨진 권리로서 행사상의 일신전속성을 가진다고 보아야 하므로, 유류분권리자에게 그 권리행사의 확정적 의사가 있다고 인정되는 경우가 아니라면 채권자대위권의 목적이 될 수 없다.

대위하여 소송절차를 밟을 수 없다.[283] 그리고 건축법 22조 1항의 건축물의 사용승인 신청도 대위권 행사의 대상이 되지 않는다.[284]

4 채권자대위권의 행사 방법

4-1 채권대위권 행사의 명의자

채권자대위권의 행사는 채권자가 자기의 권리를 행사하는 것이지 채무자의 대리인으로 행사하는 것이 아니다. 그러므로 채권자대위권을 행사하는 자는 자기의 명의로 행사하여야 하고 그 신청서에 채권자와 채무자의 성명 또는 명칭, 주소 또는 사무소와 대위원인을 기재하고 증명하는 서면을 첨부하여야 한다.

대위하는 권리가 실현되기 위해서는 '변제의 수령'이 필요한 경우에 채권자가 채무자에게 인도할 것을 청구할 수 있음은 물론이나, 직접 자기에게 인도할 것을 청구할 수도 있다.[285] 이러한 법리는 등기청구권을 대위행사하는 때에도 마찬가지이다. 그러나 이것이 채권자 명의로 등기가 회복되거나 그의 명의로 이전등기가 된다는 의미는 아니다.

4-2 행사의 범위

채권자대위권은 채권의 보전을 위하여 채무자의 권리를 행사하는 권리이므로, 그 행사는 채권보전에 필요한 범위에 한정된다. 그리하여 관리행위만 가능하며, 처분행위는 허용되지 않는다. 단순히 채무의 면제, 권리의 포기, 기한의 유예 등

---

283) 대법원 1956. 7. 6. 4289행상33.

284) 실무에서 건축물의 사용승인 신청이 채권자대위권의 목적이 되지 않음으로써 문제되는 때는 다음과 같은 경우를 상정해볼 수 있다. 예컨대 채무자에 대한 시설자금대출을 담보하기 위하여 그 시설자금 지원에 의하여 물리적으로 완성된 건물에 근저당권을 설정하여야 하나, 채무자의 배신행위 또는 부실화 등으로 보존등기를 마치지 아니한 때에는 채권자는 채권자대위권을 행사하여 건물보존등기를 경료한 후 그 건물에 대한 근저당권설정등기를 강제할 수 있다. 그러나 건물보존등기를 위한 채권자대위권을 행사하려면 그 전제로서 건축물 사용승인 신청 및 승인(건축법 22조 1항, 2항)이 있어야 한다. 만약 건축물의 사용승인이 없으면 건축물대장에 등재(건축법 22조 6항)를 요청할 수 없고, 그 건축물대장이 없으면 보존등기 자체가 불가능해 진다. 이 경우 채권자는 민사집행법 81조 1항 2호 단서의 미등기건물에 대한 강제집행 방법에 의하여 목적을 달성할 수밖에 없다.

285) 대법원 1995. 4. 14. 선고 94다58148 판결

은 채무자의 재산을 일방적으로 감소시키는 처분행위로서 대위가 허용되지 않으나, 취소권 · 해제권 · 환매권의 행사나 상계 · 경개 등의 이익교환행위는 채무자의 전체 재산과의 관계에서 살펴보아 보전행위로 볼 수 있는 경우에는 대위행위가 허용된다.

4-3 행사 방법

채권자취소권은 소에 의해서만 그 권리를 행사할 수 있지만(민법 406조), 채권자대위권은 재판상 또는 재판 외 어느 방법에 의하여 행사하든 상관없다. 채권자는 먼저 재판 외에서 제3채무자에 대하여 그 이행을 청구한 후에 그에 응하지 않는 경우에는 소송을 제기할 수 있음은 물론, 이와 같은 절차 없이 곧바로 소송을 제기할 수도 있다. 다만, 채권자의 채권이 이행기가 아직 도래되지 않은 경우에는 법원의 허가를 받아야 하나 그 허가 후에는 채권자대위권을 행사하는 데에는 어떠한 제한도 없다.

4-4 대위권행사의 통지 의무 · 통지 방법

가. 통지 의무

채권의 기한이 도래하여 채권자가 법원의 허가 없이 재판 외의 방법으로 대위권을 행사함에 있어서는 그 사실을 스스로 채무자에게 통지하여야 한다(민법 405조 1항). 이는 채권자대위권이 행사되면 채무자는 그 권리를 처분하지 못하므로 채권자와 채무자, 제3채무자 사이의 법률관계가 복잡하게 되는 것을 막기 위한 것이다.

나. 통지 방법

채무자에게 하는 통지의 방법에는 제한이 없다. 서면으로 할 수도 있고 구두로 할 수도 있다. 그러나 대위권행사의 통지는 대위행사의 효력발생요건은 아니다. 채무자에게 통지를 누락하였더라도 채권자대위권을 행사하는 데는 지장이 없다. 다만, 그 통지를 누락함으로써 채무자가 대위권행사 사실을 알지 못한 경우에는 그 대위권행사에 따른 권리의 처분제한 효과가 발생되지 아니하고, 따라서 채무자가 그 권리를 유효하게 처분할 수 있게 되므로 그만큼 채권자가 불리한 지위에 놓이게 될 뿐이다.

4-5 실무상 재판 외 방법으로 채권자대위권이 행사되는 경우

은행 실무상 법원의 재판상 절차를 거치지 아니하고 재판 외 방법으로 채권자대위권이 행사되는 경우로는, 건물신축을 위한 시설자금을 대출받은 자가 그 건물에 대한 소유권보존등기를 게을리 하는 경우의 소유권보존등기와 담보제공자가 사망한 경우의 상속등기가 있다. 또한 대위의 목적물이 금전인 채무자의 펀드계좌(수익증권계좌, 집합투자증권)와 대출금을 상계하는 것도 재판 외 방법에 의한 채권자대위권의 행사라고 보아야 한다.[286)]

참고 채권자대위권에 의한 소유권보존등기

은행의 채무자가 건물신축을 위한 시설자금을 대출받으면서 은행에 1순위 근저당권설정을 약속하였으나, 건물이 완공되고 사용승인을 받았음에도 불구하고 근저당권설정약속을 이행하지 않기 위해서 소유권보존등기를 하지 않고 있는 경우, 은행은 채권자대위권을 행사하여 소유권보존등기를 할 수 있다.

소유권보존등기를 한 후, 은행은 채무자 또는 소유자를 상대로 근저당권설정등기를 이행하라는 취지의 소송을 제기하고 은행과 채무자(소유자) 간에 체결한 근저당권설정이행 각서 등을 증거로 제출하여 확정판결을 받은 후 그 판결문을 등기소에 제출하는 방법으로 근저당권설정등기를 신청하면 된다. 이 소송은 기간이 상당히 걸리기 때문에 그 사이에 다른 채권자들이 권리침해(가압류 · 가처분 · 근저당권설정 등)를 할 수 있어 실무에서는 소유권보존등기와 함께 즉시 근저당권설정등기를 피보전권리로 하여 처분금지가처분등기를 실행하여 근저당권설정등기청구권을 보전한다.

---

286) 고객의 펀드계좌를 처분하여 대출채권을 회수하는 방법에는 2가지를 생각할 수 있다.

㉠ 첫째, 은행이 채권자대위권에 의하여 자산운용회사에 대한 고객의 수익증권 환매청구권을 대위행사하여 자산운용회사로부터 은행의 예금계좌에 환매대금을 입금시킨 후, 동 금원을 대상으로 상계하는 방법이다.

㉡ 둘째, 아주 예외적인 경우이긴 하나 판매회사를 통하여 환매청구를 전달받은 자산운용회사가 정당한 환매연기사유가 없음에도 불구하고 환매의무를 불이행하는 경우에는, 수익자인 고객을 압류채무자로 하고, 자산운용회사를 제3채무자로 하여 환매대금지급청구권 또는 수익증권저축계약에 기한 일체의 권리를 압류 및 추심하여 현금화하는 방법이다. 위 '㉠'의 경우가 은행이 법원의 재판절차를 거치지 아니하고 재판 외 방법으로 채권자대위권을 행사할 수 있는 거의 유일한 예라 할 수 있다.

5 채권자대위권 행사의 효과

5-1 효과의 귀속

채권자대위에 의하여 채권자가 행사하는 권리는 채무자의 권리이므로 그 행사의 효과는 당연히 채무자에게 귀속된다. 금전채권을 피보전권리로 하는 대위권행사는 채무자의 책임재산의 보전을 목적으로 하므로 대위권행사에 의하여 실현되거나 회복된 재산은 총채권자를 위한 공동담보의 일부가 된다. 즉 채권자는 설사 그가 목적물을 변제받았더라도 우선변제권을 갖지 않으며, 그가 채권의 변제를 받으려면 채무자로부터 임의변제를 받거나 강제집행절차를 밟아야 한다. 다만, 상계의 요건이 갖추어진 때에는 상계함으로써 사실상 우선변제를 받을 수는 있다.[287] 은행 실무상 부실채권의 회수를 위해서 채무자의 펀드계좌에 대한 수익증권 환매청구권을 대위행사하여 그 환매대금을 직접 수령 받거나 환매계좌에 입금된 금원과 상계하여 사실상 우선변제를 받는 경우가 있다.

5-2 채무자의 처분제한의 효력

재판상 대위이건 재판 외 대위이건 채권자대위권의 행사 사실이 채무자에게 고지 또는 통지된 이후에는 채무자는 그 권리의 처분권을 상실한다(민법 405조 2항). 채무자가 대위권의 행사사실을 안 때에도 마찬가지이다.[288] 그 취지는 채권자의 대위권행사에 대한 방해를 막기 위한 것이다.

채권자가 채무자에게 통지를 하거나 채무자가 채권자의 대위권 행사사실을 안 경우에는 그 권리에 대한 채무자의 처분행위가 금지될 뿐 관리 · 보존행위까지 금지되는 것은 아니므로, 채무자는 변제수령을 할 수 있고 그의 명의로 소유권이전등기를 할 수 있다.[289]

---

287) [대법원 2005.4.15. 선고 2004다70024 판결] 집행채무자의 채권자가 그 집행채권자를 상대로 부당이득금 반환채권을 대위행사하는 경우 집행채무자에게 그 반환의무를 이행하도록 청구할 수도 있지만, 직접 대위채권자에게 이행하도록 청구할 수도 있다고 보아야 하는데, 이와 같이 채권자대위권을 행사하는 채권자에게 변제수령의 권한을 인정하더라도 그것이 채권자 평등의 원칙에 어긋난다거나 제3채무자를 이중 변제의 위험에 빠뜨리게 하는 것이라고 할 수 없다.

288) 대법원 1993.4.27. 선고 92다44350 판결

289) 대법원 1990.4.27. 선고 88다카25274 · 25281; 대법원 1991.4.12. 선고 90다9407 판결

5-3 채권자의 비용상환청구권

채권자가 대위권을 행사함에 있어서 지출한 비용에 대해서는 채무자가 부담해야 한다. 대위채권자와 채무자는 일종의 법정위임관계에 있기 때문이다. 그러므로 대위채권자는 채무자에게 비용상환청구권을 갖는다(민법 688조). 또한, 대위채권자가 대위수령한 목적물의 보관을 위하여 지출한 비용의 상환청구권에 관하여는 그 대위수령한 목적물 위에 유치권을 갖는다(민법 320조).

5-4 대위소송의 판결의 효력

대위소송의 판결의 효력이 그 당사자인 대위채권자와 제3채무자에게 영향을 미치는 것은 당연하다. 그런데 채무자에게도 동일하게 영향이 미치는 것은 문제이다. 대위소송이 제기된 경우에 채무자는 당사자로서 소송에 참가할 수 있다. 그런가 하면 당사자가 채무자에게 소송고지를 할 수도 있다. 그러한 때에는 대위소송판결의 효력이 채무자에게도 미친다.

채무자가 소송참가를 하지 않았고 또 소송고지를 받지도 않은 경우임에도 불구하고 어떤 사유로 인하여서든 소송이 제기된 사실을 채무자가 알았을 경우에는 그 판결의 효력이 채무자에게 미친다.[290]

판례 **대법원 2014. 12. 11. 선고 2013다71784 판결**

채권자는 채무자에 대한 채권을 보전하기 위하여 채무자를 대위해서 채무자의 권리를 행사할 수 있는데, 채권자가 보전하려는 권리와 대위하여 행사하려는 채무자의 권리가 밀접하게 관련되어 있고 채권자가 채무자의 권리를 대위하여 행사하지 않으면 자기 채권의 완전한 만족을 얻을 수 없게 될 위험이 있어 채무자의 권리를 대위하여 행사하는 것이 자기 채권의 현실적 이행을 유효 · 적절하게 확보하기 위하여 필요한 경우에는 채권자대위권의 행사가 채무자의 자유로운 재산관리행위에 대한 부당한 간섭이 된다는 등의 특별한 사정이 없는 한 채권자는 채무자의 권리를 대위하여 행사할 수 있어야 한다.

---

290) 대법원 1975.5.13. 선고 74다1664 판결; 대법원 1988.2.23. 87다카1108 판결; 대법원 1991.12.27. 선고 91다23486 판결; 대법원 1995.7.11. 선고 95다9945 판결

판례 **대법원 2007. 6. 28. 선고 2006다85921 판결**

채권자가 채권자대위권에 기하여 채무자의 권리를 행사하고 있다는 사실을 채무자가 알게 된 후에는 채무자가 그 권리를 처분하여도 이로써 채권자에게 대항하지 못하는 것인바, 채권자가 채무자와 제3채무자 사이에 체결된 부동산매매계약에 기한 소유권이전등기청구권을 보전하기 위해 채무자를 대위하여 제3채무자의 부동산에 대한 처분금지가처분을 신청하여 가처분결정을 받은 경우에는 피보전권리인 소유권이전등기청구권을 행사한 것과 같이 볼 수 있으므로, 채무자가 그러한 채권자대위권 행사 사실을 알게 된 후에 그 매매계약을 합의해제함으로써 채권자대위권의 객체인 부동산 소유권이전등기청구권을 소멸시켰다 하더라도 이로써 채권자에게 대항할 수 없고, 그 결과 제3채무자 또한 그 계약해제로써 채권자에게 대항할 수 없다.

판례 **대법원 2016. 8. 29. 선고 2015다236547 판결**

[1] 채권자가 자기의 금전채권을 보전하기 위하여 채무자의 금전채권을 대위행사하는 경우 제3채무자로 하여금 채무자에게 지급의무를 이행하도록 청구할 수도 있지만, 직접 대위채권자 자신에게 이행하도록 청구할 수도 있다.
그런데 채권자대위소송에서 제3채무자로 하여금 직접 대위채권자에게 금전의 지급을 명하는 판결이 확정되더라도, 대위의 목적인 권리, 즉 채무자의 제3채무자에 대한 피대위채권이 판결의 집행채권으로서 존재하고 대위채권자는 채무자를 대위하여 피대위채권에 대한 변제를 수령하게 될 뿐 자신의 채권에 대한 변제로서 수령하게 되는 것이 아니므로, 피대위채권이 변제 등으로 소멸하기 전이라면 채무자의 다른 채권자는 이를 압류 · 가압류할 수 있다.
[2] 채권자대위소송이 제기되고 대위채권자가 채무자에게 대위권 행사사실을 통지하거나 채무자가 이를 알게 되면 민법 제405조 제2항에 따라 채무자는 피대위채권을 양도하거나 포기하는 등 채권자의 대위권 행사를 방해하는 처분행위를 할 수 없게 되고 이러한 효력은 제3채무자에게도 그대로 미치는데, 그럼에도 그 이후 대위채권자와 평등한 지위를 가지는 채무자의 다른 채권자가 피대위채권에 대하여 전부명령을 받는 것도 가능하다고 하면, 채권자대위소송의 제기가 채권자의 적법한 권리행사방법 중 하나이고 채무자에게 속한 채권을 추심한다는 점에서 추심소송과 공통점도 있음에도 그것이 무익한 절차에 불과하게 될 뿐만 아니라, 대위채권자가 압류 · 가압류나 배당요구의 방법을 통하여 채권배당절차에 참여할 기회조차 가지지 못하게 한 채 전부명령을 받은 채권자가 대위채권자를 배제하고 전속적인 만족을 얻는 결과가 되어, 채권자대위권의 실질적 효과를 확보하고자 하는 민법 제405조 제2항의 취지에 반하게 된다.
따라서 채권자대위소송이 제기되고 대위채권자가 채무자에게 대위권 행사사실을 통지하거나 채무자가 이를 알게 된 이후에는 민사집행법 제229조 제5항이 유추적용되어 피대위채권에 대한 전부명령은, 우선권 있는 채권에 기초한 것이라는 등의 특별한 사정이 없는 한, 무효이다.
[3] 자기의 금전채권을 보전하기 위하여 채무자의 금전채권을 대위행사하는 대위채권자는 제3채무자로 하여금 직접 대위채권자 자신에게 지급의무를 이행하도록 청구할 수 있고 제3채무자로부터 변제를 수령할 수도 있으나, 이로 인하여 채무자의 제3채무자에 대한 피대위채권

이 대위채권자에게 이전되거나 귀속되는 것이 아니므로, 대위채권자의 제3채무자에 대한 추심권능 내지 변제수령권능은 자체로서 독립적으로 처분하여 환가할 수 있는 것이 아니어서 압류할 수 없는 성질의 것이고, 따라서 추심권능 내지 변제수령권능에 대한 압류명령 등은 무효이다. 그리고 채권자대위소송에서 제3채무자로 하여금 직접 대위채권자에게 금전의 지급을 명하는 판결이 확정되었더라도 판결에 기초하여 금전을 지급받는 것 역시 대위채권자의 제3채무자에 대한 추심권능 내지 변제수령권능에 속하므로, 채권자대위소송에서 확정된 판결에 따라 대위채권자가 제3채무자로부터 지급받을 채권에 대한 압류명령 등도 무효이다.

제2절

채권자취소권

1 채권자취소권의 의의

채권자취소권(사해행위취소권)이란 채무자가 채권자를 해치게 되는 것을 알면서 한 재산감소행위를 채권자가 이를 취소하고 재산을 채무자의 재산으로 원상회복하도록 명하여 줄 것을 법원에 청구하는 권리를 말한다. 은행 실무에서는 주로 채무자가 재산을 위장매매, 증여, 근저당권설정 등의 방법으로 도피하였을 경우에 채권자취소권을 이용한다.

채무자가 채권자를 해함을 알고 제3자(수익자)와 재산권을 목적으로 한 법률행위를 한 경우, 채권자가 자기의 이름으로 제3자(수익자 · 전득자)에 대하여 그 법률행위(사해행위)를 취소하고 일탈된 재산의 원상회복을 소구할 수 있는 채권자의 권리를 말한다(민법 406조 1항). 채권자취소권은 채권의 공동담보가 부족한 것을 알면서 재산감소행위를 한 경우에 그 행위의 효력을 부인하고 재산을 되찾아와 채권의 공동담보를 유지 · 보전하는 제도이다. 채권자취소권은 채무자의 책임재산을 유지 · 보전할 수 있도록 형평의 견지에서 법이 특별히 인정한 것으로, 사해행위의 취소(형성의 소)와 재산의 반환청구(이행의 소)가 결합된 성질을 가지는 것이다. 예를 들면 은행에서 신용대출 1억을 받은 A가 그의 유일한 재산인 토지를 그의 친척 B에게 증여한 경우에, 은행은 채권자취소 소송을 통하여 A와 B사이의 증여계약을 취소하고 그 토지의 소유권을 원상회복시킬 수 있는데(B→A), 이것이 채권자취소권이다.

채권자취소권은 채권대위권과 마찬가지로 채무자의 책임재산 보전을 목적으로 한다. 그러나 채권자대위권은 채무자가 본래 행사하여야 할 권리를 행사하지 않은 때에 채권자가 대신 행사하는 것으로 채무자나 제3자에게 미치는 영향이 비교적 적은 편이다. 그에 비하여 채권자취소권은 채무자와 제3자간의 법률행위를 취소하고 재산을 회복시키는 것이어서, 채무자나 제3자에 대하여 미치는 영향이 크다.

2 채권자취소권의 요건

채권자가 채권자취소권을 행사하려면 객관적 요건으로 ① 채권자의 채권이 존재하여야 하고, ② 채무자의 재산권을 목적으로 하는 사해행위로 채권자에게 손해가 있어야 하며, 주관적 요건으로 ③ 채무자의 사해의사와 ④ 수익자나 전득자의 악의라는 요건을 구비하여야 한다.

2-1 채권자의 채권의 존재

채권자가 보전하여야 할 채권을 가지고 있어야 한다. 금전채권은 가장 전형적인 피보전채권이다. 즉 은행이 채권자취소권을 행사하려면 채무자의 사해행위로부터 보호되어야 할 대출채권(금전채권)이 있어야 한다. 질권 · 저당권과 같은 물적담보에 의하여 담보되는 채권은 우선변제를 받지 못하는 범위에서만 취소권을 행사할 수 있다. 판례도 같은 입장에서 주채무자 또는 제3자 소유의 부동산에 대하여 채권자 앞으로 근저당권이 설정되어 채권자에게 우선변제권이 확보되어 있다면 그 범위 내에서는 채무자의 재산처분행위는 채권자를 해하지 않으므로 그 담보물로부터 우선변제받을 금액을 공제한 나머지 채권액에 대하여만 채권자취소권이 인정된다고 한다.[291] 보증채무 · 연대채무와 같은 인적담보를 수반하는 채권은 담보자에게 변제자력이 있더라도 우선변제가 보장되는 것은 아니므로 그 전 범위에서 취소권을 행사할 수 있다.

채권자의 채권은 사해행위가 있기 전에 발생한 것이어야 한다. 사해행위 이후에 발생한 채권은 사해행위에 의하여 침해될 수가 없기 때문이다.[292] 또한 채권자취소권은 채권자대위권과 달리 채권이 이행기에 있을 것이 요구되지 않는다.

---

291) 대법원 2002.4.12. 선고 2000다63912 판결

292) 즉, 은행대출이 사해행위 이전에 이루어졌어야 한다. 은행이 대출을 취급하기 이전에 채무자가 행한 재산처분행위까지 채권자인 은행이 취소를 주장할 수는 없는 것이기 때문이다.

2-2 채무자의 사해행위

채권자취소권이 성립하려면 채무자의 사해행위가 있어야 한다. 채무자가 행한 법률행위만 사해행위로 취소할 수 있으며, 채무자 이외의 자가 행한 행위는 취소하지 못한다. 따라서 취소의 대상이 되는 사해행위는 채무자와 수익자 사이에서 행하여진 법률행위이어야 하고, 수익자와 전득자 사이의 법률행위는 취소의 대상이 되지 않는다(대법원 2004.8.30. 선고 2004다21923 판결).

취소의 대상이 되는 사해행위는 매매 · 대물변제 · 저당권설정과 같이 직접 재산권을 목적으로 하는 법률행위이어야 한다(민법 406조). 그러므로 혼인 · 입양 등과 같이 직접 재산권을 목적으로 하지 않는 행위는 취소할 수 없다.

2-3 채권자를 해하는 법률행위일 것

취소의 대상은 법률행위이어야 하므로, 사실행위(예: 담보건물철거 등)는 취소의 대상이 될 수 없다.

채권자를 해한다는 것은 채무자의 재산행위로 말미암아 채무자의 적극재산이 소극재산인 채무의 총액보다 적은 것, 즉 채무초과 또는 무자력을 가리킨다. 채무자의 재산처분행위에 의하여 그 재산이 감소되어 채권의 공동담보에 부족이 생기거나, 이미 부족 상태에 있는 공동담보가 한층 더 부족하게 됨으로써 채권을 완전하게 만족시킬 수 없게 되어야 한다. 예컨대 부동산의 소유권을 제3자에게 이전하더라도 잔여재산으로 채무변제가 충분하다면 사해성이 인정되지 않으나, 유일한 재산인 부동산 소유권을 양도한 때에는 사해성이 인정된다.[293)]

채무자의 자력을 산정함에 있어서는 채무자의 신용 등도 포함하여야 하며, 조건부채권 · 기한부채권도 평가 · 가산하여야 한다. 그런데 채권을 평가하는 경우에는 그것이 용이하게 변제받을 수 있는 때에만 포함시켜야 한다.[294)] 그리고 압류

---

293) 증여는 채권자취소권 행사의 대상이 되나 증여 · 유증의 거절, 상속인의 승인 · 포기는 대상이 아니다. 다만, 채무자가 상속재산의 분할협의를 하면서 상속재산에 관한 권리를 포기하는 경우는 대상이 될 수 있다(대법원 2001.2.9. 선고 2000다51797 판결). 합의이혼에 의한 재산분여 중에서 상당한 것은 사해행위가 아니나, 과다한 것은 사해행위이다.

294) 대법원 2001.10.12. 선고 2001다32533; 대법원 2005.1.28. 선고 2004다58963 판결; 대법원 2006.2.10. 선고 2004다2564 판결

금지재산은 공동담보가 될 수 없으므로 이를 적극재산에 포함시켜서는 안 된다.[295] 채권자가 물적담보를 가지고 있는 경우에는 우선변제가 확보된 범위에서 그 채무를 소극재산에서 제외하고, 또 그 범위에서 담보재산도 적극재산에서 제외하여야 한다.

채무자의 무자력 여부는 사해행위 당시를 기준으로 판단하여야 한다. 판례도 "채무자의 재산처분행위가 사해행위가 되는지 여부는 처분행위 당시를 기준으로 판단하여야 하므로, 담보로 제공된 부동산에 대하여 임의경매 등의 환가절차가 개시되어 진행되는 도중에 재산처분행위가 이루어졌다고 하더라도 그 재산처분행위의 사해성 여부를 판단하기 위한 부동산 가액의 평가는 부동산 가액의 하락이 예상되는 등의 특별한 사정이 인정되지 아니하는 한 사후에 환가된 가액을 기준으로 할 것이 아니라 사해성 여부가 문제되는 재산처분행위 당시의 시가를 기준으로 하여야 할 것"이라고 한다.[296] 또한 채무자의 무자력은 채권자가 취소권을 행사하는 때, 즉 사실심 변론종결 당시에도 무자력이어야 한다.[297]

사해행위에 해당하는지 여부에 대한 최종 판단은, 행위목적물이 채무자의 전체 책임재산 가운데에서 차지하는 비중, 무자력의 정도, 법률행위의 경제적 목적이 갖는 정당성 및 그 실현수단인 당해 행위의 상당성, 행위의 의무성 또는 상황의 불가피성, 채무자와 수익자 간 통모의 유무와 같은 공동담보의 부족 위험에 대한 당사자의 인식의 정도 등 그 행위에 나타난 여러 사정을 종합적으로 고려하여, 그 행위를 궁극적으로 일반채권자를 해하는 행위로 볼 수 있는지 여부에 따라 하여야 한다.[298]

변제는 채무자가 특히 일부의 채권자와 통모하여 다른 채권자를 해할 의사를 가지고 변제를 한 경우를 제외하고는 원칙적으로 사해행위가 되지 않는다.[299] 변

---

295) 대법원 2005.1.28. 선고 2004다58963 판결

296) 대법원 2002.11.8. 선고 2002다41589 판결; 2008.5.15. 선고 2005다60338 판결 등

297) [대법원 2007.11.29. 선고 2007다54849 판결] 처분행위 당시에는 채권자를 해하는 것이었다고 하더라도 그 후 채무자가 자력을 회복하여 사해행위취소권을 행사하는 사실심의 변론종결 시에는 채권자를 해하지 않게 된 경우에는 책임재산 보전의 필요성이 없어지게 되어 채권자취소권이 소멸하는 것으로 보아야 할 것인바, 그러한 사정변경이 있다는 사실은 채권자취소소송의 상대방이 증명하여야 한다.

298) 대법원 2010.9.30. 선고 2007다2718 판결; 대법원 2011.10.13. 선고 2011다28045 판결

299) 대법원 2005.3.25. 선고 2004다10985 판결

제의 경우에는 적극재산뿐만 아니라 소극재산도 감소하게 하여 채무자의 책임재산에 변동을 가져오지 않을 뿐더러 채무자는 변제를 거절하지 못하기 때문이다.

일부채권자를 위하여 저당권의 설정 기타의 물적담보를 제공하는 것은 원칙적으로 사해행위가 아니다. 그러나 이미 채무초과의 상태에 빠져 있는 채무자가 그의 유일한 재산인 부동산을 채권자 중 어느 한 사람에게만 담보로 제공하는 행위는 원칙적으로 다른 채권자들에 대한 관계에서 사해행위가 된다고 하여야 한다.[300] 다만, 사업을 계속 추진하기 위하여, 특히 신규자금을 융통받기 위하여 부득이 특정한 채권자에게 담보로 제공하는 것과 같은 특별한 사정이 있는 때에는, 사해행위가 아니다.[301] 그러나 판례는 비록 사업의 갱생이나 계속 추진의 의도에서 근저당권을 설정하였다고 하더라도 신규자금의 융통 없이 단지 기존채무의 이행을 유예받기 위하여 채권자 중 한 사람에게 담보를 제공하는 행위는 다른 특별한 사정이 없는 한 다른 채권자들에 대한 관계에서는 사해행위에 해당한다고 한다.[302]

주택임대차보호법 8조의 소액보증금 최우선변제권은 임차목적 주택에 대하여 저당권에 의하여 담보된 채권, 조세 등에 우선하여 변제받을 수 있는 일종의 법정담보물권을 부여한 것이므로, 채무자가 채무초과 상태에서 채무자 소유의 유일한 주택에 대하여 최우선변제권의 목적이 되는 임차권을 설정해 준 행위는 채무초과 상태에서의 담보제공행위로서 채무자의 총재산의 감소를 초래하는 행위가 되는 것이고, 따라서 그 임차권설정행위는 사해행위취소의 대상이 된다.[303]

채무자가 보증채무나 연대채무를 부담하는 행위는 소극재산을 증가시키는 것으로 사해행위가 된다. 또한 연대보증인의 법률행위가 사해행위에 해당하는지를 판단할 때, 주채무에 관하여 주채무자 또는 제3자 소유의 부동산에 대하여 채권자 앞으로 근저당권이 설정되어 있는 등으로 채권자에게 우선변제권이 확보되어 있는 경우가 아닌 이상, 주채무자의 일반적 자력은 고려할 요소가 아니다. 이유는 채권자는 주채무자와 연대보증인에 대하여 순차적으로 또는 동시에 채무의 전부

300) 대법원 2007.2.23. 선고 2006다47301 판결
301) 대법원 2011.1.13. 선고 2010다68084 판결
302) 대법원 2009.3.12. 선고 2008다29215 판결; 대법원 2010.4.29. 선고 2009다104504 판결
303) 대법원 2005.5.13. 선고 2003다50771 판결

나 일부의 이행을 청구할 수 있기 때문이다.[304)]

가. 부동산매각과 사해행위

은행 실무적으로는 채무자가 유일한 재산인 부동산을 매각하여 소비하기 쉬운 금전으로 바꾸는 행위는 원칙적으로 사해행위가 되지만, 부동산의 매각 목적이 채무의 변제 또는 변제자력을 얻기 위한 것이고, 대금이 부당한 염가가 아니며, 실제 이를 채권자에 대한 변제에 사용하거나 변제자력을 유지하고 있는 경우에는 채무자가 일부 채권자와 통모하여 다른 채권자를 해할 의사를 가지고 변제를 하는 등의 특별한 사정이 없는 한 사해행위에 해당한다고 볼 수 없다. 예를 들면 부동산을 시가 상당의 적정 가격으로 매도하면서 그 매도대금을 채권자에 대한 정당한 변제에 충당하거나 근저당권의 피담보채무를 변제하는 경우에는 사해행위가 성립하지 않을 수 있다.[305)]

채무자 소유 부동산에 담보권이 설정되어 있으면 그 피담보채권액을 공제한 나머지 부분만이 일반채권자의 공동담보로 제공되는 책임재산이 되므로 피담보채권액이 부동산의 가액을 초과하고 있는 때에는 그와 같은 부동산의 양도나 그에 대한 새로운 담보권의 설정은 사해행위에 해당한다고 할 수 없다(대법원 1997.9.9. 선고 97다10864 판결).

나. 담보물교체와 사해행위

신용상태가 악화된 채무자가 제3자 소유의 부동산으로 담보물교체를 은행에 요청하여 담보물을 교체하는 경우에는 사해행위 성립 여부를 검토하여야 한다. 이는 제3자가 은행과 아무런 대가 없이 은행에 담보를 제공하는 것은 제3자의 일반채권자들에 대한 공동담보를 감소시킬 수 있기 때문이다. 예를 들면 은행이 제3자 소유의 부동산에 근저당권을 설정할 때 이미 1순위 근저당권이 설정되어 있었고 은행이 추가로 근저당권을 설정하게 되는 경우에 근저당권 설정액의 합이

---

304) 대법원 2003.7.8. 선고 2003다13246 판결

305) 2015.10.29. 선고 2013다83992 판결

부동산의 시가에 달한다면, 제3자의 일반채권자들에 대한 공동담보 부족을 초래할 수 있는 가능성에 대하여 은행이 충분히 예상하였다고 볼 수 있기 때문이다.[306)]

따라서 신용상태가 악화된 채무자가 담보물교체를 요청하는 경우에는 새로운 담보물에 대한 담보가치 평가뿐만 아니라 소유자의 신용상태도 함께 검토하여 장래 사해행위를 원인으로 담보권이 취소되는 일이 없도록 해야 한다.

2-4 채무자 · 수익자 · 전득자의 악의

가. 채무자의 악의

채권자취소권이 인정되려면 채무자가 사해행위에 의하여 채권자를 해함을 알고 있었어야 한다(민법 406조 1항). 이것을 '사해의 의사'라고 한다. 그러나 이는 적극적인 의욕이 아니라 소극적인 인식으로 충분하다.[307)] 그 인식의 기준시기는 사해행위가 행하여진 때이다. 따라서 사해의 의사를 판단함에 있어서는 사해행위 당시까지의 사정을 기초로 하게 되나, 그 후의 사정도 간접사실로서 판단에 고려될 수 있다.[308)] 채무자의 악의의 입증은 취소채권자에게 있다. 채무자가 유일한 부동산을 매각한 경우에는 채무자의 사해의사가 추정된다고 하며,[309)] 채무자의 제3자에 대한 담보제공행위가 객관적으로 사해행위에 해당하는 경우 수익자의 악의는 추정된다고 한다.[310)]

나. 수익자 또는 전득자의 악의

사해행위취소가 가능하려면, 사해행위로 인하여 이익을 받은 자(수익자)나 전득한 자(전득자)가 그 행위 또는 전득 당시에 채권자를 해함을 알고 있었어야 한다(민법406조 1항). 수익자만 있을 때에는 그가 악의이어야 하고, 전득자가 있는 때에는 그들 중 적어도 하나가 악의이어야 한다. 여기서 수익자란 채무자의 재산처

---

306) 대법원 2015.3.20. 선고 2014다205607 판결
307) 대법원 2009.3.26. 선고 2007다63102 판결
308) 대법원 2003.12.12. 선고 2001다57884 판결
309) 대법원 2010.6.10. 선고 2010다12067 판결
310) 대법원 2010.4.29. 선고 2009다104564 판결

분행위의 상대방을 말하며, 전득자란 수익자로부터 다시 사해행위의 목적물을 취득한 자를 말한다. 여기에서 악의도 사해의 사실에 대한 인식으로 충분하다. 일단 채무자의 악의가 입증되면 수익자와 전득자의 악의는 추정되므로, 이들이 채권자의 채권자취소권 행사에서 벗어나기 위해서는 스스로 선의임을 입증해야 한다.[311)]

수익자의 선의 여부는 채무자와 수익자의 관계, 채무자와 수익자 사이의 처분행위의 내용과 그에 이르게 된 경위 또는 동기, 그 처분행위의 거래조건이 정상적이고 이를 의심할만한 특별한 사정이 없으며 정상적인 거래관계임을 뒷받침할만한 객관적인 자료가 있는지 여부, 그 처분행위 이후의 정황 등 여러 사정을 종합적으로 고려하여 논리칙 · 경험칙에 비추어 합리적으로 판단하여야 한다.[312)]

판례 **대법원 2003.03.25. 선고 2002다62036 판결**

사해행위의 수익자가 채무자와 일면식이 없이 이웃의 소개로 급히 금전이 필요한 채무자로부터 다소 저렴한 가격으로 토지를 매수하였을 뿐이어서 그 과정에서 단기간에 매매대금이 지급되고 그 직후 소유권이전등기가 경료되는 등 부동산거래관행과 다소 다르게 매매가 이루어진 사정이 있다고 하더라도 채무자로부터의 토지매수가 채권자를 해하는 사해행위임을 알지 못한 선의의 수익자에 해당한다고 판단한 사례.

3 채권자취소권의 행사

3-1 행사의 방법

채권자취소권의 행사는 사해행위의 취소와 일탈재산의 원상회복 두 가지를 법원에 청구하는 것이므로, 법률행위만이 이루어졌을 뿐이고 아직 그 이행이 없는 때에는 사해행위의 취소만을 구하면 된다. 채권자취소권은 채권자가 자기의 이름으로 행사한다. 그것도 채권자대위권과 달리 채무자의 권리를 대신 행사하는

311) 대법원 1998.2.13. 선고 97다6711 판결

312) 대법원 2010.8.19. 2010다30102 판결

것이 아니고 채권자가 자신의 권리를 행사하는 것이다.

채권자취소권은 반드시 법원에 소를 제기하는 방법으로 행사하여야 한다(민법 406조 1항). 소제기의 방법으로만 행사하도록 하는 이유는 채권자취소권이 제3자의 이해관계에 영향을 미치기 때문이다.

채권자취소권 행사의 상대방 즉 취소소송의 피고는 이익반환청구의 상대방인 수익자 또는 전득자이며, 채무자만이 피고로 되거나 채무자를 피고에 추가할 수 없다. 한편 수익자와 전득자가 악의인 경우, 채권자는 전득자를 상대로 재산의 반환을 청구할 수도 있고, 수익자를 상대로 이익반환을 청구할 수도 있다. 그러나 수익자만 악의인 때에는 수익자를 상대로 이익의 반환을 청구하여야 하며, 전득자만이 악의인 때에는 전득자를 상대로 재산의 반환을 청구하여야 한다.

3-2 행사의 범위

취소의 범위는 취소채권자의 채권액을 표준으로 하며, 그 채권액은 사해행위의 당시를 표준으로 한다. 따라서 다른 채권자가 있더라도 원칙적으로 자신의 채권액을 넘어서 취소하지는 못한다. "사해행위취소권은 채권의 공동담보를 보전하는 것을 목적으로 하므로, 그 취소의 범위는 공동담보의 보전에 필요하고 충분한 범위에 한정된다. 따라서 채무자가 사해행위에 의하여 비로소 채무초과 상태에 이르게 되는 경우에, 채권자는 채권의 공동담보로 부족하게 되는 부분만을 자신의 채권액을 한도로 취소하면 족하고, 그 행위 전부를 취소할 수는 없다."[313)]

채권자취소권이 행사되면 원칙적으로 원상회복으로서 사해행위의 목적물을 채무자에게 반환하여야 하며, 원물반환이 불가능하거나 현저히 곤란한 때에 한하여 원상회복의무의 이행으로서 목적물의 가액 상당을 배상하여야 한다.[314)] 원물반환이 불가능하거나 현저히 곤란한 경우란 원물반환이 단순히 절대적 · 물리적으로 불능인 경우가 아니라 사회생활상의 경험법칙 또는 거래상의 관념에 비추어 그 이행의 실현을 기대할 수 없는 경우를 말한다.[315)] 또한 가액배상액을 산정

---

313) 대법원 2010.8.19. 선고 2010다36209 판결

314) 대법원 2006.12.7. 선고 2006다42620 판결; 대법원 2007.7.26. 선고 2007다29119 판결

315) [대법원 2006.12.7. 선고 2004다54978 판결] 사해행위 후 목적물에 제3자가 저당권이나 지상권 등의 권리를 취득한 경우에는 채권자는 가액 상당의 배상을 구할 수도 있고, 채무자 앞으로 직접 소유권

함에 있어 그 가액은 수익자가 전득자로부터 실제로 수수한 대가와는 상관없이 사실심 변론종결 시를 기준으로 객관적으로 평가하여야 한다.[316)]

3-3 경매와 원상회복

반환의 목적물이 경매진행되어 대금이 완납되었을 때에는 매수인(낙찰자)의 소유권취득에는 영향을 미칠 수 없다. 따라서 원상회복방법은 수익자가 받은 배당금을 반환받는 것이다.[317)]

저당권이 설정되어 있는 부동산에 관하여 사해행위에 의하여 수익자가 새로 저당권을 취득하였는데 선행 저당권의 실행으로 사해의 저당권이 말소되고 수익자에게 돌아갈 배당금이 배당금지급금지가처분 등으로 인하여 지급되지 못한 경우에는, 사해행위인 저당권 취득의 원인행위를 취소한 후 수익자가 취득한 배당금청구권을 채무자에게 양도하는 방법으로 원상회복이 이루어져야 하고, 이는 결국 배당금채권의 양도와 그 채권양도의 통지를 배당금채권의 채무자에게 할 것으로 명하는 형태가 될 것이다.[318)]

이전등기 절차를 이행할 것을 구할 수도 있는데, 사실심 변론종결 당시의 채권자의 선택에 따라 원물반환청구를 하여 승소판결이 확정되었으면 그 후 어떤 사유로 원물반환의 목적을 달성할 수 없게 되었다고 하더라도 다시 원상회복청구권을 행사하여 가액배상을 청구할 수는 없다.

316) 대법원 2010.4.29. 선고 2009다104564 판결

317) 대법원 2004.1.27. 선고 2003다6200 판결

318) 대법원 2013. 9.13 선고 2013다34945 판결

판례 **대법원 2006.12.07. 선고 2006다43620 판결**

사해행위의 취소에 따른 원상회복은 원칙적으로 그 목적물 자체의 반환에 의하여야 하고, 그것이 불가능하거나 현저히 곤란한 경우에 한하여 예외적으로 가액배상에 의하여야 하는바, 근저당권설정계약 중 일부만이 사해행위에 해당하는 경우에는 그 원상회복은 근저당권설정등기의 채권최고액을 감축하는 근저당권변경등기절차의 이행을 명하는 방법에 의하여야 한다.

판례 **대법원 2001.02.09. 선고 2000다57139 판결**

채권자의 사해행위취소 및 원상회복청구가 인정되면, 수익자는 원상회복으로서 사해행위의 목적물을 채무자에게 반환할 의무를 지게 되고, 만일 원물반환이 불가능하거나 현저히 곤란한 경우에는 원상회복의무의 이행으로서 사해행위 목적물의 가액 상당을 배상하여야 하는바, 여기에서 원물반환이 불가능하거나 현저히 곤란한 경우라 함은 원물반환이 단순히 절대적, 물리적으로 불능인 경우가 아니라 사회생활상의 경험법칙 또는 거래상의 관념에 비추어 그 이행의 실현을 기대할 수 없는 경우를 말하는 것이므로, 사해행위 후 그 목적물에 관하여 제3자가 저당권이나 지상권 등의 권리를 취득한 경우에는 수익자가 목적물을 저당권 등의 제한이 없는 상태로 회복하여 이전하여 줄 수 있다는 등의 특별한 사정이 없는 한 채권자는 수익자를 상대로 원물반환 대신 그 가액 상당의 배상을 구할 수도 있다고 할 것이나, 그렇다고 하여 채권자가 스스로 위험이나 불이익을 감수하면서 원물반환을 구하는 것까지 허용되지 아니하는 것으로 볼 것은 아니고, 그 경우 채권자는 원상회복 방법으로 가액배상 대신 수익자 명의의 등기의 말소를 구하거나 수익자를 상대로 채무자 앞으로 직접 소유권이전등기절차를 이행할 것을 구할 수 있다.

판례 **대법원 1996.10.29. 선고 96다23207 판결**

[1] 채무자의 재산이 채무의 전부를 변제하기에 부족한 경우에 채무자가 그의 유일한 재산인 부동산을 어느 특정 채권자에게 대물변제로 제공하여 소유권이전등기를 경료하였다면 그 채권자는 다른 채권자에 우선하여 채권의 만족을 얻는 반면 그 범위 내에서 공동담보가 감소됨에 따라 다른 채권자는 종전보다 더 불리한 지위에 놓이게 되므로 이는 곧 다른 채권자의 이익을 해하는 것이라고 보아야 하고, 따라서 이미 채무초과의 상태에 빠져 있는 채무자가 그의 유일한 재산인 부동산을 채권자들 가운데 어느 한 사람에게 대물변제로 제공하는 행위는 다른 특별한 사정이 없는 한 다른 채권자들에 대한 관계에서 사해행위가 된다.

[2] 어느 부동산의 매매계약이 사해행위에 해당하는 경우에는 원칙적으로 그 매매계약을 취소하고 그 소유권이전등기의 말소 등 부동산 자체의 회복을 명하여야 하지만, 그 사해행위가 저당권이 설정되어 있는 부동산에 관하여 당해 저당권자 이외의 자와의 사이에 이루어지고 그 후 변제 등에 의하여 저당권설정등기가 말소된 때에는, 매매계약 전부를 취소하여 그 부동산 자체의 회복을 명하는 것은 당초 담보로 되어 있지 아니하던 부분까지 회복시키는 것이 되어 공평에 반하는 결과가 되므로, 그 부동산의 가액에서 저당권의 피담보채권액을 공제한 잔액의 한도에서 그 매매계약의 일부 취소와 그 가액의 배상을 구할 수 있을 뿐 부동산 자체의 회복을 구할 수는 없다.

4 채권자취소권 행사의 효과

4-1 채무자의 일반재산으로의 회복

채권자취소권 행사의 효과는 모든 채권자를 위하여 그 효력이 있다(민법 407조). 수익자 또는 전득자로부터 받은 재산이나 이익은 채무자의 일반재산으로 회복되고 모든 채권자를 위하여 공동담보가 된다. 따라서 취소채권자가 자기에게 인도하도록 한 경우에도 그것으로부터 우선변제를 받는 것은 아니다. 그가 변제를 받으려면 다시 집행권원에 기하여 강제집행을 하여야 한다. 다만, 상계를 할 수 있는 때에는 상계를 함으로써 사실상 우선변제를 받을 수 있다.

사해행위 당시부터 채권을 가지고 있었던 채권자는 배당요구를 할 수 있지만, 사해행위의 상대방(수익자 또는 전득자)이 채권자의 일원인 경우(사해행위가 채무자와의 통모에 의한 경우)에는 배당요구가 허용되지 않는다.

4-2 상대적 효력

취소의 효력은 채권자와 수익자 사이 또는 채권자와 전득자 사이에만 발생하며, 채무자나 제3자에게는 미치지 않고, 채무자와 수익자 사이의 또는 수익자와 전득자 사이의 법률관계에도 미치지 않는다.[319] 따라서 채무자는 취소판결에 기하여 아무런 권리도 취득하지 못한다. 그리고 채권자가 변제받은 나머지는 수익자나 전득자에 귀속한다. 다만, 채무자는 수익자나 전득자의 손실로 부당이득을 한 것이 되므로, 수익자 등은 그 범위에서 채무자에 대하여 부당이득의 반환을 청구할 수 있다.

4-3 취소채권자가 사실상 우선변제받는 경우

사해행위의 취소와 원상회복은 채무자의 책임재산의 보전을 직접적인 목적으로 하고, 그 효과는 모든 채권자의 이익을 위하여 발생되므로 취소채권자가 회복된 재산에 대하여 우선권을 가지는 것은 아니다. 또한 회복된 재산으로부터 채권을 회수하는 방법에 관하여 아무런 규정을 두고 있지 않고 집행방법 또한 마련되어 있지 않다. 따라서 취소채권자는 채권만족에 관한 일반원칙에 따라 책임재산이 채무자에게로 회복된 후 채무자로부터 임의변제를 받거나 강제집행에 의하여 채권내용을 실현할 수밖에 없다. 이 경우 다른 채권자들은 이중경매의 신청, 배당요구 등의 방법에 의하여 절차에 참가하고 평등배당을 받을 기회가 부여된다.

그런데 취소권의 행사에 의하여 취소채권자가 자기에게 직접 금전의 지급을 청구할 수 있는 경우, 즉 가액배상의 경우에는 현행법상 그 지급을 받은 금전에 대하여 취소채권자뿐만 아니라 다른 채권자의 변제에도 충당하기 위한 절차규정이 마련되어 있지 않아 취소채권자는 사실상 그 지급받은 금원을 그대로 자기의 채권의 변제에 충당하고, 이때에 다른 채권자는 배당요구의 기회가 없어 사실상의 우선변제가 된다.

---

319) 대법원 2012.8.17. 선고 2010다87672 판결

판례 **대법원 2004.01.27. 선고 2003다6200 판결**

【판시사항】

근저당권설정계약을 사해행위로서 취소함에 있어 이미 경매절차가 진행되어 타인이 소유권을 취득하고 근저당권설정등기가 말소된 경우, 수익자의 배당금 수령 여부에 따른 원상회복의 구체적인 방법 및 채권자가 사해행위취소의 소와 배당이의의 소를 병합하여 제기하는 경우, 배당표 경정의 범위

【판결요지】

근저당권설정계약을 사해행위로서 취소하는 경우 경매절차가 진행되어 타인이 소유권을 취득하고 근저당권설정등기가 말소되었다면 원물반환이 불가능하므로 가액배상의 방법으로 원상회복을 명할 것인바, 이미 배당이 종료되어 수익자가 배당금을 수령하였다면 수익자로 하여금 배당금을 반환하도록 명하여야 하고, 배당표가 확정되었으나 채권자의 배당금지급금지가처분으로 인하여 수익자가 배당금을 현실적으로 지급받지 못한 경우에는 배당금지급채권의 양도와 그 채권양도의 통지를 명할 것이나, 채권자가 배당기일에 출석하여 수익자의 배당부분에 대하여 이의를 하였다면 그 채권자는 사해행위취소의 소와 병합하여 원상회복으로서 배당이의의 소를 제기할 수 있다고 할 것이고, 다만 이 경우 법원으로서는 배당이의의 소를 제기한 당해 채권자 이외의 다른 채권자의 존재를 고려할 필요 없이 그 채권자의 채권이 만족을 받지 못한 한도에서만 근저당권설정계약을 취소하고 그 한도에서만 수익자의 배당액을 삭제하여 당해 채권자의 배당액으로 경정하여야 한다.

판례 **대법원 2012.06.28. 선고 2010다71431 판결**

신용보증기금이 갑 주식회사를 상대로 제기한 사해행위취소소송에서 원물반환으로 근저당권설정등기의 말소를 구하여 승소판결이 확정되었는데, 그 후 해당 부동산이 관련 경매사건에서 담보권 실행을 위한 경매절차를 통하여 제3자에게 매각된 사안에서, 위와 같이 부동산이 담보권 실행을 위한 경매절차에 의하여 매각됨으로써 확정판결에 기한 갑 회사의 근저당권설정등기 말소등기절차의무가 이행불능된 경우, 신용보증기금은 대상청구권 행사로서 갑 회사가 말소될 근저당권설정등기에 기한 근저당권자로서 지급받은 배당금의 반환을 청구할 수 있다고 한 사례

판례 **대법원 2004.07.09. 선고 2003다38245 판결**

수익자가 경매절차에서 채무자와의 사해행위로 취득한 근저당권에 기하여 배당에 참가하여 배당표는 확정되었으나 채권자의 배당금지급금지가처분으로 인하여 배당금을 현실적으로 지급받지 못한 경우, 채권자취소권의 행사에 따른 원상회복의 방법은 수익자에게 바로 배당금의 지급을 명할 것이 아니라 수익자가 취득한 배당금지급청구권을 채무자에게 반환하는 방법으로 이루어져야 하고, 이는 결국 배당금지급채권의 양도와 그 채권양도의 통지를 배당금지급채권의 채무자에게 하여 줄 것을 청구하는 형태가 될 것이며(대법원 1997. 10. 10. 선고 97다8687 판결, 2004. 1. 27. 선고 2003다6200 판결 등), 채권에 대한 압류가 경합하여 제3채무

자가 자신의 채무를 집행공탁한 경우 그 공탁에 의하여 채무변제의 효과가 생겨 제3채무자가 면책되기는 하지만, 제3채무자의 채권자는 현실적으로 그 채권을 추심한 것이 아니라 공탁금출급청구권을 취득한 것에 불과하고, 압류의 효력이 그 공탁금출급청구권에 대하여 존속하게 되는 것이므로, 채권자취소권의 행사에 따른 원상회복의 방법은 가액배상이 아니라 공탁금출급청구권을 반환하는 방법으로 하여야 할 것이다.

판례 대법원 2003.11.28. 선고 2003다50061 판결

채권자취소권은 채권의 공동담보인 채무자의 책임재산을 보전하기 위하여 채무자와 수익자 사이의 사해행위를 취소하고 채무자의 일반재산으로부터 일탈된 재산을 모든 채권자를 위하여 수익자 또는 전득자로부터 환원시키는 제도이므로, 수익자인 채권자로 하여금 안분액의 반환을 거절하도록 하는 것은 자신의 채권에 대하여 변제를 받은 수익자를 보호하고 다른 채권자의 이익을 무시하는 결과가 되어 제도의 취지에 반하게 되므로, 수익자가 채무자의 채권자인 경우 수익자가 가액배상을 할 때에 수익자 자신도 사해행위취소의 효력을 받는 채권자 중의 1인이라는 이유로 취소채권자에 대하여 총채권액 중 자기의 채권에 대한 안분액의 분배를 청구하거나, 수익자가 취소채권자의 원상회복에 대하여 총채권액 중 자기의 채권에 해당하는 안분액의 배당요구권으로써 원상회복청구와의 상계를 주장하여 그 안분액의 지급을 거절할 수는 없다 할 것이고(대법원 2001. 2. 27. 선고 2000다44348 판결 참조), 채권자의 사해행위취소 및 원상회복청구가 인정되면, 수익자는 원상회복으로서 사해행위의 목적물을 채무자에게 반환할 의무를 지게 되고, 만일 원물반환이 불가능하거나 현저히 곤란한 경우에는 원상회복의무의 이행으로서 사해행위 목적물의 가액 상당을 배상하여야 하는바, 여기에서 원물반환이 불가능하거나 현저히 곤란한 경우라 함은 원물반환이 단순히 절대적, 물리적으로 불능인 경우가 아니라 사회생활상의 경험법칙 또는 거래상의 관념에 비추어 그 이행의 실현을 기대할 수 없는 경우를 말하는 것이므로(대법원 1998. 5. 15. 선고 97다58316 판결 참조), 사해행위에 해당하는 채권양도가 채권자에 의하여 취소되기 전에 이미 채권양수인인 수익자 등이 제3채무자로부터 그 채권을 변제받는 등으로 양도채권이 소멸된 경우에는, 채권자는 원상회복의 방법으로 수익자 등을 상대로 그 채권양도의 취소와 함께 변제로 수령한 금전의 지급을 가액배상의 방법으로 청구할 수 있으며(대법원 2002. 10. 25. 선고 2002다42711 판결 참조), 또한, 취소채권자로서는 수익자나 전득자에 대하여 직접 자신에게 금전이나 동산을 지급할 것을 청구할 수 있다 할 것이다(대법원 1999. 8. 24. 선고 99다23468 · 23475 판결 등 참조).

5 채권자취소권의 소멸

채권자취소권은 채권자가 취소원인을 안 날로부터 1년, 법률행위가 있은 날로부터 5년 내에 행사하여야 한다(민법 406조 2항). 이 기간은 소멸시효가 아니고 제척기간이다. 그리하여 그 기간은 법원이 직권으로 조사할 수 있고, 두 기간 중 어느 하나가 만료되면 채권자취소권은 소멸한다. 채권자취소권은 법률행위에 흠이 있어서가 아니고 공동담보의 보전을 위하여 취소할 수 있도록 한 것이고, 또 제3자에게 미치는 영향이 크기 때문에 단기의 권리행사기간을 두고 있다.

1년의 제척기간의 기산점이 되는 '채권자가 취소원인을 안 날'이라 함은 채무자가 채권자를 해함을 알면서 법률행위를 한 사실을 채권자가 안 때를 의미한다. 단순히 채무자가 재산의 처분행위를 하였다는 사실을 아는 것만으로는 부족하고, 구체적인 사해행위의 존재를 알고 나아가 채무자에게 사해의 의사가 있었다는 사실까지 알 것을 요하나, 채권자가 수익자나 전득자의 악의까지 알아야 하는 것은 아니다.[320]

5년의 제척기간의 기산점이 되는 '법률행위가 있은 날'은 사해행위에 해당하는 법률행위가 실제로 이루어진 날을 가리킨다.[321] 그런데 실제로 사해행위가 이루어진 날을 판정하기 곤란한 경우에는 다른 특별한 사정이 없는 한 처분문서에 기초한 것으로 보이는 등기부상 등기원인일자를 중심으로 그러한 사해행위가 실제로 이루어졌는지 여부를 판정할 수밖에 없다.[322]

채무자의 소유의 부동산에 관하여 수익자 명의로 소유권이전청구권 보전을 위한 가등기가 되었다가 그 가등기에 기한 소유권이전의 본등기가 된 경우에, 가등기의 등기원인인 법률행위와 본등기의 등기원인인 법률행위가 명백히 다른 것이 아닌 한, 가등기 및 본등기의 원인행위에 대한 사해행위취소 청구의 제척기간의 기산일은 가등기의 원인행위가 사해행위임을 안 때이다.[323]

---

320) 대법원 2000.9.29. 선고 2000다3262 판결; 2009.10.29. 선고 2009다47852 판결; 대법원 2012.1.12. 선고 2011다82384 판결

321) 대법원 2002.7.26. 선고 2001다73138 · 73145 판결

322) 대법원 2002.11.8. 선고 2002다41589; 대법원 2010.2.25. 2007다28819 · 28826 판결

323) 대법원 1991.11.8. 선고 91다14709; 대법원2006.12.21. 선고 2004다24960 판결

채권자취소권도 대위행사할 수 있는데, 대위권은 채무자의 권리를 대신 행사하는 것이므로 그때에 기간의 준수 여부는 대위채권자가 아니고 대위의 목적으로 되는 권리의 채권자인 채무자를 기준으로 하여 판단하여야 한다.[324] 따라서 대위채권자가 취소원인을 안 지 1년이 지났더라도 채무자가 1년 및 5년의 기간 내에 있으면 취소의 소를 제기할 수 있다.

채권자취소권을 행사할 수 있는 기간(제척기간)이 지났다는 사실의 입증책임은 채권자취소소송의 상대방에게 있다.[325]

판례 **대법원 2009.03.26. 선고 2007다63102 판결**

[1] 채권자취소권의 행사에 있어서 제척기간의 기산점인 채권자가 "취소원인을 안 날"이라 함은 채무자가 채권자를 해함을 알면서 사해행위를 하였다는 사실을 알게 된 날을 의미한다. 이는 단순히 채무자가 재산의 처분행위를 한 사실을 아는 것만으로는 부족하고, 구체적인 사해행위의 존재를 알고 나아가 채무자에게 사해의 의사가 있었다는 사실까지 알 것을 요한다. 한편 그 제척기간의 도과에 관한 입증책임은 채권자취소소송의 상대방에게 있다.

[2] 특정한 채권에 대한 공동 연대보증인 중 1인이 다른 공동 연대보증인에게 재산을 증여하여 특정채권자가 추급할 수 있는 채무자들의 총 책임재산에는 변동이 없다고 하더라도, 재산을 증여한 연대보증인의 재산이 감소되어 그 특정한 채권자를 포함한 일반채권자들의 공동담보에 부족이 생기거나 그 부족이 심화된 경우에는, 그 증여행위의 사해성을 부정할 수는 없다.

[3] 사해성의 요건은 행위 당시는 물론 채권자가 취소권을 행사할 당시(사해행위취소소송의 사실심 변론종결 시)에도 갖추고 있어야 하므로, 처분행위 당시에는 채권자를 해하는 것이었더라도 그 후 채무자가 자력을 회복하거나 채무가 감소하여 취소권 행사 시에 채권자를 해하지 않게 되었다면, 채권자취소권에 의하여 책임재산을 보전할 필요성이 없으므로 채권자취소권은 소멸한다.

[4] 사해의사란 채무자가 법률행위를 함에 있어 그 채권자를 해함을 안다는 것이다. 여기서 '안다'고 함은 의도나 의욕을 의미하는 것이 아니라 단순한 인식으로 충분하다. 결국 사해의사란 공동담보 부족에 의하여 채권자가 채권변제를 받기 어렵게 될 위험이 생긴다는 사실을 인식하는 것이며, 이러한 인식은 일반 채권자에 대한 관계에서 있으면 족하고, 특정의 채권자를 해한다는 인식이 있어야 하는 것은 아니다.

324) 대법원 2001.12.27. 선고 2000다73049 판결

325) 대법원 2009.3.26. 선고 2007다63102 판결

[5] 사해행위의 취소에 따른 원상회복은 원칙적으로 그 목적물 자체의 반환에 의하여야 하고, 그것이 불가능하거나 현저히 곤란한 경우에 한하여 예외적으로 가액반환에 의하여야 한다. 원물반환이 불가능하거나 현저히 곤란한 경우라 함은 원물반환이 단순히 절대적 · 물리적으로 불능인 경우가 아니라 사회생활상의 경험법칙 또는 거래상의 관념에 비추어 채권자가 수익자나 전득자로부터 이행의 실현을 기대할 수 없는 경우를 말한다. 사정변경에 따른 주식 가치의 변동은 주식의 통상적인 속성에 포함되는 것이고 주식 자체의 성질이나 내용에는 변화가 없는 것이어서, 이를 가액배상의 사유로 삼을 수는 없다.

판례 **대법원 2003.12.12. 선고 2003다40286 판결**

[1] 채권자취소권 행사에 있어서 제척기간의 기산점인 채권자가 「취소원인을 안 날」이라 함은 채권자가 채권자취소권의 요건을 안 날, 즉 채무자가 채권자를 해함을 알면서 사해행위를 하였다는 사실을 알게 된 날을 의미한다고 할 것이므로, 단순히 채무자가 재산의 처분행위를 하였다는 사실을 아는 것만으로는 부족하고, 그 법률행위가 채권자를 해하는 행위라는 것 즉, 그에 의하여 채권의 공동담보에 부족이 생기거나 이미 부족상태에 있는 공동담보가 한층 더 부족하게 되어 채권을 완전하게 만족시킬 수 없게 되었으며 나아가 채무자에게 사해의 의사가 있었다는 사실까지 알 것을 요한다.

[2] 어느 부동산에 관한 법률행위가 사해행위에 해당하는 경우에는 원칙적으로 그 사해행위를 취소하고 소유권이전등기의 말소 등 부동산 자체의 회복을 명하여야 하는 것이나, 다만 원물반환이 불가능하거나 현저히 곤란한 경우에는 원상회복의무의 이행으로서 사해행위 목적물의 가액 상당의 배상을 명하여야 하는 것이고, 이러한 가액배상에 있어서는 일반 채권자들의 공동담보로 되어 있어 사해행위가 성립하는 범위 내의 가액의 배상을 명하여야 하는 것이므로, 사해행위 후 그 목적물에 관하여 선의의 제3자가 저당권을 취득하였음을 이유로 가액배상을 명하는 경우에는 사해행위 당시 일반 채권자들의 공동담보로 되어 있었던 부동산 가액 전부의 배상을 명하여야 할 것이고, 그 가액에서 제3자가 취득한 저당권의 피담보채권액을 공제할 것은 아니고, 증여의 형식으로 이루어진 사해행위를 취소하고 원물반환에 갈음하여 그 목적물 가액의 배상을 명함에 있어서는 수익자에게 부과된 증여세액과 취득세액을 공제하여 가액배상액을 산정할 것도 아니다.

판례 **대법원 2006.07.04. 선고 2004다61280 판결**

[1] 채권자가 사해행위의 취소로서 수익자를 상대로 채무자와의 법률행위의 취소를 구함과 아울러 전득자를 상대로도 전득행위의 취소를 구함에 있어서, 전득자의 악의는 전득행위 당시 그 행위가 채권자를 해한다는 사실, 즉 사해행위의 객관적 요건을 구비하였다는 것에 대한 인식을 의미하므로, 전득자의 악의를 판단함에 있어서는 단지 전득자가 전득행위 당시 채무자와 수익자 사이의 법률행위의 사해성을 인식하였는지 여부만이 문제가 될 뿐이지, 수익자와 전득자 사이의 전득행위가 다시 채권자를 해하는 행위로서 사해행위의 요건을 갖추어야 하는 것은 아니다.

[2] 채권자취소권의 행사에 있어서 제척기간의 기산점인 채권자가 '취소원인을 안 날'은 채권자가 채권자취소권의 요건을 안 날, 즉 채무자가 채권자를 해함을 알면서 사해행위를 하였다는 사실을 알게 된 날을 의미하고, 채권자가 취소원인을 알았다고 하기 위하여는 단순히 채무자가 재산의 처분행위를 하였다는 사실을 아는 것만으로는 부족하고 구체적인 사해행위의 존재를 알고 나아가 채무자에게 사해의 의사가 있었다는 사실까지 알 것을 요하며, 사해행위의 객관적 사실을 알았다고 하여 취소의 원인을 알았다고 추정할 수는 없다.

[3] 사해행위취소소송에 있어서 수익자가 사해행위임을 몰랐다는 사실은 그 수익자 자신에게 입증책임이 있는 것이고, 이때 그 사해행위 당시 수익자가 선의였음을 인정함에 있어서는 객관적이고도 납득할 만한 증거자료 등에 의하여야 하고, 채무자의 일방적인 진술이나 제3자의 추측에 불과한 진술 등에만 터 잡아 그 사해행위 당시 수익자가 선의였다고 선뜻 단정하여서는 안 된다.

판례 **대법원 2000.09.29. 선고 2000다3262 판결**

이미 채무초과의 상태에 빠져 있는 채무자가 그의 유일한 재산인 부동산을 채권자들 가운데 어느 한 사람에게 대물변제로 제공하는 행위는 다른 특별한 사정이 없는 한 다른 채권자들에 대한 관계에서 사해행위가 되고, 특히 채무자가 자기의 유일한 재산인 부동산을 매각하여 소비하기 쉬운 금전으로 바꾸는 행위는 특별한 사정이 없는 한 채권자에 대하여 사해행위가 되어 채무자의 사해의 의사가 추정되는 것이므로, 이와 같이 채무자가 유일한 재산인 부동산을 처분하였다는 사실을 채권자가 알았다면 특별한 사정이 없는 한 채무자의 사해의사도 채권자가 알았다고 봄이 상당하다.

판례 **대법원 1999.04.09. 선고 99다2515 판결**

[1] 가등기에 기하여 본등기가 경료된 경우 가등기의 원인인 법률행위와 본등기의 원인인 법률행위가 명백히 다른 것이 아닌 한, 사해행위 요건의 구비 여부는 가등기의 원인된 법률행위 당시를 기준으로 하여 판단하여야 한다.

[2] 채무자가 유일한 재산인 부동산을 매각하여 소비하기 쉬운 금전으로 바꾸는 것은 특별한 사정이 없는 한 사해행위가 되고, 사해행위의 주관적 요건인 채무자의 사해의사는 채권의 공동담보에 부족이 생기는 것을 인식하는 것을 말하는 것으로서, 채권자를 해할 것을 기도하거나 의욕하는 것을 요하지 아니하며, 채무자가 유일한 재산인 부동산을 매각하여 소비하기 쉬운 금전으로 바꾸는 경우에는 채무자의 사해의사는 추정되므로, 채무자가 유일한 재산인 부동산을 매도한 경우 그러한 사실을 채권자가 알게 된 때에 채권자가 채무자에게 당해 부동산 외에는 별다른 재산이 없다는 사실을 알고 있었다면 그때 채권자는 채무자가 채권자를 해함을 알면서 사해행위를 한 사실을 알게 되었다고 보아야 한다.

[3] 채권자가 채무자의 유일한 재산에 대하여 가등기가 경료된 사실을 알고 채무자의 재산상태를 조사한 결과 다른 재산이 없음을 확인한 후 채무자의 재산에 대하여 가압류를 한 경우, 채권자는 그 가압류 무렵에는 채무자가 채권자를 해함을 알면서 사해행위를 한 사실을 알았다고 봄이 상당하다고 한 사례.

제3절

소멸시효관리

1 소멸시효

시효란, 일정한 사실상태가 오랫동안 계속되는 경우에 그 상태가 진정한 권리관계와 일치하는지 여부를 묻지 않고, 그 사실상태를 존중하여 일정한 법률효과(권리의 취득이나 소멸)를 발생시키는 제도를 말한다. 시효에는 권리행사의 외관이 일정기간 계속된 경우에 권리취득의 효과를 부여하는 '취득시효'와 권리를 행사하지 않은 사실상태가 일정기간 계속된 경우에 그 권리를 소멸시키는 효과를 부여하는 '소멸시효'가 있다. 은행업무 등 금융기관과 관련하여 주로 소멸시효가 문제가 된다.

소멸시효와 비슷한 것으로 제척기간이 있다. 제척기간이란 일정한 권리에 관하여 법률이 예정하는 존속기간이다. 제척기간이 규정되어 있는 권리는 제척기간이 경과하면 당연히 소멸하며, 소멸시효와 달리 중단이나 정지라는 것이 없다.

2 소멸시효의 요건

소멸시효에 의하여 권리가 소멸하기 위해서는 ① 권리가 소멸시효에 걸리는 것이어야 하며, ② 권리자가 법률상 그의 권리를 행사할 수 있음에도 불구하고 행사하지 않아야 하며(권리의 불행사), ③ 권리불행사의 상태가 일정한 기간 동안 계속되어야 한다. 이 기간을 소멸시효기간이라고 한다.

2-1 소멸시효에 걸리는 권리

모든 권리가 소멸시효에 걸리는 것이 아니다. 소멸시효에 걸리는 권리는 채권과 소유권 이외의 재산권이다(민법 162조 2항). 그에 비하면 가족권 · 인격권은 소멸시효에 의하여 소멸하지 않는다.

2-2 권리의 불행사(소멸시효기간의 기산점)

소멸시효에 의하여 권리가 소멸하려면, 권리를 일정한 기간(소멸시효기간) 동안 행사하지 않고 있어야 한다. 소멸시효기간의 기산점(기간 계산의 시작시점)은 권리를 행사할 수 있는 때부터 진행한다(민법 166조 1항). 권리를 행사할 수 있음에도 행사하지 않고 있는 것이 '권리불행사'이다. 다만, 권리불행사가 되려면 법률상 장애가 없어야 한다. 따라서 법률상의 장애가 있으면 소멸시효는 진행하지 않는다. 예를 들면 채무의 변제기가 되지 않았거나 조건이 성취되지 않은 경우에 그렇다.

3 소멸시효기간

소멸시효가 완성하려면, 권리불행사의 상태가 일정기간 즉 소멸시효기간 동안 계속되어야 한다. 그 기간은 권리의 종류에 따라 다르다.

3-1 시효의 기산일

소멸시효는 권리를 행사할 수 있는 때 즉, 변제기일이 도래된 때로부터 진행된다. 다만, 변제기일 전에 기한의 이익을 상실한 경우에는 기한의 이익상실 사유가 발생한 때에 변제기가 도래한다. 또한, 부작위를 목적으로 하는 채권의 소멸시효는 위반행위를 한 때로부터 진행한다(민법 166조). 시효기간을 계산할 때 초일은 산입하지 않으며, 만료일은 기산일의 전일로 결정된다. 이유는 민법에서 기간이 '○년(일·주·월)'이면 초일(첫날)을 산입하지 않고 기간을 계산하여(민법 157조), '○년(주·월) 후' 그 기산일에 해당한 날의 전일로 기간이 만료하기 때문이다(민법 160조 2항).

3-2 채권의 소멸시효기간

가. 보통의 채권

보통의 채권의 소멸시효기간은 10년이다(민법 162조 1항). 상행위로 생긴 채권은 5년의 시효에 걸린다(상법 64조).

나. 3년의 단기소멸시효에 걸리는 채권

이자채권, 부양료채권, 의사 · 약사 등의 치료 · 조제에 관한 채권, 변호사 · 변리사 등의 직무에 관한 채권, 생산자 및 상인이 판매한 상품의 대가 등은 3년의 시효에 걸린다.

다. 1년의 단기소멸시효에 걸리는 채권

여관 · 음식점 등의 숙박료 · 음식료 등의 채권, 의복이나 그 밖의 동산의 사용료채권, 학생의 교육에 관한 교사의 채권 등은 1년의 시효에 걸린다(민법 164조).

라. 소유권 이외의 재산권의 소멸시효기간

소유권은 소멸시효에 걸리지 않으며, 소유권을 제외한 재산권(채권 제외)은 20년의 시효에 걸린다(민법 162조 2항). 지상권을 가지고 있는 자가 그 권리를 20년간 행사하지 않으면, 그 권리는 시효로 소멸한다.

표 Ⅵ-1 〈채권별 소멸시효기간〉

구 분	기 간	비 고
채권의 소멸시효기간	10년	
채권 및 소유권 이외의 재산권	20년	
상사채권	5년	금융기관의 대출채권은 상사채권으로서 상사채권의 소멸시효규정을 적용받는다.
이자채권(약정이자)	3년	
연체이자(지연배상금)	5년	연체이자의 법적 성질은 금전채무의 불이행에 따른 지연배상금이며, 이는 상행위로 인한 상사채권이므로 5년이다.

어음	주채무자(약속어음발행인, 환어음인수인)에 대한 어음채권	만기일로부터 3년	만기일이 2011.1.10.이면 시효완성일은 2014.1.10.임
	어음소지인의 전자(배서인, 환어음발행인)에 대한 소구권	거절증서 작성일로부터 1년	거절증서 작성면제 시는 만기일로부터 1년
	배서인의 전 배서인에 대한 재소구권	6월	어음을 환수한 날 또는 그 자가 제소된 날로부터 6월
수표	소지인의 발행인과 배서인에 대한 소구권	제시기간 경과 후 6월	발행일자가 2013. 10. 28.인 경우 수표소지인의 발행인에 대한 수표금청구 소멸시효완성일은 2014. 5. 7.이다.
	발행인과 배서인에 대한 재소구권	6월	그 채무자가 수표를 환수한 날 또는 그 자가 제소된 날로부터 6월
이득상환청구권		10년	어음법이 특히 인정한 특수한 지명채권으로 보아 10년으로 보는 것이 다수설이나 그 외에도 여러 학설이 대립하고 있으므로 실무상은 3년 이내에 시효중단절차를 밟는 것이 안전하다.
판결 등으로 확정된 채권		10년	판결이 확정된 날로부터 10년
파산절차(회생·개인회생)에 의하여 확정된 채권		확정일로부터 10년	파산절차에 의하여 확정된 채권, 재판상의 화해, 조정, 기타 판결과 동일한 효력이 있는 것에 의하여 확정된 채권 : 판결이 확정된 날로부터 10년
확정된 지급명령		10년	지급명령 확정일로부터 10년
근로기준법상 임금채권		3년	지급사유 발생일로부터 3년

4 소멸시효의 중단

소멸시효 완성에 필요한 권리불행사라는 사실상태는 일정한 사유가 있는 때에 중단되고, 그때까지 진행한 시효기간은 효력을 잃게 된다. 이처럼 소멸시효의 진행을 막고 그 동안의 시효기간을 없애는 것이 소멸시효의 중단이다.

4-1 소멸시효의 중단사유

소멸시효의 중단사유로는 ① 청구, ② 압류 · 가압류 · 가처분, ③ 승인이 있다(민법 168조).

가. 청구

청구란 시효의 대상인 권리를 행사하는 것을 말하며, 재판상의 청구뿐만 아니라 재판 외의 것도 포함한다. 민법은 시효중단의 효력이 발생하는 청구의 유형으로 '재판상 청구 · 파산절차 참가 · 지급명령 · 화해를 위한 소환 내지 임의출석 · 최고'를 규정하고 있다.

청구의 대표적인 것은 법원에 소를 제기하는 재판상의 청구이다. 재판상의 청구로 인한 시효중단의 효력은 판결이 확정될 때까지 계속되며, 새로운 시효는 판결확정일로부터 다시 진행한다.

채권자가 채무자에 대하여 채무이행을 청구하는 것인 '최고'도 중단사유이다. 다만, 최고의 경우에는 6개월 내에 재판상의 청구 등과 같은 보다 강력한 조치를 취하지 않으면 시효중단의 효력이 없다(민법 174조).

1) 파산절차참가

채권자가 파산재단의 배당에 참가하기 위하여 자기의 채권을 신고하는 것이 파산절차 참가인데, 신고 시에 시효중단의 효력이 있다. 그러나 채권자가 신고를 취소하거나 그 청구가 각하되면 시효중단의 효력이 발생하지 않는다. 회생절차 참가 또는 개인회생절차 참가도 시효를 중단하게 한다(채무자회생법 32조). 파산채권의 신고 및 회생절차의 참가에 의한 시효중단의 효력은 그 절차의 종료 시까지 계속되며, 그 절차가 종료된 때로부터 시효가 다시 진행한다. 만일, 파산절차나 회생절차가 폐지된 경우에는 그 폐지결정이 확정된 때부터 시효가 다시 진행한다.

2) 지급명령신청

금전 기타 대체물이나 유가증권의 일정한 수량의 지급을 목적으로 하는 청구에 대하여 법원은 채권자의 신청에 의하여 지급명령을 할 수 있고, 동 지급명령신청서를 관할법원에 제출한 때에 시효중단의 효력이 있으며(민법 172조), 지급명령이 확정된 때에 새로이 시효가 진행한다.

3) 화해를 위한 소환

제소 전 화해를 신청하면 시효가 중단된다. 그러나 이 신청을 받은 법원이 화해를 권고하기 위하여 상대방을 소환하였으나 상대방이 출석하지 않거나, 출석하더라도 화해가 성립하지 않은 경우에, 화해신청인이 1개월 내에 소를 제기하지 않으면 시효중단의 효력이 없다. 반면 소를 제기하면 화해를 신청한 때 시효중단의 효력이 생긴다(민법 173조).

4) 최고

최고란 채무자에 대하여 채무의 이행을 청구하는 것으로, 의사의 통지에 속한다. 즉, 최고는 재판 외로 채무자에 대하여 채무의 이행을 청구하는 의사의 통지를 말한다. 은행 실무상으로는 후일의 근거로 남기기 위하여 내용증명우편으로 최고한다. 최고는 시효기간의 만료가 가까워져 강력한 다른 중단방법을 취하기 전에 예비적인 조치로 하는 것이며, 6개월 내에 재판상의 청구 · 압류 · 가압류 · 가처분 · 지급명령 · 채무의 승인 등을 하지 아니하면 시효중단의 효력이 없어진다. 최고를 반복하여도 시효기간이 6개월씩 연장되는 것이 아니다. 최고의 소멸시효중단 효력의 발생은 최고 후에 6월 이내에 재판상의 청구 등을 한 경우에 한하여 최고가 상대방에게 도달한 때로 소급하여 발생한다.

나. 압류 · 가압류 · 가처분

압류는 집행법원이 확정판결 기타의 집행권원에 기하여 채무자의 재산의 처분을 금하는 강제집행의 첫 단계이다(민사집행법 24조 · 56조 · 83조 · 188조 이하).

가압류와 가처분은 모두 장래의 강제집행의 불능과 곤란을 예방하기 위하여 행하여지는 강제집행 보전수단인데, 그 가운데 가압류는 장래의 금전채권의 보전으로서 집행대상 재산을 미리 압류하여 두는 것이고(민사집행법 276조 이하), 가처분은 청구권의 목적물의 현재 모습을 유지하게 하거나 또는 다툼이 있는 권리관계에 대하여 임시의 지위를 정하여 주는 것이다(민사집행법 300조 이하).

압류 · 가압류 · 가처분 신청 시에 시효중단의 효력이 생긴다. 그러나 압류 · 가압류 · 가처분이 권리자의 청구에 의하여 또는 법률의 규정에 따르지 않음으로 인해 취소된 경우에는 시효중단의 효력이 없다(민법 175조). 압류명령은 있었으나 채무자의 주소불명 등으로 압류절차에 착수하지 못한 경우에도 시효중단의 효력이 없다. 채권의 일부분만을 피보전채권(청구금액)으로 하여 압류 · 가압류 · 가처분한 경우에는 그 청구금액에 대해서만 시효중단의 효력이 있음은 물론이다. 한편, 부동산경매절차에서 집행력 있는 집행권원의 정본을 가진 채권자가 하는 배당요구는 민법(168조 2호)의 압류에 준하는 것으로 배당요구에 관련된 채권에 관하여 소멸시효를 중단하는 효력이 생긴다.[326)]

압류에 의한 시효중단의 효력은 압류절차 종료 시까지 계속된다. 예를 들면 부동산에 대한 강제집행이나 임의경매의 경우에는 배당기일까지 시효중단의 효력이 계속된다. 가압류 등에 의한 집행보전의 효력이 존속하는 동안은 가압류채권자에 의한 권리행사가 계속되고 있다고 보아야 할 것이므로, 가압류 등에 의한 시효중단의 효력은 가압류 등의 집행보전 효력이 존속하는 동안은 계속된다.[327)]

다. 승인

승인은 시효의 이익을 받을 당사자(예: 채무자)가 그 시효의 완성으로 말미암아 권리를 상실하게 될 상대방 또는 그 대리인에 대하여 그 권리가 존재함을 인식하고 있다는 뜻을 표시하는 행위로, 특별한 방식을 요하지 않는다. 따라서 명시적이든 묵시적이든 상관없으나, 후일의 시효에 관한 다툼이 있는 경우를 예상하여 승인을 내용으로 하는 서면을 받아두는 것이 좋다. 채무자로부터 채무승인서 징구,

---

326) 대법원 2002. 2. 26. 선고 2000다25484 판결

327) [대법원 2000. 4. 25. 선고 2000다11102 판결]

[1] 민법 168조에서 가압류를 시효중단사유로 정하고 있는 것은 가압류에 의하여 채권자가 권리를 행사하였다고 할 수 있기 때문인데 가압류에 의한 집행보전의 효력이 존속하는 동안은 가압류채권자에 의한 권리행사가 계속되고 있다고 보아야 할 것이므로 가압류에 의한 시효중단의 효력은 가압류의 집행보전의 효력이 존속하는 동안은 계속된다.

[2] 민법 168조에서 가압류와 재판상의 청구를 별도의 시효중단사유로 규정하고 있는데 비추어 보면, 가압류의 피보전채권에 관하여 본안의 승소판결이 확정되었다고 하더라도 가압류에 의한 시효중단의 효력이 이에 흡수되어 소멸된다고 할 수 없다.

어음의 개서, 변제기한의 유예신청, 면책적 채무인수, 채무자에 의한 상계신청, 원금의 일부변제 또는 이자의 지급 등은 모두 승인으로 볼 수 있다. 한편, 시효완성후의 승인은 시효중단사유가 아닌 시효이익의 포기이다.

4-2 소멸시효 중단의 효력

시효가 중단되면 그때까지 경과한 시효기간은 이를 산입하지 않고 중단사유가 종료한 때로부터 새로이 시효가 진행한다(민법 178조 1항). 여기서 '중단사유 종료한 때'는 개별적으로 판단하여야 하지만, 법은 특히 재판상 청구에 대하여 '재판이 확정된 때'라고 규정하고 있다(민법 178조 2항). 압류 · 가압류 · 가처분인 경우에는 이들 절차가 끝났을 때이며, 승인의 경우에는 승인이 상대방에게 도달한 때이다.

4-3 소멸시효 중단의 인적 범위

시효중단의 효력은 원칙적으로 당사자 및 그 승계인에게만 미친다(민법 169조). 여기서 당사자란 시효중단행위에 관여한 당사자만을 말하며, 시효의 대상인 권리관계의 당사자를 말하는 것은 아니다. 예를 들면, 손해배상청구권을 공동상속한 자 중 1인이 자기의 상속분을 행사하여 승소판결을 받았더라도, 다른 공동상속인의 상속분에까지 중단의 효력이 미치지는 않는다는 것이다.[328]

그러나 예외적으로 압류 · 가압류 · 가처분은 시효의 이익을 받은 자에 대하여 하지 않더라도 이를 그에게 통지하면 시효중단의 효력이 발생한다(민법 176조). 예를 들면 물상보증인 재산에 대하여 압류를 한 경우에, 이를 채무자에게 통지 · 도달하면 채무자에 대해서도 시효가 중단된다.[329] 또한 연대채무자에 대한 이행청구는 다른 연대채무자에 대하여도 효력이 있고(민법 416조), 주채무자에 대한 시효중단은 보증인에게도 그 효력이 있다(민법 440조).

---

328) 그러나 채권자대위권 행사의 효과는 직접 채무자에 귀속하므로 채권자가 채무자를 대위하여 채무자의 제3채무자에 대한 채권을 재판상 청구하였다면, 그로 인한 채권의 시효중단의 효과는 채무자에게 미친다.

329) 채권자가 물상보증인에 대하여 그 피담보채권의 실행으로 경매를 신청하여 경매법원이 경매개시결정을 하고 경매절차의 이해관계인으로서의 채무자에게 그 결정이 송달되거나 매각기일이 통지된 경우에, 시효의 이익을 받는 채무자는 피담보채권의 소멸시효중단의 효과를 받는다.

5 시효의 정지

소멸시효의 정지란, 시효가 거의 완성될 무렵에 권리자가 시효를 중단시키는 행위를 할 수 없거나 그 행위를 하는 것이 대단히 곤란한 경우에, 그 사정이 소멸한 후 일정기간이 경과하는 시점까지 시효의 완성을 유예하는 것을 말한다. 시효의 정지는 정지사유가 소멸된 후 일정한 유예기간이 경과하면 시효는 완성한다는 점에서 이미 경과한 기간이 소멸하는 중단과 다르다. 다시 말해, 시효의 중단은 중단사유 종료 후 시효기간이 새로이 진행하지만, 시효의 정지는 시효의 완성을 일시 정지시킬 뿐이라는 점에서 차이가 있다.

5-1 시효정지의 사유

가. 제한능력자를 위한 시효정지

소멸시효의 만료기간 전 6개월 내에 제한능력자에게 법정대리인이 없는 경우에는, 제한능력자가 능력자가 되거나 법정대리인이 취임한 때부터 6개월 내에는 시효가 완성되지 않는다(민법 179조). 재산을 관리하는 아버지 · 어머니 또는 후견인에 대한 제한능력자의 권리는 그가 능력자가 되거나 후임 법정대리인이 취임한 때부터 6개월 내에는 소멸시효가 완성하지 않는다(민법 180조 1항). 규정의 취지는 제한능력자는 독자적으로 시효를 중단시키는 행위를 하여 자기의 재산을 보호할 수 없기 때문이다.

나. 혼인관계의 종료에 의한 정지

부부의 일방의 타방에 대한 권리의 경우에 혼인관계가 종료한 날로부터 6개월 내에는 그 소멸시효가 완성되지 않는다(민법 180조 2항). 이는 혼인관계가 존속하는 동안에는 시효중단의 절차를 밟는 것이 곤란하다는 이유에서 인정된 정지사유이다. 여기서 혼인관계가 종료한다는 것은 이혼은 물론이고, 배우자 일방의 사망이나 혼인의 취소 등도 포함된다.

다. 상속재산에 관한 정지

상속재산에 속한 권리나 상속재산에 대한 권리의 경우에 상속인의 확정, 관리인의 선임 또는 파산선고가 있는 때부터 6개월 내에는 그 소멸시효가 완성되지 않는다(민법 181조).

라. 천재 기타 사변에 의한 정지

천재 기타 사변으로 인하여 소멸시효를 중단할 수 없는 경우에 그 사유가 종료한 때부터 1개월 내에는 시효가 완성되지 않는다(민법 182조). 여기서 사변은 폭설이나 홍수로 인한 교통의 두절 · 전쟁 · 폭동 · 지진 등을 가리키며, 권리자의 여행 · 질병과 같은 주관적인 이유는 이에 해당되지 않는다.

6 소멸시효의 효력

6-1 소멸시효 완성의 효과

민법은 소멸시효의 요건이 갖추어진 경우 '소멸시효가 완성한다'고 할 뿐 그 '완성한다'가 무엇을 말하는지에 대하여 규정하고 있지 않다. 이에 대한 학설은 크게 절대적 소멸설, 상대적 소멸설로 나뉘어 대립하고 있다. 절대적 소멸설은 소멸시효의 완성으로 권리가 당연히 소멸한다고 하는 것이고, 상대적 소멸설은 소멸시효의 완성으로 권리가 당연히 소멸하지 않고 다만 시효의 이익을 받을 자에게 권리의 소멸을 주장할 권리가 생길 뿐이라는 것이다.

판례는 소멸시효가 완성하면 권리는 당연히 소멸한다는 '절대적 소멸설'을 취하면서, 변론주의의 원칙상 시효의 이익을 받을 자가 소송에서 소멸시효의 주장을 하지 않으면 그 의사에 반하여 재판할 수 없다고 한다.[330] 그리고 소멸시효의 주장을 할 수 있는 자는 소멸시효에 의하여 직접 이익을 받는 자에 한정된다고 한다.

---

330) [대법원 1991.7.26. 선고 91다5631 판결] 소멸시효에 있어서 그 시효기간이 만료되면 권리는 당연히 소멸하지만 그 시효의 이익을 받는 자가 소송에서 소멸시효의 주장을 하지 아니하면 그 의사에 반하여 재판할 수 없고, 그 시효이익을 받는 자는 시효기간 만료로 인하여 소멸하는 권리의 의무자를 말한다.

6-2 소멸시효의 소급효

소멸시효는 그 기산일에 소급하여 효력이 생긴다(민법 167조). 그리하여 소멸시효가 완성된 권리는 기산일, 즉 그 권리를 처음 행사할 수 있었을 때에 소멸한 것으로 된다. 이러한 소급효 때문에 채권에 소멸시효가 완성된 때에는 채무자는 기산일 이후의 이자를 지급할 필요가 없다. 그러나 시효가 완성된 채권이 그 완성 전에 상계할 수 있었던 것이면 그 채권자는 상계할 수 있다(민법 495조).

6-3 소멸시효의 이익의 포기

소멸시효 이익의 포기란 소멸시효로 인하여 생기는 법률상의 이익을 받지 않겠다는 일방적인 의사표시이다. 소멸시효의 이익은 시효가 완성하기 전에 미리 포기하지 못한다(민법 184조 1항). 민법은 같은 취지에서 당사자의 합의에 의하여 소멸시효를 배제 · 연장 또는 가중할 수 없도록 한다. 그러나 이를 단축 또는 경감하는 것은 허용한다(민법 184조 2항). 따라서 특정한 채무의 이행을 청구할 수 있는 기간을 제한하고 그 기간이 경과할 경우 채무가 소멸하도록 하는 약정은 소멸시효기간을 단축하는 것으로서 유효하다.[331]

그러나 소멸시효의 이익은 시효가 완성한 뒤에는 자유롭게 포기할 수 있다(민법 184조 1항의 반대해석). 시효가 완성된 후에는 채무자의 궁박을 이용할 염려가 없을 뿐만 아니라, 이를 인정하는 것이 당사자의 의사를 존중하는 결과로 되기 때문이다. 시효이익 포기의 의사표시를 할 수 있는 자는 시효완성의 이익을 받을 당사자 또는 대리인에 한정되며, 제3자는 아니다.[332]

포기는 반드시 명시적으로 할 필요가 없고 묵시적으로 하여도 무방하다. 예를 들면 부동산경매절차에서 경락대금이 시효완성 채권자에게 배당되어 그 채무의 일부변제에 충당될 때까지 아무런 이의도 안한 경우,[333] 시효가 완성된 어음채권을 원인으로 하여 집행력 있는 집행권원을 가진 채권자가 채무자의 유체동산에 대한 강제집행을 신청하고 그 절차에서 매각대금이 채권자에게 교부되어 그 채

331) 대법원 2006.4.14. 선고 2004다70253 판결

332) 대법원 1998.2.28. 선고 97다53366 판결

333) 대법원 2000.6.12. 선고 2001다3580 판결

무의 일부변제에 충당될 때까지 채무자가 아무런 이의를 진술하지 않은 경우,[334] 시효완성 후에 채무자가 그 기한의 유예를 요청한 경우에는[335] 포기가 있었던 것으로 볼 수 있다. 그리고 채무자가 시효완성 후에 채무를 일부변제한 때에는 그 액수에 관하여 다툼이 없는 한 그 채무 전체를 묵시적으로 승인한 것으로 보아야 한다.[336]

포기의 효력은 그 의사표시가 상대방에게 도달하는 때에 발생한다. 그리고 포기를 하면 처음부터 시효의 이익이 생기지 않았던 것으로 된다. 포기의 효과는 상대적이어서 포기할 수 있는 자가 여럿인 경우에는 그 중 1인의 포기는 그에게만 효력이 생기고 다른 자에게는 영향이 없다.

---

334) 대법원 2010.5.13. 선고 2010다6345 판결

335) 대법원 1991.1.29. 선고 89다카1114 판결

336) 대법원 2010.5.13. 선고 2010다6345 판결

제4절

담보물에 대한 수용

은행이 담보로 취득하고 있는 토지가「공익사업을 위한 토지 등의 취득 및 보상에 관한 법률」(이하 토지보상법)에 의하여 수용(공용징수)되는 경우, 보상금이 근저당권설정자에게 지급되기 전에 근저당권자(은행)이 물상대위권(민법 342조,[337] 370조)을 행사해야 토지수용금으로부터 우선변제받을 수 있다. 은행이 담보물권자이더라도 담보권자인 은행도 담보목적물이 수용되어 근저당권설정자가 받을 토지보상금에 대하여 물상대위권을 행사하지 않는 경우에는 담보물권이 소멸되는 위험이 있다. 은행이 근저당권 순위에 따라 우선변제권을 행사할 수 있는데 이것을 근저당권의 물상대위권이라고 한다.

1 토지수용

사업자가 토지보상법에 따라 공공사업을 시행하기 위하여 토지소유자와 먼저 매수 협의를 하고 원만한 협의가 이루어지면, 사업자는 토지소유자와 계약을 체결하여 토지 등을 매수한다. 그러나 토지매수가격 등의 문제로 토지소유자와 원만한 협의가 이루어지지 않아 협의매수가 불가능할 경우, 사업자는 공공사업용지를 토지수용절차에 따라 강제로 취득하게 되는 데 이를 토지수용이라고 한다.

토지보상법은 수용대상(토지 · 물건 및 권리), 관련된 절차 및 보상에 대하여 자세히 규율하고 있고, 담보물권자가 보상금에 대하여 물상대위권을 행사하는 내용도 규정하고 있다.[338]

---

337) 민법 342조(물상대위) 질권은 질물의 멸실, 훼손 또는 공용징수로 인하여 질권설정자가 받을 금전 기타 물건에 대하여도 이를 행사할 수 있다. 이 경우에는 그 지급 또는 인도전에 압류하여야 한다.

338) 토지보상법 47조(담보물권과 보상금) 담보물권의 목적물이 수용되거나 사용된 경우 그 담보물권은 그 목적물의 수용 또는 사용으로 인하여 채무자가 받을 보상금에 대하여 행사할 수 있다. 다만, 그 보상금이 채무자에게 지급되기 전에 압류하여야 한다.

참고 토지보상법 제3조(적용 대상)

사업시행자가 다음 각 호에 해당하는 토지 · 물건 및 권리를 취득하거나 사용하는 경우에는 이 법을 적용한다.
1. 토지 및 이에 관한 소유권 외의 권리
2. 토지와 함께 공익사업을 위하여 필요한 입목(立木), 건물, 그 밖에 토지에 정착된 물건 및 이에 관한 소유권 외의 권리
3. 광업권 · 어업권 또는 물의 사용에 관한 권리
4. 토지에 속한 흙 · 돌 · 모래 또는 자갈에 관한 권리

2 토지수용의 형태

토지수용으로 토지소유자가 수용보상금을 지급받는 형태는 직접 수용보상금을 지급받는 경우(협의취득)와 수용보상금이 공탁되는 경우(강제취득)로 나눌 수 있다. 이러한 경우 모두 수용보상금이 토지를 대신하여 발생한 것이므로 근저당권자를 포함한 담보물권자들은 이 수용보상금에 대하여 물상대위의 권리를 취득한다.

2-1 협의취득과 강제취득의 구분

공익사업을 위하여 토지가 필요하게 된 경우 사업시행자는 우선 토지소유자 등과의 협의를 통하여 토지를 취득하려고 노력한다. 만약 협의가 불가능하거나 협의가 불성립한 경우에는 토지소유자의 의사에 반하여 강제적으로 토지의 소유권을 취득하는 것이 토지수용에 의한 강제취득이다. 협의취득은 사법상의 계약으로서 이에 의하여 토지의 승계취득이 이루어지지만, 토지수용에 의한 강제취득은 법률규정에 의한 물권변동이 일어나고 원시취득이 이루어진다.

2-2 협의취득(승계취득)

사업시행자가 토지소유자와 협의를 통하여 토지를 취득하는 것은 사법상의 계약에 의하여 소유권을 취득하는 것이므로, 일반매매계약에 의한 소유권취득과

같이 승계취득이다.[339]

소유자와 사업시행자 간에 손실보상협의가 원만히 성립되어 손실보상금을 소유자에게 지급할 수 있게 되더라도, 수용대상 목적물상에 소유자 이외에 저당권자 등 다른 권리자가 있는 때에는, 사업시행자는 손실보상금을 소유자에게 지급하지 아니하고 소유자로 하여금 수용대상 목적물상의 근저당권자 등 기타 모든 이해관계인의 권리를 해지 또는 해제할 것을 요구한다. 이 경우 은행이 근저당권자로서 보상금을 직접 수령하기 위해서는 다음과 같은 업무처리 방법에 의한다.

가. 당사자 간의 합의(계약)

사업시행자가 수용대상 목적물에 대한 근저당권자인 은행에 대하여 보상금을 지급하여 주기 전에 먼저 근저당권의 해지를 요청하는 경우[340]에는 수용대상 목적물의 소유자 · 사업시행자 · 근저당권자인 은행 등 3자간 또는 그 이상의 다자간 계약으로 합의하여 처리한다.

나. 합의(계약)의 내용

당사자 간에 작성하는 계약서에는 "근저당권자인 은행은 사업시행자가 손실보상금을 은행 명의의 금융계좌로 직접 입금할 것을 조건으로 미리 근저당권을 해지한다. 사업시행자는 손실보상금을 반드시 근저당권자인 은행 명의의 금융계좌로 입금한다. 소유자는 위 계약조건에 동의한다."라는 내용을 포함하여 작성한다.

다. 보상금의 처리

위와 같은 내용의 계약이 체결되면, 그 계약의 내용에 따라 은행은 먼저 근저당권을 해지하여 주고, 다음으로 보상금을 입금 받을 수 있다. 만약, 손실보상금이 소액이고 채무자의 신용도가 확실한 경우 또는 채무자가 다른 담보를 제공한 때에는 위와 같은 번거로운 계약절차 없이 은행이 먼저 근저당권을 해지하여 손실보상금이 채무자에게 직접 지급되도록 함으로써 채무자의 불편을 덜어 주는 것

339) 대법원 1994.6.28. 선고 94누2732 판결

340) 원칙적으로 손실보상금의 지급과 근저당권의 해지는 동시이행관계에 있는 것이나 사업시행자는 먼저 근저당권의 해지를 요청하는 것이 실무적 관행으로 굳어져 있다.

도 가능하다.

2-3 강제취득(원시취득)

사업시행자는 협의취득을 할 수 없는 경우에 토지수용위원회의 재결을 통하여 토지수용을 하게 된다. 사업시행자는 토지수용위원회가 재결로써 결정한 수용(사용)을 시작하는 날까지 토지수용위원회가 재결한 보상금을 지급하여야 한다. 만일 사업시행자가 수용 또는 사용의 개시일까지 토지수용위원회가 재결한 보상금을 지급하거나 공탁하지 아니하였을 때에는 해당 토지수용위원회의 재결은 효력을 상실한다(토지보상법 42조).

사업시행자가 보상금을 지급하거나 공탁하였다면 수용을 시작하는 날에 토지나 물건의 소유권을 원시취득한다. 따라서 토지상에 존재하던 종전의 모든 권리는 절대적으로 소멸하고 사업시행자는 완전한 소유권을 취득하게 된다(토지보상법 40조·45조).

3 토지수용(강제취득)과 물상대위

토지가 수용된 경우 원시취득의 효과로서 토지소유자 및 그 토지에 관한 다른 모든 권리가 소멸한다. 따라서 토지에 대하여 근저당권을 설정받은 자의 저당권도 소멸하게 된다. 그러나 담보물권자는 담보물권 상실로 인한 보상금을 직접 지급받는 것이 아니라, 토지소유자가 지급받는 수용보상금에 대하여 물상대위권을 실행해야만 보호받을 수 있다(토지보상법 47조). 다만, 협의취득은 승계취득으로 보기 때문에 근저당권이 소멸되지 않아서 물상대위의 문제는 발생하지 않는다.

3-1 물상대위

물상대위란 담보권의 목적물이 멸실·훼손·공용징수로 그 목적물에 갈음하는 금전 기타의 물건으로 목적물소유자에게 귀속된 경우, 담보권도 그 목적물에 갈음하는 금전 기타의 물건에 존속하는 것을 말한다.

따라서 담보권자인 근저당권자도 근저당권목적물의 멸실·훼손·공용징수 등으로 인하여 근저당권설정자가 받을 금전 기타 물건에 대하여 근저당권 순위에 따라 우선변제권을 행사할 수 있는데 이것을 근저당권의 물상대위권이라고 한다.

3-2 물상대위의 목적물

물상대위의 목적물은 저당목적물의 "멸실·훼손 또는 공용징수" 등으로 인하여 저당목적물의 소유자가 받을 저당목적물의 가치변형물 그 자체가 아니라 저당목적물의 가치변형물에 대한 저당목적물 소유자가 받을 금전 기타 물건인 보험금청구권, 손해배상청구권, 보상금청구권 등이다.

3-3 물상대위권의 실행 요건

근저당권자가 물상대위권을 행사하기 위해서는 근저당권설정자(소유자)가 받을 금전 기타 물건이 지급 또는 인도되기 전에 압류하여야 한다(민법 342조). 민법은 물상대위권의 행사요건으로 압류를 정하고 있다. 다만, 압류는 물상대위권자가 본인이 직접 할 필요는 없고 제3자에 의해 이미 압류가 이루어진 때에도 실행요건은 충족된다.

3-4 물상대위권 실행 방법

물상대위권의 실행은 ① 근저당권자가 직접 담보권의 존재를 증명하는 서류를 집행법원에 제출하여 채권압류 및 추심 또는 전부명령을 신청하는 방법(민사집행법 273조 2항)과 ② 타인이 진행하는 강제집행절차에서 근저당권자가 배당요구를 하는 방법(민사집행법 247조 1항)이 있다.[341)]

가. 근저당권자가 직접 채권압류 및 추심 또는 전부명령을 신청하는 방법

근저당권자가 직접 채권압류 및 추심 또는 전부명령을 신청하는 방법으로 하는 물상대위권행사는 물상대위 목적물인 채권이 근저당권설정자 또는 제3자에

341) 대법원 2002.10.11. 선고 2002다33137 판결

게 지급 또는 인도되기 전까지 해야 한다. 실무적으로는 근저당권자가 근저당권 설정자(소유자)의 주소지관할 지방법원에 담보권의 존재를 증명하는 서류(부동산 등기사항전부증명서)를 첨부하여 압류 및 추심 또는 전부명령을 신청하면 되고 집행권원은 필요하지 않다.[342] 물상대위의 효력은 법원의 압류명령이 제3채무자(예: 공용징수의 경우에는 사업주체)에게 송달되면 발생한다.[343]

일반적으로 전부명령이 제3채무자에게 송달된 후 확정되면, 송달된 때에 집행채무자가 가지고 있던 피압류채권은 전부채권자에게 이전하기 때문에(민사집행법 229조 3항), 전부명령이 제3채무자에게 송달될 때까지 피압류채권에 관하여 다른 채권자로부터 압류·가압류 또는 배당요구가 없어야 한다(민사집행법 229조 5항). 그런데 물상대위를 위한 전부명령은 통상의 전부명령과 달리, 보상금 등의 지급청구권에 대한 저당권자의 압류 이전에 다른 채권자의 압류가 있어도 저당권자는 물상대위권의 행사를 위한 전부명령을 신청할 수 있다.[344]

근저당권자(물상대위권자)가 물상대위권 행사로 압류 및 추심명령을 법원에 신청하여 효력이 발생한 때에는 직접 압류채권을 추심하여 지급받을 수 있고, 전부명령을 신청하여 효력이 발생한 때에는 압류채권이 근저당권자에게 이전되어 근저당권자는 전부채권자로서 지급을 받을 수 있다.[345]

나. 다른 채권자의 강제집행절차에서 배당요구

제3자가 물상대위 목적채권에 대하여 이미 압류를 하여 강제집행절차가 진행중에 있더라도, 물상대위권자는 배당요구종기 전까지 법원에 배당요구를 할 수 있다. 예를 들면 근저당권설정자의 다른 일반채권자들이 보상금(근저당권설정자

---

342) 물상대위를 위한 압류는 민사집행법 273조에 의거 "채권과 다른 재산권에 대한 담보권의 실행"절차를 준용하고 있지만 채무명의를 요하지 않는 점에서 통상의 강제집행절차의 압류와 구별된다(대법원 1999.5.14. 선고 98다62688 판결, 민사집행법 223조, 224조).

343) 민사집행법 227조

344) 저당목적물의 변형물인 금전 기타 물건에 대하여 일반 채권자가 물상대위권을 행사하려는 저당채권자보다 단순히 먼저 압류나 가압류의 집행을 함에 지나지 않은 경우에는 저당권자는 그 전은 물론 그 후에도 목적채권에 대하여 물상대위권을 행사하여 일반 채권자보다 우선변제를 받을 수가 있다. 근저당권자가 우선권 있는 채권에 기하여 전부명령을 받은 경우에는 형식상 압류가 경합되었다 하더라도 그 전부명령은 유효하다(대법원 1994.11.22. 선고 94다25728 판결 등)

345) 민사집행법 229조 2항, 3항

의 보상금청구권채권)에 대하여 가압류 또는 압류를 하여 강제집행절차가 시작되었으나, 사업주체 또는 법원의 공탁소가 집행공탁 및 공탁사유신고를 하지 않아 아직 배당요구종기가 도래되지 않은 경우가 이에 해당될 수 있다.

물상대위권자가 법원에 신청한 채권압류 및 추심 또는 전부명령이 배당요구의 종기가 지난 후에 제3채무자에게 송달되면 물상대위권자는 강제집행절차에서 우선변제를 받을 수 없다.[346)]

참고 물상대위권 행사를 위한 배당요구 종기(민사집행법 247조 1항)

① 민법 · 상법, 그 밖의 법률에 의하여 우선변제청구권이 있는 채권자와 집행력 있는 정본을 가진 채권자는 다음 각호의 시기까지 법원에 배당요구를 할 수 있다.
1. 제3채무자가 제248조제4항에 따른 공탁의 신고를 한 때
2. 채권자가 제236조에 따른 추심의 신고를 한 때
3. 집행관이 현금화한 금전을 법원에 제출한 때

346) [대법원 2000. 5. 12. 선고 2000다4272 판결] ...원고가 1998. 1. 20. 채무자인 박○○에 대한 대여금 채권자로서 이 사건 공탁금 출급청구권을 가압류하였을 뿐이고, 이 사건 배당요구의 종기 즉, 제3채무자인 대한민국이 공탁의 사유신고를 한 1998. 10. 19.까지 집행법원에 저당권의 존재를 증명하는 서류를 제출하고 저당권에 기한 배당요구나 이에 준하는 저당권 행사의 신청을 하지 않고, 다만 그 배당요구의 종기가 지난 1998. 11. 27.에야 비로소 물상대위에 기한 채권압류 및 전부명령을 받고 그 명령이 제3채무자에게 송달되었을 뿐이라면, 원고는 위 배당절차에서 우선변제를 받을 수 없다고 할 것이다(원고는 이 사건 배당요구의 종기까지 집행법원에 물상대위권자로서 우선변제권을 행사한 바가 없으므로, 압류채권자로서 배당에 참가한 피고들은 자신들이 원고와 평등하게 배당받을 수 있을 것이라는 신뢰를 가지게 되었다고 할 것이고, 앞서 본 바와 같이 이 같은 신뢰는 보호받아야 할 것이다).

판례 **대법원 1999.5.14. 선고 98다62688 판결**

배당요구의 종기를 제3채무자의 공탁사유 신고 시까지로 제한하고 있는 이유는 제3채무자가 채무액을 공탁하고 그 사유 신고를 마치면 배당할 금액이 판명되어 배당절차를 개시할 수 있는 만큼 늦어도 그 때까지는 배당요구가 마쳐져야 배당절차의 혼란과 지연을 막을 수 있다고 본 때문인바, 이러한 배당요구 시한 설정은 배당요구를 제한 없이 허용할 경우에 초래될 배당절차의 혼란과 지연을 방지하기 위한 합리적인 조치로서, 그로 말미암아 그 때까지 배당요구를 하지 못한 채권자가 배당에서 제외되어 다른 채권자들에 비하여 차별대우를 받게 된다 하더라도 그러한 차별은 합리적인 이유가 있는 것이며, 물상대위에 있어서 우선변제청구권 있는 자의 경우라 하여 달리 취급할 수 없다고 할 것이므로 이러한 해석이 헌법상의 평등의 이념에 반한다고 할 수는 없다.

3-5 물상대위권을 행사하지 않는 경우의 근저당권 효력

물상대위권을 행사하지 아니한 근저당권자는 물상대위의 목적물로부터 우선변제를 받을 수가 없다. 예를 들면 근저당권의 목적물인 부동산이 공용징수되더라도 발생하는 보상금에 대해서 근저당권자가 물상대위권을 행사하지 않으면 근저당권자로 등기되었다는 사실만으로는 우선변제를 받을 수 없다.[348)]

4 토지수용의 일반절차

토지수용은 사업인정, 보상협의, 수용재결 등 몇 단계의 절차를 거쳐 이루어진다.

참고 **토지수용 절차 개요**

사업인정고시[349)] → 토지조서 · 물건조서의 작성[350)] → 토지소유자 및 저당권자 등 이해관계인에게 손실보상협의를 위한 통지 → 감정평가 → 손실보상협의(성립 · 불성립)[351)] → 관할 지방토지수용위원회에 수용재결 신청 → 수용재결 결정(보상금의 지급 또는 공탁)[352)]

---

348) 대법원 1998.9.22. 선고 98다12812 판결, 대법원 2002.10.11. 선고 2002다33137 판결

349) 특정사업에 대해 토지수용을 할 수 있는 공익사업에 해당함을 인정하는 고시를 '사업인정'라고 하며, 사업인정 고시를 함으로써 수용의 목적물에 관한 현재 및 장래의 권리자에게 대항할 수 있는 일종의 공법상의 물권으로서의 효력이 발생한다. 토지수용의 전제는 '사업인정'이다. 사업인정은 그 사업이 토지보상에 의한 토지등을 수용할 수 있는 공익사업에 해당함을 인정하는 행정행위로, 사업시행자(기업자)를 위하여 일정한 내용의 수용권을 부여하는 수용의 제1단계 절차이다.

350) 사업시행자가 '수용'을 필요로 하는 토지 등의 내용을 일정한 절차를 거쳐 작성함으로써 수용 또는

참고 손실보상 협의를 위한 보상계획 통지

사업시행자는 손실보상협의를 위하여 사업인정고시가 있은 후 즉시 협의기간 및 협의방법, 보상시기 및 보상방법, 보상절차, 계약체결 기간 및 장소, 계약체결에 필요한 구비서류 등을 정하여 토지소유자 및 저당권자 등 이해관계인에게 통지하여야 한다(토지보상법 26조 1항, 동법 시행령 8조 1항).
만약, 사업시행자가 위 규정에 의한 통지를 하여야 할 의무가 있음에도 불구하고 근저당권자 등 이해관계인에게 손실보상 협의를 위한 통지를 하지 않아 이해관계인으로 하여금 물상대위권을 행사할 수 있는 기회를 박탈하게 한 때에는 그 이해관계인에 대하여 불법행위에 의한 손해배상책임을 부담한다.[353]

참고 감정평가

보상액은 각 감정평가기관의 감정평가액을 산술평균하여 정한다. 감정평가기관은 3개의 평가기관(사업시행자가 지정하는 2개의 평가기관과 토지등의 소유자가 추천하는 1개의 평가기관)으로 하되, 토지등 소유자의 추천이 없으면 2개의 감정평가기관으로 한다. 감정평가액 산정은 '지가공시 및 토지 등의 평가에 관한 법률'과 '토지보상법'의 규정에 따라 평가하고, 각 평가기관의 평가액이 10% 이상 차이가 나면 재평가를 한다.

참고 손실보상협의

수용대상 토지등('토지등'이란 수용대상을 규정한 토지보상법 3조 각 호에 해당하는 토지 · 물건 및 권리를 말한다)에 대한 감정평가가 완료되면 사업시행자는 토지등에 대한 권리를 취득하기 위하여 토지등의 소유자 및 저당권자 등 이해관계인과 손실보상에 대한 협의를 하여야 한다. 손실보상 협의는 사업시행자가 감정평가액을 소유자에게 제시하고 보상대상 토지와 물건을 취득하는 절차이다. 이 경우 사업시행자는 보상금액을 토지등의 소유자에게 통지하고 30일 이상의 기간을 두고 성실하게 협의하여야 한다. 손실보상협의가 성립되면 사업시행자는 보상금을 지급하고 토지등의 소유권을 이전받음으로써 수용절차가 종료된다. 그러나 협의가 불성립되면 수용재결 절차에 들어가야 한다.

사용할 목적물의 범위를 확정하는 절차를 말한다.

351) 사업시행자가 사업인정의 고시가 있은 후에 수용대상토지에 대한 권리를 취득하거나 소멸시키기 위하여 토지소유자 및 관계인과 의논하여 이루어진 합의(법적성격 : 승계취득)

352) 협의가 성립되지 않거나 불가능할 경우, 사업시행자의 신청에 의하여 관할 토지수용위원회가 보상금지급을 조건으로 수용할 토지구역, 손실보상, 수용의 개시일 등을 결정하여 그 토지에 대한 권리를 사업시행자가 취득하도록 하고, 피수용자는 그 권리를 상실하게 하는 효과를 발생하게 하는 행정처분을 말한다(법적성격 원시취득).

353) 대법원 2003. 4. 25. 선고 2001다78553 판결; 대법원 2011. 7. 28. 선고 2009다35842 판결.

참고 수용재결 신청

토지등의 소유자가 손실보상협의에 응하지 아니하거나 손실보상협의가 불성립되면 사업시행자는 사업인정 고시가 있은 날부터 1년 안에 관할 지방토지수용위원회에 수용재결을 신청할 수 있다. 재결신청은 사업시행자만이 신청할 수 있으나 만약 사업시행자가 사업인정 고시일로부터 1년 안에 재결신청을 하지 아니하는 경우에는 소유자가 사업시행자에게 재결의 신청을 청구할 수 있다. 이 경우 사업시행자는 60일 안에 재결신청을 하여야 한다. 사업시행자로부터 수용재결 신청이 있으면 관할 지방토지수용위원회는 2개의 감정평가기관을 지정하여 토지 · 물건 및 권리 등을 다시 평가해야 한다.

참고 수용재결 결정

수용재결 결정은 토지수용의 종국적인 절차로서 지방토지수용위원회의 수용재결이 결정되어 사업시행자가 토지등의 소유자에게 보상금을 지급하거나 법원에 공탁하면 사업시행자는 토지수용위원회가 정한 수용시기에 그 토지등에 대한 소유권을 원시적으로 취득하게 되고, 그 토지등에 있던 다른 권리도 모두 소멸한다. 만약 사업시행자가 수용 개시일까지 보상금을 지급하거나 공탁하지 아니하면 그 수용재결은 효력을 잃게 되며, 보상금을 공탁할 경우에도 공탁서에 반대급부조건을 기재하였을 때에는 그 공탁은 무효가 된다.

5 수용보상금의 공탁

사업시행자는 원칙적으로 토지소유자 등에게 재결에서 정한 보상금을 직접 지급해야 하지만, 토지소유자가 수령을 거부할 경우에는 보상금을 변제공탁하여야 한다. 다만, 보상금청구권에 대하여 토지소유자의 채권자 등 제3자가 압류를 한 경우에는 집행공탁을 하여야 한다.[354)]

수용보상금 공탁의 공탁자는 사업시행자이고 수용대상토지에 대하여 관계인의 지상권·전세권·저당권·가등기·압류·가압류 등이 등기되어 있다고 하더라도 피공탁자는 토지소유자로 한다.

354) 공익사업토지보상법 40조2항의 규정에 따른 공탁사유 중 '보상금을 받을 자가 그 수령을 거부하거나 보상금을 수령할 수 없을 때(1호)', '사업시행자의 과실 없이 보상금을 받을 자를 알 수 없는 때(2호)', '관할 토지수용위원회가 재결한 보상금에 대하여 사업시행자의 불복이 있는 때(3호)'는 그 법적성질을 변제공탁으로 보아야 하고, '압류 또는 가압류에 의하여 보상금의 지급이 금지된 때(4호)'는 집행공탁으로 보아야 한다.

판례 **대법원 1999. 5. 14. 선고 98다62688 판결**

[1] 민법 제370조, 제342조에 의한 저당권자의 물상대위권의 행사는 ...배당요구의 종기까지 하여야 하는 것이고, 저당권자의 물상대위권은 어디까지나 그 권리실행의사를 저당권자 스스로 법원에 명확하게 표시하는 방법으로 저당권자 자신에 의하여 행사되어야 하는 것이지, 저당권자 아닌 다른 채권자나 제3채무자의 태도나 인식만으로 저당권자의 권리행사를 의제할 수는 없으므로, 저당권자 아닌 다른 채권자나 제3채무자가 저당권의 존재와 피담보채무액을 인정하고 있고, 나아가 제3채무자가 채무액을 공탁하고 공탁사유를 신고하면서 저당권자를 피공탁자로 기재하는 한편 저당권의 존재를 증명하는 서류까지 제출하고 있다 하더라도 그것을 저당권자 자신의 권리행사와 같이 보아 저당권자가 그 배당절차에서 다른 채권자들에 우선하여 배당 받을 수 있는 것으로 볼 수 없으며, 저당권자로서는 제3채무자가 공탁사유신고를 하기 이전에 스스로 담보권의 존재를 증명하는 서류를 제출하여 물상대위권의 목적채권을 압류하거나 법원에 배당요구를 한 경우에 한하여 공탁금으로부터 우선배당을 받을 수 있을 뿐이다.

[2] 토지수용법상의 보상금청구권에 대하여 압류의 경합이 있는 때에는 기업자는 보상금을 공탁함으로써 면책될 수 있는바, 그 경우에 기업자가 하는 공탁의 성격은 변제공탁이 아니라 집행공탁이고, 집행공탁에 있어서는 배당절차에서 배당이 완결되어야 피공탁자가 비로소 확정되고, 공탁 당시에는 피공탁자의 개념이 관념적으로만 존재할 뿐이므로, 공탁 당시에 기업자가 특정 채권자를 피공탁자에 포함시켜 공탁하였다 하더라도 그 피공탁자의 기재는 법원을 구속하는 효력이 없다.

6 수용보상금에 대한 물상대위권 행사 가능시기

토지수용의 경우 사업인정의 고시가 있으면 수용대상토지에 대한 손실보상금의 지급이 확실시되므로 토지수용의 재결 이전 단계에서도 물상대위권을 행사할 수 있다.

근저당권자의 물상대위권은 사업시행자가 수용보상금을 공탁하기 이전까지는 보상금지급청구권에 대하여 제3채무자를 사업시행자로 해서 압류 및 추심 또는 전부명령을 신청해야 한다. 또한 사업시행자가 근저당권설정자와 합의가 되지 않아 토지수용위원회의 재결에 의해 수용보상금을 변제공탁하거나 근저당권설정자의 일반 채권자의 가압류·압류로 인하여 수용보상금을 집행공탁한 이후에는 근저당권자는 물상대위권을 공탁금출급청구권에 대하여 제3채무자를 국가(대한민국)로 하여 압류 및 추심 또는 전부명령을 신청해야 한다.

사업시행자가 변제공탁을 한 경우에는 토지소유자가 공탁금을 수령하기 전까지 물상대위권을 행사하면 되나, 사업시행자가 압류경합 등으로 집행공탁을 하는 경우에는 사업시행자의 집행공탁사유신고 전(배당요구종기)까지 물상대위권을 행사하여야 한다.

판례 **대법원 1998.09.22. 선고 98다12812 판결**

[1] 토지수용법 제61조 제2항 제4호의 규정에 따라 압류 또는 가압류에 의하여 보상금의 지급이 금지되었음을 이유로 공탁하는 경우에는 공탁원인 사실에 압류 또는 가압류의 내용을 구체적으로 명시하여야 하고, 이 경우 공탁을 수리한 공탁공무원은 원표에 공탁금출급청구권에 대한 압류 · 가압류사실을 기재하고 공탁금출급청구권에 대한 압류 · 가압류가 있는 경우에 준하여 처리하여야 하며, 보상금지급청구권에 대한 중복압류(가압류를 포함한다)에 의하여 채권자가 경합된 경우에는 토지수용법 제61조 제2항 제4호 및 민사소송법 제581조에 의하여 기업자는 그 보상금을 집행공탁을 함으로써 면책될 수 있다.
[2] 담보권자는 토지수용법 제14조, 제16조 소정의 사업인정의 고시가 있으면 수용대상토지에 대한 손실보상금의 지급이 확실시되므로 토지수용의 재결 이전 단계에서도 물상대위권의 행사로서 피수용자의 기업자에 대한 손실보상금 채권을 압류 및 전부받을 수 있어, 설사 그 압류 전에 양도 또는 전부명령 등에 의하여 보상금 채권이 타인에게 이전된 경우라도 보상금이 직접 지급되거나 보상금지급청구권에 관한 강제집행절차에 있어서 배당요구의 종기에 이르기 전에는 여전히 그 청구권에 대한 추급이 가능하다.

7 토지수용의 효과

사업시행자가 공공사업을 시행하기 위하여 토지소유자와 먼저 매수 협의를 하고 원만한 협의가 이루어지는 경우 사업시행자는 토지를 승계취득하게 되어 토지수용이 발생하지 않게 되므로, 저당권자는 승계취득자인 사업자에게 저당권을 행사하면 된다.[355]

---

355) 저당권의 물상대위는 본래의 저당목적물의 전부 또는 일부에 대하여 저당권을 사실상 또는 법률상 행사할 수 없게 된 경우에 인정되는 것이지, 그 저당목적물의 교환가치가 현실화된 경우라도 목적물에 추급(追及)할 수 있는 경우에는 물상대위가 인정되지 아니함은 이론의 여지가 없다고 할 것인데, 공공용지의취득및손실보상에관한특례법에 따른 협의취득은 사법상의 매매계약과 같은 성질을 가진 것에 불과하여 토지수용법상의 공용징수에 해당되지 아니하므로, 그 토지의 소유권이 사업시행자에게 이전된다 할지라도 저당권자는 저당권으로서 그 토지에 추급(追及)할 수 있다 할 것이니 토지소유자가 협의에 따라 지급 받을 손실보상금(실질은 매매대금)에 대하여 물상대위권을

그러나 사업시행자가 소유자와 협의가 되지 않아 공익사업토지보상법에 의거 토지수용보상위원회에서 토지수용을 재결하면 토지수용이 발생하게 되어 사업시행자는 보상금을 지급(공탁)함으로써 소유권을 원시취득[356]하게 된다. 그 결과 토지수용보상위원회에서 재결로써 인정한 권리 외에는 모두 소멸되어, 담보물권자, 압류·가압류채권자 등은 별도로 수용보상금채권에 압류 등을 하지 않으면, 수용보상금을 수령할 수 없음을 유의해야 한다.

참고 토지보상법 40조 (보상금의 지급 또는 공탁)

① 사업시행자는 제38조 또는 제39조에 따른 사용의 경우를 제외하고는 수용 또는 사용의 개시일(토지수용위원회가 재결로써 결정한 수용 또는 사용을 시작하는 날을 말한다. 이하 같다)까지 관할 토지수용위원회가 재결한 보상금을 지급하여야 한다.

② 사업시행자는 다음 각호의 1에 해당하는 때에는 수용 또는 사용의 개시일까지 수용 또는 사용하고자 하는 토지 등의 소재지의 공탁소에 보상금을 공탁할 수 있다.

1. 보상금을 받을 자가 그 수령을 거부하거나 보상금을 수령할 수 없는 때
2. 사업시행자의 과실 없이 보상금을 받을 자를 알 수 없는 때
3. 관할 토지수용위원회가 재결한 보상금에 대하여 사업시행자의 불복이 있는 때
4. 압류 또는 가압류에 의하여 보상금의 지급이 금지된 때

행사할 수 없다(대법원 1981. 5. 26. 선고 80다2109 판결).

356) 토지수용으로 인한 기업자의 소유권취득은 토지소유자와 사이에 법률행위로 인한 승계취득이 아니라 법률의 규정에 의한 원시취득이며, 그 효과는 모든 권리자에 대하여 발생한다. 따라서 토지수용으로 인한 기업자는 언제나 아무런 부담이나 하자도 없는 완전한 소유권을 법률의 규정에 의하여 취득하는 것이므로 민법상의 매매에 있어서와 같은 권리하자담보나 물건하자담보 등의 문제는 생기지 아니한다(대법원 1979.9.25. 선고 79다1369 판결; 대법원 1991.11.12. 선고 91다27612 판결; 대법원 1995.12.12. 선고 94다40765 판결 등).

사례 **근저당권자의 물상대위(대법원 2003.3.28. 선고 2002다13539 판결)**

• 사실관계
  – A는 B소유의 부동산에 대하여 1순위 근저당권설정을 완료
  – 1996. 3.18. 부산시, B가 지방세를 체납하자 B소유의 부동산을 압류
  – 2000.10.23. 부산시, 도로공사를 위하여 B소유의 부동산들에 대한 수용절차를 진행하는 중에 B의 채권자 C가 수용보상금에 대하여 채권압류 및 추심명령
  – 2000.11.22. 부산시, 수용보상금을 집행공탁
  – 2000.11.30. 부산시, 공탁사유신고를 하여 법원에서 채권배당절차를 개시
  – 2000.12. 1. 근저당권자 A, 공탁금에 대해 채권압류 및 전부명령신청
  – 2000.12. 5. A의 채권압류 및 전부명령이 제3채무자인 대한민국에 송달
  – 2001.11.30. 배당기일에 C와 부산시는 1, 2순위로 배당받았으나, 근저당권자 A는 배당에서 제외되어 배당이의의 소를 제기
• 소송진행결과
  – 1 · 2 · 3심법원은 "물상대위권의 행사는 이 사건 배당요구의 종기인 공탁사유신고일까지 해야 한다"는 것을 이유로 원고 근저당권자 A의 주장을 배척
• 판결취지
  – 저당권자의 물상대위권 행사로서의 압류 및 전부명령은 그 명령이 제3채무자에게 송달됨으로써 효력이 생기기 때문에 배당요구의 종기가 지난 후에 물상대위에 기한 채권압류 및 전부명령이 제3채무자에게 송달되었을 경우에는 물상대위권자는 배당절차에서 우선변제를 받을 수 없다.

사례 **화재보험에 대한 물상대위 (대법원 2004.12.24 선고 2004다52798 판결)**

• 사실관계
- 2002. 1. 9. 한화화학은 공장화재보험계약에 따른 보험금청구채권 6억원에 대하여 공장 저당권자인 부산은행에 질권을 설정해 줌
- 2003. 1. 1. 한화화학 공장에서 화재가 발생하여 한화화학은 금 593백만원의 보험금청구 채권을 취득하게 됨
- 2003. 1.20. 한화화학의 물품대금채권자 A는 한화화학보험금청구채권에 대하여 채권가 압류(218백만원)
- 2003. 2. 6. 은행은 한화화학보험금청구채권에 물상대위권 행사 (10억원, 채권압류 · 추심명령)
- 2003. 2.20. A, 보험금청구채권에 대해 채권압류 및 추심명령(295백만원) 취득
- 2003. 3.18. 현대해상은 화재보험금 217백만원 창원지방법원에 집행공탁 (같은 날 공탁사유신고 제출로 배당요구종기 도래)
- 2003. 7.30. 창원법원, 배당기일을 개최하여 은행에 217백만원 전액 배당
- 2003. 8. 8. A, 배당이의소송제기
  (A의 주장내용 : 보험료는 저당권설정자의 일반재산에서 납입되는 것이므로, 보험금 또한 일반채권자들의 공동담보가 되어야 하는데, 화재보험금에 물상대위를 인정한다면 채권자평등주의를 해치는 결과가 된다)

• 대법원판결요지
- 저당목적물이 소실되어 저당권설정자가 보험회사에 대하여 화재보험계약에 따른 보험금청구권을 취득한 경우 그 보험금청구권은 저당목적물이 가지는 가치의 변형물이라 할 것이므로, 저당권자는 민법 제370조, 제342조에 의하여 저당권설정자의 보험회사에 대한 보험금청구권에 대하여 물상대위권을 행사할 수 있다.

계	대리	차장	지점장

근보증

근 보 증 서

공정거래위원회
표준약관 제10047호

은행은 채무자 · 보증인에게 이 약정서상의 중요한 내용을 설명하여야 하며, 은행여신거래기본약관과 이 약정서를 교부하여야 합니다.

★ 연대보증은 재산상 손실을 가져올 수도 있는 중요한 법률행위이므로 미리 뒷면 "연대보증인이 꼭 알아 두어야 할 사항"과 계약서의 내용을 잘 읽은 후 신중한 판단을 하시고,

★ 굵은선 ▭ 으로 표시된 란(당사자란 및 계약서 끝부분)은 보증인이 반드시 자필로 기재하시기 바랍니다.

주식회사 ○○은행 앞 20 년 월 일

연대보증인 (인)

주 소

연대보증인(이하 "보증인"이라 합니다)은 채무자가 ㅇㅇ은행(이하 "은행"이라 합니다)에 대하여 현재 및 장래에 부담하는 제1조에서 정하는 범위의 모든 채무에 대하여 채무자와 연대하여 보증채무를 지며, 보증채무의 이행에 관하여도 은행여신거래기본약관 및 채무자가 따로 은행에 제출한 다음의 피보증채무에 관한 거래약정서의 각 조항이 적용됨을 승인하고, 아래 각 조항을 확약합니다.

제1조(보증채무의 내용)

① 보증인은 아래의 내용에 따라서 보증채무를 부담합니다.

1. 채무자 : 성 명
   주 소

2. 피보증채무의 범위
   은행은 피보증채무의 범위를 달리하는 다음의 세 유형 가운데 어느 하나를 보증인이 선택할 수 있음을 설명하였고 보증인은 그 가운데 ☐ 에서 정한 채무(이자, 지연배상금, 기타 부대채무를 포함합니다)를 보증하기로 합니다.

특정근보증

채무자가 은행(본 · 지점)에 대하여 다음 약정서에 의한 거래로 말미암아 현재 및 장래에 부담하는 모든 채무(아래 약정의 상환기일 또는 거래기간을 보증인의 동의를 받아 연장한 때에는 그 채무 포함)

년 월 일자 약정서
년 월 일자 약정서

한정근보증

채무자가 은행(본 · 지점)에 대하여 다음 종류의 거래로 말미암아 현재 및 장래에 부담하는 모든 채무

거래, 거래

포괄근보증

채무자가 은행(본 · 지점)에 대하여 현재 및 장래에 부담하는 다음 채무

가. 어음대출, 증서대출, 당좌대출, 어음할인, 지급보증, 매출채권거래, 상호부금거래, 사채인수, 외국환거래 기타 여신거래로 말미암은 모든 채무

나. 채권자와 제3자와의 위 '가'의 거래에 대한 보증채무

다. 채권자가 제3자와의 위 '가'의 거래로 말미암아 취득한 어음 또는 수표상의 채무

3. 근보증 한도액

금 원

4. 근보증 결산기

은행은 근보증 결산기를 정하는 다음의 세 유형 가운데 어느 하나를 설정자가 선택할 수 있음을 설명하였고, 보증인은 ☐ 에서 정한 날을 결산기로 하기로 합니다.

지 정 형
년 월 일

자동확정형
정하지 아니합니다. 이 경우 보증약정일부터 3년이 경과하면 보증인은 서면통지에 의하여 근보증 결산기를 지정할 수 있기로 하되, 그 결산기는 통지 도달일부터 14일 이후가 되어야 하며, 이에 미달하는 때에는 통지 도달일부터 14일이 되는 날을 결산기로 합니다. 다만, 5년이 경과할 때까지 보증인의 별도 의사표시가 없는 경우에는 계약일부터 5년이 되는 날을 결산기로 합니다.

장래지정형
정하지 아니합니다. 이 경우 보증약정일부터 3년이 경과하면 보증인은 서면통지에 의하여 근보증 결산기를 지정할 수 있기로 하되, 그 결산기는 통지 도달일부터 14일 이후가 되어야 이며, 이에 미달하는 때에는 통지 도달일부터 14일이 되는 날을 결산기로 합니다.

② 채무자의 은행에 대한 채무 중 다음의 금융기관 또는 이에 준하는 기관이 보증한 부분은 전항 제2호 피보증채무의 범위에서 제외합니다.

1. 은행법에 의한 금융기관 및 특별법에 의한 은행
2. 신용보증기금법에 의한 신용보증기금
3. 신기술사업금융지원에 관한 법률에 의한 기술신용보증기금
4. 근로자의 주거안정과 목돈마련지원에 관한 법률에 의한 주택금융신용보증기금

5. 보험업법에 의한 보증보험주식회사
6. 기타 은행과 협약을 체결하여 보증서를 발급하는 기관

제2조(상계의 제한)

보증인은 주채무의 기일도래 전 또는 여신거래기본약관 제7조에 의한 기한의 이익상실(기업자금의 경우 제9조에 의한 할인어음의 환매청구사유 발생 포함)에 따라 보증채무를 이행하여야 할 상태에 도달하기 전에는, 채무자의 은행에 대한 예금 기타의 채권에 의한 주채무와의 상계로써 은행에 대항하지 않습니다.

제3조(다른 담보 · 보증약정과의 관계)

① 보증인이 채무자의 은행에 대한 같은 피담보채무에 관하여 따로 담보를 제공하고 있거나 보증을 하고 있는 경우에는 별도의 약정이 없는 한 그 담보나 보증은 이 보증약정에 의하여 변경되지 아니하며 이 약정에 의한 보증책임과 별개의 것으로 누적적으로 적용됩니다.
② 담보가치의 하락 등을 대비한 은행의 청구에 의하여 같은 피담보채무에 관하여 담보제공과 동시에 같은 금액으로 연대보증을 한 경우, 그 중 어느 하나의 일부 또는 전부를 이행한 때에는 전항에도 불구하고 그 이행한 범위내에서 다른 책임도 면합니다.

제4조(담보 등의 변경 · 해지 · 해제)

보증인이 동의를 한 때나, 동등한 가치 이상의 담보대체, 동등한 자력 이상의 보증인 교체 또는 일부 변제액에 비례한 담보나 보증의 해지 · 해제 등 보증인이 대위변제할 경우의 구상실현에 불리한 영향이 없을 때에는, 거래상 필요에 따라, 은행은 다른 담보나 보증을 변경 또는 해지 · 해제할 수 있기로 합니다.

제5조(특약사항)

보증인 :　　　　　　　　(인)

※ 보증인은 다음 사항을 읽고 본인의 의사를 사실에 근거하여 자필로 기재하여 주십시오.
(기재예시 : 1. 수령함, 2. 들었음)

1. 은행여신거래기본약관과 이 계약서 사본을 확실히 수령하였습니까?	
2. 위 약관과 계약서의 중요한 내용에 대하여 설명을 들었습니까?	

상 담 자	직 위 :	성 명 : (인)

연대보증인이 꼭 알아두어야 할 사항

연대보증이란

- 은행(채권자)에 대하여 채무자와 동일한 내용의 채무를 부담하는 행위입니다.
- 따라서 연대보증인은 채무자가 채무를 갚지 않을 경우 이를 대신 갚아야 하므로 그만큼 재산상의 손실을 가져올 수 있는 위험을 부담하게 됩니다.
- 한편, 연대보증은 보통의 보증과 달리 최고 · 검색의 항변권 및 분별의 이익이 없으며 또한 채권자는 어느 연대보증인에 대해서도 주채무의 전액을 청구할 수 있는 제도입니다.

용어해설

※ **최고의 항변권** : 채권자가 보증인에게 채무의 이행을 청구한 경우에 보증인은 먼저 주채무자가 자력이 있다는 사실 및 그 집행이 용이하다는 것을 증명하여 먼저 주채무자에게 청구할 것을 항변할 수 있는 권리로서 보통보증에서만 인정되는 권리입니다.

※ **검색의 항변권** : 채권자가 보증인에게 채무의 이행을 청구한 경우에 보증인은 주채무자에게 변제자력이 있다는 사실 및 집행이 용이함을 증명하여 먼저 주채무자에게 집행하라고 그 청구권을 거절할 수 있는 권리로서 보통보증에서만 인정되는 권리입니다.

※ **분별의 이익** : 보통의 공동보증에 있어서 각 보증인이 채무에 대하여 보증인의 수에 따라 균등비율로 분할하여 그 책임을 분담하는 이익을 말하나, 연대보증에서는 인정되지 않습니다.

연대보증 종류에 따른 책임범위

–「특정채무보증」은 채무자가 은행에 대하여 부담하는 특정된 채무만을 보증하는 것으로, 그 채무가 연기 · 재취급 또는 다른 여신으로 대환된 때에는 보증책임을 지지 않습니다.

-「근보증」은 채무자와 은행 사이에 이미 맺어져 있거나 앞으로 맺게 될 거래계약으로부터 현재 발생되어 있거나 앞으로 발생할 채무를 보증한도액의 범위내에서 보증하게 되는 것으로 세가지 유형이 있으며, 각 유형에 따른 책임범위는 다음과 같습니다.

-「특정 근보증」

특정된 거래계약(예 : 년 월 일자 여신거래약정서)으로부터 계속적으로 발생하는 채무를 보증하며, 그 채무가 기한 연기된 때에도 보증합니다. 그러나 재취급 또는 다른 여신으로 대환된 때에는 보증하지 않습니다.

-「한정 근보증」

특정한 종류의 거래(예 : 당좌대출거래)에 대하여 이미 맺어져 있거나 앞으로 맺게 될 거래 계약으로부터 현재 발생되어 있거나 앞으로 발생하게 될 채무를 모두 보증하며, 그 채무의 연기나 재취급은 물론 같은 종류로 대환된 때에도 보증합니다. 그러나 다른 종류의 여신으로 대환된 때에는 보증하지 않습니다.

-「포괄 근보증」

채무자가 은행에 부담하는 현재 및 장래의 모든 채무(여신거래로 인한 채무뿐만 아니라 기타 다른 형태의 채무를 포함한다)를 보증하여 그 책임범위가 아주 광범위하므로 포괄근보증을 선택할 경우 다시 한번 신중히 생각한 후에 결정하십시오.

은행은 채무자, 계약인수인 및 근저당권설정자에게 이 약정서상의 중요한 내용을 설명하여야 하며, 은행여신거래기본약관 및 이 약정서의 사본을 교부하여야 합니다.

피담보채권확정전 채무자지위 이전에 따른 근저당권변경

팀원	팀장	부점장

근저당권변경계약서

(계약인수용)

200　　년　　월　　일

채　권　자
(근저당권자)　　　　　　　　　　　　(인)
주　　　소
채　무　자　　　　　　　　　　　　　(인)
주　　　소
계약인수인　　　　　　　　　　　　　(인)
근저당권설정자　　　　　　　　　　　(인)
(소유권이전된 경우 제3취득자)
주　　　소

제1조 근저당권의 채무자지위 인수

① 채권자(근저당권자), 채무자, 계약인수인 및 근저당권설정자(또는 제3취득자)는 아래 표시 근저당권(이하 "원근저당권"이라 합니다)설정계약의 기초가 되는 채권자와 채무자간에 존재하는 계약(아래 표시 약정서를 포함합니다. 이하 "기본계약"이라 합니다) 및 원근저당권설정계약상의 채무자지위를 계약인수인이 전부 인수하는 데 합의하였습니다.

원약정서상의 채무표시(20 년 월 일 현재)

구 분		1	2	3	4	5
약 정 서 명 칭		. . 약정서	. . 약정서	. . 약정서	. . 약정서	. . 약정서
채 무 자						
채무액	원 금					
	이 자					
	지연배상금					
	부 대 채 무					
	합 계					

원근저당권설정계약의 표시

구 분		1	2	3	4	5
등기·등록	관 할	지방법원 등기소	지방법원 등기소	지방법원 등기소	지방법원 등기소	지방법원 등기소
	접수일자	. .	. .	. .	. .	. .
	접수번호	제 호	제 호	제 호	제 호	제 호
	채권 최고액					
	물건목록	끝부분 기재	끝부분 기재	끝부분 기재	끝부분 기재	끝부분 기재
	순위번호	끝부분 기재	끝부분 기재	끝부분 기재	끝부분 기재	끝부분 기재

② 제1항에 의하여 채무자는 채무자지위에서 탈퇴하고, 계약인수인은 기본계약 및 원근저당권 설정계약상 채무자의 지위를 가집니다.

제2조 피담보채무의 범위

원근저당권은 다음 각 호의 채무를 담보합니다.

1. 계약인수인이 인수하는 제1조 표시 약정서에 따라 현재 및 장래에 부담하는 모든 채무
2. 원근저당권설정계약서상 피담보채무의 범위에 속하는 종류의 거래로 말미암아 계약인수인이 채권자에 대하여 장래에 부담하는 모든 채무

제3조 다른 계약조항의 효력

제1조 및 제2조에서 정한 사항 이외의 원근저당권설정계약서 각 조항은 그대로 계속하여 효력을 가집니다.

제4조 변경등기

이 계약 당사자는 이 계약에 의한 근저당권변경등기 절차를 밟기로 합니다.

제5조 계약의 해지

① 제4조에 의한 변경등기가 이 계약일로부터 1개월 이내에 완료되지 아니한 때에는 채권자는 이 계약을 해제할 수 있습니다.
② 제1항에 의하여 채권자가 이 계약을 해제한 때에는 기본계약 및 원근저당설정계약은 원상대로 회복되는 것으로 합니다.

제6조 여러 절차의 이행과 비용부담

① 설정자는 이 근저당권의 설정, 변경, 이전, 말소 등에 관한 등기를 하여야 할 때에는 채권자의 청구가 있는대로 곧 필요한 절차를 밟아야 합니다.
② 채권자는 제1항의 청구를 할 때 당해 등기에 드는 비용의 종류와 산출근거를 채무자와 설정자에게 별도의 서면에 의하여 설명합니다. 채권자가 이 설명을 하지 아니한 비용은 채무자와 설정자에게 청구하지 아니하며, 이 설명을 한 비용은 다음 각 호에 따라 부담합니다.
1. 등록면허세, 지방교육세, 등기신청수수료 및 법무사수수료
가. 근저당권 변경등기를 하는 경우 : 채권자
나. 근저당권 말소등기를 하는 경우 : 채무자 또는 설정자
2. 근저당물건의 조사 또는 감정평가 수수료
가. 근저당권을 변경하기 위한 경우 : 채권자
나. 채무자의 채무불이행으로 인하여 근저당권을 행사하는 경우 : 채무자 또는 설정자
3. 기타 비용으로서 부담주체가 분명하지 아니한 비용 : 채권자와 채무자 또는 설정자의 균분
③ 제2항에 의하여 채무자 또는 설정자가 부담하여야 할 비용, 근저당권의 점유 또는 관리에 관한 비용, 채무자의 채무불이행으로 인한 근저당권의 행

사를 위한 비용 등 채무자 또는 설정자가 부담하여야 할 비용을 채권자가 대신 지급한 경우에는 은행여신거래기본약관 제4조 제2항을 준용합니다.

제7조 근저당권설정자 (또는 제3취득자)의 승낙

근저당권설정자 또는 근저당목적물의 제3취득자는 이 계약의 각 조항에 관하여 이의 없이 승낙하였습니다 .

물건목록 및 순위번호

물건목록	순위번호	
	등기상순위	실제순위

이 계약의 성립을 증명하기 위하여 계약서 (   )통을 작성하여 채권자 · 채무자 · 계약인수인 및 근저당권설정자(또는 제3취득자)가 각각 1통씩 보관합니다.

은행여신거래기본약관 및 이 계약서 1통을 확실히 수령하였으며 그 내용에 대하여 충분한 설명을 듣고 잘 이해하였음	
채 무 자	
계 약 인 수 인	
근저당권설정자 (또는 제3취득자)	

은행은 채무자, 채무인수인 및 근저당권설정자에게 이 약정서상의 중요한 내용을 설명하여야 하며, 은행여신거래기본약관 및 이 약정서의 사본을 교부하여야 합니다.

피담보채권확정후 그 채무인수에 따른 근저당권변경

팀원	팀장	부점장

근저당권변경계약서

(확정채무의 면책적인수용)

20　　년　　월　　일

채　권　자
(근저당권자) ______________________________ (인)
주　　　소
채　무　자 ______________________________ (인)
주　　　소
계약인수인 ______________________________ (인)
근저당권설정자 ___________________________ (인)
(소유권이전된 경우 제3취득자)
주　　　소

제1조 채무의 인수

① 채무인수인은 채무자가 은행여신거래기본약관 및 아래 표시 약정서(이하 "원약정서"라 합니다)에 의하여 채권자에게 부담하고 있는 채무를 채권자와 채무자의 승낙을 얻어 20　.　.　.자 채무인수약정서로 그 채무의 동일성을 유지한 채 면책적으로 인수하였습니다.

원약정서상의 채무표시(20 년 월 일 현재)

구 분		1	2	3	4	5
약 정 서 명 칭		. . 약정서	. . 약정서	. . 약정서	. . 약정서	. . 약정서
채 무 자						
채무액	원 금					
	이 자					
	지연배상금					
	부대 채무					
	합 계					

② 채무자는 채무자의 지위에서 탈퇴하여 채무이행의무를 면하고, 채무인수인은 인수한 채무를 원약정서의 각 조항에 따라 이행할 의무를 부담합니다.

제2조 피담보채무의 범위

채권자에 대한 채무자의 채무를 담보하기 위하여 설정한 바 있는 아래표시의 근저당권(이하 "원근저당권"이라 합니다)은 제1조에 의한 채무인수로 말미암아 채무인수인이 채권자에 대하여 부담하는 채무를 담보합니다.

원근저당권설정계약의 표시

구 분		1	2	3	4	5
등기·등록	관 할	지방법원 등기소	지방법원 등기소	지방법원 등기소	지방법원 등기소	지방법원 등기소
	접 수 일 자	. .	. .	. .	. .	. .
	접 수 번 호	제 호	제 호	제 호	제 호	제 호
	채권 최고액					
	물 건 목 록	끝부분 기재	끝부분 기재	끝부분 기재	끝부분 기재	끝부분 기재
	순 위 번 호	끝부분 기재	끝부분 기재	끝부분 기재	끝부분 기재	끝부분 기재

제3조 다른 계약조항의 효력

제1조 및 제2조에서 정한 사항 이외의 원근저당권설정계약서 각 조항은 그대로 계속하여 효력을 가집니다.

제4조 변경등기

이 계약 당사자는 이 계약에 의한 근저당권변경등기 절차를 밟기로 합니다.

제5조 계약의 해제

① 제4조에 의한 변경등기가 이 계약일로부터 1개월 이내에 완료되지 아니한 때에는 채권자는 이 계약을 해제할 수 있습니다.

② 제1항에 의하여 채권자가 이 계약을 해제한 때에는 기본계약 및 원근저당권설정계약은 원상대로 회복되는 것으로 합니다.

제6조 여러 절차의 이행과 비용부담

① 설정자는 이 근저당권의 설정, 변경, 이전, 말소 등에 관한 등기를 하여야 할 때에는 채권자의 청구가 있는 대로 곧 필요한 절차를 밟아야 합니다.

② 채권자는 제1항의 청구를 할 때 당해 등기에 드는 비용의 종류와 산출근거를 채무자와 설정자에게 별도의 서면에 의하여 설명합니다. 채권자가 이 설명을 하지 아니한 비용은 채무자와 설정자에게 청구하지 아니하며, 이 설명을 한 비용은 다음 각 호에 따라 부담합니다.

1. 등록면허세, 지방교육세, 등기신청수수료 및 법무사수수료
   가. 근저당권 변경등기를 하는 경우 : 채권자
   나. 근저당권 말소등기를 하는 경우 : 채무자 또는 설정자
2. 근저당물건의 조사 또는 감정평가 수수료
   가. 근저당권을 변경하기 위한 경우 : 채권자
   나. 채무자의 채무불이행으로 인하여 근저당권을 행사하는 경우 : 채무자 또는 설정자
3. 기타 비용으로서 부담주체가 분명하지 아니한 비용 : 채권자와 채무자 또는 설정자의 균분

③ 제2항에 의하여 채무자 또는 설정자가 부담하여야 할 비용, 근저당권의 점유 또는 관리에 관한 비용, 채무자의 채무불이행으로 인한 근저당권의 행사를 위한 비용 등 채무자 또는 설정자가 부담하여야 할 비용을 채권자가 대신 지급한 경우에는 은행여신거래기본약관 제4조 제2항을 준용합니다.

제7조 근저당권설정자 (또는 제3취득자)의 승낙

근저당권설정자 또는 근저당목적물의 제3취득자는 이 계약의 각 조항에 관하여 이의 없이 승낙하였습니다.

물건목록 및 순위번호

물건목록	순위번호	
	등기상순위	실제순위

이 계약의 성립을 증명하기 위하여 계약서 (　)통을 작성하여 채권자 · 채무자 · 계약인수인 및 근저당권설정자(또는 제3취득자)가 각각 1통씩 보관합니다.

은행여신거래기본약관 및 이 계약서 1통을 확실히 수령하였으며 그 내용에 대하여 충분한 설명을 듣고 잘 이해하였음	
채　무　자	(인)
계 약 인 수 인	(인)
근저당권설정자 또는 제3취득자	(인)

계	대리	차장	지점장

근 담 보

근저당권 설정 계약서

공정거래위원회
표준약관 제10045호

년 월 일

은행은 채무자 · 근저당권설정자에게 이 약정서상의 중요한 내용을 설명하여야 하며, 은행여신거래기본약관과 이 약정서를 교부하여야 합니다.

★ 담보제공은 재산상 손실을 가져올 수도 있는 중요한 법률행위이므로 미리 뒷면 "담보제공자(근저당권설정자)가 꼭 알아 두어야 할 사항"과 계약서의 내용을 잘 읽은 후 신중한 판단을 하시고,
★ 굵은선 □ 으로 표시된 란(당사자란 및 계약서 끝부분)은 담보제공자가 반드시 자필로 기재하시기 바랍니다.

채권자겸
저당권자 ________________________ (인)
주　　소

채 무 자 ________________________ (인)
주　　소

저 당 권
설 정 자 ________________________ (인)
주　　소

위 당사자 사이에 아래와 같이 저당권 설정계약을 맺습니다.

제1조(근저당권의 설정) 근저당권설정자(이하 "설정자"라 합니다)는 은행여신거래 기본약관을 승인하고, 이 계약서 끝부분 "근저당물건 목록"란에 기재한 물건(이하 "근저당물건"이라 합니다)에 다음 내용으로 근저당권을 설정합니다.

1. 피담보채무의 범위
   채권자는 피담보채무의 범위를 달리하는 다음의 세 유형 가운데 어느 하나를 설정자가 선택 할 수 있음을 설명하였고, 그 가운데 ☐ 에서 정한 채무(이자, 지연배상금 기타 부대채무를 포함합니다)를 담보하기로 합니다.

특정근담보
채무자가 채권자(본 · 지점)에 대하여 다음 약정서에 의한 거래로 말미암아 현재 및 장래에 부담하는 모든 채무 년　　월　　일자　　　　　　　약정서 년　　월　　일자　　　　　　　약정서

한정근담보
채무자가 채권자(본 · 지점)에 대하여 다음 종류의 거래로 말미암아 현재 및 장래에 부담하는 모든 채무 거래,　　　　　　　거래

포괄근담보
채무자가 채권자(본 · 지점)에 대하여 현재 및 장래에 부담하는 다음 채무 가. 어음대출, 증서대출, 당좌대출, 어음할인, 지급보증, 매출채권거래, 상호부금거래, 사채인수, 외국환거래 기타 여신거래로 말미암은 모든 채무 나. 신용카드거래로 말미암은 채무(채무자 이외의 제3자가 담보를 제공한 경우 제외) 다. 채권자와 제3자와의 위 '가'의 거래에 대한 보증채무 라. 채권자가 제3자와의 위 '가'의 거래로 말미암아 취득한 어음 또는 수표상의 채무

2. 채권최고액

가. | 금 원 |

나. 설정비용의 절감 등을 위하여 채권최고액을 최초 채권액을 기준삼아 정하였다 하여도 이를 이유로 이 계약을 특정채무담보 저당권설정계약으로 해석하지 않기로 합니다.

3. 근저당권 결산기

채권자는 근저당권 결산기를 정하는 다음의 세 유형 가운데 어느 하나를 설정자가 선택할 수 있음을 설명하였고, 설정자는 [ ]에서 정한 날을 결산기로 하기로 합니다.

지 정 형
년 월 일

자동확정형
정하지 아니합니다. 이 경우 계약일부터 3년이 경과하면 설정자는 서면통지에 의하여 근저당권 결산기를 지정할 수 있기로 하되, 그 결산기는 통지 도달일부터 14일 이후가 되어야 하며, 이에 미달하는 때에는 통지 도달일부터 14일이 되는 날을 결산기로 합니다. 다만, 5년이 경과할 때까지 설정자의 별도 의사표시가 없는 경우에는 계약일부터 5년이 되는 날을 결산기로 합니다.

장래지정형
정하지 아니합니다. 이 경우 계약일부터 3년이 경과하면 설정자는 서면통지에 의하여 근저당권 결산기를 지정할 수 있기로 하되, 그 결산기는 통지 도달일부터 14일 이후가 되어야 이며, 이에 미달하는 때에는 통지 도달일부터 14일이 되는 날을 결산기로 합니다.

제2조(공부와 실제의 불일치 등)

① 근저당물건의 실제가 이 계약서 끝부분 목록란의 기재나 공부상 기재와 맞지 아니한 부분이 있더라도 이 근저당권은 실제물건 위에 그 효력이 미치며, 채권자가 채권보전상의 필요에 따라 청구하는 때에는 설정자는 곧 변경등기나 경정등기 기타 필요한 절차를 밟습니다.

② 근저당 토지상 미등기건물이 있는 경우 또는 장래 건물을 신축할 경우에 채권자가 채권보전상 필요에 따라 청구하는 때에는, 설정자는 지체없이 그 보존등기를 하는 동시에 그 건물에 제1조에 의한 근저당권을 추가 설정합니다.

제3조(담보가치의 유지 등)

① 설정자는 근저당물건에 대하여 멸실 · 훼손 등 채권자의 채권보전에 지장을 초래할 현상변경 행위를 하고자 하는 때에는 미리 채권자의 승낙을 얻어야 합니다.

② 설정자는 근저당물건의 멸실 · 훼손 · 공용징수 기타의 사고 또는 현저한 가격 하락이 있거나 그럴 염려가 있을 때에는 곧 이를 채권자에게 통지합니다.

③ 제2항의 경우 설정자가 제3자로부터 수령할 배상금, 보상금 등의 채권이 발생한 때에는 설정자는 그 채권을 채권자에게 양도하고 이에 필요한 절차를 밟겠으며, 채권자는 그 수령금으로 다른 담보물의 제공 등 상당한 사유가 없는 한 은행여신거래기본약관 제13조에 준하여 채무의 변제에 충당할 수 있기로 합니다.

제4조(보험계약)

① 설정자는 근저당물건에 대하여 채권보전에 필요한 범위내에서 채권자가 지정하는 종류와 금액으로 보험계약을 맺고, 그 보험계약에 따른 권리 위에 채권자를 위하여 질권을 설정하여 그 보험증권을 채권자에게 교부하고, 이 근저당권의 피담보채무가 존재하는 동안 이를 계속 유지합니다.

② 설정자는 전항에 의한 보험계약 외에 근저당물건에 대하여 따로 보험계약을 맺은 때에는 이를 곧 채권자에게 통지하며, 채권자가 채권보전상의

필요에 따라 청구하는 경우에는 그 보험계약에 따른 권리에 대하여도 채권자를 위하여 질권을 설정합니다.

③ 설정자가 제1항, 제2항에 정하는 바에 따르지 아니함으로써 채권자가 채권보전상 필요한 보험계약을 설정자를 대신하여 맺거나 계속하고 그 보험료를 지급한 때에는, 채무자와 설정자는 연대하여 채권자가 지급한 보험료 기타의 제 비용을 은행여신거래기본약관 제4조에 준하여 곧 갚습니다.

④ 제1항 내지 제3항에 의한 보험계약에 터잡아 채권자가 보험금을 수령한 때에는, 다른 담보물의 제공 등 상당한 사유가 없는 한, 피담보채무의 기한도래전일지라도, 채권자는 그 수령금으로 은행여신거래기본약관 제13조에 준하여 채무의 변제에 충당할 수 있습니다.

제5조(지상권 · 전세권 · 임차권)

① 설정자는 근저당 물건이 건물만인 경우, 그 대지에 지상권 또는 전세권이 설정되어 있는 때에는, 그 기간이 만료한 때, 곧 그 설정계약 계속의 절차를 밟기로 합니다.

② 제1항의 경우 그 대지에 관한 권리가 임차권인 때에도 설정자는 임차기간 만료한 때에는 곧 임대차계약 계속의 절차를 밟고 또 토지소유자의 변경이 있는 때, 곧, 임차권의 내용변경이 생길 경우에는 미리 채권자에게 통지하기로 합니다.

③ 설정자는 제1항의 지상권 · 전세권이나 제2항의 임차권에 관하여 해지 기타 그 권리의 소멸 또는 변경을 초래할 염려가 있는 행위를 아니하며 또 그러한 염려가 있는 때에는 그 권리의 보전에 필요한 절차를 밟겠으며 건물이 멸실한 경우라도 채권자의 동의 없이 그 권리의 임의처분을 아니하기로 합니다.

④ 근저당건물이 화재 기타의 원인으로 멸실하고 보험금 등으로 충당하고도 채무가 남은 경우에 설정자가 곧 건물을 신축하지 아니할 때에는 지상권, 전세권 또는 임차권의 처분은 채권자의 동의를 얻어 하기로 하고 채권자는 그 처분대전으로 제3조 제3항에 준하여 나머지 채무의 변제에 충당할 수 있기로 합니다.

제6조(근저당물건의 처분 · 관리 등)

① 근저당물건의 처분은 법정절차에 의함을 원칙으로 하되, 설정자가 동의를 한 때에는 은행은 적당하다고 인정되는 방법 · 시기 · 가격 등에 의하여 처분하고 그 취득금에서 제 비용을 뺀 잔액을 은행여신거래기본약관 제13조에 준하여 충당할 수 있습니다.

② 제1항의 처분방법 외에 채권자는 설정자를 위하여 근저당물건을 관리하고 그 수익금으로 제1항에 준하여 채무의 변제에 충당할 수 있습니다.

③ 설정자가 행방을 감추거나 기타의 사유로 말미암아 근저당물건이 정상적으로 관리 · 유지되지 아니하고 멸실 · 훼손 · 분실 등의 우려가 있는 때에는 채권자는 근저당물건을 점유하여 관리할 수 있습니다.

④ 제1항 내지 제3항의 경우 설정자는 지체없이 채권자의 처분 또는 관리에 필요한 협력을 합니다.

제7조(회보와 조사) 설정자는 근저당물건의 상황에 관하여 채권자로부터 청구가 있는 때에는 그에 따라 곧 회보하거나 조사에 필요한 협조를 합니다.

제8조(여러 절차의 이행과 비용부담)

① 설정자는 이 근저당권의 설정, 변경, 이전, 말소 등에 관한 등기를 하여야 할 때에는 채권자의 청구가 있는 대로 곧 필요한 절차를 밟아야 합니다.

② 채권자는 제1항의 청구를 할 때 당해 등기에 드는 비용의 종류와 산출근거를 채무자와 설정자에게 별도의 서면에 의하여 설명합니다. 채권자가 이 설명을 하지 아니한 비용은 채무자와 설정자에게 청구하지 아니하며, 이 설명을 한 비용은 다음 각 호에 따라 부담합니다.

1. 국민주택채권매입비 : 채무자 또는 설정자
2. 등록세, 지방교육세, 등기신청수수료 및 법무사 수수료
   가. 근저당권 설정등기를 하는 경우 : 채권자
   나. 근저당권 말소등기를 하는 경우 : 채무자 또는 설정자
3. 근저당물건의 조사 또는 감정평가 수수료
   가. 근저당권을 설정하기 위한 경우 : 채권자

나. 채무자의 채무불이행으로 인하여 근저당권을 행사하는 경우 : 채무자 또는 설정자

4. 기타 비용으로서 부담주체가 분명하지 아니한 비용 : 채권자와 채무자 또는 설정자의 균분

③ 제2항에 의하여 채무자 또는 설정자가 부담하여야 할 비용, 근저당물건의 점유 또는 관리에 관한 비용, 채무자의 채무불이행으로 인한 근저당권의 행사를 위한 비용 등 채무자 또는 설정자가 부담하여야 할 비용을 채권자가 대신 지급한 경우에는 은행여신거래기본약관 제4조 제2항을 준용합니다.

제9조(다른 담보 · 보증약정과의 관계)

① 설정자가 채무자의 채권자에 대한 같은 피담보 채무에 관하여 따로 담보를 제공하고 있거나 보증을 하고 있는 경우에는 별도의 약정이 없는 한 그 담보나 보증은 이 계약에 의하여 변경되지 아니하며 이 계약에 의한 담보책임과 별개의 것으로 누적적으로 적용됩니다.

② 담보가치의 하락 등을 대비한 채권자의 청구에 의하여 설정자가 같은 피담보채무에 관하여 담보제공과 동시에 같은 금액으로 연대보증을 한 경우, 그 중 어느 하나의 일부 또는 전부를 이행한 때에는 전항에 불구하고 그 이행한 범위내에서 다른 책임도 면합니다.

제10조(담보등의 변경 · 해지 · 해제) 설정자가 동의를 한 때나, 동등한 가치 이상의 담보대체, 동등한 자력 이상의 보증인 교체 또는 일부 변제액에 비례한 담보나 보증의 해지 · 해제 등 설정자가 대위변제할 경우의 구상실현에 불리한 영향이 없을 때에는, 거래상 필요에 따라, 채권자는 다른 담보나 보증을 변경 또는 해지 · 해제할 수 있기로 합니다.

제11조(특약 사항)

설정자 : (인)

저당물건 목록 : :

대상목적물의 표시	순 위

※ 설정자는 다음 사항을 읽고 본인의 의사를 사실에 근거하여 자필로 기재하여 주십시오
(기재예시 : 1. 수령함, 2. 들었음)

1. 은행여신거래기본약관과 이 계약서 사본을 확실히 수령하였습니까?	
2. 위 약관과 계약서의 중요한 내용에 대하여 설명을 들었습니까?	

※ 설정자가 타인을 위하여 주택을 담보로 제공하는 경우에는 설정자는 이 계약서 작성일을 포함하여 3일 이내에 담보제공을 철회할 수 있습니다.
또한, 철회권을 미리 포기하고 이 설정계약을 즉시 확정할 수도 있습니다.
필요시 설정자는 위 기간 이내에 본인의 의사를 다음란에 자필로 기재하여 주십시오.
(기재예시 : 철회함. 년 월 일, 포기함. 년 월 일)

담보제공의사를 철회합니까? (철회한 때에는 이 계약은 취소되고 설정자는 담보책임을 부담하지 않습니다. 이때 담보설정 · 해지에 드는 비용은 설정자가 전부 부담하여야 합니다.)	년 월 일
철회권을 포기합니까? (철회권을 포기한 때에는 이 설정계약은 즉시 확정됩니다.)	년 월 일

상 담 자	직 위 :	성 명 : (인)

이 계약서에 따라 등기되었음을 확인하고, 등기권리증을 수령함. 년 월 일 설정자 인

담보제공자(저당권설정자)가 꼭 알아두어야 할 사항

저당권이란

- 채무자가 기일에 채무를 상환하지 않으면, 채권자는 설정자가 제공한 담보물을 처분하여 우선적으로 변제받는 권리입니다.
- 따라서 자기소유의 부동산에 타인을 위하여 저당권을 설정하는 것은 타인의 채무불이행으로 인하여 자기재산을 잃게 될 수 있는 위험을 부담하는 행위입니다.

담보종류에 따른 책임범위

- 「특정채무담보」는 채무자가 채권자에 대하여 부담하는 특정된 채무만을 담보하는 것으로, 그 채무가 연기 · 재취급 또는 다른 여신으로 대환된 때에는 담보하지 않습니다.
- 「근담보」는 채무자와 채권자 사이에 이미 맺어져 있거나 앞으로 맺게 될 거래계약으로부터 현재 발생되어 있거나 앞으로 발생할 채무를 채권 최고액의 범위내에서 담보하게 되는 것으로 세 가지 유형이 있으며, 각 유형에 따른 책임범위는 다음과 같습니다.
- 「특정 근담보」

  특정된 거래계약(예 :　년　월　일자 여신거래약정서)으로부터 계속적으로 발생하는 채무를 담보하며, 그 채무가 기한 연기된 때에도 담보합니다. 그러나 재취급 또는 다른 여신으로 대환된 때에는 담보하지 않습니다.
- 「한정 근담보」

  특정한 종류의 거래(예 : 당좌대출거래)에 대하여 이미 맺어져 있거나 앞으로 맺게 될 거래 계약으로부터 현재 발생되어 있거나 앞으로 발생하게 될 채무를 모두 담보하며, 그 채무의 연기나 재취급은 물론 같은 종류로 대환된 때에도 담보합니다. 그러나 다른 종류의 여신으로 대환된 때에는 담보하지 않습니다.

–「포괄 근담보」

채무자가 채권자에게 부담하는 현재 및 장래의 모든 채무(여신거래로 인한 채무뿐만 아니라 기타 다른 형태의 채무를 포함한다)를 담보하여 그 책임범위가 아주 광범위하므로 포괄근담보를 선택할 경우 다시 한번 신중히 생각한 후에 결정하십시오.

담보제공자가 연대보증까지 서는 경우

– 담보제공자가 연대보증을 별도로 서는 경우, 은행은 담보제공부동산 외에 담보제공자의 다른 일반재산에 대하여도 집행을 할 수 있습니다.

은행여신거래기본약관 (기업용)

공정거래위원회
표준약관 제10005호
(2016.10.7. 개정)

이 은행여신거래기본약관 (이하 "약관"이라 합니다)은 ○○은행 (이하 "은행"이라 합니다)과 거래처 (이하 "채무자"라 합니다)와의 상호신뢰를 바탕으로 여신거래의 원활하고 공정한 처리를 위하여 만들어진 것입니다.

은행은 이 약관을 모든 영업점 및 전자금융매체에 비치 · 게시하고, 채무자는 이를 열람하거나 그 교부를 청구할 수 있습니다.

제1조(적용범위)

① 이 약관은 은행과 채무자(차주 · 할인신청인 · 지급보증신청인 등 은행에 대하여 채무를 부담하는 사람을 말합니다. 이하 같습니다) 사이의 어음대출 · 어음할인 · 증서대출 · 당좌대출 · 지급보증 · 외국환 기타의 여신에 관한 모든 거래에 적용됩니다.

② 이 약관은 채무자가 발행 · 배서 · 인수나 보증한 어음(수표를 포함합니다. 이하 같습니다)을 은행이 제3자와의 여신에 관한 거래에서 취득한 경우에 그 채무의 이행에 관하여도 적용됩니다. 다만, 제2조, 제3조, 제5조, 제7조, 제9조, 제12조 제1항, 제15조 제1항은 적용되지 않습니다.

③ 이 약관은 은행의 본 · 지점과 채무자의 본 · 지점 사이의 제1항 및 제2항의 적용범위에 속하는 모든 거래와 채무이행에 공통으로 적용됩니다.

제2조(어음채권과 여신채권) 채무자가 발행하거나 배서 · 보증 · 인수한 어음에 의한 여신의 경우, 은행은 어음채권 또는 여신채권의 어느것에 의하여도 청구할 수 있습니다.

제3조(이자등과 지연배상금)

① 이자 · 할인료 · 보증료 · 수수료 등(이하 "이자 등"이라고 합니다)의 율 · 계산방법 · 지급의 시기 및 방법에 관해 은행은 법령이 허용하는 한도 내에서 정할 수 있으며, 채무자가 해당사항을 계약 체결 전에 상품설명서 및 홈페이지 등에서 확인할 수 있도록 합니다.

② 이자 등의 율은 거래계약시에 채무자가 다음의 각 호 중 하나를 선택하여 적용할 수 있습니다.

1. 채무의 이행을 완료할 때까지 은행이 그 율을 변경할 수 없음을 원칙으로 하는 것
2. 채무의 이행을 완료할 때까지 은행이 그 율을 수시로 변경할 수 있는 것

③ 제2항 제1호를 선택한 경우에 채무이행완료 전에 국가경제 · 금융사정의 급격한 변동 등으로 계약 당시에 예상할 수 없는 현저한 사정변경이 생긴 때에는 은행은 채무자에 대한 개별통지에 의하여 그 율을 인상 · 인하 할 수 있기로 합니다. 이 경우 변경요인이 해소된 때에는 은행은 지체없이 해소된 상황에 부합되도록 변경하여야 합니다.

④ 제2항 제2호를 선택한 경우에 이자 등의 율에 관한 은행의 인상 · 인하는 건전한 금융관행에 따라 합리적인 범위내에서 이루어져야 합니다.

⑤ 채무자가 은행에 대한 채무의 이행을 지체한 경우에는, 곧, 지급하여야 할 금액에 대하여 법령이 정하는 제한 내에서 은행이 정한 율로, **1년을 365일(윤년은 366일)로 보고** 1일 단위로 계산한 지체일수에 해당하는 지연배상금을 지급하기로 하되, 금융사정의 변화 그 밖의 상당한 사유로 인하여 법령에 의하여 허용되는 한도 내에서 율을 변경할 수 있습니다. 다만, 외국환거래에 있어서는 국제관례, 상관습 등에 따릅니다.

⑥ 은행이 이자 등과 지연배상금의 계산방법 · 지급의 시기 및 방법을 변경하는 경우에, 그것이 법령에 의하여 허용되는 한도내이고 금융사정 및 그 밖의 여신거래에 영향을 미치는 상황의 변화로 인하여 필요한 것일 때에는 변경후 최초로 이자를 납입하여야 할 날부터 그 변경된 사항이 적용됩니다.

⑦ 제4항, 제5항 및 제6항에 따라 변경하는 경우 은행은 그 변경 기준일부터 1개월간 모든 영업점 및 은행이 정하는 전자매체등에 이를 게시하여야 합니다. 다만, 특정채무자에 대하여 개별적으로 변경하는 경우에는 개별 통지하여야 합니다.

⑧ 제3항 및 제6항에 의하여 채무자에게 예상하지 못한 불이익이 초래되는 경우에, 채무자는 변경후 최초로 이자를 납입하여야 할 날부터 1개월 이내에 계약을 해지할 수 있습니다. 이 경우 해지일까지는 변경전의 이율 등을 적용하기로 하고, 채무자가 그 해지로 인하여 발생한 은행에 대한 반환채무이행을 지체한 경우에는 변경전의 지연배상금률 등을 적용하기로 합니다.

제4조(비용의 부담)

① 채무자는 채무불이행에 따라 발생하는 다음 각 호의 비용을 부담하여야 합니다.

1. 채무자, 보증인 또는 물상보증인에 대한 은행의 채권 또는 담보권의 행사나 보전[가압류 또는 가처분(그 해지도 포함) 등을 말함]
2. 담보목적물의 조사 또는 추심
3. 채무이행의 독촉을 위한 통지

② 제1항에 의한 비용을 채무자가 지급하지 않아서, 은행이 대신 지급한 경우에는, 채무자는 곧 이를 갚아야 합니다. 채무자가 이를 곧 갚지 아니한 때에는 은행이 대신 지급한 금액에, 대신 지급한 날부터 다 갚는 날까지의 날짜수 만큼, 상법 제54조(상사법정이율)에 의한 연 6푼의 범위 내에서 약정금리로, **1년을 365일(윤년은 366일)**로 보고 1일 단위로 계산한 금액을 더하여 갚아야 합니다.

③ 은행은 대출약정을 하기 전에 채무자가 미리 알 수 있도록 별도의 서면에 의하여 약정이자, 기한도래일전 상환수수료 및 담보대출로 인하여 채무자가 부담하여야 할 부대비용의 항목과 금액을 설명하여야 합니다.

제5조(자금의 용도 및 사용) 채무자는 여신신청시 자금의 용도를 명확하게 제시하고 은행과의 여신거래로 받은 자금을 그 거래 당초에 정해진 용도와 다른 용도로 사용하지 않습니다. 지급보증 기타 은행으로부터 받은 신용의 경우에도 또한 같습니다

제6조(담보)

① 채무자 또는 보증인의 책임 있는 사유로 신용이 악화되거나 담보물의 가액 감소가 현저한 경우, 채무자 또는 보증인은 채권보전을 위한 은행의 청

구에 의하여 그 원상회복 및 담보의 보충을 하여야 합니다.

② 담보물의 처분은 법정절차에 의함을 원칙으로 하되, 담보물이 거래소의 시세있는 물건이거나 유리한 조건이 기대될 경우에 한하여 은행이 일반적으로 적당하다고 인정되는 방법 · 시기 · 가격등에 의하여 추심 또는 처분하고, 그 취득금에서 제비용을 뺀 잔액을 제13조에 준하여 채무의 변제에 충당할 수 있기로 하며, 채무자는 나머지 채무가 있는 경우에 곧 갚기로 합니다. 이 경우 은행은 담보물을 처분하기 10일전까지 담보제공자에게 그 사실을 통지 하여야 합니다. 다만, 파산법,화의법 또는 회사정리법에 의한 법원의 개시결정이 있기전 채권회수에 중대한 지장이 예견되는 경우에는 처분후 지체없이 그 사실을 통지하기로 합니다.

③ 채무자가 은행에 대한 채무의 이행을 지체한 경우에는, 은행이 점유하고 있는 채무자의 동산 · 어음 기타의 유가증권을, 담보로서 제공된 것이 아닐지라도, 은행이 계속 점유하거나 제2항에 준하여 추심 또는 처분 등의 처리를 할 수 있기로 합니다.

제7조(기한전의 채무변제의무)

① 채무자에게 다음 각 호의 어느 하나에 해당하는 사유가 발생한 경우, 은행은 채무자에게 은행에 대한 모든 채무에 대하여 기한의 이익을 상실시킬 수 있습니다(지급보증거래에 있어서 사전구상채무 발생을 포함합니다. 이하 같습니다). 이 경우, 은행은 채무자에게 서면으로 다음 각 호의 사유 및 이에 따라 다음 각 호의 사유 발생 즉시 기한의 이익을 상실하였다는 사실을 함께 통지하여야 합니다. 통지가 도달하면 채무자는 다음 각 호의 사유 발생시부터 기한의 이익을 상실하여, 이를 곧 갚아야 할 의무를 집니다.

1. 은행에 대한 예치금 등 각종 채권에 대하여 압류명령이나 체납처분 압류통지가 도달하거나 또는 기타의 방법에 의한 강제집행 개시나 체납처분 착수가 있는 때
2. 채무자가 제공한 담보재산(제1호의 은행에 대한 예치금 등 각종 채권은 제외)에 대하여 압류명령이나 체납처분 압류통지가 도달하거나 기타의 방법에 의한 강제집행 개시나 체납처분 착수가 있는 때
3. 파산 · 화의개시 · 회생 · 개인회생절차개시의 신청이 있거나, 채무불이행자명부 등재 결정이 있는 때
4. 조세공과에 관하여 납기전 납부고지서를 받거나, 어음교환소의 거래정

지처분이 있는 때
5. 폐업, 도피 기타의 사유로 지급을 정지한 것으로 인정된 때
6. 채무자의 과점주주나 실질적인 기업주인 포괄근보증인의 은행에 대한 예치금 등 각종 채권에 대하여 제1호의 명령이나 통지가 도달한 때

② **(삭 제)**

③ 채무자에게 다음 각 호의 어느 하나에 해당하는 사유가 발생한 경우, 은행은 채무자에게 은행에 대한 해당 채무에 대하여 기한의 이익을 상실시킬 수 있습니다. 이 경우, 은행은 기한의 이익상실일 3영업일전까지 채무자에게 서면으로 다음 각 호의 사유 및 이에 따라 기한의 이익을 상실한다는 사실을 함께 통지하여야 합니다. 다만 위 통지가 기한의 이익상실일 3영업일전까지 채무자에게 도달하지 않은 경우에는 실제 통지가 도달한 날부터 3영업일이 경과한 날에 채무자는 기한의 이익을 상실하여, 이를 곧 갚아야 할 의무를 집니다.
1. 이자 등을 지급하여야 할 때부터 계속하여 14일간 지체한 때
2. 분할상환금 또는 분할상환 원리금의 지급을 2회 이상 연속하여 지체한 때

④ 채무자에게 다음 각 호의 어느 하나에 해당하는 사유가 발생하여 은행의 채권보전에 현저한 위험이 예상될 경우, 은행은 채무자에게 은행에 대한 모든 채무에 대하여 기한의 이익을 상실시킬 수 있습니다. 이 경우, 은행은 채무자에게 서면으로 다음 각 호의 사유 및 변제, 압류 등의 해소, 신용의 회복 등을 독촉하고, 그러하지 아니한 경우에는 위 독촉의 도달일부터 10일 이상으로 은행이 정한 기간이 경과하면, 채무자는 은행에 대한 모든 채무의 기한의 이익을 상실한다는 사실을 함께 통지하여야 합니다. 객관적으로 적정한 조치없이 위 기간이 도과하면 채무자는 기한의 이익을 상실하여, 이를 곧 갚아야 할 의무를 집니다.
1. 은행에 대한 수 개의 채무 중 하나라도 기한에 변제하지 아니하거나 제2항, 제3항 또는 제5항에 의하여 기한의 이익을 상실한 채무를 변제하지 아니한 때
2. 제1항 제1호 및 제2호 외의 재산에 대하여 압류 · 체납처분이 있는 때
3. 채무자의 제1항 제1호 외의 재산에 대하여, 민사소송법상의 담보권실행등을 위한 경매개시가 있는 경우로서, 채무자의 신용이 현저하게 악화되어 채권회수에 중대한 지장이 있을 때

4. 제5조, 제19조에서 정한 약정을 위반하여 건전한 계속거래 유지가 어렵다고 인정된 때
5. 여신거래와 관련하여 허위, 위·변조 또는 고의로 부실자료를 은행에 제출한 사실이 확인된 때
6. 청산절차 개시, 결손회사와의 합병, 노사분규에 따른 조업중단, 휴업, 관련기업의 도산, 회사경영에 영향을 미칠 법적분쟁 발생 등으로 현저하게 신용이 악화되었다고 인정된 때
7. 어음교환소의 거래정지처분이외의 사유로 금융기관의 신용불량거래처로 규제된 때

⑤ 채무자에게 다음 각 호의 어느 하나에 해당하는 사유가 발생한 경우, 은행은 채무자에게 은행에 대한 해당 채무에 대하여 기한의 이익을 상실시킬 수 있습니다. 이 경우, 은행은 채무자에게 서면으로 다음 각 호의 사유 및 이행을 독촉하고, 그러하지 아니한 경우에는 위 독촉의 도달일부터 10일 이상으로 은행이 정한 기간이 경과하면, 채무자는 은행에 대한 해당 채무 전부의 기한의 이익을 상실한다는 사실을 함께 통지하여야 합니다. 이행 없이 위 기간이 도과하면 채무자는 기한의 이익을 상실하여, 이를 곧 갚아야 할 의무를 집니다.

1. 제6조 제1항, 제15조에서 정한 약정을 이행하지 아니한 때
2. 담보물에 대한 화재보험 가입의무를 이행하지 아니한 때, 은행을 해할 목적으로 담보물건을 양도하여 은행에 손해를 끼친 때, 시설자금을 받아 설치·완공된 기계·건물 등의 담보제공을 지체하는 때, 기타 은행과의 개별약정을 이행하지 아니하여 정상적인 거래관계 유지가 어렵다고 인정된 때
3. 보증인이 제1항 제1호 내지 제5호의 사유에 해당하거나 제4항 제2호와 제3호에 해당하는 경우로서, 상당한 기간 내에 보증인을 교체하지 아니한 때

⑥ 제1항 내지 제5항에 의하여 채무자가 은행에 대한 채무의 기한의 이익을 상실한 경우라도, 은행의 명시적 의사표시가 있거나, 분할상환금·분할상환원리금·이자·지연배상금의 수령 등 정상적인 거래의 계속이 있는 때에는, 그 채무 또는 은행이 지정하는 채무의 기한의 이익은 그때부터 부활합니다.

제8조(기한이익 상실의 연대보증인에 대한 통지)

① 제7조 제1항 각 호에 의하여 기한이익이 상실될 때, 은행은 제1호 · 제6호 · 제4호의 어음교환소의 거래정지처분이 있는 경우에는 기한의 이익 상실사유가 발생한 날로부터, 기타의 경우에는 기한의 이익 상실사유를 은행이 인지한 날로부터 각 15영업일 이내에 연대보증인에게 서면으로 그 내용을 통지하여야 합니다.

② 제7조 제4항과 제5항에 의하여 기한이익이 상실되는 경우, 은행은 기한의 이익이 상실된 날로부터 15영업일 이내에 연대보증인에게 서면으로 그 내용을 통지하여야 합니다.

③ 제1항 및 제2항에 의하여 연대보증인에게 기한이익 상실을 통지한 경우라도, 제7조제6항에 해당되어 기한이익이 부활된 채무에 대하여는 계속거래를 위한 연대보증인의 동의를 요하지 않습니다. 이 경우 은행은 기한이익이 부활된 채무의 연대보증인에게 15영업일 이내에 서면으로 부활통지를 하여야 합니다.

제9조(할인어음의 환매채무)

① 어음의 할인을 받은 채무자는 다음의 어음에 대하여 은행으로부터의 독촉 · 통지등이 없어도 당연히 어음면 기재금액에 의한 환매채무를 지고 곧 갚아야 합니다. 이 경우 채무자가 어음의 만기전에 환매채무를 이행하는 때에는 은행은 그 이행일부터 그 어음의 만기일까지의 할인료 상당금액을 되돌려 주어야 합니다.

1. 채무자에 관하여 제7조 제1항 각 호에서 정한 사유중 하나라도 발생한 경우에는 할인 의뢰한 모든 어음
2. 어음을 발행 또는 인수한 자에게 제7조 제1항 각 호에서 정한 사유중 하나라도 발생되거나 기일에 지급하지 아니한 때에는 그가 발행 또는 인수한 모든 어음

② 어음의 할인을 받은 채무자는 다음의 어음에 대하여 은행이 서면으로 독촉하고 그 통지의 도달일로부터 10일이상으로 은행이 정한 기간이 경과하면 어음의 환매채무를 지고 곧 갚기로 합니다. 이 경우 채무자가 어음의 만기전에 환매채무를 이행하는 때에는 은행은 그 이행일부터 만기일까지의 할인료 상당금액을 되돌려 주어야 합니다.

1. 채무자에 관하여 제7조 제4항, 제5항 각 호에서 정한 사유중 하나라도

발생한 경우에는 할인의뢰한 모든 어음

2. 어음을 발행 또는 인수한 자에 관하여 제7조 제4항, 제5항 각 호에서 정한 사유 중 하나라도 발생한 경우 그가 발행 또는 인수한 모든 어음

③ 제1항, 제2항에 의한 채무를 모두 갚을 때까지는, 은행이 어음소지인으로서의 모든 권리를 행사할 수 있습니다.

④ 제1항, 제2항의 경우에도, 제7조 제6항을 준용합니다.

제10조(은행으로부터의 상계 등)

① 기한의 도래 또는 제7조에 의한 기한전 채무변제의무, 제9조에 의한 할인어음의 환매채무의 발생 기타의 사유로, 은행에 대한 채무를 이행하여야 하는 경우에는, 그 채무와 채무자의 제예치금 기타의 채권과를 그 채권의 기한도래 여부에도 불구하고, 은행은 서면통지에 의하여 상계할 수 있습니다.

② **(삭 제)**

③ 제1항에 있어서와 같이 은행에 대한 채무를 이행하여야 하는 경우에는, 은행은 사전의 통지나 소정의 절차를 생략하고, 채무자를 대리하여 채무자가 담보로 제공한 채무자의 제 예치금을 그 기한도래 여부에 불구하고 환급받아서 채무의 변제에 충당할 수 있습니다. 이 경우 은행은 대리환급 변제충당 후 그 사실을 지체없이 채무자에게 통지합니다.

④ 제1항에 따라 채무자의 채무와 채무자 및 보증인의 제예치금 기타 채권(이하 "제 예치금 등" 이라 합니다)과를 상계할 경우, 은행은 상계에 앞서 채무자 및 보증인의 제 예치금 등에 대하여 일시적인 지급정지 조치를 취할 수 있기로 하되, 채무자와 보증인의 제 예치금 등에 대하여 지급정지 조치를 취한 경우에는 그 사실을 지체없이 해당 제 예치금 등의 명의인에게 통지하여야 합니다.

⑤ 제1항에 의한 상계나 제3항에 의한 대리환급변제충당을 실행하는 경우에는 채무자 · 보증인 · 담보제공자의 정당한 이익을 고려하여 신속히 실행하여야 하며, 채권 · 채무의 이자 등과 지연배상금의 계산기간은, 은행의 상계통지가 채무자에게 도달한 날, 은행이 대리환급변제충당을 위한 계산을 하는 날까지로 하되, 그 율은 은행이 정하는 바에 따르며, 외국환시세는 은행이 계산실행할 때의 시세에 의하기로 합니다.

제11조(채무자로부터의 상계)

① 채무자는 채무자의 기한 도래한 예금 기타의 채권과 은행에 대한 채무와를 그 채무의 기한 도래 여부에 불구하고 상계할 수 있습니다.

② 만기전의 할인어음에 관하여 제1항에 의하여 상계를 할 경우, 채무자는 어음금액에서 환매일부터 만기일까지 할인료 상당금액을 뺀 나머지 금액에 대한 환매채무를 지고, 이를 상계할 수 있습니다. 그러나 은행이 타인에게 재양도중인 할인어음에 관하여는 상계할 수 없습니다.

③ 제1항, 제2항의 약정에 불구하고, 외화에 대한 채권과 채무에 관하여는, 각기 기한 도래하고 또한 외국환에 관한 법령에 따른 소정절차를 밟은 때에 한하여 상계할 수 있습니다.

④ 제1항 내지 제3항에 의하여 상계를 하는 경우에는, 서면에 의한 상계통지에 의하기로 하며, 상계한 예금 기타 채권의 증서 · 통장은 이미 신고한 도장을 찍거나 서명을 하여 곧 은행에 제출하여야 합니다.

⑤ 제1항 내지 제3항에 의한 상계를 하는 경우 채권 · 채무의 이자, 할인료 등과 지연배상금의 계산기간은 상계통지가 도달한 날까지로 하고, 그 율은 은행이 정하는 바에 따르며, 외국환시세는 은행이 계산 실행할 때의 시세에 의합니다. 또한 기한전 변제에 관한 특별한 수수료의 정함이 있는 때에는 그 정함에 따라야 합니다.

제12조(어음의 제시 · 교부)

① 어음이 따르는 거래에 있어서, 은행이 어음채권에 의하지 아니하고 제10조에 의한 상계 또는 대리환급변제충당을 할 경우, 은행은 그 어음을 동시에 반환하지 아니하여도 되며, 어음의 반환장소는 그 거래영업점으로 합니다. 이 경우 은행은 어음을 찾아가도록 지체없이 채무자에게 통지하여야 합니다. 제11조에 의한 상계에 따른 어음의 처리도 같습니다.

② 은행이 어음채권에 의하여 제10조에 의한 상계 또는 대리환급변제충당을 할 때에는, 다음 각 호의 경우에 한하여, 어음의 제시 또는 교부를 하지 않아도 되며, 이 경우의 어음의 처리도 제1항과 같습니다.

1. 은행이 채무자의 소재를 알 수 없을 때
2. 은행이 어음의 지급장소인 때
3. 교통 · 통신의 두절, 추심 기타의 사유로 제시 또는 교부의 생략이 부득이 하다고 인정되는 때

③ 제10조, 제11조에 의한 상계 등을 하고도, 곧 이행하여야 할 나머지 채무가 있을 경우에, 어음에 채무자 이외의 어음상 채무자가 있는 때에는 은행은 그 어음을 계속 점유하고 추심 또는 처분한 후, 제13조에 준하여 채무의 변제에 충당할 수 있습니다.
④ 은행이 어음채권의 시효중단을 위하여 독촉을 할 경우에도, 어음의 제시를 생략할 수 있습니다.

제13조(은행의 변제 등의 충당지정)

① 채무자가 기한의 이익을 상실한 채무를 변제하거나, 은행이 제10조에 의한 상계 또는 대리환급변제충당을 하는 경우에, 채무자의 채무 전액을 없애기에 부족한 때에는 비용, 이자, 원금의 순서로 충당하기로 합니다. 그러나 은행은 채무자에게 불리하지 않은 범위 내에서 충당순서를 달리할 수 있습니다.
② 변제 또는 상계될 채무가 수개인 경우로서 채무전액이 변제 또는 상계되지 않을 경우, 강제집행 또는 담보권 실행경매에 의한 회수금에 대하여는 민법 기타 법률이 정하는 바에 따릅니다.
③ 변제 또는 상계될 채무가 수개인 경우로서 제2항에 해당되지 않는 임의의 상환금 또는 제 예치금으로 채무자의 채무전액을 없애기에 부족한 때에는 채무자가 지정하는 순서에 따라 변제 또는 상계에 충당하기로 합니다. 이 경우, 채무자가 지정하는 순서에 따를 경우 은행의 채권보전에 지장이 생길 염려가 있는 때에는, 은행은 지체없이 이의를 표시하고, 물적담보나 보증의 유무, 그 경중이나 처분의 난이, 변제기의 장단, 할인어음의 결제가능성 등을 고려하여 은행이 변제나 상계에 충당할 채무를 바꾸어 지정할 수 있습니다.
④ 은행이 변제충당순서를 제3항에 따라 민법 기타 법률이 정하는바와 달리할 경우에는 은행의 채권보전에 지장이 없는 범위내에서 채무자와 담보제공자 및 보증인의 정당한 이익을 고려하여야 합니다.

제14조(채무자의 상계충당지정)

① 채무자가 제11조에 의하여 상계하는 경우, 채무자의 채무 전액을 소멸시키기에 부족한 때에는, 채무자가 지정하는 순서에 따라 상계에 충당합니다.

② 채무자가 제1항의 상계충당지정을 아니하거나 제1항의 지정에 의하면 은행의 채권보전상 지장이 생길 염려가 있는 경우에는 제13조에 준하여 은행이 상계에 충당할 채무를 지정하기로 합니다.

제15조(위험부담 · 면책조항)

① 채무자가 발행 · 배서 · 인수나 보증한 어음 또는 채무자가 은행에 제출한 제 증서 등이 불가항력 · 사변 · 재해 · 수송도중의 사고 등 은행 자신의 책임없는 사유로 인하여 분실 · 손상 · 멸실 또는 연착한 경우 채무자는 은행의 장부 · 전표 등의 기록에 의하여 채무를 갚기로 하되, 채무자가 은행의 장부 · 전표 등의 기록과 다른 자료를 제시할 경우 은행의 기록과 채무자가 제시하는 자료를 상호 대조하여 채무를 확정한 후 갚기로 합니다.

② 채무자는 제1항의 분실 · 손상 · 멸실의 경우에 은행의 청구에 따라 곧 그에 대신할 어음이나 증서 등을 제출하여야 합니다. 다만, 은행이 제3자와의 거래에서 취득한 어음이나 증서의 경우에는 제출하지 않아도 됩니다.

③ 제1항, 제2항에 의한 변제 또는 어음이나 증서의 제출로 인하여 채무자가 과실없이 이중의 지급의무를 부담하게 됨으로 말미암은 손해는 은행이 부담하여야 합니다.

④ 은행이 어음이나 제 증서 등의 인영 · 서명을 채무자가 미리 신고한 인감 · 서명과 상당한 주의로써 대조하고, 틀림없다고 인정하여 거래한 때에는, 어음 · 증서 등과 도장 · 서명에 관하여 위조 · 변조 · 도용 등의 사고가 있더라도 이로 말미암은 손해는 채무자가 부담하며, 채무자는 어음 또는 증서 등의 기재문언에 따라 책임을 지기로 합니다.

제16조(신고사항과 그 변경 등)

① 채무자는 거래에 필요한 채무자의 명칭 · 상호 · 대표자 · 주소 등과 인감 · 서명을 은행이 정한 용지에 의하여, 미리 신고하여야 합니다. 또한 대리인에 의하여 거래하고자 할 경우에, 그 성명 · 인감 · 서명 등에 관하여도 같습니다.

② 제1항에 의한 신고사항에 변경이 있는 경우, 채무자는 지체없이 그 변경내용을 은행에 신고하여야 합니다. 등기부상 변경등기를 마친 사항에 관하여도 같습니다.

제17조(자료의 성실작성의무) 채무자는 여신거래와 관련하여 은행에 제출하는 자료를 성실하게 작성 · 제출하여야 합니다.

제18조(통지의 효력)

① 은행이 채무자가 신고한 최종 주소로 서면통지 또는 기타 서류 등을 발송한 경우, 보통의 우송기간이 경과한 때에 도달한 것으로 추정합니다.

② 채무자가 제16조 제2항에 의한 변경신고를 게을리 함으로 말미암아 제1항에 의하여 발송한 서면통지 또는 기타서류가 채무자에게 연착하거나 도달되지 않은 때에는 보통의 우송기간이 경과한 때에 도달한 것으로 봅니다. 다만, 상계통지나 기한전의 채무변제 청구 등 중요한 의사표시인 경우에는 배달증명부내용증명에 의한 경우에 한하여 도달한 것으로 봅니다.

③ 은행이 채무자에 대한 통지 등의 사본을 보존하고 또 그 발신의 사실 및 연월일을 장부 등에 명백히 기재한 때에는 발송한 것으로 추정합니다.

제19조(회보와 조사)

① 채무자는 그의 재산 · 부채현황 · 경영 · 업황 또는 융자조건의 이행 여부 기타 필요한 사항에 대하여, 은행의 요구가 있으면 곧 회보하며, 은행이 필요에 따라 채무자의 장부 · 공장 · 사업장 기타의 조사를 하는 경우 협조하여야 합니다.

② 채무자는 그 재산 · 영업 · 업황 기타 거래관계에 영향을 미칠 사항에 관하여 중대한 변화가 생기거나 생길 염려가 있을 때에는, 은행의 요구가 없더라도 곧 은행앞으로 통지하여야 합니다.

③ 은행은 제1항 또는 제2항에 의한 회보 등이나 조사에 의하여, 채무자가 어음교환소의 거래정지처분, 부실여신의 보유, 경영상황의 급격한 악화 등으로 채권회수 불능의 우려가 있는 때에는, 그 직원을 파견하여 채무자의 재산 및 경영에 관하여 채권보전을 위한 범위내에서 관리 · 감독할 수 있습니다.

제20조(여신거래조건의 변경)

① 은행은 채무자의 신용상태 변동시 은행이 정하는 바에 따라 신용평가등급을 조정하고 서면통지에 의하여 여신한도, 여신만기, 금리 등 여신거래조건을 신용평가등급에 따라 변경할 수 있습니다.

② 채무자는 제1항에 의하여 여신한도 · 여신만기의 거래조건이 변경된 경우 이에 이의가 있을 때에는 변경기준일로부터 1개월이내에, 금리의 경우는 변경후 최초로 이자를 납입하여야 할 날부터 1개월 이내에 계약을 해지할 수 있습니다. 이 경우 해지일까지는 변경전의 여신거래조건을 적용하기로 합니다.

③ 채무자는 신용상태가 호전되었다고 인정되는 경우 은행이 정하는 바에 따라 여신한도, 여신만기, 금리 등 여신거래조건 변경을 서면으로 요구할 수 있습니다. 이 경우 은행은 적정성 여부를 심사하여 필요한 조치를 취하고, 그 결과를 채무자 앞으로 곧 통지하여야 합니다.

제21조(이행장소 · 준거법)

① 채무의 이행장소는 다른 약정이 없는 한 거래영업점으로 합니다. 다만, 부실채권의 관리 등 상당한 사유로 채권관리업무를 은행의 본점 · 지역본부 또는 다른 영업점으로 이관한 경우에는, 이관 받은 본점 · 지역본부 또는 다른 영업점을 그 이행장소로 합니다.

② 채무자가 내국인 또는 내국법인이 아닌 경우라도, 이 약관에 터잡은 여신거래에 관하여 적용될 법률은 국내법을 적용합니다

제22조(약관 · 부속약관 변경)

① 은행이 이 약관을 변경하거나 부속약관을 채무자에게 불리하게 변경하고자 할 경우, 은행은 변경예정일 직전 1개월간 회사의 영업점 및 홈페이지에 변경내용을 게시합니다.

② 제1항의 변경내용이 채무자에게 불리한 경우 은행은 이를 서면 등 채무자와 사전에 합의한 방법으로 변경 전 최소 30일 전까지 개별 통지합니다. 다만, 기존 채무자에게 변경 전 내용이 그대로 적용되는 경우 또는 채무자가 변경내용에 대한 통지를 받지 아니하겠다는 의사를 명시적으로 표시한 경우에는 그러하지 아니합니다.

③ 은행은 제2항의 통지를 할 경우 "채무자가 변경에 동의하지 아니한 경우 통지를 받은 날로부터 30일 이내에 계약을 해지할 수 있으며, 계약해지의 의사표시를 하지 아니한 경우에는 변경에 동의한 것으로 본다." 라는 취지의 내용을 통지하여야 합니다.

④ 채무자가 제3항의 통지를 받은 날로부터 30일 이내에 계약해지의 의사표

시를 하지 아니한 경우에는 변경에 동의한 것으로 봅니다.

⑤ 은행은 약관을 영업점에 비치 또는 게시하여 채무자가 요구할 경우 이를 교부하여야 합니다.

제23조(관할법원의 합의) 이 약관에 터잡은 여신거래에 관하여 은행과 채무자 또는 보증인 또는 물상보증인 사이에 소송의 필요가 생긴 때에는, 법이 정하는 관할법원과 아울러 은행의 거래영업점 소재지 지방법원을 관할법원으로 합니다. 다만, 채무자의 책임 있는 사유로 부실채권이 발생되어 그 채권의 관리를 위하여 은행이 본점 · 지역본부 또는 다른 영업점으로 그 채권관리 업무를 이관한 경우에는, 법이 정하는 관할법원과 아울러 이관 받은 본점 · 지역본부 또는 다른 영업점의 소재지 지방법원을 관할법원으로 합니다.

은행은 약정관계인에게 이 약정서상의 중요한 내용을 설명하여야 하며, 은행여신거래기본약관과 이 약정서의 사본을 교부하여야 합니다.

수 입 인 지

팀원	팀장	부점장

채무인수약정서

20 년 월 일

채 권 자 (인)
주 소
채 무 자 (인)
주 소
채무인수인 (인)
주 소
근저당권설정자 (인)
(소유권이전된 경우 제3취득자)
주 소
연대보증인 (인)
주 소
연대보증인 (인)
주 소

제1조 채무의 인수

① 채무인수인은 채무자가 은행여신거래기본약관 및 아래 표시 약정서(이하 "원약정서"라 합니다)에 의하여 채권자에게 현재 및 장래에 부담하는 모든 채무를 그 채무의 동일성을 유지한 채 인수할 것을 청약하고 채무자 및 채권자는 이를 승낙합니다.

약정서상의 채무표시(20 년 월 일 현재)

구 분		1	2	3	4	5
약 정 서 명 칭		. . 약정서	. . 약정서	. . 약정서	. . 약정서	. . 약정서
채 무 자						
채무액	원 금					
	이 자					
	지연배상금					
	부 대 채 무					
	합 계					

② 근저당권설정자 또는 담보목적물의 제3취득자(이하 "담보제공자"라 합니다) 및 연대보증인은 제1항에 대하여 동의하였습니다.

제2조 채무자 및 채무인수인의 지위

채무자는 제1조의 채무에 대하여 채무자의 지위에서 탈퇴하여 채무이행의무를 면하고 채무인수인은 제1조의 채무에 대하여 인수한 채무를 원약정서의 각 조에 따라 이행할 의무를 부담합니다.

제3조 담보 · 보증의 유지

담보제공자와 연대보증인은 아래표시 근저당권설정계약 및 보증계약이 그 계약의 내용에 따라 채무인수인을 위하여 효력을 가지는 데 동의합니다.

근저당권설정계약의 표시

구 분		1	2	3	4	5
등기 · 등록	관 할	지방법원 등기소	지방법원 등기소	지방법원 등기소	지방법원 등기소	지방법원 등기소
	접 수 일 자	. .	. .	. .	. .	. .
	접 수 번 호	제 호	제 호	제 호	제 호	제 호
	채권 최고액					
	물 건 목 록	끝부분 기재	끝부분 기재	끝부분 기재	끝부분 기재	끝부분 기재
	순 위 번 호	끝부분 기재	끝부분 기재	끝부분 기재	끝부분 기재	끝부분 기재

보증계약의 표시

구 분	1	2	3	4	5
계 약 일 자	. .	. .	. .	. .	. .
약정서 또는 보증서※					
보 증 인					

※ 약정서 또는 보증서란은 여신(대출)거래약정서 또는 보증서의 종류(특정 채무보증계약서, 특정 · 한정 · 포괄 근보증서)를 기재합니다.

제4조 변경등기 · 등록 기타의 대항요건

이 약정 당사자는 제3조의 담보 · 보증에 관하여 이 약정에 의한 채무인수로 말미암은 변경 등기 · 등록 기타 대항요건구비 등의 필요한 절차를 밟기로 합니다.

제5조 계약의 해제

① 제4조에 의한 변경등기 · 등록 · 대항요건구비 등이 이 약정일부터 1개월 이내에 완료되지 아니한 때에는 채권자는 이 약정을 해제할 수 있습니다.

② 제1항에 의하여 채권자가 이 약정을 해제한 때에는 원약정서에 의한 채무와 담보제공자 및 연대보증인의 채무와 책임은 원래대로 복귀합니다.

제6조 여러절차의 이행과 비용부담

① 이 약정서 작성에 따른 인지세는 각 50%씩 채무자와 채권자가 부담합니다.

② 설정자는 이 근저당권의 설정, 변경, 이전, 말소 등에 관한 등기를 하여야 할 때에는 채권자의 청구가 있는 대로 곧 필요한 절차를 밟아야 합니다.

③ 채권자는 제2항의 청구를 할 때 당해 등기에 드는 비용의 종류와 산출 근거를 채무자와 설정자에게 별도의 서면에 의하여 설명합니다. 채권자가 이 설명을 하지 아니한 비용은 채무자와 설정자에게 청구하지 아니하며, 이 설명을 한 비용은 다음 각 호에 따라 부담합니다.

1. 등록면허세, 지방교육세, 등기신청수수료 및 법무사수수료
   가. 근저당권 변경등기를 하는 경우 : 채권자
   나. 근저당권 말소등기를 하는 경우 : 채무자 또는 설정자

2. 근저당물건의 조사 또는 감정평가 수수료
   가. 근저당권을 변경하기 위한 경우 : 채권자
   나. 채무자의 채무불이행으로 인하여 근저당권을 행사하는 경우 : 채무자 또는 설정자
3. 기타 비용으로서 부담주체가 분명하지 아니한 비용 : 채권자와 채무자 또는 설정자의 균분

④ 제3항에 의하여 채무자 또는 설정자가 부담하여야 할 비용, 근저당권의 점유 또는 관리에 관한 비용, 채무자의 채무불이행으로 인한 근저당권의 행사를 위한 비용 등 채무자 또는 설정자가 부담하여야 할 비용을 채권자가 대신 지급한 경우에는 은행여신거래기본약관 제4조 제2항을 준용합니다.

물건목록 및 순위번호

물 건 목 록	순 위 번 호	
	등기상순위	실제순위

은행여신거래기본약관 및 이 계약서 1통을 확실히 수령하였으며 그 내용에 대하여 충분한 설명을 듣고 잘 이해하였음.	
채 무 자	(인)
채 무 인 수 인	(인)
담 보 제 공 자	(인)
담 보 제 공 자	(인)
연 대 보 증 인	(인)
연 대 보 증 인	(인)

참고문헌

- 사법연수원(2012), 금융거래법, 사법연수원
- 사법연수원(2012), 도산처리법, 사법연수원
- 김정호(2014), 회사법, 법문사
- 곽윤직(2004), 채권총론, 박영사
- 송덕수(2014), 민법총론, 박영사
- 송덕수(2014), 채권총론, 박영사
- 송덕수(2014), 채권법각론, 박영사
- 송덕수(2013), 신민법강의, 박영사
- 송덕수(2013), 신민법입문, 박영사
- 오수근(2008), 도산법의 이해, 이화여자대학교출판부
- 이영준 · 권승기 · 우형달(2014), NPL의 정석, 매일경제신문사
- 지원림(2014), 민법강의, 홍문사
- 조승현 · 고영남(2009), 민법총칙, 한국방송통신대학교출판부
- 조승현 · 고영남(2010), 재산법(물권법), 한국방송통신대학교출판부
- 조승현(2010), 채권법, 한국방송통신대학교출판부
- 정찬형(2013), 상법개론, 법영사
- 박승룡 · 이진수(2012), 주식회사법, 한국방송통신대학교출판부
- 박승룡 · 장덕조(2012), 상법 Ⅱ, 한국방송통신대학교출판부
- 김용재(2012), 은행법원론, 박영사
- 한국산업은행(1990), 여신거래약정서해설, 한국산업은행
- 홍복기 외 7(2013), 회사법 사례와 이론, 박영사
- 권기훈 · 민상홍(2019), 주식회사법, 경상대학교출판부
- 신현탁(2023), 회사법강의, 박영사
- 손상익 · 손재호(2023), 개인기업의 법인전환실무, 어울림출판사
- 전병서(2019), 도산법, 박영사
- 전대규(2018), 채무자회생법, 법문사
- 전기일·강민우(2023), 기업회생의 이해와 실무, 박영사
- 박승두(2022), 기업회생법, 신세림출판사
- 신현탁(2023), 회사법강의, 박영사

저자소개

송 영 호

◀ 인하대학교 법학과 졸업

◀ 고려대학교 법무대학원 졸업

◀ 한국금융연수원 여신법률 강사

◀ IBK기업은행 법규팀장

◀ IBK기업은행 지점장

여신실무법률 – 여신관리

초 판	2014년 12월 19일
제7판 1쇄	2025년 2월 26일
저 자	송영호
발 행 인	이준수
발 행 처	한국금융연수원 출판미디어사업부 (03053) 서울특별시 종로구 삼청로118
전 화	02)3700-1500
팩 스	02)3700-1530
홈 페 이 지	www.kbi.or.kr
등 록	1990년 4월 20일(제1-1040호)
정 가	24,000원

ISBN 978-89-287-8237-6 13360

※ 도서의 오류내용(오탈자 등)을 제보해주시어 채택되신 분께는 소정의 상품을 보내 드리오니 독자 여러분들의 많은 참여 바랍니다.(상세정보는 www.kbi.or.kr 참조)

※ 본 도서의 내용은 한국금융연수원의 견해와 다를 수 있습니다.

한국금융연수원 자격검정시험 안내

•「국가공인자격」은 자격기본법에서 정한 기준과 절차에 따라 국가가 공인한 자격으로 신용분석사, 여신심사역, 국제금융역, 자산관리사(FP), 신용위험분석사(CRA), 외환전문역 I종, 외환전문역 II종 등 7개의 자격이 있습니다.

•「자체인증자격」은 우리 원이 인정, 수여하는 자격으로 공개시험형 자체자격인 프라이빗 뱅커(CPB), 은행텔러, 영업점 컴플라이언스 오피서(은행)(보험)(증권), KBI 금융DT 테스트, 자금세탁방지 업무능력 검정시험 등 7개 자격이 있습니다.

구분	자 격 명 (공인/등록번호)	응시료	자격소개
국가공인자격	신용분석사 (제2024-1호) (2008-0438)	전과목 : 66,000원 1부 : 28,000원 2부 : 39,000원	금융회사의 여신관련 부서에서 기업에 대한 회계 및 비회계자료 분석을 통하여 종합적인 신용상황을 판단하고 신용등급을 결정하는 등 기업신용 평가업무를 담당하는 금융전문가
	여신심사역 (제2024-2호) (2008-0439)	전과목 : 66,000원 1부 : 28,000원 2부 : 39,000원	금융회사의 여신심사 담당자로서 경제상황과 기업의 재무, 비재무상태 등을 분석, 파악하여 적정한 대출심사 의견서 작성, 대출이율 및 대출기간 결정 등 대출실행 여부를 판단하고 자금의 효율적 운용, 대손 방지를 위한 제반조치, 여신의 법률적 검토, 사후관리업무 등 여신업무와 관련한 종합적인 업무를 수행하는 금융전문가
	국제금융역 (제2021-1호) (2008-0440)	전과목 : 66,000원 1부 : 33,000원 2부 : 33,000원	금융회사의 국제금융 관련 부서에서 국제금융시장의 동향파악, 분석 및 예측 등을 통하여 외화자금의 효율적 조달과 운용업무를 담당하고 이에 따른 리스크관리 등 국제금융 관련 업무를 수행하는 금융전문가
	신용위험분석사(CRA) (제2023-2호) (2008-0442)	1차 : 77,000원 2차 : 88,000원	금융회사 및 기업신용평가기관 등에서 개인과 기업에 대한 신용상태를 조사평가하고 신용위험을 측정 · 관리하는 여신전문가
	자산관리사(FP) (제2020-1호) (2008-0441)	전과목 : 55,000원 1부 : 28,000원 2부 : 28,000원	금융회사 영업부서의 PB(Private Banking) 팀에서 고객의 수입과 지출, 자산 및 부채현황, 가족상황 등 고객에 대한 각종 자료를 수집, 분석하여 고객이 원하는 Life Plan 상의 재무목표를 달성할 수 있도록 종합적인 자산설계에 대한 상담과 실행을 지원하는 금융전문가
	외환전문역 I종 (제2020-1호) (2008-0436)	전과목 : 55,000원	금융회사의 외환업무 중 외국환 거래 법규 및 외환거래실무를 이해하고 고객의 외화 자산에 노출되는 각종 외환 리스크를 최소화시키는 등 주로 개인 외환과 관련된 직무를 담당
	외환전문역II종 (제2020-1호) (2008-0436)	전과목 : 55,000원	금융회사의 외환업무 중 수출입업무 및 이와 관련된 국제무역규칙을 이해하고 외환과 관련된 여신 업무를 수행하는 등 주로 기업 외환과 관련된 직무를 담당
자체인증자격	은행텔러 (2008-0437)	전과목 : 55,000원	창구에서 일어나는 제반업무에 대해 신속하고 친절한 업무수행과 정확한 업무처리로 고객에게 도움을 주고 상담을 통해 문제해결을 하도록 도와주는 금융전문가
	영업점 컴플라이언스 오피서(은행) (2010-0118) (보험, 증권) (2013-0702,0703)	전과목 : 각 44,000원	금융회사의 영업점에서 준법관련 법규와 감독기관의 감독규정이 정한 내용과 취지를 충분히 이해하고 업무 수행과정에서 이를 준수하며, 영업점에서 발생 가능한 금융사고 및 민원사항이 발생하지 않도록 사전적 예방 차원에서 그 준수사항의 이행을 점검하는 금융전문가(은행, 보험, 증권 분야별로 자격이 구분됨)
	프라이빗뱅커 (CPB) (2018-004091)	1차 : 110,000원 2차 : 342,000원 (실무교육)	개인고액자산가의 자산 및 수익증대를 실현하기 위해 금융분야 전반에 걸쳐 종합적인 금융상담과 실행을 지원할 수 있는 최고급 수준의 금융자산설계전문가
	KBI 금융DT 테스트 (2021-001872)	전과목 : 44,000원	금융인 및 예비금융인을 대상으로 디지털금융 전반에 대한 기본지식과 업무활용능력 등 금융DT 관련 기본역량 평가
	자금세탁방지 업무능력 검정시험 (2023-004792)	전과목 : 66,000원	금융시스템을 이용한 자금세탁행위와 공중협박자금조달행위를 적발 및 예방할 수 있는 전문적인 업무역량 평가

소비자 알림사항

•상기 "프라이빗뱅커(CPB)", "영업점컴플라이언스 오피서(은행)(보험)(증권)", "KBI 금융DT 테스트", "은행텔러", "자금세탁방지 업무능력 검정시험" 자격은 자격기본법 규정에 따라 등록한 민간자격으로, 국가로부터 인정받은 공인자격이 아닙니다.

•민간자격 등록 및 공인 제도에 대한 상세내용은 민간자격정보서비스 (www.pqi.or.kr)의 '민간자격 소개'란을 참고하여 주십시오.

기타

•응시료 환불 규정 : 접수기간 중 100%, 접수기간 종료 후 시험일 5일전 18시까지 50% 환불/이후 환불 불가

•자격 공인번호는 재공인시점에 따라 변경될 수 있으며, 응시료, 환불규정 등은 응시 시점에 따라 변경될 수 있으니 자격시험 응시 전 반드시 한국금융연수원 홈페이지에서 응시하고자 하는 자격시험에 관한 최신 정보를 확인하시기 바랍니다. 자격시험에 관한 자세한 사항은 한국금융연수원 홈페이지를 참조하시기 바랍니다.

•주소 : 서울특별시 종로구 삼청로 118 / TEL : 02-3700-1500 / 홈페이지 : www.kbi.or.kr